ORACLE Database

개정4판

ORACLE을 기반으로 하는

데이터 베이스 배움터

홍의경 · 이익훈 지음

생능출판

저자 소개

홍의경
서울대학교 사범대학 수학교육과 졸업(1981년, 이학사)
KAIST 전산학과 졸업(1983, 공학석사)
KAIST 전산학과 졸업(1991, 공학박사)
한국정보과학회 데이터베이스소사이어티 회장 역임
서울시립대학교 전산정보원장, 중앙도서관장 역임
서울시립대학교 컴퓨터과학부 교수(1984~2022)
서울시립대학교 컴퓨터과학부 명예교수

이익훈
서울시립대학교 문리과대학 전산통계학과 졸업(1996, 이학사)
서울시립대학교 전산통계학과 졸업(1998, 이학석사)
서울대학교 컴퓨터공학과 졸업(2005, 공학박사)
한국정보과학회 데이터베이스소사이어티 이사(2018~)
(주)프람트 연구소장 역임(2003~2009)
서울대학교 컴퓨터공학과 BK조교수 역임(2009~2011)
서울대학교 빅데이터연구원 연구교수 역임(2013~2014)
(재)네이버커넥트 Next Institute 교수(2013~2017)
광주대학교 공과대학 컴퓨터공학과 교수(2017~)

ORACLE을 기반으로 하는 **데이터베이스 배움터**

초판발행 2004년 3월 5일
제4판1쇄 2024년 1월 22일

지은이 홍의경, 이익훈
펴낸이 김승기, 김민수
펴낸곳 (주)생능출판사 / **주소** 경기도 파주시 광인사길 143
출판사 등록일 2005년 1월 21일 / **신고번호** 제406-2005-000002호
대표전화 (031)955-0761 / **팩스** (031)955-0768 / **홈페이지** www.booksr.co.kr

책임편집 이종무 / **편집** 신성민, 최동진 / **디자인** 유준범, 노유안
마케팅 최복락, 심수경, 차종필, 백수정, 송성환, 최태웅, 명하나, 김민정
인쇄 성광인쇄 / **제본** 일진제책사

ISBN 979-11-92932-50-7 93000
정가 29,000원

개정판 발간에 즈음하여

대학에서 데이터베이스 과목을 가르친 지 30여 년의 세월이 지났습니다. 그동안 외국의 유명한 원서들 또는 이들의 번역서를 교재로 선택하여 강의를 해왔습니다. 몇 년 전에는 저명한 원서 2~5판을 여러 교수들과 공동으로 직접 번역해 보기도 했습니다. 이런 교재들은 대개 700페이지 이상의 분량이어서 한 학기 동안 가르치는 것은 불가능했습니다. 또한 이런 교재에는 지난 70년대 이후부터 데이터베이스 분야에서 연구된 방대한 이론이 집대성되어 있어서 데이터베이스를 실무에 활용하는 능력을 배양하기에는 아쉬운 점이 적지 않았습니다.

반면, 널리 사용되는 관계 DBMS의 활용 기술 위주로 집필된 오라클이나 MS SQL Server 등의 교재들도 많이 있습니다. 이런 책들은 데이터베이스 활용 기술을 학습하는 용도로는 적절하지만, 데이터베이스의 기본적인 이론이 소홀히 다뤄진 경우가 많았습니다.

활용 기술 위주의 책만 공부한 학생들은 데이터베이스의 기본적인 이론을 미처 습득하지 못하여 효율적으로 데이터베이스를 운영하지 못하는 경우가 흔합니다. 또한 실제로 데이터베이스가 기업에서 활용되는 것과 동떨어진 이론 위주로 공부한 학생은 데이터베이스를 실제로 다룰 수 있는 능력이 부족한 경우가 많았습니다.

따라서 데이터베이스를 제대로 활용하는 데 반드시 필요한 데이터베이스의 기본적인 개념 및 이론을 이해하기 쉽게 설명하면서 활용 기술도 함께 다룬 교재가 필요하다고 판단하였습니다. 이런 교재를 저술하기 위해서 인터넷 등에서 약 10,000페이지에 가까운 자료를 찾아서 검토하였습니다. 또한 이 분야에서 오랜 강의 경험이 있는 동료 교수님들의 조언도 참고하였습니다.

오라클은 학생들이 주로 실습할 개인용 컴퓨터의 윈도우 운영체제에 설치하며, 필요한 환경을 설정하는 것은 다소 어렵고 복잡합니다. 본 교재가 오라클의 기능을 상세하게 설명하는 책은 아니므로 오라클의 방대한 기능 중 어느 수준까지 본 교재에서 설명할 것인가를 오랫동안 고민한

끝에, 본 교재에서 다루는 주제와 수준에 맞는 오라클의 기능만 포함하였습니다. 오라클을 좀 더 자세하게 학습하려는 독자들은 오라클의 기능을 다룬 두꺼운 책들이 이미 많이 출간되어 있으니 이런 책들을 참고하기 바랍니다. 한 개의 장에서 오라클을 설명하고, 각 장의 필요한 부분에서 그 장의 내용과 연관된 오라클 기능을 한 절에 포함하였습니다. 하지만 장이나 절의 제목에 오라클이 들어 있는 부분을 제외한 내용은 대부분의 관계 DBMS에 공통적으로 적용됩니다. 독자들이 어떤 관계 DBMS를 사용하더라도 이 책을 학습하고 난 후에 해당 관계 DBMS의 매뉴얼을 가능한 한 쉽게 읽으면서 이해할 수 있는 수준의 지식을 습득할 수 있도록 최선을 다했습니다.

3판은 오라클 11g를 기반으로 집필하였는데, 근래에 오라클의 새 버전이 나오는 주기가 매우 짧아졌습니다. 거의 1~2년마다 새 버전이 출시되고 있습니다. 본 교재에서 다루는 SQL과 오라클의 기능들은 오라클 버전의 영향을 거의 받지 않습니다. 아직도 오라클 11g를 쓰고 있는 기업들이 있지만, 오라클 11g 버전 때문에 본 교재의 다른 주제들도 오래되고 뒤떨어지는 것처럼 인식되는 것은 어쩔 수 없었습니다. 이에 따라 정식으로 출시된 오라클의 최신 버전 21c를 기반으로 일부 장과 절을 업데이트한 개정4판을 집필하게 되었습니다.

이 교재는 전체적으로 10개의 장으로 구성되어 있습니다. 각 장의 주요 내용은 다음과 같습니다.

1장: 데이터베이스 시스템의 개요, 파일 시스템과 DBMS를 사용한 데이터 관리, 데이터 모델, DBMS의 발전 과정, DBMS가 사용자를 위해 제공하는 언어, 다양한 DBMS 사용자들의 역할, ANSI/SPARC 3단계 아키텍처, 데이터베이스 시스템의 여러 가지 아키텍처 등을 설명하였습니다.

2장: 관계 데이터 모델의 개념과 기본적인 용어, 릴레이션의 특성, 릴레이션의 다양한 키, 무결성 제약 조건들을 기술하였습니다.

3장: 대부분의 PC에 윈도우 운영체제가 사용되므로 이런 환경에서 쉽게 설치하여 실습해 볼 수 있는 오라클의 개요와 설치 방법, 환경 설정 등을 다뤘습니다.

4장: 관계 대수의 개요와 관계 연산자, SQL의 개요, SQL의 데이터 정의어 기능과 무결성 제약조건, 다양한 SELECT문, 데이터 갱신문, 트리거와 주장, 내포된 SQL 등을 논의하였습니다.

5장: 데이터베이스 설계의 주요 단계들, ER 모델, ER 모델의 표기법, 회사에서 흔히 볼 수 있는 데이터베이스 응용을 예로 들어 개념적 데이터베이스의 설계를 진행하는 과정, ER 스키마를 관계 데이터베이스 스키마로 사상하는 알고리즘을 설명하였습니다.

6장: 5장에서 설계한 관계 데이터베이스 스키마에 대한 물리적 데이터베이스 설계, 여러 가지 인덱스 유형과 인덱스 선정 지침 등을 설명하였습니다.

7장: 정규화의 개요, 정규화의 이론적인 근거가 되는 함수적 종속성, 여러 가지 정규형, 역정규화를 기술하였습니다.

8장: 뷰의 개요, 뷰를 정의하고 제거하는 방법, 뷰의 장점, 갱신이 가능한 뷰, 시스템 카탈로그의 개요, 오라클의 시스템 카탈로그 등을 살펴보았습니다.

9장: 트랜잭션의 개념과 특성, 트랜잭션 기능을 제공하기 위해 필요한 두 가지 구성 요소인 동시성 제어와 회복 기법을 논의하였습니다.

10장: 데이터베이스 보안의 개요, 권한 관리, 오라클에서 권한을 관리하는 방법을 설명하였습니다.

비싼 외화를 지급하고 구입한 관계 DBMS의 기능을 제대로 활용하지 못하는 경우가 적지 않은 현실을 늘 안타깝게 느껴 왔습니다. 본 책을 통해 많은 독자들이 데이터베이스의 기본적인 이론을 정립하고 관계 DBMS에서 실제로 활용하는 능력을 배양할 수 있기를 희망합니다.

책을 개정하는 작업을 자꾸 미루기만 하는 저를 적극적으로 후원해 주신 ㈜생능출판사의 김승기 사장님께 깊이 감사드립니다. 또한 본 교재를 열심히 작업해 주신 생능출판사 편집부의 이종무 님께 감사의 마음을 전합니다.

2024년 새 학기를 기다리며

홍의경, 이익훈

본 교재를 활용하는 방안

한 학기에 15주간 수업을 진행하고, 8주 차에 중간시험을 치르고, 15주 차에 기말시험을 치른다는 전제하에 본 교재를 강의에 활용하는 방안을 안내합니다. 본 교재를 주 교재로 수년간 강의해 보니, 각 장의 난이도와 분량에 다소 차이가 있기 때문에 어떤 장은 1주 정도, 어떤 장은 2주 정도 강의를 진행하는 것이 무난하다고 생각합니다. 대학의 강의실/실습실 여건에 따라 실습을 병행하는 것도 좋습니다. 특히, 3장, 4.3~4.5절, 4.7절, 8.3절, 10.3절을 강의실에서는 학생들이 지참한 노트북에서, 실습실에서는 PC에서 실습해 보는 것도 좋습니다.

실습을 병행하는 경우에는 진도가 다소 늦어질 수 있습니다.

주차	장	장(또는 절) 제목
1	1장	데이터베이스 시스템
2		
3	2장	관계 데이터 모델과 제약조건
4	3장	오라클
5	4장	관계 대수와 SQL
6		
7		
8	중간시험	
9	5장	데이터베이스 설계와 ER 모델
10	6장	물리적 데이터베이스 설계
11	7, 8장	릴레이션 정규화, 뷰
12	8, 9장	시스템 카탈로그, 트랜잭션
13	9장	트랜잭션
14	10장	데이터베이스 보안과 권한 관리
15	기말시험	

차례

CHAPTER 05 데이터베이스 설계와 ER 모델

CHAPTER 06 물리적 데이터베이스 설계

CHAPTER 07 릴레이션 정규화

Chapter **01**

데이터베이스 시스템

데이터베이스 시스템

우리는 흔히 현재 정보 시대에 살고 있다고 말한다. 모든 조직체에 정보가 요구되고 있다. 정보는 매우 가치 있는 자산이며, 일부 사람들이 말하듯이 정보는 힘이다. 조직에서 필요로 하는 정보를 효율적으로 시의적절하게 제공하는 것과 이를 성취할 수 있는 기술을 올바르게 이용하는 것이 중요하다.

조직에서 중요한 결정을 내리기 위해서는 정보를 수집하고 분석해야 한다. 컴퓨터를 사용하여 정보를 수집하고 분석하는 데 데이터베이스 기술이 활용되고 있다. 본 책에서는 디스크와 같은 보조 기억 장치에 저장되어 있는 지속적인 데이터에 관심을 갖는다.

데이터와 정보는 서로 다르다. 데이터는 컴퓨터 디스크와 같은 매체에 저장된 사실을 말한다. 정보는 데이터를 처리해서 사람이 이해하기에 적합한 형태로 의미 있게 만든 것이다. 디스크 상에 저장된 데이터는 유용한 정보로 변환해야 한다. 데이터베이스 시스템의 목적은 정보와 데이터 사이의 갭을 줄이는 것이다. 데이터는 프로그램과 질의에 의해서 정보로 변환된다.

어떤 조직체에 관련된 사실들을 수집한 데이터를 **데이터베이스** database 라고 부른다. 데이터베이스는 표준 형식으로 저장된 데이터를 말하며, 일반적으로 다수 사용자/다수 응용 프로그램들이 공유하기 위해 설계된다. 저장된 데이터가 그 조직체의 모든 사실을 포함할 필요는 없다. 일반적으로 한 조직체의 어떤 업무와 연관된 데이터를 수집하여 조직하며, 이는 여러 수준의 의사 결정을 지원하기 위한 정보를 제공하는 데 사용된다.

데이터베이스가 필요한 전형적인 환경은 데이터의 양이 방대하며, 데이터가 구조적이며, 많은 사용자들이 동시에 데이터를 접근하여 검색과 갱신을 수행하는 환경이다. 조직체들은 연속적인 운영, 높은 가용성, 최신의 정확한 정보, 데이터 내에서 복잡한 상호 관련성을 유지하기 위해 데이터베이스 기술을 필요로 한다.

컴퓨터에 저장된 데이터의 양이 폭발적으로 증가하고 있고, 저장 비용은 꾸준히 감소하고 있으며, 한 조직의 자산으로서 데이터의 가치가 점차 중요해짐에 따라 데이터베이스가 중요하게 인식되고 있다. 매우 큰 규모의 데이터베이스 예로는 미국의 Fedex, 월마트 데이터베이스 등이 있는데, 수십억 개 이상의 레코드를 갖는 테이블도 있으며, 수백 테라바이트 크기의 데이터베이스가 존재한다.

> 데이터베이스는 조직체의 응용 시스템들이 **공유**해서 사용하는 **운영 데이터**(operational data)들이 구조적으로 **통합**된 모임이다. 데이터베이스의 구조는 사용되는 데이터 모델에 의해 결정된다.

현재 데이터베이스들은 우리 주위에 널려 있으며, 의식하지 못해도 우리 생활의 많은 면에 영향을 미친다. 데이터베이스는 항상 실세계의 변화를 반영한다.

예: 데이터베이스1

대학에서는 데이터베이스에 학생들에 관하여 신상정보, 수강 과목, 성적 등을 기록하고, 각 학과에 개설되어 있는 과목들에 관한 정보를 유지하고, 교수에 관해서 신상정보, 담당 과목, 급여 정보를 유지한다.

예: 데이터베이스2

항공기 예약 시스템에서는 여행사를 통해 항공기 좌석을 예약하면 모든 예약 정보가 데이터베이스에 기록된다. 항공기 예약 시스템은 여러 여행사들이 어떤 비행기의 좌석을 초과해서 예약하지 못하도록 해야 한다. 예를 들어, 서울에서 제주로 가는 어떤 항공기에 좌석이 한 개만 남아 있는데 동시에 두 여행사에서 그 좌석을 예약하려 할 경우에 항공기 예약 시스템은 이런 상황을 탐지하여 한 여행사만 그 좌석을 예약하도록 하고, 다른 여행사에게는 좌석이 더 이상 남아 있지 않다는 메시지를 보내게 된다.

예: 데이터베이스3

할인점이나 슈퍼마켓에서 상품들을 구입하고 계산대에 올려놓으면 계산하는 직원이 각 상품의 바코드를 스캐너로 읽는다. 스캐너는 바코드를 사용하여 상품 데이터베이스로부터 해당 상품의 가격을 찾아내는 데이터베이스 프로그램과 연결되어 있다. 이 데이터베이스 프로그램은 이 상품의 재고량에서 현재 판매되고 있는 상품 수만큼 감소시키고 계산서에 이 상품의 가격을 더한다. 만일 재고량이 어떤 수치 이하로 내려가면 구매 부서에 자동적으로 통보되어 이 부서는 추가로 상품을 주문한다. 고객이 어떤 상품이 있는지 전화로 문의하면 데이터베이스에서 재고량을 검색하여 고객에게 답을 알려준다.

또한, 고객이 신용카드로 대금을 결제하려 하면 신용카드 회사의 데이터베이스에 접속하여 이 신용카드가 분실 카드인지, 유효기간이 지나지 않았는지, 사용한도액을 초과하지 않았는지 등을 확인한 후, 지불 내역이 신용카드 회사의 데이터베이스에 기록된다.

이외에도 컴퓨터화된 도서관 시스템, 기업에서의 사원 및 프로젝트 관리, 병원에서의 환자 관리, 은행에서의 고객 관리 등 데이터베이스가 사용되는 사례는 일일이 열거하기 어렵다.

데이터베이스의 특징은 다음과 같다.

▶ 데이터베이스는 데이터의 대규모 저장소로서, 여러 부서에 속하는 여러 사용자에 의해 동시에 사용된다. 더 이상 데이터를 한 사용자 또는 한 부서에서 소유하지 않는다. 데이터베이스는 이제 조직체의 모든 구성원이 공유하는 자원이다.

▶ 중복된 데이터를 갖는 별도의 파일들로 유지되는 대신에 데이터베이스에서는 모든 데이터가 중복을 최소화하면서 통합된다.

▶ 데이터베이스는 한 조직체의 운영 데이터뿐만 아니라 그 데이터에 관한 설명까지 포함한다. 이런 설명을 **데이터베이스 스키마** 또는 **메타데이터**(metadata)라고 한다. 메타데이터는 데이터에 관한 데이터라는 뜻이다.

▶ 데이터의 구조가 프로그램과 분리되어 데이터베이스에 저장되므로 프로그램과 데이터 간의 독립성이 제공된다.

▶ 데이터베이스는 효율적으로 접근이 가능하고 질의를 할 수 있다

디스크와 같은 보조 기억 장치에 저장되어 있는 데이터베이스에서 필요한 데이터를 검색하거나 데이터를 삽입, 수정, 삭제하기 위해서는 이를 효율적으로 지원하는 소프트웨어가 필요하다. **데이터베이스 관리 시스템** DBMS: Database Management System 은 데이터베이스를 정의하고, 질의어를 지원하고, 리포트를 생성하는 등의 작업을 수행하는 소프트웨어이다. 흔히 데이터베이스라는 용어가 데이터베이스 관리 시스템을 간략히 나타내기 위해서도 사용되고 있다.

본 장에서는 데이터베이스 시스템을 논의한다. 1.1절에서는 데이터베이스 시스템의 개요를 설명하고, 데이터베이스 시스템의 구성요소를 설명한다. 1.2절에서는 파일 시스템과 DBMS를 사용한 데이터 관리를 설명하고, 두 방식의 장단점을 논의한다. 1.3절에서는 데이터 모델을 기술하고, DBMS의 발전 과정을 소개한다. DBMS가 사용자를 위해 제공하는 몇 가지 DBMS 언어들을 1.4절에서 논의한다. 1.5절에서는 다양한 DBMS 사용자들의 역할을 기술한다. 1.6절에서는 ANSI/SPARC 3단계 아키텍처를 설명하고, 두 가지 데이터 독립성을 논의한다. 마지막으로 1.7절에서는 데이터베이스 시스템의 여러 가지 아키텍처들을 설명한다.

1.1.1 데이터베이스 스키마와 상태

[그림 1.1]은 간단한 **데이터베이스 스키마** database schema 와 **데이터베이스 상태** database state 를 보여준다. 데이터베이스 스키마는 전체적인 데이터베이스 구조를 뜻하며 자주 변경되지는 않는다. 또한 데이터베이스의 모든 가능한 상태를 미리 정의한다. 데이터베이스 스키마를 **내포** intension 라고 부른다. 데이터베이스 상태는 특정 시점의 데이터베이스의 내용을 의미하며, 시간이 지남에 따라 계속해서 바뀐다. 데이터베이스 상태를 **외연** extension 이라고 부른다. DBMS는 모든 데이터베이스 상태가 유효한 상태를 유지하도록 보장한다.

[그림 1.1]의 데이터베이스는 앞으로 2장에서 자세하게 논의할 관계 데이터 모델로 표현된 관계 데이터베이스이다. 관계 데이터 모델은 현재 가장 널리 사용되고 있다. DEPARTMENT와 EMPLOYEE는 테이블(릴레이션)의 이름이고, 괄호 속에 열거된 이름들은 해당 테이블의 애트리뷰트들을 의미한다. 관계 데이터베이스에서는 사람이 이해하기 쉬운 테이블로부터 사용하기 쉬운 질의어를 통해서 원하는 정보를 검색하거나 갱신을 수행할 수 있다.

데이터베이스 스키마

DEPARTMENT(DEPTNO: integer, DEPTNAME: char(10), FLOOR: integer)
EMPLOYEE(EMPNO: integer, EMPNAME: char(10), TITLE: char(10), DNO: integer, SALARY: integer)

데이터베이스 상태

DEPARTMENT

DEPTNO	DEPTNAME	FLOOR
1	영업	8
2	기획	10
3	개발	9

EMPLOYEE

EMPNO	EMPNAME	TITLE	DNO	SALARY
2106	김창섭	대리	2	2000000
3426	박영권	과장	3	2500000
3011	이수민	부장	1	3000000
1003	조민희	대리	1	2000000
3427	최종철	사원	3	1500000

[그림 1.1] 데이터베이스 스키마와 데이터베이스 상태

1.1.2 데이터베이스 시스템의 구성요소

데이터베이스 시스템 DBS: Database System 은 데이터베이스, 사용자(응용 프로그램), DBMS, 하드웨어로 구성된다. [그림 1.2]는 데이터베이스 시스템의 구성요소를 나타낸다.

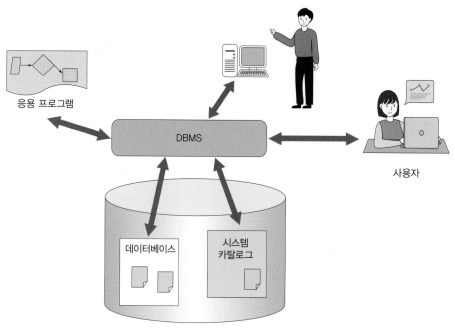

[그림 1.2] 데이터베이스 시스템의 구성요소

데이터베이스

앞에서 설명한 것처럼 데이터베이스는 조직체의 응용 시스템들이 공유해서 사용하는 운영 데이터들이 구조적으로 통합된 모임이다. 데이터베이스는 다음 [그림 1.3]과 같이 시스템 카탈로그(또는 데이터 사전)와 저장된 데이터베이스로 구분할 수 있다. **시스템 카탈로그** system catalog 는 저장된 데이터베이스의 스키마 정보를 유지한다. 사용자가 새로운 테이블을 만들거나 기존의 테이블에 새로운 애트리뷰트를 추가하는 작업 등을 수행하면 시스템 카탈로그에 이를 반영하는 스키마 정보가 삽입된다. 시스템 카탈로그는 8장에서 자세하게 설명한다.

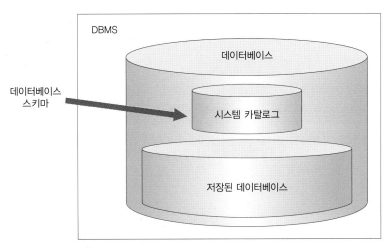

[그림 1.3] 시스템 카탈로그와 저장된 데이터베이스

DBMS

실세계는 동적이기 때문에 계속해서 엔티티가 생성, 수정, 삭제된다. 이는 엔티티 관계도 마찬가지이다. 엔티티는 문제 영역에서 특정한 객체(예: 제품, 고객, 학생 등)를 나타낸다. 예를 들어, 판매원이 고객에게 제품을 팔 때마다 판매원이 판매한 제품 수가 증가하고 제품의 재고량이 감소한다. 새로운 고객이 등록되고 신상품이 시장에 등장한다. 오래되거나 경쟁력이 떨어진 제품은 시장에서 사라진다.

문제 영역이 작은 경우에는 적은 수의 엔티티와 엔티티 관계들이 존재하고 동적인 변화도 자주 발생하지 않으므로 비즈니스의 상태를 수작업으로 충분히 관리할 수 있겠지만, 수십 개 이상의 엔티티가 연관되고 비즈니스의 규모가 매우 크다면 비즈니스의 상태를 유지하는 것이 더 이상 수작업으로는 불가능해진다. 이는 효율성의 문제가 아니라 조직체의 생존의 문제가 된다.

DBMS는 사용자가 새로운 데이터베이스를 생성하고, 데이터베이스의 구조를 명시할 수 있게 하고, 사용자가 데이터를 효율적으로 질의하고 수정할 수 있도록 하며, 시스템의 고장이나 권한이 없는 사용자로부터 데이터를 안전하게 보호하며, 동시에 여러 사용자가 데이터베이스를 접근하는 것을 제어하는 소프트웨어 패키지이다. DBMS는 사용자와 응용 프로그램에게 편리하고 효율적인 데이터베이스 사용 환경을 제공한다. DBMS는 사용자가 데이터의 물리적인 표현을 정확하게 알 필요가 없고, 데이터를 저장하고 갱신하고 검색하기 위한 상세한 알고리즘을 명시할 필요가 없도록 해준다. 다양한 부류의 사용자들에게 여러 가지 기능을 제공하기 위하여 DBMS는 데이터베이스 언어라고 부르는 특별한 프로그래밍 언어를 한 개 이상 제공한다. SQL은 여러 관계 DBMS에서 제공되는 표준 데이터베이스 언어이다. 또한 한 DBMS에서 여러 데이터베이스를 관리할 수 있다.

은행 데이터베이스에서 DBMS가 수행하는 업무의 몇 가지 예를 들면, 구좌의 잔액을 확인하는 검색, 입금이나 출금으로 인한 잔액 갱신, 새로운 구좌를 삽입, 기존의 구좌를 삭제하는 것 등이 있다. 만일 구좌 수가 500만 개인 은행에서 홍길동이라는 고객의 잔액을 조회하기 위해서 500만 개의 레코드를 모두 순차적으로 탐색한다면 검색 시간이 너무 많이 걸리므로 홍길동의 구좌 레코드만 빠르게 접근할 수 있는 효율적인 방법들을 DBMS가 제공해야 한다.

DBMS가 운영되는 환경은 PC부터 메인프레임에 이르기까지 다양하다. 어떤 DBMS는 컴퓨터 제조업자가 개발하여 판매하는데, 이런 제품은 그 제조업체의 컴퓨터 시스템에서만 돌아간다. 그러나 대부분의 DBMS는 독립적인 소프트웨어 제조업자가 개발하여 판매하는데, 이런 제품은 여러 종류의 컴퓨터 시스템에서 돌아간다(예를 들어, 오라클). [그림 1.4]는 컴퓨터 시스템에서 DBMS의 위치를 나타낸다. 일반적으로 DBMS는 운영 체제와 밀접한 연관을 가진다.

[그림 1.4] 컴퓨터 시스템에서 DBMS의 위치

사용자

데이터베이스 사용자는 여러 부류로 나눌 수 있다. 1.5절에서 데이터베이스 사용자들을 좀 더 자세하게 설명한다.

하드웨어

데이터베이스는 디스크와 같은 보조 기억 장치에 저장되며, DBMS에서 원하는 정보를 찾기 위해서는 디스크의 블록들을 주기억 장치로 읽어 들여야 한다. 또한, 계산이나 비교 연산들을 수행하기 위해 중앙 처리 장치가 사용된다. DBMS 자체도 주기억 장치에 적재되어 실행되어야 하므로 하드웨어 자원들을 필요로 한다.

1.1.3 데이터베이스 시스템의 요구사항

데이터베이스 시스템은 조직체의 운영에 필수적인 정보를 관리하기 때문에 다음과 같은 요구사항들을 만족시켜야 한다. 이런 요구사항들을 만족시키기 위해 필요한 기법이나 알고리즘들을 본 책의 관련 장에서 자세하게 논의한다.

▶ **데이터 독립성**
응용 프로그램이 데이터 표현의 상세한 내역과 데이터 저장으로부터 독립적이다.

▶ **융통성**

기존의 응용 프로그램들에 영향을 주지 않으면서 데이터베이스 구조를 변경할 수 있어야 한다. 예를 들어, 기존의 테이블에 새로운 애트리뷰트를 추가하고, 데이터베이스에 새로운 테이블을 추가하는 작업 등을 수행할 수 있다.

▶ **효율적인 데이터 접근**

방대한 데이터베이스를 효율적으로 저장하고 접근하기 위해 다수의 정교한 기법을 제공해야 한다. 일반적으로 인덱스 구조가 이런 목적으로 사용된다.

▶ **데이터에 대한 동시 접근**

데이터베이스는 조직체의 중요한 공유 정보이므로 여러 사용자가 동일한 데이터베이스를 동시에 접근한다. 하지만 각 사용자가 혼자서 데이터베이스에 접근하는 것처럼 인식하도록 데이터베이스에 대한 동시 접근을 동기화하기 위한 동시성 제어를 제공해야 한다.

▶ **백업과 회복**

시스템 에러 등으로부터 데이터베이스를 회복하며, 디스크 등이 손상을 입는 경우를 대비해서 백업을 수행한다.

▶ **중복을 줄이거나 제어하여 일관성 유지**

데이터를 통합함으로써 동일한 데이터가 여러 개의 사본으로 존재하는 것을 피한다. 성능을 향상시키기 위해 중복을 일부 허용하고 제어할 수 있다.

▶ **데이터 무결성**

데이터 무결성은 의미적인 측면에서 데이터가 정확하고 완전함을 의미한다. 사용자가 무결성 제약조건을 정의하면 DBMS는 데이터를 삽입, 삭제, 수정할 때마다 제약조건을 자동적으로 검사한다.

▶ **데이터 보안**

권한이 없는 접근으로부터 데이터베이스를 보호한다.

▶ **쉬운 질의어**

키워드와 간단한 구문을 사용한 질의어를 통해 질의를 표현하고 결과를 바로 얻을 수 있다. 효율적인 질의 최적화와 질의 수행이 중요하다.

▶ **다양한 사용자 인터페이스의 제공**

가끔 데이터베이스를 사용하는 사람을 위한 질의어 인터페이스, 응용 프로그램 구현자를 위한 프로그래밍 인터페이스, 초보 사용자를 위한 메뉴 기반 인터페이스 또는 폼 기반 인터페이스 등 다양한 사용자 인터페이스를 제공해야 한다.

1.1.4 데이터베이스 시스템을 공부해야 하는 이유

데이터베이스 시스템을 공부해야 하는 여러 가지 이유가 있다. 첫째, 데이터베이스 시스템이 여러 응용에서 현대의 컴퓨팅 환경의 중심적인 구성요소가 되었다. 둘째, 데이터의 다양성과 용량이 증가하고 있다. 셋째, 디지털 라이브러리, 전자 상거래, 게놈 ^{genome} 프로젝트 등 고급

DBMS에 대한 필요성이 크게 늘어나고 있다. 넷째, 데이터베이스 시스템은 파일 관리와 프로세스 관리 등의 운영 체제, 알고리즘 등의 이론, 인공지능, 멀티미디어, 질의 최적화 등에 사용되는 언어 및 논리 등 대부분의 전산학 주제들을 포함한다.

1.2 파일 시스템 vs. DBMS

1.2.1 파일 시스템을 사용한 기존의 데이터 관리

파일 시스템은 DBMS가 등장하지 않았을 때인 1960년대부터 사용되어 왔다. 파일의 기본적인 구성요소는 순차적인 레코드들이다. 한 레코드는 연관된 필드들의 모임이다. 파일 시스템에서는 정보를 운영 체제의 파일에 저장한다. 파일 시스템을 사용하는 경우에는 일반적으로 각각의 응용 프로그램마다 별도의 파일을 유지한다. 파일을 접근하는 방식이 응용 프로그램 내에 상세하게 표현되므로 데이터에 대한 응용 프로그램의 의존도가 높다. 응용 프로그램은 사용자의 요구에 따라 프로그래머가 개발한다. 프로그래머는 데이터의 논리적인 구조뿐만 아니라 데이터의 물리적인 구조도 프로그램에 표현해야 한다. 사용자의 요구가 바뀌면 기존의 프로그램을 수정하거나 새로 작성해야 한다.

예를 들어, 기업에서는 프로젝트, 제품, 업무, 고객, 사원들에 관련된 데이터를 별도의 파일에 유지한다. [그림 1.5]는 파일 시스템을 사용하는 경우에 응용 프로그램과 파일 간의 대응 관계를 나타낸다. 응용 프로그램마다 하나 이상 파일과 대응되고, 파일 내의 데이터 구조가 응용 프로그램에 반영된다.

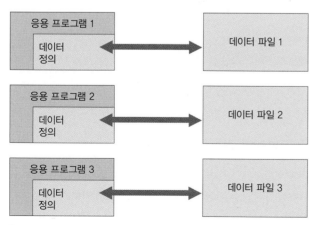

[그림 1.5] 파일 시스템에서 응용 프로그램과 파일 간의 대응 관계

프로그램과 파일 간의 대응 관계

[그림 1.6]은 코볼로 작성된 두 개의 응용 프로그램이 한 개의 Employee 파일과 대응되는 예를 보여준다. 두 개의 코볼 프로그램에는 Employee 파일의 필드들이 열거되어 있다. 만일 Employee 파일에 사원의 휴대폰 번호를 추가로 나타내려면 Employee 파일의 레코드를 하나씩 읽어서, 휴대폰 번호 필드를 추가한(현재는 값이 비어 있음) 레코드를 새로운 Employee 파일에 기록하는 프로그램을 작성해야 한다. 그 다음에 기존의 Employee 파일을 사용하던 모든 응용 프로그램들을 찾아서 휴대폰 번호 필드를 추가해야 하고, 이 프로그램들을 다시 컴파일해야 한다.

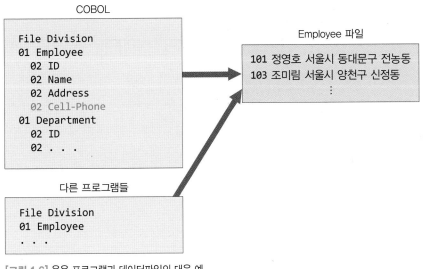

[그림 1.6] 응용 프로그램과 데이터파일의 대응 예

1.2.2 파일 시스템의 단점

파일 시스템은 운영체제를 설치할 때 함께 설치되기 때문에 별도의 구입 비용을 지출하지 않고도 사용할 수 있고 속도가 빠른 장점이 있지만, 다음과 같은 여러 가지 단점 때문에 일부 간단한 응용 이외에는 파일 방식을 사용하기 어렵다.

▶ **데이터가 많은 파일에 중복해서 저장된다.**

중복된 데이터의 변경을 제어하는 것이 어렵기 때문에 중복된 데이터 간에 불일치가 발생할 수 있다. 또한, 중복된 데이터를 저장하기 위해 기억 장소가 낭비된다.

예:

[그림 1.7]에서 보는 것처럼 기업의 인사 관리 응용 프로그램에 사용되는 EMPLOYEE 파일과 사원 교육 관리 응용 프로그램에서 사용되는 ENROLLMENT 파일에 DEPARTMENT가 중복되어 나타날 수 있다. 어떤 사원의 DEPARTMENT 필드 값이 바뀔 때 두 파일에서 모두 수정하지 않으면 동일한 사원의 소속 부서가 파일마다 다르게 저장되어 데이터의 불일치가 발생한다.

EMPLOYEE 파일(인사 관리 프로그램용)

NAME	EMPNO	DEPARTMENT	···	ADDRESS

ENROLLMENT 파일(교육 관리 프로그램용)

NAME	EMPNO	DEPARTMENT	···	COURSE

[그림 1.7] 두 파일에서 DEPARTMENT가 중복됨

▶ **다수 사용자들을 위한 동시성 제어가 제공되지 않는다.**

동시성 제어가 제공되지 않기 때문에 두 사용자가 동시에 계좌 파일에 접근하여 한 사용자는 잔액을 읽고, 다른 사용자는 잔액을 수정하면 데이터의 일관성이 깨질 수 있다.

▶ **검색하려는 데이터를 쉽게 명시하는 질의어가 제공되지 않는다.**

▶ **보안 조치가 미흡하다.**

사용자의 권한에 따른 세밀한 수준(예: 레코드 단위)의 접근 제어를 시행하기 어렵다. 일반적으로 파일 시스템에서는 파일 단위로만 검색, 갱신, 실행 권한을 부여할 수 있다. 또한, 각 파일에 대한 사용자를 구체적으로 명시할 수 없다.

예:

UNIX 운영 체제에서는 파일의 사용자를 파일의 소유자, 파일 소유자가 속한 그룹, 컴퓨터 시스템에 계정을 가진 모든 사용자 등의 세 부류로만 구분한다. 또한, 각 파일에 대한 권한 부여는 이러한 세 부류 각각에 대하여 (읽기, 갱신, 실행) 수준으로만 명시할 수 있다.

▶ **회복 기능이 없다.**

응용 프로그램에서 파일 내의 데이터를 수정하는 도중에 컴퓨터 시스템이 다운되었다가 재가동되었을 때 데이터의 일관성을 복구하기 어렵다.

▶ **프로그램-데이터 독립성이 없으므로 유지보수 비용이 크다.**

파일의 구조가 응용 프로그램에 반영되어 있기 때문에 파일의 구조가 바뀌면 영향을 받는 모든 응용 프로그램들을 수정해야 한다. 또한, 응용 프로그램의 기능을 확장하려면 파일의 구조에 대한 요구사항이 바뀌므로 파일을 재조직해야 한다.

▶ **데이터 모델링 개념이 부족하다.**

데이터의 의미와 데이터 간의 상호 관계를 나타내기 어렵다.

▶ **무결성을 유지하기 어렵다.**

파일 내의 데이터가 만족시켜야 하는 무결성 제약조건(예, 은행 잔고 > 0)들을 명시하려면 프로그래머가 직접 프로그래밍 언어를 사용하여 일일이 프로그램에 표현해야 하므로 무결성을 유지하기가 어렵다. 또한, 새로운 제약조건들을 추가하거나 기존의 제약조건을 수정하는 것도 어렵다.

▶ **프로그래머의 생산성이 낮다.**

각 응용 프로그램마다 프로그래머가 새로운 파일 형식과 설명을 설계하는 과정부터 시작한 후 새로운 응용 프로그램을 위한 파일 접근 논리를 작성해야 하기 때문에 개발 시간이 오래 걸린다. 프로그래머는 자바, C 등의 프로그래밍 언어로 원하는 데이터(what) 및 원하는 데이터를 찾는 방법(how)을 상세하게 구현해야 한다.

▶ **데이터의 공유가 부족하다.**

각 응용 프로그램마다 파일들을 갖고 있으며 데이터를 접근하는 응용 프로그램들이 여러 가지 프로그래밍 언어(예: C, 자바, 코볼 등)들로 작성되어 데이터 공유가 제한된다. 공유가 가능한 경우에도 파일 수준에서만 가능하다.

▶ **융통성이 부족하다.**

여러 파일로부터 원하는 데이터를 검색하는 것이 어렵다. 새로운 응용 프로그램의 개발뿐만 아니라 데이터의 분석이 용이하지 않다.

1.2.3 DBMS를 사용한 데이터베이스 관리

파일 기반 방식의 단점은 데이터의 정의가 프로그램에 내포되어 있다는 것과 프로그램에서 데이터를 접근하고 조작하는 것 이외에 별도의 제어가 없다는 두 가지 요인 때문에 주로 발생한다. DBMS 방식에서 데이터베이스는 논리적으로 연관된 데이터(데이터에 관한 설명도 포함해서)의 모임으로서 여러 사용자/응용 프로그램이 공유하며, 조직체의 정보 요구에 부응하기 위하여 설계된다. 그리고 정보 관리를 중앙 집중화함으로써 여러 사용자와 응용 프로그램들이 데이터베이스를 공유한다. 사용자의 질의를 빠르게 수행할 수 있는 인덱스 등의 접근 경로를 DBMS가 자동적으로 선택하여 수행한다. 권한이 없는 사용자로부터 데이터베이스를 보호한다. 여러 사용자에 적합한 다양한 인터페이스를 제공하고 데이터 간의 복잡한 관계를 표현하며, 무결성 제약조건을 DBMS가 자동적으로 유지한다. 시스템이 고장 나면 데이터베이스를 고장 전의 일관된 상태로 회복시킨다.

데이터베이스는 표준화된 형식으로 저장되며, 통합된 데이터베이스에 대한 접근이 모두 DBMS를 통하여 이루어진다. 프로그램에 영향을 주지 않으면서 데이터베이스 구조를 변경할 수 있고, 데이터베이스에 영향을 미치지 않으면서 응용 프로그램을 수정할 수 있다. 이를 **프로그램-데이터 독립성** program-data independence 이라고 부른다. [그림 1.8]은 DBMS 방식을 보여준다.

데이터베이스의 테이블과 파일 시스템의 파일의 차이점이 무엇일까? DBMS는 테이블에 입력되는 데이터를 최종적으로 파일에 저장하게 된다. 하나의 테이블에 속한 데이터가 여러 개의 파일에 걸쳐 있을 수 있고, 여러 개의 테이블의 데이터가 하나의 파일에 저장될 수 있다.

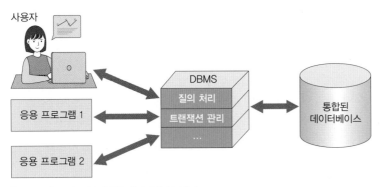

[그림 1.8] DBMS를 사용한 데이터베이스 관리

1.2.4 DBMS의 장점

DBMS에서는 중복성을 최소화하여 통합 데이터베이스를 구축하며 데이터에 대한 모든 접근은 효과적으로 데이터를 처리하는 DBMS를 통해 이루어진다. 파일 시스템에서는 데이터에 대한 큰 변경이 생기면 응용 프로그램을 조금 바꾸는 수준을 넘어서 다시 작성해야 한다. 하지만 데이터베이스 시스템에서는 DBMS가 응용 프로그램과 데이터 사이의 인터페이스 역할을 하므로 데이터 표현에 변화가 발생하면 DBMS가 유지하는 메타데이터는 바뀌지만, DBMS는 응용 프로그램이 종전과 마찬가지 방식으로 데이터를 접근할 수 있도록 할 수 있다. 이와 같은 데이터 독립성은 데이터 구조에 어떤 변경이 있어도 프로그램을 수정할 필요 없이 계속해서 사용할 수 있기 때문에 중요하다. 높은 수준의 데이터 독립성을 제공하기 위해서 DBMS는 정교한 메타데이터 관리 시스템을 포함해야 한다.

파일 시스템에 비해 DBMS를 사용할 때 얻을 수 있는 장점은 다음과 같다.

▶ **중복성과 불일치가 감소된다.**
 종래의 파일 시스템에서는 한 조직체에 여러 프로그래머가 작성한 응용 프로그램들이 존재한다. 각 응용 프로그램은 운영 데이터의 일부에 접근한다. 종래의 파일 시스템에서는 중복되고 불일치한 데이터(즉, 동일한 데이터의 여러 사본이 서로 다른 값을 보유함)가 있을 수 있다. 데이터 불일치는 일상생활에서도 흔히 만날 수 있다. 예를 들어, 거래처의 전화번호를 휴대폰과 엑셀 파일에 각각 저장해 두었는데 거래처의 바뀐 전화번호를 어느 한곳에서만 수정하면 데이터의 불일치가 발생한다. 모든 데이터를 하나의 데이터베이스에 통합하면 불일치뿐만 아니라 중복성도 감소된다. DBMS를 사용한다고 해서 중복성이 완전히 제거되는 것은 아니지만, 데이터베이스 설계자 또는 응용 프로그램 개발자가 중복성의 유형과 정도를 신중하게 제어할 수 있다.

DBMS의 성능을 향상시키기 위해서 중복성을 제한적으로 허용하는 것이 바람직할 수도 있다. 또한, 데이터를 수집하고, 저장하고, 갱신하는 비용도 감소된다. 물론 데이터베이스의 일관성을 유지하는 것이 파일 시스템보다 쉽다는 것이지 보장된다는 것은 아니다.

▶ 사용자에게 보다 나은 서비스가 제공된다.

DBMS는 종종 사용자에게 보다 나은 서비스를 제공하기 위해서 사용된다. 파일 시스템에서는 어떤 정보가 가용한지 알기 어렵다. 데이터베이스에 데이터가 통합되면 사용자는 보다 쉬우며 새롭고 통합된 정보를 얻을 수 있다. 또한, DBMS는 데이터에 접근하기 위해서 프로그램을 작성할 줄 모르는 사용자들이 질의어를 통해 보다 용이하게 데이터를 접근할 수 있도록 한다.

▶ 프로그램 - 데이터 독립성이 향상된다.

데이터를 응용 프로그램으로부터 분리함으로써 데이터의 구조가 바뀌어도 응용 프로그램을 수정해야 하는 필요성이 크게 감소된다.

▶ 시스템을 개발하고 유지하는 비용이 감소된다.

앞에서 언급한 것처럼 데이터가 파일 시스템에 저장된 경우보다 데이터베이스 시스템에 중앙 집중화되었을 때 데이터에 대한 요청을 보다 쉽게 만족시킬 수 있다. 데이터베이스를 구축하는 초기 비용이 많이 들 수 있지만, 데이터베이스를 구축하고 응용 프로그램들을 개발 및 유지하는 전체 비용은 기존의 파일 시스템을 사용할 때보다 일반적으로 적게 든다. 왜냐하면 DBMS의 비절차적 언어를 사용하면 파일 시스템의 절차적 언어를 사용하는 것보다 프로그래머의 생산성이 크게 향상되기 때문이다. 일반적으로 DBMS는 사용자들을 지원하는 많은 도구를 제공한다.

▶ 표준화를 시행하기가 용이하다.

데이터베이스에 대한 모든 접근이 DBMS를 통하기 때문에 표준화를 시행하기가 용이하다. 데이터의 이름 부여, 데이터의 형식, 데이터의 구조 등에 대해 표준화를 시행할 수 있다. 예를 들어, 날짜는 yyyymmdd, yymmdd, mmyydd, mm-dd-yy 등 다양한 형식으로 저장될 수 있다. 만일 날짜를 저장하는 형식을 표준화하지 않으면 데이터베이스에 대한 질의의 결과가 부정확하게 된다.

▶ 보안이 향상된다.

파일 시스템에서는 흔히 한 조직체의 서로 다른 응용 프로그램들이 운영 데이터의 서로 다른 부분에 접근한다. 이런 환경에서는 보안을 시행하기가 매우 어렵다. 데이터베이스를 구축하면 데이터가 중앙 집중화되기 때문에 보안을 시행하기가 용이해진다. 누가 데이터베이스의 어떤 부분에 접근할 것인가를 제어하는 것이 좀 더 쉬워진다. 레코드와 같은 세밀한 수준에서 검색, 갱신(삽입, 삭제, 수정을 구분하여) 등의 권한을 사용자에게 부여할 수 있다. 그러나 데이터베이스를 구축하면 의도를 갖고 접근하는 사람이 보안을 침범하는 것이 쉬워질 수도 있다.

▶ 무결성이 향상된다.

데이터베이스 방식을 사용하는 조직에서는 데이터가 중앙 집중화되고 동시에 다수의 사용자가 데이터베이스에 접근하므로 무결성을 제어하는 것이 반드시 필요하다. 무결성은 여러 방법에 의해 손상될 수 있다. 예를 들어, 데이터 입력을 잘못해서 어떤 사원의 급여가 200만 원 대신 20만 원으로 입력될 수 있다. 학생이 도서관에서 책을 대출하고 반납하였으나 아직 반납하지 않은 것으로 남아 있을 수 있다. 만일 아무런 조치 없이 다수의 사용자가 동시에 동일한 데이터를 갱신하는 것이 허용된다면, 데이터베이스의 갱신 결과는 원래 의도한 바와 완전히 달라질 가능성이 있다. 예를 들어, 항공사의 DBMS에서 항공기의 실제 좌석 수보다 많은 고객의 예약이 승인을 받는 경우가 생길 수 있다. 따라서 동시에 발생한 갱신으로 인해 데이터베이스에 이와 같은 오류가 생기지 않도록 하는 조치가 필요하다. 하지만 모든 데이터의 관리를 DBMS가 맡기 때문에 파일 시스템보다 무결성을 유지하는 것이 용이하다.

▶ **조직체의 요구사항을 식별할 수 있다.**

대부분의 조직체에는 여러 부서가 있다. 각 부서는 자신의 부서의 기능이 가장 중요하며, 따라서 자신의 요구가 가장 중요하다고 흔히 생각한다. 일단 데이터베이스가 중앙 집중식으로 구축되면 조직체의 요구사항들을 식별하여 충돌하는 요구사항들의 균형을 이루는 것이 필요하다. 높은 우선순위를 갖는 요구사항과 낮은 우선순위를 갖는 요구사항이 상충되면 낮은 우선순위의 요구사항을 무시하거나 지연시키는 것이 필요할 수도 있다.

▶ **다양한 유형의 고장으로부터 데이터베이스를 회복할 수 있다.**

데이터베이스를 접근하는 도중에 시스템이 고장나는 경우에 고장이 나기 이전의 일관된 데이터베이스 상태를 복구할 수 있다.

▶ **데이터베이스의 공유와 동시 접근이 가능하다.**

여러 사용자가 통합된 데이터베이스를 공유하며 동시에 데이터베이스를 접근할 수 있다.

▶ **다양한 도구들을 활용할 수 있다.**

데이터베이스를 설계하는 도구, 응용 프로그램을 개발하는 도구, 리포트를 생성하는 도구, 성능을 튜닝하는 도구 등 다양한 도구들을 활용할 수 있다.

〈표 1.1〉은 파일 시스템과 DBMS 방식의 차이점을 요약하여 비교한 것이다.

〈표 1.1〉 파일 시스템 방식과 DBMS 방식의 비교

파일 시스템 방식	DBMS 방식
데이터에 대한 물리적 접근만 조정한다.	데이터에 대한 물리적 접근과 논리적인 접근을 모두 조정한다.
동일한 파일을 두 개 이상의 프로그램이 동시에 접근할 수 없다.	동일한 데이터를 다수 사용자가 동시에 접근할 수 있다.
데이터가 비구조적이며, 중복성과 유지보수 비용이 높다.	데이터가 구조화되어 있으며, 중복성과 유지보수 비용이 낮다.
어떤 프로그램이 기록한 데이터는 다른 프로그램에서 읽을 수 없는 경우가 많다.	접근 권한이 있는 모든 프로그램이 데이터를 공유한다.
데이터에 대한 접근은 미리 작성된 프로그램을 통해서만 가능하다.	질의어를 사용하여 데이터에 대한 융통성 있는 접근이 가능하다.
각 응용 프로그램마다 파일이 따로 있으므로 데이터가 통합되어 있지 않다.	데이터가 중복을 배제하면서 통합되어 있다.

DBMS 선정 시 고려 사항

DBMS를 선정할 때 고려해야 할 사항에는 여러 가지 요소가 있다. 먼저 기술적인 요인으로는

DBMS에 사용되고 있는 데이터 모델, DBMS가 지원하는 사용자 인터페이스, 프로그래밍 언어, 응용 개발 도구, 저장 구조, 성능, 데이터베이스 용량, 접근 방법 등이 있다. 경제적인 요인으로는 소프트웨어와 하드웨어 구입 비용, 유지 보수 비용, 직원들의 교육 지원 등이 있다.

1.2.5 DBMS의 단점

이와 같은 DBMS의 여러 장점에도 불구하고 모든 상황에서 DBMS가 파일 시스템에 비해 항상 장점만을 갖는 것은 아니다. DBMS를 무조건 사용해야 하는 것은 아니므로 업무의 요구사항을 잘 파악하여 DBMS 사용 여부를 결정해야 한다.

DBMS는 소프트웨어의 규모가 크고 복잡해서 파일 방식보다 많은 하드웨어 자원을 필요로 하므로 추가적인 하드웨어 구입 비용이 들고 DBMS 자체의 구입 비용도 상당히 비싼 편이다. 데이터베이스 분야의 기술에 익숙한 신규 직원들을 채용하거나 기존 직원들을 교육하는 비용도 많이 든다. DBMS가 자동적으로 데이터베이스의 일관성을 유지하기 위해서 컴퓨터의 자원을 많이 필요로 하므로 응답 시간이 많이 걸릴 수 있다.

백업과 회복의 복잡도도 높고, 역설적으로 중앙 집중과 관련된 문제가 발생할 수 있다. 한 조직체의 모든 데이터를 데이터베이스에 중앙 집중화하면 데이터베이스는 필수불가결한 자원이 된다. 조직체의 운영은 데이터베이스에서 얻는 신뢰할 수 있는 정보에 의존한다. 시스템이 고장났을 때 DBMS가 자동적으로 데이터베이스를 고장 전의 일관된 상태로 회복하지만, 파일 방식에 비해서 고장의 영향을 더 크게 받을 수 있다.

DBMS는 일반적으로 다수 사용자를 위해 데이터베이스에 대한 온라인 접근을 제공한다. 이에 반해서 기존의 파일 시스템은 종종 특정한 요구를 만족시키기 위해서 설계되며, 따라서 소수의 사용자를 위한 접근을 제공한다. 데이터베이스가 사용될 때 다수 사용자가 데이터베이스에 접근하기 때문에 비밀과 프라이버시 노출 등의 단점이 있을 수 있다. 정보가 중앙 집중화되고 원격지의 사용자들에게도 접근이 허용되면, 정보가 누출될 가능성이 파일 시스템보다 높을 수 있다.

데이터를 갱신하는 사용자들을 제어하거나 데이터 품질을 제어하기 위해 적절한 조치가 있어야 한다. 데이터를 직접 접근하는 사용자 수가 늘어날수록 사용자들이 데이터에 손상을 가져올 가능성이 커진다. 적절한 제어가 없으면 데이터 품질이 손상된다.

따라서 초기의 투자비용이 너무 클 때, 오버헤드가 너무 클 때, 응용이 단순하고 잘 정의되었으며 변경되지 않을 것으로 예상될 때, 엄격한 실시간 처리 요구사항이 있을 때, 데이터에 대한 다수 사용자의 접근이 필요하지 않을 때는 DBMS를 사용하지 않는 것이 바람직할 수 있다.

1.3.1 데이터 모델

데이터 모델은 데이터베이스의 구조를 기술하는 데 사용되는 개념들의 집합인 구조(데이터 타입과 관계), 이 구조 위에서 동작하는 연산자들, 무결성 제약조건들로 이루어진다. 하나의 데이터 모델에 대해 하드웨어, 운영체제, 성능, 신뢰도, 사용자 인터페이스, 추가 유틸리티 및 도구 등에 따라 여러 가지 구현이 있을 수 있다. 지금까지 많은 데이터 모델들이 제안되었는데 이들의 주요 차이점은 사용자에게 인식되는 논리적 모델의 유형이다.

> **예:**
>
> 관계 데이터 모델에서는 [그림 1.9]와 같이 실세계 객체를 테이블 형태로 표현한다.

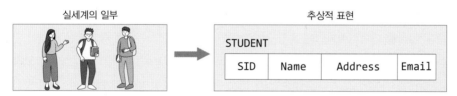

[그림 1.9] 관계 데이터 모델에서의 실세계 표현

각 데이터 모델은 공통된 목적을 가지고 있다. 사용자에게 내부 저장 방식의 세세한 사항은 숨기면서 데이터에 대한 직관적인 뷰를 제공하는 동시에 이들 간의 사상을 제공하는 것이다.

데이터 모델은 여러 가지로 분류할 수 있다. **고수준** 또는 **개념적 데이터 모델** conceptual data model 은 사람이 인식하는 것과 유사하게 데이터베이스의 전체적인 논리적인 구조를 명시한다. 이는 반대로 시스템이 인식하는 것과는 거리가 멀다. 이런 데이터 모델의 예로는 **엔티티−관계** ER: Entity-Relationship 데이터 모델과 객체 지향 데이터 모델이 있다.

표현(구현) 데이터 모델 representation(implementation) data model 에는 **계층 데이터 모델** hierarchical data model, **네트워크 데이터 모델** network data model, **관계 데이터 모델** relational data model 이 있다. 이런 데이터 모델들은 최종 사용자가 이해하는 개념이면서 컴퓨터 내에서 데이터가 조직되는 방식과 멀리 떨어져 있지는 않다.

저수준 또는 **물리적 데이터 모델** physical data model 은 시스템이 인식하는 것과 가까운데, 데이터베이스에 데이터가 어떻게 저장되는가를 기술한다(예: 레코드 형식과 순서). 이런 데이터 모델에는 Unifying, ISAM, VSAM 등이 있다.

데이터베이스에 데이터를 조직하는 유일한 방법은 없다. 실제로 많은 상용 DBMS에서 다양한 방법들이 제안되었다. 일반적으로 데이터베이스 시스템은 적어도 두 개의 데이터 모델을 갖는 다. 첫째는 데이터를 저장 장치에 표현하기 위한 모델인 물리적인 데이터 모델이고, 나머지 하나는 사용자 위주로 데이터를 표현하기 위한 모델인 논리적인 데이터 모델이다.

1.3.2 DBMS의 발전 과정

DBMS 분야는 빠르게 변화하고 있다. 응용과 DBMS 기능 사이의 갭을 줄이는 방향으로 DBMS가 발전하고 있다. 60년대와 70년대의 계층 및 네트워크 DBMS를 거쳐서 80년대 초반 이후에는 관계 DBMS가 널리 사용되고 있다. 현재 계층 및 네트워크 DBMS들은 거의 사용되지 않고 있다. 보다 새롭고 우수한 데이터 모델들이 개발되었고 점차 상용 DBMS에 구현되고 있다. 대규모 데이터베이스에 적합한 새로운 아키텍처들이 계속 개발되고 있다. 80년대 후반부터 관계 데이터 모델의 단점을 해결하기 위해 **객체 지향 DBMS** OODBMS: Object-Oriented DBMS 가 등장하였고 90년대 후반부터 주요 관계 DBMS 제조업체들이 **객체 관계 DBMS** ORDBMS: Object-Relational DBMS 를 판매하고 있다.

[그림 1.10]은 DBMS에 사용되는 데이터 모델들의 발전 과정을 나타낸다. 계층 DBMS에서 시작하여 네트워크 DBMS를 거쳐 관계 DBMS로 발전하였다. 객체 지향 프로그래밍 분야와 네트워크 DBMS로부터 객체 지향 DBMS가 등장하였다. 관계 DBMS와 객체 지향 DBMS의 장점을 수용하여 객체 관계 DBMS가 개발되었다. 본 절에서는 주요 DBMS 모델들의 개요를 살펴본다.

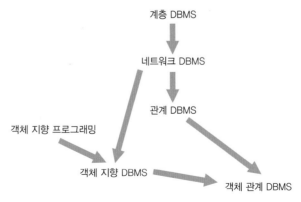

[그림 1.10] DBMS의 발전 과정

계층 DBMS

1960년대 후반에 최초로 상업적으로 성공을 거둔 계층 DBMS가 IBM 사에서 개발되었다
(IMS). 이 제품은 원래 순수한 계층 DBMS였지만, 실제적인 필요성에 의해 비계층적인 기능들
이 나중에 일부 추가되었다.

계층 DBMS는 트리 구조를 기반으로 하는 계층 데이터 모델을 사용한 DBMS이다. 계층 데이
터 모델은 네트워크 데이터 모델의 특별한 사례이다. [그림 1.11]은 계층 데이터베이스로 표현
된 기업의 데이터베이스 구조를 보여준다. 기업에는 여러 부서들이 있으며, 각 부서마다 여러
프로젝트를 수행하고, 각 프로젝트에는 여러 사원들이 참여하고 있음을 나타낸다.

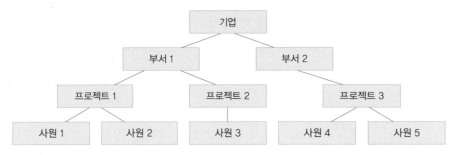

[그림 1.11] 계층 데이터베이스의 예

계층 데이터 모델의 장점은 어떤 유형의 응용에 대해서는 빠른 속도와 높은 효율성을 제공한다
는 것이다. 데이터가 트리 형태로 모델링될 수 있을 때 계층 데이터 모델은 훌륭한 선택이 된다.
하지만 어떻게 데이터에 접근하는가를 미리 응용 프로그램에 정의해야 하며, 데이터베이스가
생성될 때 각각의 관계가 명시적으로 정의되어야 하는 문제점이 있다. 계층 DBMS에서는 레코
드들이 링크로 연결되어 있으므로 레코드 구조를 변경하기 어렵다. 또한, 응용 프로그램을 수정
하는 것도 어렵다. 따라서 데이터 독립성이 매우 제한된다.

계층 DBMS에서 사용되는 질의어는 절차적이므로 한 번에 한 개의 레코드를 검색할 수 있다.

네트워크 DBMS

1960년대 초에 Charles Bachman이 하니웰 ^{Honeywell} 사에서 최초의 네트워크 DBMS인 IDS
를 개발하였다. 1960년대 후반에 CODASYL 모델이 정의되었다. 이 모델은 네트워크 모델이
지만 좀 더 표준화되었다. 네트워크 DBMS는 레코드들이 노드로, 레코드들 사이의 관계가 간
선으로 표현되는 그래프를 기반으로 하는 네트워크 데이터 모델을 사용한다. [그림 1.12]는 네
트워크 데이터베이스로 표현된 대학의 데이터베이스 구조를 나타낸다. 대학에는 여러 학과들이
있으며, 각 학과마다 여러 과목들을 개설하고, 각 과목을 여러 학생들이 수강한다. 또한, 각 학

생은 여러 과목들을 수강할 수 있다. 네트워크 DBMS에서도 레코드들이 링크로 연결되어 있으므로 레코드 구조를 변경하기 어렵다. 또한, 응용 프로그램을 수정하는 것도 어렵다. 따라서 데이터 독립성이 매우 제한된다.

네트워크 DBMS에서 사용되는 질의어는 절차적이므로 한 번에 한 개의 레코드를 검색할 수 있다.

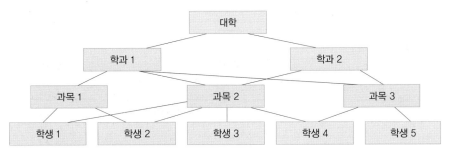

[그림 1.12] 네트워크 데이터베이스의 예

관계 DBMS

1970년에 E.F. Codd가 IBM 연구소에서 관계 데이터 모델을 제안하였다. 이후에 관계 데이터 모델을 사용한 DBMS를 구현하려는 두 개의 주요 프로젝트가 시작되었다. 한 프로젝트는 미국 캘리포니아 버클리 대학교에서 진행된 Ingres였다. Ingres는 나중에 상용 Ingres가 되었으며, POSTGRES로 발전되었고, 이후에 Informix에 합병되었다(Informix는 나중에 IBM에 합병되었다). 다른 한 프로젝트는 IBM 연구소에서 진행된 System R이었다. System R은 나중에 DB2로 상용화되었다. IBM 연구소에서 System R 프로젝트를 진행하면서 SQL을 고안했다. SQL은 관계 데이터 모델에 기반을 둔 질의어의 사실상의 표준이 되었다.

관계 DBMS의 장점은 모델이 간단하여 이해하기 쉬우며, 사용자는 자신이 원하는 것 what 만 명시하고, 데이터가 어디에 있는지, 어떻게 접근해야 하는지는 DBMS가 결정한다. 관계 데이터 모델은 테이블을 기반으로 하는 데이터 모델이다. [그림 1.13]은 관계 데이터 모델의 STUDENT 테이블을 보여준다.

1980년대에 관계 데이터베이스 기술이 크게 성숙되었고, ISO를 통해서 SQL의 표준화가 이루어졌다. 1990년대에도 관계 기술이 계속해서 확장되고 성능이 향상되었다. 관계 데이터 모델은 현재 판매되는 대부분의 DBMS에서 사용되고 있는 중요한 데이터 모델이므로 2장에서 자세하게 논의한다.

현재 관계 데이터 모델에 기반을 둔 상용 DBMS들로는 오라클, MS SQL Server, MySQL, Sybase, DB2, PostgreSQL 등이 있다.

STUDENT

NAME	ST_NO	ADDRESS	DEPT	GRADE
송치윤	52015	사당동	컴퓨터	3.3
김구완	53116	홍제동	정보통신	4.2
최재석	56034	양재동	정보관리	3.5
송혜영	52042	신정동	컴퓨터	2.9
조미림	53108	역삼동	정보통신	3.4

[그림 1.13] STUDENT 테이블

객체 지향 DBMS

1980년대 후반 들어 새로운 데이터 모델인 객체 지향 데이터 모델이 등장하였다. 객체 지향 데이터 모델은 객체 지향 프로그래밍 패러다임을 기반으로 하는 데이터 모델이다. 이 데이터 모델의 장점은 데이터와 프로그램을 그룹화하고, 복잡한 객체들을 이해하기 쉬우며, 유지와 변경이 용이하다는 것이다. 이 데이터 모델을 사용한 객체 지향 DBMS의 예로는 ONTOS, OpenODB, GemStone, ObjectStore, Versant, O2 등이 있다.

객체 관계 DBMS

1990년대 후반에 관계 DBMS에 객체 지향 개념을 통합한 객체 관계 데이터 모델이 제안되었다. 이 객체 관계 데이터 모델을 지원하는 DBMS의 예로서는 오라클, PostgreSQL, UniSQL 등이 있다.

객체 관계 DBMS는 관계 DBMS에 새로운 데이터 타입과 데이터베이스에 대한 연산들을 추가할 수 있는 기능을 제공한다. 객체 관계 DBMS의 장점은 관계 DBMS와 객체 지향 DBMS의 단점을 해결했다는 것이고, 단점은 DBMS의 복잡도가 증가했다는 것이다.

DBMS에 채택된 데이터 모델에 따라 해당 DBMS를 사용하여 응용을 개발할 때 프로그래밍해야 할 분량이 달라진다. [그림 1.14]는 DBMS에 채택된 데이터 모델의 기능의 차이와 이에 따른 프로그래밍 분량의 차이를 보여준다. 파일 시스템에서 객체 관계 DBMS로 갈수록 프로그래밍의 분량이 적어짐을 알 수 있다.

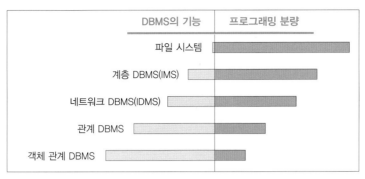

[그림 1.14] DBMS의 데이터 모델에 따른 프로그래밍 분량

1.3.3 새로운 데이터베이스 응용과 DBMS의 분류

고전적인 기업 정보 시스템에서 사용되는 데이터베이스는 사원(이름, 주소, 급여, 직책, 상태 등), 부서, 제품의 판매량 등을 포함한다. 이런 데이터베이스에 대해 수행되는 전형적인 질의들은 사원들의 급여, 어떤 부서에 근무하는 사원들의 이름 등을 검색한다. 데이터베이스 갱신 연산은 사원의 채용과 해고, 승진, 급여 인상, 판매, 구매 등을 포함한다.

항공기 예약 시스템에서 사용되는 데이터베이스는 좌석 등급, 출발일, 출발 장소, 도착 장소, 항공기편 등을 포함한다. 전형적인 질의들은 출발/도착 시간에 따른 항공기편, 각 좌석 등급별 빈 좌석 수 등을 검색하며, 데이터 갱신 연산은 항공기편 예약, 좌석 배정, 예약 취소 등을 포함한다.

은행 시스템에서 사용되는 데이터베이스는 고객의 이름과 주소, 예금의 종류, 잔액, 예금과 대출의 연계 등을 포함한다. 잔액 조회 등이 대표적인 질의이다. 데이터 갱신 연산은 입금과 출금에 따른 잔액 갱신, 새로운 고객의 구좌 정보 삽입 등을 포함한다.

이와 같은 기존의 데이터베이스 응용들 이외에 데이터베이스를 활용하는 새로운 응용 분야들이 등장하고 있다. 새로운 데이터베이스 응용에는 CAD 데이터베이스, 소프트웨어 공학 데이터베이스(재사용이 가능한 소프트웨어들의 라이브러리), 게놈 데이터베이스, 데이터 웨어하우스, 데이터 마이닝, OLAP, 멀티미디어 데이터베이스 등이 있다. 또한, 웹에 저장되어 있는 방대한 웹 문서들을 위한 웹 데이터베이스의 중요성도 증가하고 있다. 이밖에도 반구조적 semi-structured 인 데이터와 XML을 지원하는 데이터베이스, 공간 spatial 데이터베이스, 스트림 stream 데이터베이스, 이동 mobile 데이터베이스 등에 대한 연구가 진행되고 있다.

[그림 1.15]는 현대의 관계 DBMS가 갖는 기능들을 요약해서 보여준다.

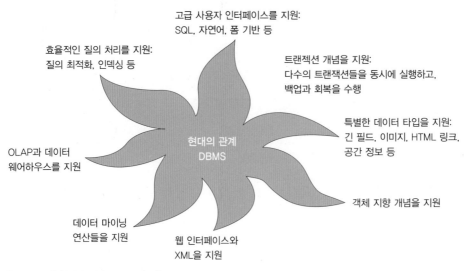

[그림 1.15] 현대의 관계 DBMS의 기능

현대의 데이터베이스 시스템의 추세는 DBMS의 크기가 점차 줄어들고 있다는 것이다. PC에서 돌아가는 DBMS도 기가바이트 용량의 데이터를 저장할 수 있다. 또한, 데이터베이스는 점차 크기가 증가하고 있다. 테라바이트 크기의 데이터베이스가 드물지 않게 되었다. 데이터베이스에 이미지, 비디오, 오디오 등 멀티미디어 데이터를 저장할 수 있다. 디스크의 용량이 데이터베이스의 크기를 따라가지 못하는 응용에서는 제3 저장 장치가 사용되고 있다. 제3 저장 장치에서는 데이터를 저장하고 있는 테이프, CD 등을 로봇이 찾아내며, 매우 느린 응답 시간(수 초)을 갖는다.

DBMS는 여러 가지 기준에 따라 다양하게 분류할 수 있다. 〈표 1.2〉는 몇 가지 기준에 따라 DBMS들을 분류한 예를 보여준다.

〈표 1.2〉 DBMS들의 분류

기준	종류
데이터 모델에 따른 분류	· 계층 DBMS
	· 네트워크 DBMS
	· 관계 DBMS
	· 객체 지향 DBMS
	· 객체 관계 DBMS
사용자의 수에 따른 분류	· 단일 사용자 DBMS(주로 PC용)
	· 다수 사용자 DBMS
사이트의 수에 따른 분류	· 중앙 집중식 DBMS
	· 분산 DBMS
접근 방법에 따른 분류	· 범용 DBMS
	· 특별한 DBMS(예: 공간 DBMS)

1.4 DBMS 언어

데이터베이스를 구축하기 위해서 사용자는 먼저 데이터베이스 스키마를 정의한 후에 DBMS
에서 제공하는 연산자들을 사용하여 데이터를 저장, 검색, 수정, 삭제하게 된다. 일반적으
로 DBMS는 이와 같은 작업을 용이하게 하는 언어들을 제공한다. 이런 언어들은 DBMS마다
DBMS의 바탕이 되는 데이터 모델, 복잡도, 기능, 사용의 용이성(사용자 인터페이스) 등에 따라
다르다. 관계 DBMS에서는 다음의 세 가지 기능이 SQL에서 함께 제공된다. 오라클에서는 이
와 다르게 분류하는데, 오라클의 SQL은 4장에서 자세하게 논의한다.

데이터 정의어(DDL: Data Definition Language)

사용자는 데이터 정의어를 사용하여 데이터베이스 스키마를 정의한다. 데이터 정의어로 명시된
문장이 입력되면 DBMS는 사용자가 정의한 스키마에 대한 명세를 시스템 카탈로그 또는 데이
터 사전에 저장한다. 시스템 카탈로그는 메타데이터를 저장한다. 메타데이터는 데이터베이스에
저장된 데이터에 관한 데이터를 말한다. 시스템 카탈로그는 8장에서 자세하게 설명한다.

데이터 정의어의 기능은 특정 언어에 따라 다르지만, 기본적인 기능에는 아래와 같은 사항들이
포함된다.

▶ 데이터 모델에서 지원하는 데이터 구조를 생성

> 예: SQL에서 CREATE TABLE

▶ 데이터 구조의 변경

> 예: SQL에서 ALTER TABLE

▶ 데이터 구조의 삭제

> 예: SQL에서 DROP TABLE

▶ 데이터 접근을 위해 특정 애트리뷰트 위에 인덱스를 정의

> 예: SQL에서 CREATE INDEX

데이터 조작어(DML: Data Manipulation Language)

사용자는 데이터 조작어를 사용하여 데이터베이스 내의 원하는 데이터를 검색하고, 수정하고, 삽입하고, 삭제한다. 일반적으로 데이터 조작어에는 어떤 데이터가 필요하고 어떻게 데이터를 찾을 것인가를 명시하는 **절차적 언어** procedural language 와 어떤 데이터를 원하는가만 명시하고 데이터를 검색하는 방법은 명시하지 않는 **비절차적 언어** non-procedural language 가 있다. 관계 DBMS에서 사용되는 SQL은 대표적인 비절차적 언어이다.

대부분의 상용 관계 DBMS들은 비절차적 요소와 절차적 요소를 모두 포함하는 질의어를 제공한다. 예를 들어서 오라클은 비절차적 언어인 SQL에 절차적 요소를 추가한 PL/SQL을 제공한다. PL/SQL에 관해서는 3.4절에서 간략하게 설명한다.

대부분의 데이터 조작어는 SUM, COUNT, AVG와 같은 내장 함수들을 갖고 있다. 데이터 조작어는 단말기에서 대화식으로 입력되어 수행되거나 C, 코볼 등의 고급 프로그래밍 언어로 작성된 프로그램에 내포되어 사용된다. 이때의 고급 프로그래밍 언어를 **호스트 언어** host language 라고 한다. 일반적으로 대화식 모드로 사용되는 언어와 동일한 언어가 내포된 데이터 조작어로서도 사용된다.

데이터 조작어를 호스트 언어로 작성된 프로그램에 내포시켜 사용하는 이유는 데이터 조작어에는 호스트 언어가 가지고 있는 조건문, 반복문, 입력문 등이 없기 때문이다. 데이터 조작어뿐만 아니라 데이터 정의어도 내포된 언어로 사용될 수 있다. 관계 DBMS에서 SQL은 조건을 만족하는 레코드들의 집합을 검색하는 데 반해서 호스트 언어는 일반적으로 레코드 단위로 처리하므로 **두 언어 간의 불일치** impedance mismatch 문제가 발생한다. 데이터 조작어를 호스트 언어에 내포된 방식으로 사용하는 것은 4장에서 설명한다.

데이터 조작어의 기능은 특정 언어에 따라 다르지만, 기본적인 기능에는 다음과 같은 사항들이 포함된다.

▶ **데이터의 검색**

> 예: SQL에서 SELECT

▶ **데이터의 수정**

> 예: SQL에서 UPDATE

▶ **데이터의 삭제**

> 예: SQL에서 DELETE

▶ 데이터의 삽입

예: SQL에서 INSERT

[그림 1.16]은 데이터 정의어와 데이터 조작어의 기능을 요약해서 보여준다. [그림 1.17]은 1.6
절에서 설명할 ANSI/SPARC 3단계 모델에서 데이터 정의어와 데이터 조작어가 어떤 단계에
서 사용되는가를 나타낸다.

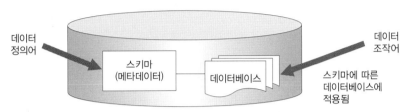

[그림 1.16] 데이터 정의어와 데이터 조작어

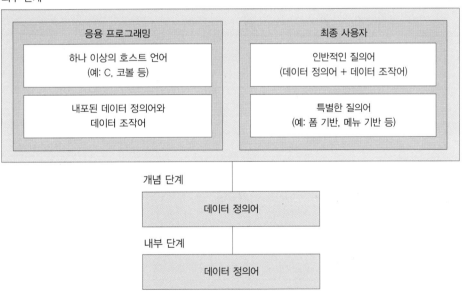

[그림 1.17] ANSI/SPARC 3단계 모델의 각 단계에서 사용되는 데이터 정의어와 데이터 조작어

데이터 제어어(DCL: Data Control Language)

사용자는 데이터 제어어를 사용하여 데이터베이스 트랜잭션을 명시하고 권한을 부여하거나 취
소한다. 트랜잭션과 권한 관리는 각각 9장과 10장에서 설명한다.

PC에 구축된 데이터베이스의 경우에는 사용자 수가 적지만, 기업의 통합된 데이터베이스를 구축하고 계속해서 유지 및 사용하기 위해서는 다양한 사용자들이 관계된다. 사용자는 역할에 따라 몇 가지 유형으로 구분할 수 있다. [그림 1.18]은 다양한 DBMS 사용자들의 역할과 상호 관계를 요약해서 보여준다.

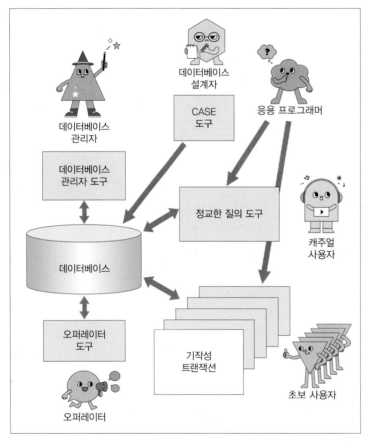

[그림 1.18] DBMS의 사용자들

데이터베이스 관리자(DBA: Database Administrator)

대부분의 조직체에서 데이터베이스는 여러 사용자들이 공유하는 귀중한 자산이다. 데이터베이스는 적절하게 유지되고 관리될 때만 조직의 여러 사용자들의 요구를 효과적으로 만족시킬 수 있다. **데이터베이스 관리자**는 조직의 여러 부분의 상이한 요구를 만족시키기 위해서 일관성 있는 데이터베이스 스키마를 생성하고 유지하는 사람(팀)을 말한다. 데이터베이스 관리자는 데이터베이스를 생성하기 위해서 다양한 사용자들의 요구사항을 분석하고 평가해야 하며, 이 결과에 따라 논리적인 구조(데이터베이스 스키마)를 결정하게 된다. 논리적인 구조 위에서 여러 사용자들의 요구에 맞는 뷰들을 정의한다. 데이터베이스 관리자는 조직의 정보 자원과 필요성을 잘 이해하고 있어야 한다. 데이터베이스 관리자의 역할은 관리적인 역할부터 기술적인 역할까지 다양하다. 대규모 데이터베이스에서는 다수의 사람으로 이루어진 팀이 데이터베이스 관리자 역할을 수행한다. 데이터베이스 관리자는 데이터 정의어의 주요 사용자이다.

널리 사용되는 주요 DBMS들은 데이터베이스 관리자가 사용할 수 있는 데이터베이스 관리 도구들을 지원한다. 이런 관리 도구들을 사용하여 데이터베이스 관리자는 다음과 같은 업무들을 수행한다.

▶ **데이터베이스 스키마의 생성과 변경**

데이터베이스 관리자는 데이터베이스의 개념적 스키마를 결정하는 업무를 수행한다. 또한 데이터베이스 관리자는 필요할 때마다 개념적 스키마를 변경하는 역할도 수행한다.

▶ **한꺼번에 적재(bulk loading)**

다른 포맷으로 저장된 파일의 데이터를 데이터베이스에 한꺼번에 적재한다.

▶ **무결성 제약조건을 명시**

일관된 데이터베이스 상태를 정의하는 규칙들을 명시한다.

▶ **사용자의 권한을 허용하거나 취소하고, 사용자의 역할을 관리**

데이터베이스 관리자는 여러 사용자에게 데이터베이스의 다양한 부분을 접근할 수 있도록 승인하거나 승인을 취소한다. 또한, 사용자 그룹들 간의 비호환성을 조정하고 해결한다.

▶ **저장 구조와 접근 방법(물리적 스키마) 정의**

일단 데이터베이스의 내용이 결정되면 데이터베이스 관리자는 데이터가 어떻게 저장되고 어떤 인덱스를 유지할 것인가를 결정한다. 데이터베이스 관리자는 DBMS의 성능을 모니터해서 성능이 미흡한 경우에는 저장 구조를 변경한다.

▶ **백업과 회복**

데이터베이스가 조직체의 귀중한 자산이기 때문에 데이터베이스 관리자는 데이터베이스가 손실되지 않도록 모든 노력을 기울여야 한다. 정기적으로 데이터베이스를 백업하고 고장(또는 화재나 홍수와 같은 재해)이 발생했을 때 적절한 회복 절차를 사용하여, 데이터베이스가 다운된 시간을 가능한 한 최소화하면서 데이터베이스를 복구한다.

▶ **표준화 시행**

데이터베이스에 대한 표준화를 시행한다.

응용 프로그래머(application programmer)

응용 프로그래머는 데이터베이스 위에서 특정 응용(예: 고객 관리, 인사 관리, 재고 관리 등)이나 인터페이스를 구현하는 사람으로서 데이터 조작어의 주요 사용자이다. 응용 프로그래머는 고급 프로그래밍 언어인 C, 코볼 등으로 응용 프로그램을 개발하면서 데이터베이스에 접근하는 부분은 내포된 데이터 조작어를 사용한다. 이들이 작성한 응용 프로그램을 최종 사용자들이 사용하게 된다. 이들이 작성한 프로그램은 최종 사용자들이 반복해서 수행하므로 **기작성 트랜잭션** canned transaction 이라 부른다. 은행 창구에서 행원들이 고객의 잔액을 조회하거나 입출금을 처리하기 위해 사용하는 프로그램들이 기작성 트랜잭션의 예이다.

최종 사용자(end user)

최종 사용자는 질의하거나 갱신하거나 보고서를 생성하기 위해서 데이터베이스를 사용하는 사람으로서 데이터 정의어나 데이터 조작어를 직접 사용하는 경우는 비교적 많지 않다. 최종 사용자는 다시 데이터베이스 질의어를 사용하여 매번 다른 정보를 찾는 캐주얼 사용자와 기작성 트랜잭션을 주로 반복해서 수행하는 초보 사용자로 구분할 수 있다.

데이터베이스 설계자(database designer)

ERWin 등의 CASE Computer-Aided Software Engineering 도구들을 이용해서 데이터베이스 설계를 책임진다. 데이터베이스의 일관성을 유지하기 위해서 정규화를 수행한다. 데이터베이스를 효율적으로 접근할 수 있도록 인덱스 등을 정의한다. 또한, 데이터베이스 설계에 관한 문서화 작업을 수행한다.

오퍼레이터(operator)

오퍼레이터는 DBMS가 운영되고 있는 컴퓨터 시스템과 전산실을 관리하는 사람이다.

1.6 ANSI/SPARC 아키텍처와 데이터 독립성

1.6.1 ANSI/SPARC 아키텍처

DBMS의 주요 목적은 사용자에게 데이터에 대한 추상적인 뷰를 제공하는 것이다. 즉, 데이터가 어떻게 저장되고 유지되는가에 관한 상세한 사항을 숨기는 것이다. 현재 대부분의 상용 DBMS 구현에서 사용되는 일반적인 아키텍처는 1978년에 제안된 ANSI/SPARC 아키텍처이다. ANSI/SPARC 아키텍처의 3단계는 물리적, 개념적, 외부 단계로 이루어진다.

▶ 외부 단계(external level): 각 사용자의 뷰

▶ 개념 단계(conceptual level): 사용자 공동체의 뷰

▶ 내부 단계(internal level): 물리적 또는 저장 뷰

3단계 데이터베이스 아키텍처는 프로그램-데이터 독립성, 데이터에 대한 다수의 뷰를 제공하는 DBMS의 특성을 지원한다. 3단계 아키텍처의 주요 목적은 데이터베이스에 대한 사용자의 관점과 데이터베이스가 실제로 표현되는 방식을 분리하는 것이다. 이는 다음과 같은 이유 때문에 바람직하다.

▶ **독립적인 사용자 맞춤형 뷰(customized view)를 제공한다.**
각 사용자는 동일한 데이터를 서로 다른 맞춤형 뷰를 가지면서 접근할 수 있어야 하며, 이는 서로 독립적이어야 한다. 즉, 한 사용자의 뷰의 변화는 다른 사용자의 뷰에 영향을 미치지 않아야 한다.

▶ **사용자를 위해서 상세한 물리적인 저장을 숨겨야 한다.**
사용자는 물리적인 데이터베이스 저장의 상세한 내용을 다룰 필요가 없어야 한다. 사용자들은 데이터 자체만 다루도록 허용되어야 한다.

▶ **데이터베이스 관리자는 사용자들의 뷰에 영향을 미치지 않으면서 데이터베이스 저장 구조를 변경할 수 있어야 한다.**
때때로 한 조직의 데이터베이스의 구조를 바꿔야 하는 중요한 이유가 생길 수 있다.

▶ **데이터베이스의 내부 구조는 저장의 물리적인 측면이 바뀌어도 영향을 받지 않아야 한다.**
새로운 디스크에 데이터베이스가 저장될 수 있다.

▶ **데이터베이스 관리자는 사용자들에게 영향을 미치지 않으면서 데이터베이스의 개념적 구조 또는 전역적인 구조를 바꿀 수 있어야 한다.**
요구되는 각 사용자의 뷰를 여전히 유지하면서 이런 작업이 가능해야 한다.

[그림 1.19]는 ANSI/SPARC 3단계 아키텍처를 보여준다. 제일 위의 단계는 사용자와 가장 가까운 외부 단계이다. 가운데에 위치한 단계가 개념 단계이고, 그 아래 단계는 물리적 저장 장치와 가장 가까운 내부 단계이다. 지금부터 세 개의 단계를 좀 더 자세하게 논의한다. 내부 단계에서 외부 단계로 올라갈수록 추상화 수준이 높아진다. 일반적으로 데이터베이스 관리자만 세 개의 단계 모두에 접근한다.

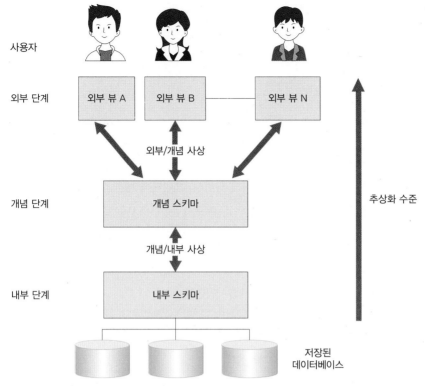

사용자

외부 단계 　외부 뷰 A　　외부 뷰 B　　외부 뷰 N

　　　　　　　　　외부/개념 사상

개념 단계 　　개념 스키마

　　　　　　　　　개념/내부 사상

내부 단계 　　내부 스키마

　　　　　　　　　　　　　　　　추상화 수준

　　　　　　　　　　　　저장된
　　　　　　　　　　　　데이터베이스

[그림 1.19] ANSI/SPARC 3단계 아키텍처

외부 단계

외부 단계는 데이터베이스의 각 사용자가 갖는 뷰이다. 외부 단계는 각 사용자가 어떻게 데이터를 보는가를 기술한다. 여러 부류의 사용자를 위해 동일한 개념 단계로부터 다수의 서로 다른 뷰가 제공될 수 있다. 일반적으로, 최종 사용자와 응용 프로그래머들은 데이터베이스의 일부분에만 관심을 갖는다. 예를 들어, 대학교 데이터베이스에서 한 학과의 학과장은 학과의 예산과 학생들의 수강 정보에는 관심이 있지만, 도서관에 관한 정보에는 관심이 없을 수 있다. 도서관의 사서는 교수들에 관해 어떠한 관심도 없을 수 있다. 경리과에서는 학생들의 수강에 관해서는 관심이 없다. 또 다른 예로, 은행 데이터베이스는 고객, 창구의 행원, 신용카드 회사, 은행의 급여 관리자가 접근하지만, 각각은 전체 은행 데이터베이스의 일부만 접근할 뿐이다.

외부 단계들은 동일한 데이터에 대한 서로 다른 표현들을 제공할 수 있다. 예를 들어, 어떤 사용자는 날짜를 월/일/연도 형식으로 보고, 또 다른 사용자는 날짜를 연도/월/일의 형식으로 볼 수 있다. 어떤 뷰는 유도되거나 계산된 데이터를 포함할 수 있다. 예를 들어, 나이는 생년월일로부터 계산할 수 있기 때문에 유도된 데이터라고 한다. 나이를 데이터베이스에 저장하면 매년 갱신해야 하므로 바람직하지 않다.

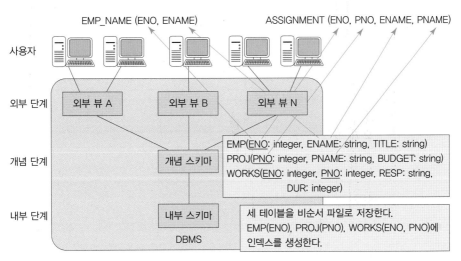

[그림 1.20] 관계 데이터 모델에서 3단계 아키텍처의 예

개념 단계

개념 단계는 조직체의 정보 모델로서, 물리적인 구현은 고려하지 않으면서 조직체 전체에 관한
스키마를 포함한다. 개념 단계는 데이터베이스에 어떤 데이터가 저장되어 있으며, 데이터 간에
는 어떤 관계가 존재하고, 어떤 무결성 제약조건들이 명시되어 있는가를 기술한다. 다시 말하면
개념 단계는 전체 데이터베이스의 논리적인 구조를 기술한다. 개념 단계는 데이터베이스에 대
한 사용자 공동체의 뷰를 나타낸다. 데이터베이스마다 오직 한 개의 개념 스키마가 존재한다.
개념 단계는 저장 구조와 독립적이다. 관계 데이터 모델에서 개념 스키마는 테이블들의 집합으
로 표현된다. 관계 데이터 모델에서 개념 스키마에 대한 변화의 예로는 기존의 데이터베이스
에 새 테이블 생성, 기존의 테이블 제거, 기존의 테이블에 대한 애트리뷰트 추가 또는 삭제 등이
있다.

내부 단계

내부 단계는 실제의 물리적인 데이터 구조에 관한 스키마이다. 데이터베이스에 어떤 데이터가 어떻게 저장되어 있는가를 기술한다. 내부 단계에서는 인덱스, 해싱 등과 같은 접근 경로, 데이터 압축 등을 기술한다. 이 단계에서는 효율성을 가장 중요하게 고려하며, 효율적인 데이터베이스를 제공하기 위한 데이터 구조가 선택된다. 데이터베이스마다 한 개의 내부 스키마가 존재한다. 데이터베이스의 개념 스키마에는 영향을 미치지 않으면서 성능을 향상시키기 위해 내부 스키마를 변경하는 것이 바람직할 수 있다. 내부 단계에서 물리적인 저장 장치를 직접적으로 다루지는 않는다. 그 대신에 내부 단계에서는 물리적인 장치가 물리적인 페이지들의 모임으로 이루어진다고 가정하고 논리적인 페이지들의 관점에서 공간을 할당한다.

내부 단계 아래는 물리적 단계이다. 물리적 단계는 DBMS의 지시에 따라 운영체제가 관리한다. 물리적 단계는 디스크 같은 저장 장치에 데이터를 물리적으로 저장하는 기법을 다룬다.

예:

[그림 1.20]의 내부 단계에서는 EMP 테이블의 ENO 애트리뷰트, PROJ 테이블의 PNO 애트리뷰트, WORKS 테이블의 (ENO, PNO) 애트리뷰트에 인덱스가 정의되어 있으며, 세 테이블이 모두 비순서 파일로 저장되어 있음을 알 수 있다.

예:

ANSI/SPARC 3단계 아키텍처의 개념과 [그림 1.21]의 전철 노선도를 비교해 보자. 수도권 전철 노선도는 수도권 시민이 전철 노선도를 보는 관점을 모두 합쳐 놓은 개념 스키마에 해당한다. 대부분의 시민들은 9개 전철 노선도의 모든 역에 관해서 잘 알고 있을 필요가 없다.

사당동에 사는 학생이 청량리에 있는 학교에 통학하기 위해서는 사당역에서 전철을 타고, 동대문역에서 갈아 탄다. 따라서 이 학생은 9개 노선의 수많은 전철역들 중에서 사당역, 동대문역, 청량리역에만 관심을 갖는다.

양재동에 사는 직장인이 광화문에 있는 사무실에 출퇴근하기 위해서는 양재역에서 전철을 타고, 종로3가역에서 갈아탄다. 따라서 이 직장인은 양재역, 종로3가역, 광화문역에만 관심을 갖는다. 이 학생과 회사원이 관심을 갖는 각각의 역들이 외부 단계에 해당한다.

전철이 교류를 사용하는지 또는 직류를 사용하는지, 우측통행인지 또는 좌측통행인지, 전철역에 에스컬레이터가 있는지, 각 전철에 몇 량이 달려 있는지 등은 내부 단계에 비유할 수 있다.

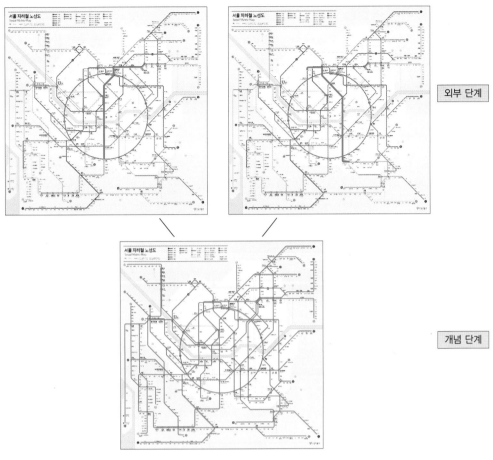

외부 단계

개념 단계

[그림 1.21] 전철 노선도

스키마 간의 사상

DBMS는 세 가지 스키마 간의 사상을 책임진다. 각 외부 스키마는 **외부/개념 사상** external/conceptual mapping 에 의해 개념 스키마와 연관된다. 외부/개념 사상은 외부 단계의 뷰를 사용해서 입력된 사용자의 질의를 개념 단계의 스키마를 사용한 질의로 변환한다. **개념/내부 사상** conceptual/internal mapping 은 이를 다시 내부 단계의 스키마로 변환하여 디스크의 데이터베이스에 접근하게 된다. 개념/내부 사상을 통해 DBMS가 개념 스키마 내의 한 논리적 레코드를 구성하는, 물리적 저장 장치 내의 실제의 레코드 또는 레코드들의 집합을 찾을 수 있다. [그림 1.19]는 외부 단계와 개념 단계 간의 사상, 개념 단계와 내부 단계 간의 사상이 일어나는 위치를 보여준다.

1.6.2 데이터 독립성

ANSI/SPARC 아키텍처의 주요 목적은 **데이터 독립성** ^{data independence} 을 제공하는 것이다. 데이터 독립성은 상위 단계의 스키마 정의에 영향을 주지 않으면서 어떤 단계의 스키마 정의를 변경할 수 있음을 의미한다. 데이터 독립성은 **논리적 데이터 독립성** ^{logical data independence} 과 **물리적 데이터 독립성** ^{physical data independence} 으로 구분할 수 있다.

관계 데이터베이스에서는 개념 스키마가 테이블들의 집합으로 이루어진다. 모든 유형의 내부 스키마 구조의 변화에도 데이터 독립성이 제공되는 것은 아니다. 예를 들어, 전화번호의 국번호가 세 자리에서 네 자리 숫자로 늘어나면 물리적인 레코드에서 해당 애트리뷰트의 길이가 늘어나야 하는 경우가 있다. 이런 경우에는 개념 단계의 스키마에서도 해당 애트리뷰트의 길이가 늘어나야 하고, 외부 단계도 검색된 국번호를 사용자에게 올바르게 보여주기 위해서 변경되어야 한다. 물론 추가 작업을 통해서 상위 단계에 미치는 영향을 줄일 수 있다.

[그림 1.22]는 ANSI/SPARC 아키텍처에서 논리적 데이터 독립성과 물리적 데이터 독립성이 적용되는 위치를 보여준다.

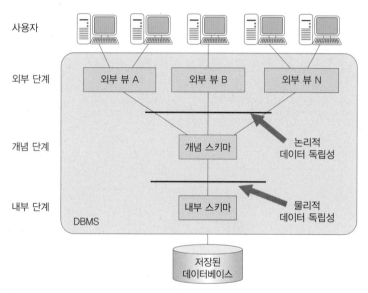

[그림 1.22] 논리적 데이터 독립성과 물리적 데이터 독립성

논리적 데이터 독립성

논리적 데이터 독립성은 개념 스키마의 변화로부터 외부 스키마가 영향을 받지 않음을 의미한다. 기존의 외부 스키마에 영향을 미치지 않고 응용 프로그램을 다시 작성할 필요 없이 개념 스키마에 대한 변화가 가능해야 한다.

물리적 데이터 독립성

물리적 데이터 독립성은 내부 스키마의 변화가 개념 스키마에 영향을 미치지 않으며, 따라서 외부 스키마(또는 응용 프로그램)에도 영향을 미치지 않음을 의미한다. 내부 스키마의 변화의 예로는 파일의 저장 구조를 바꾸거나 인덱스를 생성하거나 삭제하는 등의 작업이 있다. 이런 작업은 성능 향상을 위해 때때로 필요하다. 물리적인 데이터 독립성이 제공되면 응용 프로그램들은 데이터가 어떻게 물리적인 구조를 갖고 저장되었는가를 신경 쓸 필요가 없다. 구현에 관한 상세한 사항과 최적화는 DBMS에 맡기면 된다. 이것이 오늘날 관계 DBMS가 성공을 거둔 가장 중요한 이유 중의 하나이다.

1.7 데이터베이스 시스템 아키텍처

소프트웨어 시스템은 일반적으로 아키텍처를 갖는다. DBMS는 다수의 모듈로 이루어진 복잡한 소프트웨어이다. [그림 1.23]은 전형적인 데이터베이스 시스템을 간략하게 나타낸 아키텍처를 보여준다. 데이터베이스 관리자가 데이터 정의어를 사용하여 테이블 생성을 요청하면 **데이터 정의어 컴파일러** DDL compiler 가 이를 번역하여, 테이블이 파일 형태로 데이터베이스에 만들어지고, 이 테이블에 대한 명세가 시스템 카탈로그에 저장된다.

최종 사용자나 응용 프로그래머가 데이터 조작어를 사용하여 데이터베이스에 접근하려 하면 DBMS의 **질의 처리기** query processor (데이터 조작어를 수행하는 최적의 방법을 찾는 모듈)를 통해서 기계어 코드로 번역되고, DBMS의 **런타임 데이터베이스 관리기** run-time database manager (디스크에 저장된 데이터베이스를 접근하는 모듈)에 의해 데이터베이스가 접근된다. 이 과정에서 사용자가 원하는 테이블이 데이터베이스에 존재하는가, 데이터 조작어를 입력한 사용자가 해당 테이블을 접근할 수 있는 권한이 있는가, 테이블에 어떤 접근 경로들이 존재하는가 등을 시스템 카탈로그에 접근하여 확인한다.

여러 사용자가 공용 데이터베이스에 접근할 때 생길 수 있는 데이터 불일치를 해결하기 위해서 **동시성 제어** concurrency control 모듈이 사용된다. 데이터베이스를 접근하는 도중에 시스템이 다운되면, 다운되기 직전의 일관된 데이터베이스 상태를 복구하기 위해서 **회복** recovery 모듈이 사용된다. 동시성 제어 모듈과 회복 모듈을 합쳐서 **트랜잭션 관리** transaction management 모듈이라 부른다.

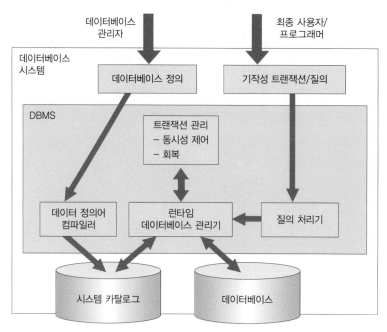

[그림 1.23] 데이터베이스 시스템의 간단한 아키텍처

[그림 1.23]에는 표현되지 않았지만, 일반적으로 **데이터베이스 API** Application Program Interface 또는 드라이버 도 데이터베이스 시스템에 포함된다. API는 공통적으로 사용되는 데이터베이스 접근 유형을 위한 라이브러리 함수들의 모임이다. 각 제품에 고유한 데이터베이스 API가 있지만, 이런 API는 다른 제품에서는 동작하지 않는다. 예를 들어, 오라클의 API는 MS SQL Server에 사용할 수 없다.

두 가지 중요한 데이터베이스 API 표준은 ODBC Open Database Connectivity 와 JDBC Java Database Connectivity 이다. 어떤 표준 데이터베이스 API를 사용하든지 간에 목적은 동일하다. 즉, 서로 다른 데이터베이스에 대한 접근을 간단하게 하며, 데이터베이스 간의 차이점을 숨기는 것이다.

ODBC는 마이크로소프트 사가 주도적으로 개발한 데이터베이스 드라이버로서 널리 사용되고 있다. ODBC는 사실상의 산업계의 표준이 되었다. ODBC는 주로 윈도우 운영체제 환경에서 사용된다.

JDBC는 자바를 위한 드라이버로서 자바가 운영되는 모든 플랫폼에서 지원된다. JDBC는 자바 프로그래밍 언어로 작성된 클래스와 인터페이스들의 집합으로 이루어진다.

일반적으로 ODBC는 응용들 간에 사용되고 JDBC는 자바 프로그래머가 관계 데이터베이스에 접근할 때 사용된다. ODBC로 접근할 수 있는 데이터베이스들을 작은 bridge 프로그램을 사용하여 JDBC 인터페이스에서 접근할 수 있다.

다른 데이터베이스를 접근하기 위해서 ODBC를 사용하려면 사용자는 ODBC 소프트웨어, 접근하려는 각 데이터베이스에 대한 별도의 모듈(드라이버)이 필요하다. 드라이버는 DBMS의 운영체제와 네트워크 프로토콜의 차이점을 가려준다.

표준 데이터베이스 API를 지원하는 DBMS 간에는 서로 상대방의 데이터베이스에 접근할 수 있다. 예를 들어, 오라클과 MS SQL Server의 내부는 크게 다르지만, [그림 1.24]처럼 오라클에서 ODBC를 통해 MS SQL Server 데이터베이스에 접근할 수 있다. ODBC는 SQL 요청을 받아서 각 데이터베이스 시스템이 인식할 수 있는 요청으로 변환한다.

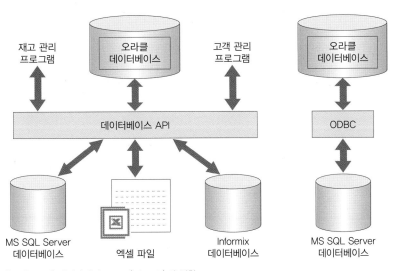

[그림 1.24] 데이터베이스 API(ODBC)의 역할

데이터베이스 시스템을 운영하는 데 연관된 사이트들의 수와 이 사이트들의 역할에 따라 데이터베이스 시스템의 아키텍처를 몇 가지 유형으로 구분할 수 있다.

중앙 집중식 데이터베이스 시스템(centralized database system)

데이터베이스 시스템이 하나의 컴퓨터 시스템에서 운영된다. 데이터베이스 접근과 관련하여 다른 컴퓨터 시스템과 상호 작용하지 않는다. [그림 1.25]는 중앙 집중식 데이터베이스 시스템의 아키텍처를 나타낸다. 중앙의 컴퓨터에 저장된 데이터베이스를 여러 단말기에서 접근한다.

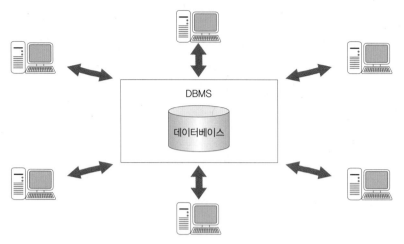

[그림 1.25] 중앙 집중식 데이터베이스 시스템

분산 데이터베이스 시스템(distributed database system)

네트워크로 연결된 여러 사이트에 데이터베이스 자체가 분산되어 있으며, 데이터베이스 시스템도 여러 컴퓨터 시스템에서 운영된다. 사용자는 다른 사이트에 저장된 데이터베이스에도 접근할 수 있다. 사용자에게 데이터베이스가 분산되지 않은 것처럼 느끼게 만드는 것이 필요하다. [그림 1.26]은 분산 데이터베이스 시스템의 아키텍처를 나타낸다. 각 컴퓨터마다 분산 DBMS가 운영된다. 사용자는 지역 데이터베이스뿐만 아니라 원격 데이터베이스도 접근할 수 있다.

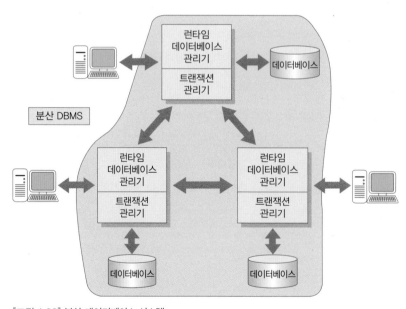

[그림 1.26] 분산 데이터베이스 시스템

클라이언트-서버 데이터베이스 시스템(client-server database system)

중앙 집중식 데이터베이스 시스템에서는 자체 처리 능력이 없는 단말기를 통해 중앙의 데이터베이스에 접근하지만, 클라이언트-서버 데이터베이스 시스템에서는 PC 또는 워크스테이션처럼 자체 컴퓨팅 능력을 가진 클라이언트를 통해 데이터베이스 서버에 접근한다. 분산 데이터베이스 시스템과 달리 클라이언트-서버 데이터베이스 시스템에서는 데이터베이스가 하나의 데이터베이스 서버에 저장되어 있다([그림 1.27]).

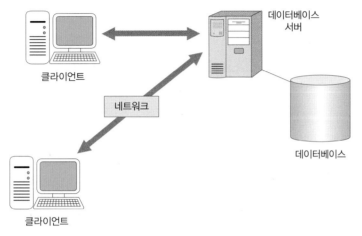

[그림 1.27] 클라이언트-서버 데이터베이스 시스템

클라이언트-서버 데이터베이스 시스템에서는 데이터베이스 시스템의 기능이 서버와 클라이언트에 분산된다. 서버는 데이터베이스를 저장하고 DBMS를 운영하면서 여러 클라이언트에서 온 질의를 최적화하고, 권한 검사를 수행하고, 동시성 제어와 회복 기능을 수행하고, 데이터베이스의 무결성을 유지하고, 데이터베이스 접근을 관리한다. 클라이언트는 사용자 인터페이스를 관리하고 응용들을 수행한다. 클라이언트와 서버 사이의 인터페이스는 SQL(4장에서 논의)이나 API를 이용한다.

클라이언트-서버 아키텍처는 클라이언트와 데이터베이스 서버가 직접 연결되는 **2층 모델** 2-tier model 과 클라이언트와 데이터베이스 서버 사이에 **응용 서버** application server 가 추가된 **3층 모델** 3-tier model 로 구분한다([그림 1.28]).

2층 모델에서는 응용의 논리가 클라이언트와 서버에 흩어져 있으며, 3층 모델에서는 응용의 논리가 응용 서버에만 포함되어 있다. 2층 모델에 비해서 3층 모델이 갖는 장점은 서비스 요청과 응답이 클라이언트와 응용 서버 간에만 전송되기 때문에 성능이 향상된다. 또한, 응용 소프트웨어를 다수의 클라이언트 대신에 소수의 응용 서버에 설치하게 되므로 구현 및 유지보수가 용이하다.

3층 모델에서 클라이언트는 프레젠테이션 기능을 수행하고, GUI를 관리하고, 네트워크 접근을 제공하는 통신 소프트웨어를 실행한다. 응용 서버는 비즈니스와 데이터 논리를 처리한다. 데이터베이스 서버는 데이터베이스를 관리한다. 3층 모델을 ANSI/SPARC의 3단계 아키텍처와 혼동하지 않기 바란다.

예를 들어, 3층 모델을 따라 구현된 항공기 예약 시스템에서 클라이언트는 사용자 로그인을 수행하고, 사람이 알아보기 쉬운 형식으로 결과를 디스플레이한다. 응용 서버는 새로운 예약을 처리하고, 기존 예약을 취소하고, 새로운 항공편을 추가하는 등의 논리를 수행한다. 데이터베이스 서버는 항공편 정보(예약 좌석 수, 총 좌석 수, 빈 좌석 수 등), 예약자 정보 등을 관리한다.

클라이언트-서버 데이터베이스 시스템의 장점은 기존의 데이터베이스를 보다 넓은 지역에서 접근할 수 있고, 성능이 향상되며, 하드웨어 비용이 절감된다는 것이다. 또한, 다양한 컴퓨터 시스템을 사용할 수 있다는 것이다. 예를 들어, 클라이언트는 PC에서 윈도우 운영체제를 사용하고, 서버는 워크스테이션이나 메인프레임에서 UNIX 운영 체제를 사용할 수 있다. 보안이 다소 취약할 수 있다는 것은 클라이언트-서버 데이터베이스 시스템의 단점이다.

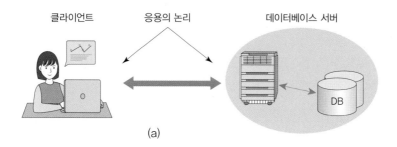

(a)

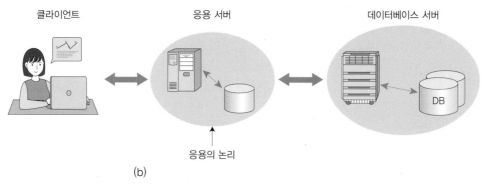

(b)

[그림 1.28] 2층 모델(a)과 3층 모델(b)

1. 다음 용어들을 간략히 설명하시오.

   데이터, 데이터베이스, DBMS, 데이터베이스 시스템, 내포, 외연, 데이터베이스 관리자, 시스템 카탈로그, 기작성 트랜잭션, 데이터 독립성

2. 데이터베이스에 대한 설명을 데이터베이스 스키마라 부르고, 특정 시점에 데이터베이스에 들어 있는 데이터를 데이터베이스 상태라고 부른다. 다음 보기 중에서 사용자가 자주 변경하게 되는 것은?
   ① 데이터베이스 스키마
   ② 데이터베이스 상태
   ③ 데이터베이스 스키마와 데이터베이스 상태 모두
   ④ 데이터베이스 스키마와 데이터베이스 상태 모두 아님

3. 데이터 모델에 대한 다음 설명 중에서 맞는 것은?
   ① 데이터베이스 구조를 기술하기 위해서 사용되는 개념들의 집합
   ② ANSI/SPARC 3단계 아키텍처의 한 단계
   ③ 데이터가 어떻게 디스크에 물리적으로 저장되었는가를 기술
   ④ 사용자가 데이터를 정의한 모델

4. 올바른 문장을 고르시오.
   ① 데이터베이스 스키마는 사용자가 관심을 갖는 모든 데이터 타입들에 대한 설명을 포함한다.
   ② 데이터베이스 스키마는 기존의 파일들의 목록이다. 사용자가 새로운 파일을 만들 때마다 그 파일에 대한 설명이 자동적으로 데이터베이스 스키마에 추가된다.

5. 다음 보기 중에서 ANSI/SPARC 아키텍처가 중요한 이유로 가장 적절한 것은?
   ① ANSI/SPARC 아키텍처는 DBMS 제조업체와 최종 사용자를 위한 참조 모델을 정의

한다.

   ② ANSI/SPARC 아키텍처는 사용자가 데이터의 용도, 데이터의 의미, 데이터의 저장을 명시하는 공통된 기법이다.

   ③ ANSI/SPARC 아키텍처는 논리적 데이터 독립성과 물리적 데이터 독립성을 제공한다.

   ④ ANSI/SPARC 아키텍처는 ANSI 표준 기관에서 정의되었다.

6. ANSI/SPARC 3단계 아키텍처의 외부 단계에 대한 설명 중에서 맞는 것은?
   ① 최종 사용자가 관리한다.
   ② DBMS가 관리한다.
   ③ 실제로 존재하지 않으며, 이론에 불과하다.
   ④ 위의 모든 보기와 관계가 없다.

7. 아래의 상황 중에서 시스템이 논리적 데이터 독립성을 제공하는 것을 하나 고르고 그 이유를 설명하시오.
   ① 사용자와 응용 프로그램이 데이터베이스의 저장 구조에 의존하지 않는다.
   ② 어떤 응용 프로그램에도 영향을 주지 않으면서 데이터의 저장 표현을 변경할 수 있다.
   ③ 사용자와 응용 프로그램에 영향을 주지 않으면서 데이터베이스가 성장하거나 재구성될 수 있다.
   ④ 외부 스키마를 변경하지 않으면서 개념 스키마와 내부 스키마를 변경할 수 있다.

8. 데이터베이스에 저장된 데이터를 처리하는 데 어떤 연산들이 필요한가?

9. 만일 여러분이 비디오테이프 또는 DVD 대여점을 운영하고 있다고 가정하자. 어떤 정보를 데이터베이스에 관리해야 하는가?

10. ≪데이터베이스 배움터≫와 같은 교재를 데이터베이스라고 할 수 있는가?

11. 어떤 신문사 홈페이지에 들어 있는 웹 문서들을 데이터베이스라고 할 수 있는가?

12. 데이터 모델이 무엇인가? 왜 데이터 모델이 중요한가?

13. 여러분이 알고 있는 데이터 모델들을 열거하시오. 이들이 표현할 수 있는 구조적인 정보의 양에 따라 순서를 부여하시오.

14. DBMS의 주요 기능을 설명하시오.

15. 오라클과 파일 중에서 어떤 유형의 응용에 어떤 대안을 사용하는 것이 적절한지 설명하시오.

16. 본 책에서 파일 기반 시스템의 단점을 설명하였다. 데이터베이스 시스템과 비교하여 파일 시스템이 갖는 장점이 무엇이라고 생각하는가? 어떤 상황에서 파일 기반 시스템이 데이터베이스 시스템보다 선호되겠는가?

17. 파일 시스템에 비해서 DBMS가 갖는 장점과 단점을 각각 세 개씩 열거하시오.

18. DBMS를 사용하는 장점에도 불구하고 아직 많은 데이터가 DBMS가 아니라 파일(예를 들어, 워드 프로세서 문서, 엑셀 문서, 텍스트 문서, HTML 문서 등)에 저장된다. 이런 데이터를 저장하기 위해 DBMS를 사용하지 않는 이유를 두 가지 설명하시오.

19. DBMS를 분류하는 여러 기준들을 설명하시오.

20. 데이터 정의어가 무엇인가? 데이터 조작어가 무엇인가? 이들의 차이점은 무엇인가?

21. ANSI/SPARC의 3단계 아키텍처를 그려보고 각 단계의 역할을 설명하시오. 또한, 3단계 아키텍처가 어떻게 물리적 및 논리적 데이터 독립성 문제를 해결하는지 설명하시오.

22. 데이터 독립성이 무엇을 의미하는가? 왜 데이터 독립성이 DBMS를 위해 중요한가? 두 가지 종류의 데이터 독립성을 예를 들어 설명하시오.

23. 학생 데이터베이스의 개념 스키마를 제시하라. 최종 사용자가 가질 수 있는 외부 뷰를 몇 개 제시하시오.

24. DBMS의 전형적인 시스템 아키텍처를 설명하시오.

25. 클라이언트-서버 아키텍처에서 클라이언트와 서버의 역할을 설명하시오.

26. 2층 모델과 3층 모델을 비교하여 설명하시오.

27. 3층 모델이 웹 기반 응용에 특히 적합한 이유를 설명하시오.

28. ODBC가 무엇인가? JDBC와 ODBC의 차이점을 설명하시오.

29. 데이터베이스는 기본적으로 파일들의 모임으로 이루어진다. 데이터베이스 내의 파일 개념이 기존의 파일 시스템 내의 파일 개념과 어떻게 다른가 설명하시오.

30. 대학의 수강 신청 업무를 3층 모델로 구현했다고 가정하자. 클라이언트, 응용 서버, 데이터베이스 서버는 각각 어떤 일을 수행하겠는가?

31. DBMS를 사용하여 데이터를 저장하고 검색할 수 있듯이 마이크로소프트 사의 엑셀을 사용해도 데이터를 저장하고 검색할 수 있다. 엑셀 같은 스프레드시트 소프트웨어가 갖지 못한 DBMS의 기능을 두 개 설명하시오.

Chapter

02

관계 데이터 모델과
제약조건

관계 데이터 모델과 제약조건

관계 데이터 모델은 지금까지 제안된 데이터 모델들 중에서 가장 개념이 단순한 데이터 모델의 하나이다. IBM 연구소에 근무하던 E. F. Codd가 1970년에 관계 데이터 모델을 제안하였다. Codd는 관계 데이터 모델을 제안한 중요한 목적이 네 가지라고 발표하였다. 첫째, 데이터베이스 관리의 논리적인 면과 물리적인 면을 명확하게 구분하여 데이터 독립성을 높인다. 둘째, 그 당시의 다른 데이터 모델에 비해서 보다 단순한 구조를 갖도록 한다. 단순한 구조는 사용자와 프로그래머 간의 의사소통을 원활하게 하며, 조직의 다양한 사용자들이 단순한 모델과 쉽게 상호 작용할 수 있게 한다. 셋째, 한 번에 다수의 레코드들의 집합을 조작할 수 있는 기능을 제공함으로써 프로그래머가 데이터베이스를 레코드 단위로 처리하지 않는다. 넷째, 데이터베이스 관리 분야에서 튼튼한 이론적인 근거를 제공한다.

관계 데이터 모델을 최초로 구현한 가장 중요한 관계 DBMS 시제품은 1970년대에 IBM 연구소에서 개발된 System R이다. System R은 관계 DBMS가 실제로 구현되어 효율적으로 동작할 수 있다는 것을 입증하기 위하여 시도되었다. 수년 동안 진행된 System R 프로젝트에서 중요한 연구 결과들이 발표되었다. 첫째, SQL이라고 부르는 구조적 질의어가 개발되었다. System R의 질의어로 개발된 SQL은 나중에 ISO 표준이 되었으며, 관계 DBMS의 표준 질의어가 되었다. 둘째, 이 프로젝트의 연구 결과들을 바탕으로 오라클, DB2, MS SQL Server와 같은 다양한 상용 관계 DBMS들이 1980년대에 등장하였다. 지금까지 메인프레임과 소형 컴퓨터용으로 수백 개의 상용 관계 DBMS들이 발표되었다. 1980년대 후반부터 여러 가지 데이터 모델들이 새로 등장했지만 관계 DBMS는 여전히 가장 널리 사용되는 DBMS이며, 앞으로 수년 동안에도 그럴 것이다. 〈표 2.1〉은 현재 널리 사용되고 있는 관계 DBMS 제품들을 보여준다.

<표 2.1> 관계 DBMS 제품

다수 사용자용	· 오라클
	· MS SQL Server
	· DB2
	· MySQL
	· SYBASE
개인용	· Access

관계 데이터 모델이 이처럼 큰 성공을 거둔 요인은 바탕이 되는 데이터 구조로서 간단한 테이블(릴레이션)을 사용하고, 중첩된 복잡한 구조가 없고, 관계 데이터 모델 이전의 계층 데이터 모델, 네트워크 데이터 모델이 데이터를 레코드 위주로 처리를 했던 반면에, 집합 위주로 데이터를 처리하고, 고급 언어인 SQL을 제공하고, 숙련되지 않은 사용자도 쉽게 이해할 수 있고, 트랜잭션 관리 기능을 제공한다는 것이다. 또한, 표준 데이터베이스 응용에 대해 좋은 성능을 보이고 다른 데이터 모델에 비해 이론이 잘 정립되었다. 특히, 관계 데이터베이스 설계와 효율적인 질의 처리 면에서 뛰어난 장점을 갖는다.

본 장에서는 관계 데이터 모델에 관한 상세한 이론은 가급적 생략했기 때문에 이해하는 데 크게 어렵지 않을 것이다. 관계 데이터 모델은 릴레이션의 수학적인 이론을 기반으로 한다. 관계 데이터 모델은 다른 데이터 모델들보다 이론적인 기반이 튼튼하다. Codd가 수학자였기 때문에 수학 분야, 특히 집합론과 논리 분야의 용어들을 사용했다. 이런 개념들을 자세하게 다루지는 않겠지만, 기본적인 용어들은 관계 데이터 모델과 연관이 있기 때문에 이해해야 할 필요가 있다. 하지만 관계 데이터 모델을 기반으로 한 DBMS를 사용하기 위해 사용자가 상세한 수준의 이론을 마스터해야 할 필요는 없다.

본 장에서는 관계 데이터 모델과 제약조건을 논의한다. 2.1절에서는 관계 데이터 모델의 개념과 기본적인 용어들을 설명한다. 2.2절에서는 릴레이션의 특성을 논의하고 2.3절에서는 릴레이션의 다양한 키들을 설명한다. 마지막으로 2.4절에서는 관계 데이터베이스에 저장 가능한 정보를 제한하는 무결성 제약조건들을 논의한다.

관계 데이터 모델은 동일한 구조(릴레이션)의 관점에서 모든 데이터를 논리적으로 구성하며, 선언적인 질의어를 통한 데이터 접근을 제공한다. 응용 프로그램들은 데이터베이스 내의 레코드들의 어떠한 순서와도 무관하게 작성된다.

관계 데이터 모델의 목적은 높은 데이터 독립성을 제공하는 것이다. 데이터베이스와 사용자의 상호 작용은 데이터의 내부 단계, 특히 레코드들의 순서와 접근 경로의 변경에 영향을 받지 않는다. 또한, 관계 모델에서는 질의를 작성하기가 쉽다. 사용자는 원하는 데이터 what 만 명시하면 되며, 어떻게 이 데이터를 찾을 것인가 how 는 명시할 필요가 없다. 따라서 관계 DBMS는 사용자를 대신해서 보다 많은 일을 수행한다.

관계 데이터 모델은 논리적으로 연관된 데이터를 연결하기 위해서 링크나 포인터를 사용하지 않는다. 관계 데이터 모델에서는 실세계에서 서로 다른 객체들을 연관시키는 것이 값(객체의 식별자 또는 특성)들의 비교에 의해 이루어진다. 관계 연산자들의 집합은 이 특성을 이용하기 위해서 정의되었다.

2.1.1 기본적인 용어

관계 데이터 모델의 가장 큰 장점은 구조가 단순하다는 것이다. 관계 데이터 모델에서 **릴레이션** relation 은 2차원의 테이블을 의미한다. 이 모델에서 정보는 **행** row 과 **열** column 들로 표현된다. 릴레이션은 스프레드시트와 유사하게 보이지만, 두 가지 중요한 차이점이 있다. 첫째, 스프레드시트의 각 셀(행과 열이 만나는 곳)에는 데이터뿐만 아니라 **함수** formula 를 입력할 수 있고 서식도 지정할 수 있다. 둘째, 스프레드시트의 각 셀의 값은 흔히 다른 셀들의 값에 의존한다. 예를 들어, 한 셀의 값은 다른 여러 셀들의 합으로 구해진다.

한 릴레이션은 데이터베이스에 표현되는 한 엔티티에 관한 정보를 저장하는 데 사용된다. 각 릴레이션은 고유한 이름을 가진다. 일반적으로 릴레이션은 파일 시스템의 파일과 일대일로 대응되지는 않는다. 사용자가 새로운 릴레이션을 생성하면 DBMS는 특별한 형식으로 데이터를 저장하며, 여러 릴레이션의 데이터를 한 파일에 저장하거나 한 릴레이션의 데이터를 여러 파일에 흩어서 저장하기도 한다.

릴레이션의 각 행을 **레코드**라고 부른다. 레코드를 좀 더 공식적으로 **튜플** tuple 이라고 부르는데, 릴레이션이 나타내는 엔티티의 특정 인스턴스에 관한 사실(값)들의 모임이다. 다시 말해서, 한 튜플은 그 릴레이션이 나타내는 엔티티의 한 인스턴스를 의미한다. [그림 2.1]은 어떤 기업의 사원들을 나타내는 EMPLOYEE 릴레이션을 보여준다. 각 행은 한 명의 사원을 나타낸다. 이 예에서 알 수 있듯이 한 **애트리뷰트** attribute 는 릴레이션에서 이름을 가진 하나의 열이다. 예를 들어, EMPNO 열은 사원번호를 나타낸다. 한 릴레이션은 특정 엔티티 타입에 속하는 애트리뷰트들을 나타내는 하나 이상의 열을 포함한다. 한 릴레이션에서 모든 애트리뷰트들의 이름은 서로 달라야 한다. 애트리뷰트의 이름은 애트리뷰트가 갖는 의미를 사용자에게 전달하기 위해 부여한다.

[그림 2.1]의 EMPLOYEE 릴레이션에서는 각 사원을 나타내기 위해 EMPNO, EMPNAME, TITLE, DNO, SALARY의 다섯 애트리뷰트가 사용되었다. 다섯 개의 애트리뷰트들 중에서 EMPNO는 각 사원 튜플을 고유하게 식별하므로 기본 키라고 한다. 키에 관해서는 2.3절에서 자세하게 논의한다.

[그림 2.1] 릴레이션의 예

도메인

한 애트리뷰트에 나타나는 값들은 하나의 도메인으로부터 유도된다. **도메인** domain 은 한 애트리뷰트에 나타날 수 있는 값들의 집합이다. 각 애트리뷰트의 도메인 값들은 원잣값이다. 도메인은 프로그래밍 언어의 데이터 타입과 유사하다. 동일한 도메인이 여러 애트리뷰트에서 사용될 수 있다. 관계 데이터 모델에서 복합 애트리뷰트나 다치 애트리뷰트는 허용되지 않는다. 이런 특성을 제1정규형이라 부른다. 몇 가지 정규형을 7장에서 자세하게 논의한다.

예: 도메인

EMPLOYEE 릴레이션의 EMPNAME 애트리뷰트에는 김창섭, 박영권, 이수민, 조민희, … 등의 이름이 나타날 수 있다. [그림 2.2]는 EMPNAME 도메인을 보여준다.

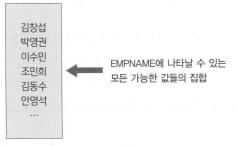

김창섭
박영권
이수민
조민희
김동수
안명석
...

← EMPNAME에 나타날 수 있는
모든 가능한 값들의 집합

[그림 2.2] EMPNAME 도메인

오라클을 포함하여 많은 상용 관계 DBMS들이 도메인을 명시하는 기능을 제공하지 않고 있다. 도메인을 지원하는 경우에는 다음과 같이 명시할 수 있다.

```
CREATE DOMAIN EMPNAME CHAR(10)
CREATE DOMAIN EMPNO INTEGER
CREATE DOMAIN DNO INTEGER
```

EMPNO와 DNO는 둘 다 정수형이지만, 서로 의미가 다른 도메인이다. 다음과 같은 작업을 위해서 EMPNO와 DNO에 대해 서로 다른 도메인을 명시하는 것이 중요하다.

▶ **릴레이션들의 합집합, 교집합, 차집합 등을 제한하기 위해서**

EMPNO와 DNO는 서로 다른 도메인을 가지므로 이 애트리뷰트들에 대해 합집합, 교집합, 차집합 등을 수행하는 것은 무의미하다. 합집합, 교집합 등에 대해서는 4장에서 자세하게 논의한다.

▶ **의미 있는 연산들만 허용하기 위해서**

예를 들어, EMPNO와 DNO를 비교하는 것은 두 애트리뷰트가 같은 정수형이라 하더라도 의미가 없으므로 사용자가 이런 연산을 수행하지 못하도록 해야 한다. 적어도 사용자가 이런 연산을 시도할 때 시스템이 경고 메시지를 표시해야 한다. 값들의 쌍은 공통된 도메인에서 유도되었을 때만 비교할 의미가 있다.

차수(degree)와 카디널리티(cardinality)

한 릴레이션에 들어 있는 애트리뷰트들의 수를 차수라 한다. 유효한 릴레이션의 최소 차수는 1이다. 즉, 모든 릴레이션은 적어도 한 개의 애트리뷰트를 가져야 한다. 릴레이션의 튜플 수를 카디널리티라고 부른다. 유효한 릴레이션은 카디널리티 0을 가질 수 있다. 즉, 튜플을 하나도 갖지 않는 릴레이션이 가능하다. 릴레이션의 차수는 자주 바뀌지 않는다.

4장에서 설명하는 데이터 정의문을 사용하여 릴레이션을 생성하면, 데이터 정의문에서 명시한 애트리뷰트들의 개수가 그 릴레이션의 차수가 된다. 릴레이션을 생성한 후 나중에 기존의 릴레이션에 애트리뷰트를 추가하거나 제거할 수 있다. 이런 경우에만 릴레이션의 차수가 변한다. 이에 반해서, 릴레이션의 카디널리티는 시간이 지남에 따라 계속해서 변한다. 즉, 기존의 릴레이션에 튜플이 삽입되거나 삭제될 때마다 릴레이션의 카디널리티가 변한다.

예: 차수와 카디널리티

[그림 2.1]의 EMPLOYEE 릴레이션에는 다섯 개의 애트리뷰트가 있으므로 차수는 5이다. 또한, 네 개의 튜플이 있으므로 카디널리티는 4이다.

〈표 2.2〉는 관계 데이터 모델의 공식적인 용어, 실제로 자주 사용되는 용어, 파일 시스템에서 사용되는 용어들 간의 대응 관계를 나타낸다.

〈표 2.2〉 용어들의 대응 관계

공식적인 용어	자주 사용되는 용어	파일 시스템의 용어
릴레이션	테이블	파일
튜플	행/레코드	레코드
애트리뷰트	열	필드

널(null)

릴레이션에 튜플을 삽입할 시점에 그 튜플의 모든 애트리뷰트들의 값이 알려지지 않을 수 있다. '알려지지 않음' 또는 '적용할 수 없음'을 나타내기 위해 널을 사용한다. 예를 들어, 사원 릴레이션에 새로운 사원에 관한 튜플을 입력하는 데 신입 사원이 휴대폰을 갖고는 있지만 휴대폰 번호를 모르는 경우는 '알려지지 않음'에 해당되고, 신입 사원의 DNO(부서번호)가 결정되지 않은 경우는 '적용할 수 없음'에 해당된다. 이처럼 일부 애트리뷰트들의 값을 모르거나 적용할 수 없을 때 튜플 전체를 삽입하지 않는 대신, 값을 모르는 애트리뷰트만 제외하고 나머지 애트리뷰트들의 값을 입력하는 것이 필요하다.

널은 임의의 애트리뷰트 도메인에 나타날 수 있는 값과도 다른 특별한 값으로 생각할 수 있다. 이와 동시에 널은 어떤 도메인에도 속한 것으로 생각할 수 있다. 널은 숫자 도메인의 0이나 문자열 도메인의 공백 문자 또는 공백 문자열과 다르다. 널은 0이 아니고, 공백 문자가 아니며, 공백 문자열이 아니다. 0, 공백 문자, 공백 문자열은 모두 특정한 값을 나타내는 반면에 널은 값이 없음을 나타낸다. DBMS들마다 널을 나타내기 위해 서로 다른 기호를 사용한다.

2.1.2 스키마와 인스턴스

릴레이션의 이름과 릴레이션의 애트리뷰트들의 집합을 **릴레이션 스키마** relation schema 라고 한다. 스키마는 릴레이션을 위한 **틀** framework 이다. 릴레이션 스키마는 다음과 같은 표기법을 사용하여 나타낸다.

> 릴레이션 이름(애트리뷰트1, ..., 애트리뷰트N)
> 또는
> 릴레이션 이름(애트리뷰트1: 데이터 타입, ..., 애트리뷰트N: 데이터 타입)

다시 말해서, 릴레이션 이름 다음에 릴레이션이 포함하는 애트리뷰트들의 이름을 열거한다. 기본 키 애트리뷰트에는 밑줄 표시를 한다. 이런 표기법은 릴레이션의 상세한 내용을 숨기면서 데이터베이스의 전체적인 구조를 명확하게 나타낼 때 유용하다. 앞으로 이런 표기법을 적절한 곳에서 사용하겠다.

예:

[그림 2.1]의 EMPLOYEE 릴레이션의 스키마는 EMPLOYEE(EMPNO, EMPNAME, TITLE, DNO, SALARY) 처럼 나타낼 수 있다. 이 릴레이션 스키마에서 릴레이션의 이름은 EMPLOYEE이고, EMPNO, EMPNAME, TITLE, DNO, SALARY의 다섯 애트리뷰트가 있으며, 기본 키는 EMPNO이다.

릴레이션 인스턴스 relation instance 는 릴레이션에 어느 시점에 들어 있는 튜플들의 집합이다. 릴레이션 인스턴스는 정적이지 않고 시간의 흐름에 따라 계속 변한다. 새로운 튜플이 삽입되거나, 기존의 튜플이 삭제되거나, 기존의 튜플이 수정될 때마다 릴레이션 인스턴스가 변한다. 이런 변화는 데이터 조작어를 통해서 이루어진다. 이에 반해서 릴레이션의 스키마는 일반적으로 매우 안정적이다. 가끔 일어나는 릴레이션 스키마의 변경 연산(예: 애트리뷰트의 추가)에 의해 릴레이션 스키마가 변경된다. 시간이 흘러감에 따라 릴레이션은 한 인스턴스에서 다른 인스턴스로 바뀐다. 일반적으로 릴레이션에는 현재의 인스턴스만 저장된다.

릴레이션 스키마를 **내포** intension 라고 하고, 릴레이션 인스턴스를 **외연** extension 이라고 한다. 내포는 데이터 정의어를 사용하여 정의된다. 릴레이션 스키마와 릴레이션 인스턴스를 명확히 구분할 필요는 없다. 문맥에 따라 판단하기 바란다. [그림 2.3]은 릴레이션의 내포와 외연을 보여준다.

EMPLOYEE	EMPNO	EMPNAME	TITLE	DNO	SALARY	내포
	2106	김창섭	대리	2	2000000	
	3426	박영권	과장	3	2500000	외연
	3011	이수민	부장	1	3000000	
	1003	조민희	대리	1	2000000	

[그림 2.3] 릴레이션의 내포와 외연

관계 데이터베이스 relational database 스키마는 하나 이상의 릴레이션 스키마들로 이루어진다. **관계 데이터베이스 인스턴스**는 릴레이션 인스턴스들의 모임으로 구성된다. 관계 데이터베이스 스키마와 관계 데이터베이스 인스턴스도 명확히 구분할 필요는 없다. 문맥에 따라 구분하면 된다. [그림 2.4]는 관계 데이터베이스 스키마의 예를 보여준다. 이 관계 데이터베이스 스키마에는 두 개의 릴레이션 스키마가 있다. [그림 2.5]는 관계 데이터베이스 인스턴스의 예를 나타낸다.

지금까지의 설명에 따르면 실세계에서는 존재할 수 없는 인스턴스들이 관계 데이터베이스에 저장되는 것이 가능하므로 적절한 의미적 조건을 사용하여 이런 인스턴스들을 제한할 필요가 있다. 이런 목적으로 사용되는 조건을 **무결성 제약조건** integrity constraint 이라 한다. 무결성 제약조건은 2.4절에서 자세하게 논의한다.

```
DEPARTMENT(DEPTNO, DEPTNAME, FLOOR)
EMPLOYEE(EMPNO, EMPNAME, TITLE, DNO, SALARY)
```

[그림 2.4] 관계 데이터베이스 스키마

DEPARTMENT	DEPTNO	DEPTNAME	FLOOR
	1	영업	8
	2	기획	10
	3	개발	9

EMPLOYEE	EMPNO	EMPNAME	TITLE	DNO	SALARY
	2106	김창섭	대리	2	2000000
	3426	박영권	과장	3	2500000
	3011	이수민	부장	1	3000000
	1003	조민희	대리	1	2000000
	3427	최종철	사원	3	1500000

[그림 2.5] 관계 데이터베이스 인스턴스

2.2 릴레이션의 특성

릴레이션의 각 튜플은 하나의 주장으로 볼 수 있다. 예를 들어, [그림 2.5]의 EMPLOYEE 릴레이션에서 사원번호가 2106인 사원은 이름이 김창섭이고, 직급이 대리이고, 2번 부서에 속해 있고, 급여가 2,000,000원임을 나타낸다. 마찬가지로, DEPARTMENT 릴레이션에서 부서번호가 3인 부서는 부서이름이 개발부이고, 부서가 9층에 위치해 있다는 사실을 나타낸다.

관계 데이터 모델에서 릴레이션은 튜플들의 집합이다. 수학에서의 집합은 흔히 다음과 같이 한 글자로 이루어진 변수 또는 숫자들을 원소로 갖는 집합으로 표기한다.

```
S = {a, b, c}
T = {3, 6, 9, 12}
```

그러나 데이터베이스에 저장되는 데이터는 흔히 여러 애트리뷰트들의 상호 관계를 나타낸다. 예를 들어서, DEPARTMENT 릴레이션의 튜플 〈1, '영업', 8〉은 부서번호가 1인 부서의 이름이 영업부이고, 8층에 위치함을 나타낸다. [그림 2.6]의 DEPARTMENT 릴레이션은 다음과 같은 집합의 의미를 갖는다.

```
DEPARTMENT= {<1, '영업', 8>, <2, '기획', 10>, <3, '개발', 9>}
```

릴레이션이 튜플들의 집합이기 때문에 다음과 같은 여러 가지 특성을 갖는다.

▶ **각 릴레이션은 오직 하나의 레코드 타입만 포함한다.**
　이 특성은 각 릴레이션에 오직 한 가지 유형의 정보만 저장됨을 보장한다.

▶ **한 애트리뷰트 내의 값들은 모두 같은 유형이다.**
　예를 들어, SALARY 애트리뷰트에 주소가 나타날 수 없다.

▶ **애트리뷰트들의 순서는 중요하지 않다.**
　즉, 한 릴레이션 내의 애트리뷰트들의 순서를 바꾼다고 해서 다른 릴레이션이 되지는 않는다. [그림 2.6]의 두 릴레이션은 같다. 관계 모델에서 애트리뷰트 값은 릴레이션 내에서의 애트리뷰트의 위치에 의해서가 아니고 애트리뷰트 이름에 의해서 참조된다. 물론 일단 애트리뷰트들의 순서를 정했으면 혼돈을 피하기 위해서 릴레이션의 애트리뷰트들을 표시할 때마다 그 순서를 따르는 것이 좋다. 대부분의 상용 관계 DBMS에서는 한 릴레이션 내의 애트리뷰트들이 순서를 갖는다.

DEPARTMENT	DEPTNO	DEPTNAME	FLOOR
	1	영업	8
	2	기획	10
	3	개발	9

=

DEPARTMENT	FLOOR	DEPTNO	DEPTNAME
	8	1	영업
	10	2	기획
	9	3	개발

[그림 2.6] 애트리뷰트들의 순서가 달라도 동일한 릴레이션

▶ **릴레이션이 튜플들의 집합이기 때문에 동일한 튜플이 두 개 이상 존재하지 않는다.**

즉, 각 행의 값들을 조사해 보면 어떠한 두 행도 정확하게 동일한 값을 갖지 않는다. 따라서 한 릴레이션의 임의의 두 행은 적어도 한 애트리뷰트에서 서로 다른 값을 가져야 한다. 릴레이션이 튜플들의 집합이기 때문에 릴레이션의 각 튜플을 고유하게 식별할 수 있는 한 애트리뷰트(또는 애트리뷰트들의 집합)가 적어도 한 개 이상 반드시 존재한다. 앞서 설명한 것처럼 이런 애트리뷰트(애트리뷰트들의 집합)를 키라고 부른다. 한 릴레이션에 동일한 두 튜플이 두 개 이상 존재하지 않는다는 특성을 지키려면 DBMS의 오버헤드가 증가하기 때문에 상용 관계 DBMS에서는 사용자가 명시하지 않는 한 일반적으로 이 특성을 따르지 않는다. 즉, 상용 관계 DBMS가 관리하는 테이블에는 중복된 튜플들이 존재할 수 있다.

▶ **한 튜플의 각 애트리뷰트는 원자값을 갖는다.**

즉, 값들의 리스트나 집합 등은 허용되지 않는다. 예를 들어, [그림 2.7]의 DEPARTMENT 릴레이션에서 한 부서가 두 개 이상의 층을 사용한다 하더라도 FLOOR 애트리뷰트에 {8, 9}와 같이 두 개 이상의 값을 저장할 수 없다. [그림 2.7]의 DEPARTMENT는 관계 데이터 모델의 릴레이션 정의를 위배하므로 실제로는 릴레이션이 아니다. 각 애트리뷰트가 원자값을 갖는다는 특성을 만족하는 릴레이션을 정규화되었다고 말한다. 특히, 제1정규형을 만족한다고 말한다. 정규화에 관해서는 7장에서 자세하게 논의한다. 릴레이션의 구조가 이와 같이 단순하기 때문에 간단한 질의와 조작어가 가능해진다.

DEPARTMENT	DEPTNO	DEPTNAME	FLOOR
	1	영업	{8, 9}
	2	기획	10
	3	개발	{7, 9}

[그림 2.7] 튜플의 각 애트리뷰트는 원자값만 가져야 함

▶ **릴레이션이 튜플들의 집합이기 때문에 튜플들의 순서는 중요하지 않다.**

집합 내에서 원소들의 순서는 무의미하다. 즉 {a, b, c} = {c, a, b}인 것처럼 한 릴레이션 내의 튜플들의 순서를 바꾼다고 해서 다른 릴레이션이 되지는 않는다([그림 2.8]). 따라서 한 릴레이션의 튜플들을 임의의 순서로 표시할 수 있다. 그러나 파일에서는 모든 튜플들이 물리적으로 저장된 순서를 갖는다. 또한, 한 테이블 내의 모든 튜플들은 위에서 아래로 순서를 갖는다. 그러나 사용자 입장에서는 대규모 릴레이션 내에서 튜플들의 위치를 알 수 없으므로 튜플들의 순서는 중요하지 않다. 또한, 어떤 상황에서는 효율성을 높이기 위해 DBMS가 데이터를 재조직하여 튜플들의 순서를 바꿀 수 있다.

DEPARTMENT

DEPTNO	DEPTNAME	FLOOR
1	영업	8
2	기획	9
3	개발	10

=

DEPARTMENT

DEPTNO	DEPTNAME	FLOOR
3	개발	10
2	기획	9
1	영업	8

[그림 2.8] 튜플들의 순서가 달라도 동일한 릴레이션

▶ **각 애트리뷰트의 이름은 한 릴레이션 내에서만 고유하다.**

따라서 NAME이라는 애트리뷰트가 두 릴레이션에 속할 수 있다. 하지만 한 릴레이션 내에는 NAME이라는 애트리뷰트가 두 개 이상 있을 수 없다. 더욱이 애트리뷰트의 개수가 많으면 각 애트리뷰트의 위치보다 애트리뷰트의 이름이 기억하기에 용이하다. 일반적으로 각 애트리뷰트의 이름은 각 애트리뷰트가 갖는 의미를 나타내도록 지정한다.

2.3 릴레이션의 키

특정 튜플을 검색하거나 다른 튜플들과 연관시킬 수 있도록 하기 위해서 한 릴레이션 내의 각 튜플을 그 튜플의 애트리뷰트들의 값을 사용해서 고유하게 식별할 수 있어야 한다. 릴레이션의 키는 각 튜플을 고유하게 식별할 수 있는 하나 이상의 애트리뷰트들의 모임이다. 릴레이션이 튜플들의 집합이기 때문에 최악의 경우에 릴레이션의 모든 애트리뷰트를 사용하면 각 튜플을 고유하게 식별할 수 있으므로 이것이 키가 된다. 그러나 다음과 같은 실제적인 몇 가지 이유 때문에 적은 수의 애트리뷰트로 이루어진 키에 관심을 갖는다.

▶ 일반적으로 키는 두 릴레이션을 서로 연관시키는 데 사용된다. 한 릴레이션의 어떤 키의 값이 다른 릴레이션에 나타나면 두 릴레이션의 해당 튜플들이 서로 연관되었음을 알 수 있다. 따라서 여러 릴레이션에 불필요하게 애트리뷰트 값들이 중복되는 것을 피하기 위해 가능하면 키를 구성하는 애트리뷰트 수가 적을수록 좋다.

▶ 릴레이션의 튜플들을 접근하는 속도를 높이기 위해 키에 인덱스를 만드는데, 키가 작을수록 인덱스의 크기가 줄어들고 인덱스를 검색하는 시간이 단축된다. 인덱스에 관해서는 6장에서 논의한다.

릴레이션의 키는 다음과 같이 여러 가지 종류로 구분한다.

수퍼 키(super key)

수퍼 키는 한 릴레이션 내의 특정 튜플을 고유하게 식별하는 하나의 애트리뷰트 또는 애트리뷰트들의 집합이다. 신용카드 회사의 고객 릴레이션에서 (신용카드번호, 주소) 또는 (주민등록번호, 이름) 또는 (주민등록번호)는 모두 수퍼 키가 될 수 있다. 또는 신용카드번호나 주민등록번호를 포함하는 어떠한 애트리뷰트들의 집합도 수퍼 키이다. 수퍼 키의 문제점은 튜플들을 고유하게 식별하는 데 꼭 필요하지 않은 애트리뷰트들을 포함할 수 있다는 것이다.

예를 들어,

> (신용카드번호, 주소)에서 주소가 필요하지 않다.
> (주민등록번호, 이름)에서 이름이 필요하지 않다.

따라서 각 튜플을 고유하게 식별하는 데 꼭 필요한 애트리뷰트들만 포함한 수퍼 키에 관심을 갖는다.

후보 키(candidate key)

후보 키는 각 튜플을 고유하게 식별하는 최소한의 애트리뷰트들의 모임이다. 즉, 후보 키를 구성하는 애트리뷰트들 중에서 어느 한 애트리뷰트라도 빼면 고유하게 식별하는 능력을 상실한다. 예를 들어, (신용카드번호, 주소)는 신용카드 회사의 고객 릴레이션의 후보 키가 아니지만, (신용카드번호)는 후보 키이다. 모든 릴레이션에는 최소한 한 개 이상의 후보 키가 있다. 최악의 경우에 모든 애트리뷰트를 다 사용하면 후보 키가 된다. 일반적으로 보다 적은 수의 애트리뷰트면 후보 키로 충분하다. 그러나 많은 데이터베이스 시스템에서 릴레이션이 중복된 행들을 가질 수 있으므로 이와 같은 이론적인 특성이 실제로는 반드시 적용되지는 않는다.

후보 키도 두 개 이상의 애트리뷰트로 이루어질 수 있으며, 이런 경우에 **복합 키** composite key 라고 부른다. 예를 들어, [그림 2.9]의 수강 릴레이션에서 각 학생은 여러 과목을 수강할 수 있고 각 과목마다 여러 학생이 수강할 수 있다. 따라서 학번이나 과목번호만 사용해서는 각 튜플을 고유하게 식별할 수 없다. 두 개의 애트리뷰트가 모인 (학번, 과목번호)가 후보 키가 된다.

수강

학번	과목번호	학점
11002	CS310	A0
11002	CS313	B+
24036	CS345	B0
24036	CS310	A+

[그림 2.9] 수강 릴레이션

한 애트리뷰트 또는 애트리뷰트들의 모임이 후보 키라는 것을 입증하기 위해서 릴레이션의 한 인스턴스를 사용해서는 안 된다. 다시 말해서, 어떤 릴레이션의 인스턴스를 살펴보고 어떠한 두 행도 동일한 우편번호를 갖지 않는다고 해서 우편번호가 후보 키라고 판단해서는 안 된다. 어떤 시점에 중복된 값이 없다고 해서 미래에도 중복이 발생하지 않는다고 단정할 수는 없다. 그러나 중복이 존재하는 경우에는 어떤 애트리뷰트 또는 애트리뷰트들의 모임이 후보 키가 아니라고 판단하는 것이 가능하다. 따라서 후보 키를 정확하게 식별하기 위해서는 실세계에서 애트리뷰트의 의미를 이해하고, 주어진 후보 키로 선정한 애트리뷰트에 중복된 값들이 나타날 수 있는지 고려해야 한다.

> **예:**
> [그림 2.10]의 학생 릴레이션에서 이름이 후보 키가 될 수 있는가? 이 릴레이션 인스턴스에서는 각 튜플마다 이름이 다르므로 후보 키가 될 수 있을 것 같지만, 학생의 이름은 일반적으로 고유하지 않으므로 후보 키가 될 수 없다.
> [그림 2.10]의 학생 릴레이션에서 이메일이 후보 키가 될 수 있는가? 이 릴레이션 인스턴스에서는 각 튜플마다 이메일이 다르므로 후보 키가 될 수 있다. 실제로 인터넷상에서 모든 이메일 주소는 고유하므로 후보 키가 될 수 있다.

학생

학번	이름	이메일
11002	이홍근	sea@naver.com
24036	김순미	smkim@uos.ac.kr
13427	박상웅	blue@gmail.com

[그림 2.10] 학생 릴레이션

기본 키(primary key)

한 릴레이션에 후보 키가 두 개 이상 있으면 데이터베이스 설계자 또는 데이터베이스 관리자가 이들 중에서 하나를 기본 키로 선정한다. 후보 키가 한 개밖에 없으면 당연히 이 후보 키가 기본 키가 된다.

예를 들어, 신용카드 회사의 고객 릴레이션에서 신용카드번호와 주민등록번호가 후보 키가 될 수 있다. 고객이 신용카드 가맹점에서 상품을 구입하고 신용카드로 대금을 지불할 때 카드의 분실 여부, 한도액 등을 실시간으로 확인하려면 신용카드번호를 사용하여 고객 튜플에 접근해야 한다. 하지만 고객이 카드를 분실했을 때 신용카드 회사에 신용카드 분실 신고를 해야 하는데 16자리의 신용카드번호를 기억하지 못하거나 메모해 두지 않았으면 자신의 주민등록번호를 알려서 신용카드 사용을 중지시켜야 한다. 신용카드 회사에서는 분실 신고 빈도보다 정상적인 카드 결재 빈도가 훨씬 높으므로 신용카드 회사의 고객 릴레이션에서 신용카드번호를 기본 키로 선정하는 것이 좋다.

자연스러운 기본 키를 찾을 수 없는 경우에는 레코드 번호와 같이 종종 인위적인 키 애트리뷰트를 릴레이션에 추가할 수 있다. 이런 키를 **대리 키** surrogate key 라고 부른다.

또 다른 예로, 대학의 학생 릴레이션에서 학번과 주민등록번호가 후보 키가 될 수 있다. 학생이 재학 중에 재학증명서, 성적증명서 등을 발급받거나 도서관에서 책을 빌릴 때 학번을 사용한다. 하지만 졸업 후 시간이 오래 지나서 학번을 기억하지 못할 때에는 주민등록번호를 사용하여 학생 튜플을 찾을 수 있어야 한다. 학번과 주민등록번호 중에서 학번을 기본 키로 사용하는 것이 자연스럽다.

기본 키는 한 릴레이션 내의 모든 튜플을 고유하게 식별할 수 있어야 하므로 널이나 중복된 값을 가질 수 없다. 한 릴레이션의 기본 키를 선정할 때 추가로 고려할 사항은 다음과 같다.

▶ 애트리뷰트가 항상 고유한 값을 가질 것인가?

▶ 애트리뷰트가 확실하게 널을 갖지 않을 것인가?

▶ 애트리뷰트의 값이 변경될 가능성이 높은 애트리뷰트는 기본 키로 선정하지 말 것

▶ 가능하면 작은 정수 값이나 짧은 문자열을 갖는 애트리뷰트

▶ 가능하면 복합 기본 키를 피할 것

대체 키(alternate key)

대체 키는 기본 키로 선정되지 않은 후보 키를 말한다. 위의 신용카드 회사의 고객 릴레이션에서 신용카드번호를 기본 키로 선정하면 주민등록번호는 대체 키가 된다. 마찬가지로, 대학의 학생 릴레이션에서 학번을 기본 키로 선정하면 주민등록번호는 대체 키가 된다.

[그림 2.11]은 지금까지 설명한 키들 간의 포함 관계를 보여준다.

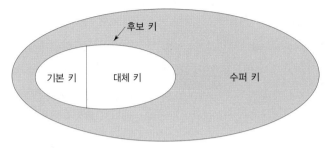

[그림 2.11] 키들의 포함 관계

외래 키(foreign key)

외래 키는 어떤 릴레이션의 기본 키를 참조하는 애트리뷰트이다. 외래 키는 관계 데이터베이스에서 릴레이션들 간의 관계를 나타내기 위해서 사용된다. 일반적으로 두 릴레이션으로부터 의미 있는 정보를 검색하기 위해서 한 릴레이션의 기본 키와 다른 릴레이션의 외래 키를 비교한다. 외래 키 애트리뷰트는 참조되는 릴레이션의 기본 키와 동일한 도메인을 가져야 한다. 이때 참조하는 릴레이션과 참조되는 릴레이션이 반드시 서로 상이할 필요는 없다. 즉, 외래 키는 자체 릴레이션을 참조할 수 있다. 외래 키는 자신이 속한 릴레이션의 기본 키의 구성요소가 되거나 되지 않을 수 있다.

외래 키의 유형을 다음의 몇 가지로 구분하여 살펴보자.

▶ **다른 릴레이션의 기본 키를 참조하는 외래 키**

예를 들어, [그림 2.12]는 회사에서 EMPLOYEE와 DEPARTMENT 사이의 관계를 나타내는 간단한 예이다. EMPLOYEE 릴레이션의 DNO 애트리뷰트는 DEPARTMENT 릴레이션의 기본 키인 DEPTNO를 참조하는 외래 키이다. 두 릴레이션들의 행들은 DNO 애트리뷰트와 DEPTNO 애트리뷰트를 통해서 연결되어 있다. 외래 키 이름은 대응되는 기본 키와 다른 이름을 가질 수 있다. 외래 키 DNO는 EMPLOYEE 릴레이션의 기본 키의 구성요소는 아니다.

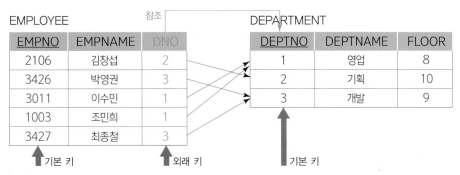

[그림 2.12] 다른 릴레이션을 참조하는 외래 키

▶ **자체 릴레이션의 기본 키를 참조하는 외래 키**

예를 들어, [그림 2.13]에서 EMPLOYEE 릴레이션의 MANAGER 애트리뷰트는 EMPLOYEE 릴레이션 자체의 기본 키인 EMPNO를 참조하는 외래 키이다. 외래 키 MANAGER는 EMPLOYEE 릴레이션의 기본 키의 구성요소는 아니다. 사원번호가 2106인 김창섭 사원의 관리자는 사원번호가 3426인 박영권이고, 박영권의 관리자는 사원번호가 3011인 이수민이다. 이수민이 회사에서 가장 높은 사람이라면 관리자를 갖지 않으므로 MANAGER 애트리뷰트의 값이 널이다.

	참조		
EMPNO	EMPNAME	MANAGER	DNO
2106	김창섭	3426	2
3426	박영권	3011	3
3011	이수민	∧	1
1003	조민희	3011	1
3427	최종철	2106	3

[그림 2.13] 자체 릴레이션을 참조하는 외래 키

▶ 기본 키의 구성요소가 되는 외래 키

예를 들어, [그림 2.14]는 대학에서 학생, 수강, 과목 사이의 관계를 나타내는 간단한 예이다. 수강 릴레이션의 학번 애트리뷰트는 학생 릴레이션의 기본 키인 학번을 참조하는 외래 키이다. 또한, 수강 릴레이션의 과목번호 애트리뷰트는 과목 릴레이션의 기본 키인 과목번호를 참조하는 외래 키이다. 수강 릴레이션의 기본 키는 (학번, 과목번호)이다. 즉, 수강 릴레이션의 두 개의 외래 키는 수강 릴레이션의 기본 키의 구성요소도 된다.

[그림 2.14] 기본 키의 구성요소가 되는 외래 키

〈표 2.3〉은 지금까지 설명한 관계 데이터베이스의 키들을 요약한 것이다.

〈표 2.3〉 관계 데이터베이스의 키

키의 유형	정의
슈퍼 키	한 릴레이션 내의 특정 튜플을 고유하게 식별하는 하나의 애트리뷰트 또는 애트리뷰트들의 집합
후보 키	각 튜플을 고유하게 식별하는 최소한의 애트리뷰트들의 모임
기본 키	후보 키가 두 개 이상 있으면 설계자 또는 데이터베이스 관리자가 이들 중에서 하나를 기본 키로 선정
대리 키	인위적으로 추가된 기본 키
대체 키	기본 키로 선정되지 않은 후보 키
외래 키	어떤 릴레이션의 기본 키를 참조하는 애트리뷰트

2.4 무결성 제약조건

1.3절에서 설명했듯이 데이터 모델은 데이터 구조, 연산자, 데이터 무결성의 세 가지 구성요소를 갖는다. **데이터 무결성** data integrity 은 데이터의 정확성 또는 유효성을 의미한다. 무결성 제약조건의 목적은 일관된 데이터베이스 상태를 정의하는 규칙들을 묵시적으로 또는 명시적으로 정의하는 것이다. 이런 규칙들은 대부분의 프로그래밍 언어에서 데이터 타입을 선언하기 위해 제공되는 기능들을 포함한다. 프로그래밍 언어에서의 규칙은 서로 다른 데이터 타입의 데이터를 비교하거나 어떤 데이터 타입의 변수에 다른 데이터 타입의 변수를 배정하는 등의 작업을 제한한다. 이는 사용자가 일반적으로 무의미한 작업을 하지 못하도록 하기 위한 것이다. DBMS에서 무결성 제약조건은 비슷한 역할을 한다.

데이터베이스 보안 문제는 권한이 없는 사용자가 데이터베이스에 접근하여 검색하거나 갱신하지 못하도록 데이터베이스를 보호하는 반면에, 데이터베이스 무결성은 권한을 가진 사용자들로부터 데이터베이스의 정확성을 지키는 것이다.

무결성 제약조건은 데이터베이스 상태가 만족시켜야 하는 조건이다. 사용자에 의한 데이터베이스 갱신이 데이터베이스의 일관성을 깨지 않도록 보장하는 수단이다. 일반적으로 데이터베이스 상태가 실세계에 허용되는 상태만 나타낼 수 있도록 제한한다.

예를 들어, 무결성 제약조건은 아래와 같은 상황을 방지하기 위해서 필요하다.

▶ 어떤 학생이 수강 신청을 했으나 학생들에 관한 정보를 포함하고 있는 릴레이션에 이 학생에 대한 데이터가 없다.

▶ 질의 처리 과정에 학생의 학번과 과목의 번호를 비교한다.

▶ 학생이 대학을 그만 두어서 학생 릴레이션에는 이 학생에 대한 데이터가 삭제되었으나 수강 릴레이션에는 여전히 남아 있다.

무결성 제약조건의 장점은 스키마를 정의할 때 일관성 조건을 오직 한 번만 명시하고, 데이터베이스가 갱신될 때 DBMS가 자동적으로 일관성 조건을 검사하므로 응용 프로그램들은 일관성 조건을 검사할 필요가 없다는 것이다. 즉, 무결성 제약조건이 응용 프로그램의 논리에 숨겨져 있지 않고 데이터베이스 사용자들에게 공개되도록 할 수 있다. 예를 들어, DBMS에 무결성 제약조건으로 은행의 고객 릴레이션에 잔고(balance) >= 0이라는 무결성 제약조건을 정의하면 응용 프로그래머들은 잔고가 0보다 작아지는 경우를 검사하는 문장을 프로그램에 나타낼 필요가 없다.

응용 프로그램에서 무결성 제약조건을 유지하게 되면 프로그래밍 작업이 훨씬 복잡해지고, 무결성 제약조건을 반복해서 구현해야 하고, 무결성 제약조건들 간에 서로 충돌이 발생할 수 있다. 만일 DBMS가 무결성 제약조건을 시행하면 저장된 데이터가 실세계의 의미를 좀 더 충실하게 따르게 된다. 또한, 응용 프로그램의 논리로 무결성 제약조건을 유지하는 경우보다 에러의 발생 여지가 크게 감소한다.

SQL에서 데이터 정의어의 일부로서 무결성 제약조건들을 어떻게 명시하는가에 관해서는 4장에서 자세하게 다룬다.

[그림 2.15]는 무결성 제약조건의 특징들을 요약한 것이다.

- 스키마의 한 부분
- 데이터베이스의 상태(또는 상태들의 순서)에 대한 제한
- DBMS가 시행
- 릴레이션 내의 무결성 제약조건 : 오직 한 릴레이션만 포함
  릴레이션 스키마의 한 부분
- 릴레이션 사이의 무결성 제약조건 : 여러 릴레이션을 포함
  릴레이션 스키마 또는 데이터베이스 스키마의 한 부분

[그림 2.15] 무결성 제약조건의 특징

2.4.1 도메인 제약조건(domain constraint)

도메인 제약조건은 가장 간단한 형태의 제약조건이다. 각 애트리뷰트 값이 반드시 원잣값이어야 하며, 데이터 형식을 통해 값들의 유형(정수형, 실수형, 문자형 등)을 제한하고, 애트리뷰트의 디폴트 값을 지정하고, 애트리뷰트에 저장되는 값들의 범위(예, AGE는 0~100, SALARY 〉 900000)를 제한할 수 있다. 또한, 릴레이션을 정의할 때 애트리뷰트 선언에 'NOT NULL' 구문을 붙이면 모든 튜플에서 해당 애트리뷰트의 값이 존재하도록 보장한다. 도메인 제약조건은 어느 정도의 데이터 무결성을 유지한다. 예를 들어, DNO(부서번호) 애트리뷰트에 −8이나 3.65가 저장될 수 없도록 할 수 있다. DBMS는 튜플이 삽입되거나 수정될 때마다 도메인 제약조건을 검사하여, 도메인 제약조건을 위배하는 연산은 거절한다.

SQL2는 도메인을 명시적으로 정의하는 것을 허용한다. SQL2에서 도메인 제약조건을 명시하는 방법은 4장에서 자세하게 논의한다.

2.4.2 키 제약조건(key constraint)

키 제약조건은 키 애트리뷰트에 중복된 값이 존재해서는 안 된다는 것이다. 릴레이션을 정의할 때 기본 키로 정의하거나 UNIQUE를 명시한 애트리뷰트에는 중복된 값이 허용되지 않는다. SQL2에서 키 제약조건을 명시하는 방법은 4장에서 자세하게 논의한다.

2.4.3 기본 키와 엔티티 무결성 제약조건(entity integrity constraint)

기본 키는 튜플들을 고유하게 식별하고 효율적으로 빠르게 접근하는 데 사용된다. 두 개 이상의 튜플이 동일한 기본 키 값을 가질 수 없다. 기본 키를 구성하는 애트리뷰트가 널을 가지면 튜플들을 고유하게 식별할 수 없게 되므로 엔티티 무결성 제약조건은 릴레이션의 기본 키를 구성하는 어떤 애트리뷰트도 널을 가질 수 없다는 것이다. 이 제약조건은 대체 키에는 적용되지 않는다. 기본 키에 널이 생기도록 하는 갱신 연산을 DBMS가 거절해야 하므로 DBMS는 어떤 애트리뷰트가 해당 릴레이션의 기본 키인지 알고 있어야 한다. 사용자는 릴레이션을 생성하는 데이터 정의문에서 어떤 애트리뷰트가 릴레이션의 기본 키의 구성요소인가를 DBMS에 알려준다.

어떤 엔티티에 관한 정보를 릴레이션에 저장하려면 식별이 가능해야 하기 때문에 엔티티 무결성 제약조건이 필요하다. 예를 들어, [그림 2.14]의 수강 릴레이션이 (학번, 과목번호)를 기본 키로 가지므로, 기본 키의 구성요소에 널을 갖는 다음과 같은 튜플들을 수강 릴레이션에 삽입하는 것이 허용되면 서로 식별이 불가능할 수 있기 때문에 허용되지 않는다.

> (24036, ∧, C+): 학번이 24036인 학생이 알려지지 않은 과목을 수강하고 학점을 C+ 받았다는 튜플
>
> (24036, ∧, A0): 학번이 24036인 학생이 알려지지 않은 과목을 수강하고 학점을 A0 받았다는 튜플

2.4.4 외래 키와 참조 무결성 제약조건(referential integrity constraint)

지금까지 설명한 도메인 제약조건과 엔티티 무결성 제약조건 등은 각 릴레이션에 적용된다. 그러나 두 엔티티 간의 관계도 관계 모델에서는 릴레이션으로 표현된다. 예를 들어, [그림 2.14]에서 학생 릴레이션은 학생 엔티티에 해당하고, 과목 릴레이션은 과목 엔티티에 해당한다. 이에 반해서 수강 릴레이션은 학생 엔티티와 과목 엔티티 간의 관계에 해당한다. 수강 릴레이션은 실세계의 독립적인 엔티티와 대응되지 않는다. 수강 릴레이션의 각 튜플은 어떤 학생이 어떤 과목을 수강하여 어떤 학점을 받았는가를 나타낸다. 앞서 설명한 바와 같이, 학생 릴레이션과 수강 릴레이션, 과목 릴레이션과 수강 릴레이션은 각각 기본 키와 외래 키 관계로 서로 연관되어 있다.

참조 무결성 제약조건은 두 릴레이션의 연관된 튜플들 사이의 일관성을 유지하는 데 사용된다. 관계 데이터베이스가 포인터 없이 오직 릴레이션들로만 이루어지고, 릴레이션 사이의 관계들이 다른 릴레이션의 기본 키를 참조하는 것을 기반으로 하여 묵시적으로 표현되기 때문에 외래 키의 개념이 중요하다.

릴레이션 R2의 외래 키가 릴레이션 R1의 기본 키를 참조할 때([그림 2.16]) 참조 무결성 제약조건은 다음의 두 조건 중 하나가 성립되면 만족된다.

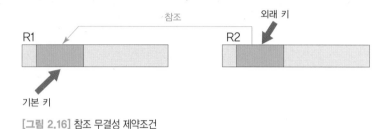

[그림 2.16] 참조 무결성 제약조건

(1) 외래 키의 값은 R1의 어떤 튜플의 기본 키 값과 같다.

(2) 외래 키가 자신을 포함하고 있는 릴레이션의 기본 키를 구성하고 있지 않으면 널을 가진다.

예: 참조 무결성 제약조건

[그림 2.12]에서 EMPLOYEE 릴레이션의 DNO 애트리뷰트는 DEPARTMENT 릴레이션의 기본 키인 DEPTNO를 참조하는 외래 키이다. 참조 무결성 제약조건에 따라, EMPLOYEE 릴레이션의 DNO 애트리뷰트에는 DEPARTMENT 릴레이션의 DEPTNO에 나타나는 값만 나타날 수 있다. 또는 DNO 애트리뷰트가 EMPLOYEE 릴레이션의 기본 키의 구성요소가 아니므로 널을 가질 수 있다. 실세계에서 어떤 회사에서든 사원 튜플의 부서번호는 반드시 그 회사에 실제로 존재하는 부서번호 중 하나의 값을 가져야 한다.
신입 사원을 채용하고 아직 어떤 부서에 발령을 내지 않았다 하더라도 이 신입 사원에 관한 정보를 EMPLOYEE 릴레이션에 삽입하기 위해서는 사원 튜플의 부서번호에 잠정적으로 널을 지정할 수 있다. 참조 무결성 제약조건을 DBMS가 지원하지 않으면 EMPLOYEE 릴레이션에 사원 튜플을 삽입할 때, 존재하지 않는 부서에 근무하는 경우가 생길 수 있다.

2.4.5 무결성 제약조건의 유지

현재 데이터베이스가 모든 무결성 제약조건을 만족한다고 가정할 때, 데이터베이스에 대한 검색 연산의 수행 결과는 아무런 제약조건을 위배하지 않는다. 그러나 데이터베이스에 대한 갱신 연산의 수행 결과에 따라서는 무결성 제약조건이 위배될 수 있다. 데이터베이스에 대한 갱신 연산은 삽입 연산, 삭제 연산, 수정 연산으로 구분한다. DBMS는 각각의 갱신 연산에 대하여 데이터베이스가 무결성 제약조건들을 만족하도록 필요한 조치를 취한다. DBMS는 외래 키가 갱신되거나, 참조된 기본 키가 갱신되었을 때 참조 무결성 제약조건이 위배되지 않도록 해야 한다. 참조 무결성 제약조건의 유지를 위해 DBMS가 갱신 연산을 거절하거나, 갱신을 전파하여 다른 갱신들이 자동적으로 수행되도록 하여야 한다.

이제부터 각각의 갱신 연산에 대하여 DBMS가 어떤 조치를 취하여 무결성 제약조건을 유지하는가 살펴보자. 이해를 돕기 위하여 [그림 2.12]의 DEPARTMENT 릴레이션에 튜플 한 개를 추가한 [그림 2.17]의 관계 데이터베이스 인스턴스를 사용한다. EMPLOYEE 릴레이션의 DNO 애트리뷰트가 DEPARTMENT 릴레이션의 기본 키인 DEPTNO를 참조하는 외래 키이므로, DEPARTMENT를 참조된 릴레이션, EMPLOYEE를 참조하는 릴레이션으로 부르기로 한다.

참조

EMPLOYEE

EMPNO	EMPNAME	DNO
2106	김창섭	2
3426	박영권	3
3011	이수민	1
1003	조민희	1
3427	최종철	3

DEPARTMENT

DEPTNO	DEPTNAME	FLOOR
1	영업	8
2	기획	10
3	개발	9
4	홍보	8

[그림 2.17] 관계 데이터베이스 인스턴스

(1) 삽입

참조되는 릴레이션에 새로운 튜플이 삽입되면 참조 무결성 제약조건은 위배되지 않는다. 왜냐하면 참조하는 릴레이션의 기존의 튜플들은 참조되는 릴레이션에 추가되는 튜플과 아무런 연관을 갖지 않기 때문이다. 예를 들어, DEPARTMENT 릴레이션에 (5, 총무, 9)라는 튜플(즉, 부서번호는 5, 부서이름은 총무, 층은 9)을 삽입하면 참조 무결성 제약조건을 위배하지 않는다.

그러나 DEPARTMENT에 새로 삽입되는 튜플의 기본 키 애트리뷰트의 값에 따라서는 도메인 제약조건, 키 제약조건, 엔티티 무결성 제약조건 등을 위배할 수 있다. 예를 들어, DEPARTMENT 릴레이션에 (3, 총무, 9)라는 튜플(즉, 부서번호는 3, 부서이름은 총무, 층은 9)을 삽입하면, 이미 DEPARTMENT 릴레이션에 부서번호가 3인 튜플이 존재하므로 키 제약조건을 위배하게 된다. 부서번호가 널인 튜플을 삽입할 때는 엔티티 무결성 제약조건을 위배하고, 부서이름에 숫자가 들어 있는 튜플을 삽입할 때는 도메인 제약조건을 위배하게 된다. 도메인 제약조건, 키 제약조건, 엔티티 무결성 제약조건을 위배하는 삽입 연산은 DBMS가 거절함으로써 데이터베이스의 무결성을 유지한다.

참조하는 릴레이션에 새로운 튜플을 삽입할 때는 도메인 제약조건, 키 제약조건, 엔티티 무결성 제약조건 외에 참조 무결성 제약조건도 위배할 수 있다. 예를 들어, EMPLOYEE 릴레이션에 (4325, 오혜원, 6)이라는 튜플(즉, 사원번호는 4325, 이름은 오혜원, 부서번호는 6)을 삽입하면 참조 무결성 제약조건을 위배하게 된다. 왜냐하면 DEPARTMENT 릴레이션에 부서번호가 6인 튜플은 존재하지 않기 때문이다. 이런 삽입 연산도 DBMS가 거절한다.

(2) 삭제

참조하는 릴레이션에서 튜플이 삭제되면 도메인 제약조건, 키 제약조건, 엔티티 무결성 제약조건, 참조 무결성 제약조건 등 모든 제약조건을 위배하지 않는다. 예를 들어, [그림 2.17]의 EMPLOYEE 릴레이션에서 네 번째 튜플인 (1003, 조민희, 1)을 삭제하더라도 아무런 제약조건을 위배하지 않는다.

그러나 참조되는 릴레이션에서 튜플이 삭제되면 참조 무결성 제약조건을 위배하는 경우가 생기거나 생기지 않을 수 있다. 예를 들어, DEPARTMENT 릴레이션에서 네 번째 튜플인 (4, 홍보, 8)을 삭제하더라도 EMPLOYEE 릴레이션에서 부서번호 4를 참조하는 튜플이 하나도 없기 때문에 참조 무결성 제약조건을 위배하지 않는다. 그러나 예를 들어, DEPARTMENT 릴레이션에서 세 번째 튜플인 (3, 개발, 9)를 삭제하면 EMPLOYEE 릴레이션에서 부서번호 3에 속해 있는 두 번째 튜플과 다섯 번째 튜플은 더 이상 존재하지 않는 부서번호를 참조하게 되므로 참조 무결성 제약조건을 위배하게 된다.

참조 무결성 제약조건을 만족시키기 위해서 DBMS는 몇 가지 옵션을 제공한다. 참조 무결성을 유지하기 위한 옵션의 선택은 응용의 의미에 의존한다. 릴레이션을 정의할 때 데이터베이스 설계자 또는 데이터베이스 관리자가 이 중에서 한 가지 옵션을 명시한다.

▶ 제한(restricted)

위배를 야기한 연산을 단순히 거절한다. 예를 들어, DEPARTMENT 릴레이션에서 세 번째 튜플인 (3, 개발, 9)를 삭제하면 참조 무결성 제약조건을 위배하게 되므로 삭제 연산을 거절한다.

▶ 연쇄(cascade)

참조되는 릴레이션에서 튜플을 삭제하고 참조하는 릴레이션에서 이 튜플을 참조하는 튜플들도 함께 삭제한다. 예를 들어, DEPARTMENT 릴레이션에서 세 번째 튜플인 (3, 개발, 9)를 삭제하면 EMPLOYEE 릴레이션에서 부서번호 3을 참조하는 두 번째 튜플과 다섯 번째 튜플도 함께 삭제한다([그림 2.18]).

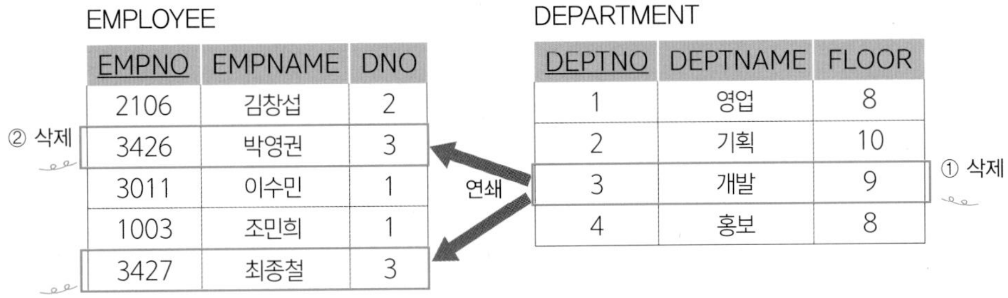

EMPLOYEE

EMPNO	EMPNAME	DNO
2106	김창섭	2
3426	박영권	3
3011	이수민	1
1003	조민희	1
3427	최종철	3

② 삭제

연쇄

DEPARTMENT

DEPTNO	DEPTNAME	FLOOR
1	영업	8
2	기획	10
3	개발	9
4	홍보	8

① 삭제

[그림 2.18] 연쇄 삭제

▶ 널(null)

참조되는 릴레이션에서 튜플을 삭제하고, 참조하는 릴레이션에서 이 튜플을 참조하는 튜플들의 외래 키에 널을 넣는다. 예를 들어, DEPARTMENT 릴레이션에서 세 번째 튜플인 (3, 개발, 9)를 삭제하려면 EMPLOYEE 릴레이션에서 부서번호 3을 참조하는 두 번째 튜플과 다섯 번째 튜플의 부서번호에 널을 넣는다. 만일 릴레이션을 정의할 때 EMPLOYEE의 DNO 애트리뷰트에 대해 'NOT NULL'이라고 명시했다면 DEPARTMENT에서 튜플을 삭제하는 연산을 거절한다.

▶ 디폴트값

널을 넣는 대신에 디폴트값을 넣는다는 것을 제외하고는 바로 앞의 옵션과 비슷하다. 릴레이션을 정의할 때 EMPLOYEE의 DNO 애트리뷰트에 대해 디폴트 값을 지정해야 한다. 만일 릴레이션을 정의할 때 디폴트 값을 명시하지 않았다면 DEPARTMENT에서 튜플을 삭제하는 연산을 거절한다.

(3) 수정

수정 연산은 주어진 릴레이션에서 하나 이상의 튜플의 하나 이상의 애트리뷰트 값을 수정하는 것이다. DBMS는 수정 연산에 대해 무결성 제약조건을 유지하기 위해서 수정하는 애트리뷰트가 기본 키인지 외래 키인지 검사한다. 수정하려는 애트리뷰트가 기본 키도 아니고 외래 키도 아니면 수정 연산이 참조 무결성 제약조건을 위배하지 않는다. DBMS는 수정하려는 애트리뷰트의 새로운 값이 올바른 데이터 타입과 도메인을 만족하는지 확인하기만 하면 된다.

기본 키나 외래 키를 수정하는 것은 하나의 튜플을 삭제하고 새로운 튜플을 그 자리에 삽입하는 것과 유사하므로, 앞의 (1) 및 (2)에서 설명한 제한, 연쇄, 널, 디폴트값 규칙이 수정 연산에도 적용된다. 예를 들어, 한 튜플의 기본 키의 값이 데이터베이스의 여러 릴레이션에서 참조될 수 있기 때문에 기본 키의 값이 수정되면 이 기본 키의 값을 참조하는 릴레이션에서도 모두 똑같은 값으로 수정하거나, 널이나 디폴트값으로 대치해야 한다. 릴레이션 정의문에서 필요한 옵션을 완전하게 명시하지 않았으면 수정 연산을 거절한다.

1. 다음 용어들을 간략히 설명하시오.

   릴레이션, 차수, 카디널리티, 릴레이션 스키마, 릴레이션 인스턴스, 내포, 외연, 기본 키, 후보 키, 대체 키, 수퍼 키, 외래 키

2. 다음 중 올바른 문장을 고르시오.
   ① 도메인은 릴레이션의 한 열(column)이다.
   ② 도메인은 릴레이션의 한 열의 부분집합이다.
   ③ 도메인은 릴레이션의 한 열을 포함한다.

3. 다음 중 올바른 문장을 고르시오.
   ① 관계 DBMS는 구체적인 응용과 독립적으로 엔티티 무결성과 참조 무결성을 유지한다.
   ② 사용자가 엔티티 무결성과 참조 무결성을 유지하는 책임을 진다.
   ③ 사용자가 데이터베이스 스키마에 엔티티 무결성 또는 참조 무결성을 정의할 수 있다.

4. 다음의 설명 중에서 틀린 것은? 그 이유를 설명하시오.
   ① 수퍼 키는 후보 키도 된다.
   ② 기본 키는 후보 키도 된다.
   ③ 기본 키는 최소한의 수퍼 키도 된다.
   ④ 최소한의 수퍼 키는 후보 키이다.

5. 릴레이션 R(EMPNO, JUMINNO, EMPNAME, MANAGER)에서 임의의 두 튜플이 동일한 JUMINNO 값을 가질 수 없고, 임의의 두 튜플이 동일한 (EMPNO, MANAGER) 값을 가질 수 없다고 가정하자. 다음의 설명 중에서 맞는 것은? 그 이유를 설명하시오.
   ① 애트리뷰트 JUMINNO가 반드시 기본 키이어야 한다.
   ② (JUMINNO, EMPNAME)이 후보 키이다.
   ③ (JUMINNO, MANAGER, EMPNO)가 후보 키이다.

④ (EMPNO, EMPNAME, MANAGER)가 수퍼 키이다.

6. 관계 데이터 모델이 무엇인가? 관계 데이터 모델의 기본적인 구성요소를 설명하시오.

7. 릴레이션의 특성을 설명하시오.

8. 다음의 테이블들이 관계 데이터 모델의 릴레이션이 될 수 있는가? 그 이유는 무엇인가?

R1

A	B	C	D
a1	b2	c5	d1
a1	b4	∧	d3
a1	b4	c5	d3
…	…	…	…

R2

A	B	C	D
a1	{b1, b2}	c1	d4
a1	b8	c2	d5
a1	b4	c5	d3
…	…	…	…

9. R(A, B)가 도메인 A, B상에서의 릴레이션이다. domain(A)={a1, a2}, domain(B)={0, 1, 2}라고 가정하자. 아래 질문에 답하시오.
(1) R(A, B)가 R(B, A)와 동등한가?
(2) R의 가능한 릴레이션 인스턴스 개수는 얼마인가?
(3) (a0, 0)이 R의 튜플이 될 수 있는가?
(4) R의 차수가 얼마인가?

10. 무결성 제약조건이란 무엇인가?

11. 도메인 제약조건이란 무엇인가?

12. 키 제약조건이란 무엇인가?

13. 엔티티 무결성 제약조건이란 무엇인가?

14. 참조 무결성 제약조건이란 무엇인가?

15. 회사 데이터베이스에 두 개의 릴레이션이 포함되어 있다. EMPLOYEE 릴레이션의 DEPTNO 애트리뷰트는 DEPT 릴레이션에 대한 외래 키이다. 다음의 각 작업에 대해서 DBMS가 어떻게 무결성을 유지하는가를 설명하시오.

```
EMP(EMPNO, EMPNAME, SALARY, DEPTNO)
DEPT(DEPTNO, DEPTNAME, BUDGET)
```

(1) EMP 릴레이션에 한 튜플을 삽입한다.

(2) DEPT 릴레이션에 한 튜플을 삽입한다.

(3) DEPT 릴레이션에서 한 튜플을 삭제한다.

16. 학생, 수강, 과목 릴레이션을 사용하여 다음 연산들에 대해 어떻게 참조 무결성 제약조건을 시행하는지 답하시오. 각 문항이 아래의 관계 데이터베이스 인스턴스에 독립적으로 적용되었다고 가정한다.

학생

학번	이름	...
11002	이홍근	...
24036	김순미	...
30419	김순미	

수강

학번	과목번호	학점
11002	CS310	A0
11002	CS313	B+
24036	CS345	B0
30419	CS310	A+

과목

과목번호	과목이름
CS310	데이터베이스
CS313	운영체제
CS345	자료 구조
CS326	자바

(1) 학생 릴레이션에서 24036 튜플을 삭제

(2) 학생 릴레이션에서 30419 튜플을 삭제

(3) 학생 릴레이션에서 11002를 13452로 수정

(4) 학생 릴레이션에 새로운 42531 튜플을 삽입

(5) 수강 릴레이션에 새로운 튜플 (30419, 'CS366', 'A0')를 삽입

(6) 수강 릴레이션에 새로운 튜플 (24036, 'CS313', 'B+')를 삽입

(7) 수강 릴레이션에 새로운 튜플 (32517, 'CS313', 'B0')를 삽입

(8) 과목 릴레이션에서 'CS326' 튜플을 삭제

(9) 과목 릴레이션에서 'CS313' 튜플을 삭제

(10) 과목 릴레이션에서 'CS345'를 'CS321'로 수정

17. 아래의 세 릴레이션 스키마에서 기본 키와 외래 키를 모두 찾아내시오.

> 비행기스케줄(비행기#, 출발지, 도착지, 총좌석수)
>
> 고객(고객#, 고객이름)
>
> 예약(비행기#, 고객#, 날짜)

18. 다음의 학생 릴레이션에서 학번이 기본 키이다.
  (1) (학번, 이름)이 수퍼 키인가?
  (2) 이름이 후보 키인가? 그 이유를 설명하시오.
  (3) (이름, 이메일)이 수퍼 키인가?
  (4) 차수가 얼마인가?
  (5) 카디널리티가 얼마인가?

학생

학번	이름	이메일
11002	이홍근	sea@naver.com
24036	김순미	smkim@uos.ac.kr
13427	박상웅	blue@gmail.com

19. 릴레이션 스키마 사원(주민등록번호, 사원번호, 사원이름, 주소, 생년월일)이 있다. 기본 키가 (사원이름, 생년월일)이고, 그 밖의 대체 키1은 주민등록번호, 대체 키2는 사원번호라고 가정하자.
  (1) (주민등록번호, 주소)는 후보 키인가? 그 이유는 무엇인가?
  (2) 사원번호는 수퍼 키인가? 그 이유는 무엇인가?
  (3) 생년월일이 널을 가질 수 있는가?
  (4) 주소가 널을 가질 수 있는가?

20. 관계 데이터 모델을 기반으로 한 시스템과 그렇지 않은 시스템의 차이점을 비교하여 설명하라.

21. DBMS가 무결성 제약조건을 유지하기 위해 몇 가지 옵션을 제공한다. 다음 표의 각 갱신 연산에 대해 DBMS가 각 옵션별로 어떻게 동작하는지 채워 넣으시오.

연산	제한	연쇄	널	디폴트값
기본 키를 삭제				
기본 키를 수정				

22. 다음의 네 릴레이션 스키마를 보고 물음에 답하시오. 한 사원이 여러 프로젝트에서 일할 수 있고, 한 프로젝트에서 여러 사원들이 일할 수 있고, HOURS-WORKED 애트리뷰트 는 각 사원이 각 프로젝트에서 일한 시간 수를 나타낸다고 가정한다.

```
EMPLOYEE(EMPNO, NAME, PHONENO, ADDRESS)
CUSTOMER(CUSTNO, NAME, ADDRESS, BALANCE)
PROJECT(PROJNO, DATE, CUSTNO, BILLING-AMOUNT)
WORKS(EMPNO, PROJNO, HOURS-WORKED)
```

(1) 각 릴레이션의 기본 키는 무엇인가?

(2) 각 릴레이션에 외래 키가 있는 경우를 보이시오.

23. 엔티티 무결성 제약조건과 참조 무결성 제약조건의 유사점과 차이점을 설명하시오.

24. 다음의 릴레이션을 보고 물음에 답하시오.

```
EMPLOYEE(JUMINNO, NAME, ADDRESS, BIRTHDATE, SALARY, TITLE)
```

(1) 복합 애트리뷰트 (NAME, BIRTHDATE)가 이 릴레이션의 후보 키가 될 수 있으려 면 무엇이 만족되어야 하는가?

(2) 기본 키에 가장 적합한 애트리뷰트 또는 애트리뷰트들의 조합은 무엇인가? 그 이유는 무엇인가?

(3) 이 릴레이션의 수퍼 키 예를 한 개 제시하라.

25. 외래 키에 널이 허용되는가? 예를 통해서 설명하시오.

26. 다음의 테이블 R과 S가 릴레이션인가? 그 이유를 설명하시오.

(1) 테이블 R

A	B	C	D
1	88	80	0
	45	23	89
25	87	23	43
46	26	39	55
53	23	33	43
16	57	48	48

(2) 테이블 S

A	B	C	D
23E	88	80	0
16	57	48	48
25W	87	23	43
46S	26	39	55
53N	23	33	43
16E	57	48	48

Chapter **03**

오라클

오라클

오라클은 오라클 사가 개발한 DBMS로서 가장 높은 시장 점유율과 신뢰성을 갖고 있다. 오라클 사는 1979년에 최초의 상용 관계 DBMS를 시장에 내놓은 이후에 꾸준히 기능을 개선하여 오라클 23c까지 출시하였다. 오라클은 2장에서 설명한 관계 데이터 모델을 기초로 하여 만들어졌으며, 이후 객체 관계 데이터 모델을 지원하게 되었다.

가장 최신 버전인 오라클 23c는 개발자용 배포 버전이고 현재 윈도우 환경에서 지원되는 최신 안정화 버전은 21c 버전이므로, 본 장에서는 오라클 21c 익스프레스 에디션 Express Edition 을 기준으로 설명한다. 지금부터 오라클 21c를 줄여서 오라클이라고 표기한다. 오라클의 버전 이름들 중에서 8i, 9i의 i는 인터넷 Internet 을 의미하고, 10g, 11g의 g는 그리드 Grid 를 의미하고, 21c, 23c의 c는 클라우드 Cloud 를 의미한다.

오라클은 e-비즈니스를 위한 고성능 인프라 구조를 제공한다. 오라클은 인터넷 응용을 개발하고 관리하는 데 필요한 모든 사항을 지원한다. 오라클이 다른 DBMS보다 경쟁력이 있는 이유 중 하나가 다양한 제품군을 가지고 있으며, 또한 PC에서 대형 기종에 이르기까지 다양한 하드웨어와 운영체제 플랫폼을 지원한다는 것이다. 유닉스, 리눅스, 윈도우 및 클라우드 환경 등 대부분의 환경을 지원한다.

오라클은 표준 에디션1 SE1: Standard Edition1 , 표준 에디션 SE , 표준 에디션2 SE2 , 엔터프라이즈 에디션 EE: Enterprise Edition 등으로 판매된다. 오라클 SE, SE2는 다양한 플랫폼상에서 엔터프라이즈 에디션과 100% 호환된다. 다시 말해서 윈도우 10을 운영하는 노트북 컴퓨터부터 대형 유닉스 서버까지 다양한 플랫폼에서 동일한 데이터베이스 엔진을 사용할 수 있다.

익스프레스 에디션은 교육용 무료 버전으로서 쉬운 설치, 관리, 소프트웨어 개발이 가능하며,

개발, 배포, 보급이 가능하지만, 상업 목적의 사용은 불가하다. 다양한 서버에 설치 가능하지만, 물리적 자원 사용에 제한이 있다. 개인용 에디션^{Personal Edition}은 마이크로소프트 사의 윈도우 운영체제 전용으로서 단일 사용자 개발 및 배포 환경만 지원한다.

〈표 3.1〉은 각 에디션의 특징을 보여준다.

〈표 3.1〉 각 에디션의 특징

에디션	특징
익스프레스 에디션	· 교육용 무료 버전, 개발/배포/보급 무료, 상업 목적으로 사용 불가 · 윈도우, 리눅스 환경 지원 · CPU 개수와 상관없으나 최대 12GB 사용자 데이터, 2GB 메모리만 사용 가능
개인용 에디션	· 윈도우 운영체제 전용 · 엔터프라이즈 에디션 및 표준 에디션과 완벽하게 호환되는 단일 사용자 개발 및 배포 환경만 지원
표준 에디션1	· 최대 2개 CPU까지 확장 가능한 단일 서버에서 사용 · 워크 그룹이나 부서 수준의 응용 프로그램 또는 웹 응용 프로그램을 위해 사용 · 소규모 비즈니스용 단일 서버 환경은 물론 고도로 분산된 환경을 포함하는 업무의 응용 프로그램 작성에 필요한 모든 기능을 제공
표준 에디션	· 최대 4개 CPU까지 확장 가능한 단일 서버 또는 클러스터링된 서버에서 사용 · 대기업(기관)의 부서/팀 수준이나 중소기업에서 사용 · 핵심적인 관계 데이터베이스 관리 서비스와 옵션 제공
엔터프라이즈 에디션	· CPU 제한 없이 단일 서버 또는 클러스터링된 서버에서 사용 · 대기업(기관)에서 사용 · 높은 보안성을 필요로 하는 OLTP 및 데이터 웨어하우징 환경에 적합

본 장에서는 오라클의 개요, 설치 방법, 환경설정, PL/SQL 등을 다룬다. 3.1절에서는 오라클의 개요와 특징을 설명한다. 3.2절에서는 대부분의 PC에 윈도우 운영체제가 사용되므로 이런 환경에서 실습해볼 수 있는 오라클 익스프레스 에디션을 PC에 설치하는 과정을 화면을 캡처한 그림과 함께 설명한다. 오라클을 설치한 후 오라클을 수행하는 방법을 간단하게 설명함으로써 4장부터 시작하여 오라클을 실습할 필요가 있는 장에서 불편함이 없도록 하였다. 3.3절에서는 오라클에 새로운 사용자를 등록하고, 비밀번호를 변경하고, 4장에서 실습할 테이블 두 개를 생성하는 과정 등을 논의한다. 마지막으로 3.4절에서는 오라클에서 사용되는 SQL의 확장 버전인 PL/SQL의 특징을 간략하게 설명한다.

3.1.1 오라클 아키텍처

오라클은 전자 상거래와 데이터 웨어하우징을 위한 고성능의 인터넷 플랫폼을 제공한다. 통합된 플랫폼은 인터넷 응용 프로그램들을 개발하고, 현업에 배치하고, 관리하는 데 필요한 모든 기능들을 포함한다. 사용자가 데이터베이스에 관리하려는 데이터는 단순히 객체 관계 데이터베이스만 포함하지는 않는다. 워드 프로세서로 작성한 문서, 스프레드시트로 작성한 문서, 파워포인트로 작성한 발표 자료, XML, 그래픽스 및 비디오 등과 같은 멀티미디어 데이터 타입도 포함한다. 또한, 이런 데이터들이 데이터베이스에 저장되어 있지 않아도 무방하다. 사용자는 오라클 데이터베이스 서버를 사용하여 데이터가 저장된 곳에서 관리할 수 있다. [그림 3.1]은 오라클의 인터넷 플랫폼을 보여준다.

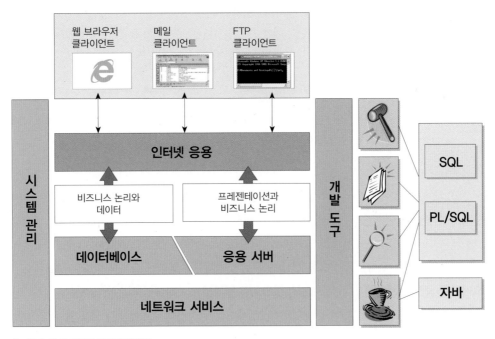

[그림 3.1] 오라클의 인터넷 플랫폼

네트워크 서비스 위에서 오라클 데이터베이스와 **오라클 응용 서버** Oracle application server 가 운영된다. 오라클 데이터베이스는 사용자의 데이터를 저장하고, 오라클 응용 서버는 사용자의 응용 프로그램들을 수행한다. 오라클 응용 서버는 사용자의 포털 사이트 또는 웹 사이트, 자바 기반의 트랜잭션 응용, 비즈니스 응용 프로그램 등을 수행한다.

일반적으로 데이터베이스 서버는 다수 사용자 환경에서 방대한 데이터를 신뢰도 있게 관리할 수 있어야 한다. 이렇게 함으로써 다수 사용자들이 동시에 동일한 데이터에 접근할 수 있다. 또한, 데이터베이스 서버는 권한이 없는 접근을 방지하고, 고장 회복을 효율적으로 해야 한다. 오라클 서버는 한 오라클 인스턴스와 한 오라클 데이터베이스로 구성된다. 오라클 인스턴스는 백그라운드 프로세스들과 메모리 구조의 조합이다. 데이터베이스의 데이터에 접근하기 위해서는 반드시 오라클 인스턴스가 기동되어야 한다.

사용자가 오라클 서버에 SQL문을 입력하기 전에 반드시 오라클 인스턴스에 연결되어 있어야 한다. 사용자는 SQL*Plus와 같은 도구를 사용하여 응용을 수행한다. 이런 응용이나 도구들은 사용자 프로세스로서 수행된다. 가장 기본적인 구성에서 사용자가 오라클 서버에 로그인하면 오라클 서버를 수행하는 컴퓨터에 프로세스가 생성된다. 이 프로세스를 서버 프로세스라고 부른다. 서버 프로세스는 클라이언트 상에서 수행되는 사용자 프로세스를 대신해서 오라클 인스턴스와 통신해서 SQL문을 수행한다. **접속** connection 은 사용자 프로세스와 서버 프로세스 간의 통신 경로이다. **세션** session 은 사용자가 오라클 서버로부터 인증될 때부터 시작하여 사용자가 로그아웃을 하거나 비정상적으로 종료될 때까지 지속된다.

[그림 3.2]는 오라클 아키텍처를 보여준다. 사용자는 Oracle SQL Developer, Pro*C, 응용 서버 포털 등을 통하여 오라클 서버와 연결된다.

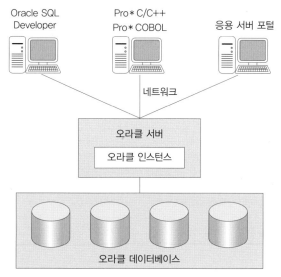

[그림 3.2] 오라클 아키텍처

본 교재에서 다루는 주제와 연관된 오라클의 특징들을 소개한다.

▶ **클라이언트/서버 환경(분산 처리)**

오라클은 현재 사용하는 컴퓨터 시스템이나 네트워크를 최대한 활용할 수 있도록 데이터베이스 서버와 클라이언트 응용 프로그램에 처리를 분산시킨다. 또한, 오라클은 웹 기반 응용들을 지원한다. 분산 네트워크 환경에서 오라클은 물리적으로 서로 다른 컴퓨터에 있는 데이터를 네트워크상의 모든 사용자가 접근할 수 있는 하나의 논리적 데이터베이스로 보이도록 한다.

▶ **다양한 플랫폼**

오라클은 서로 다른 유형의 컴퓨터와 운영체제가 네트워크를 통해 정보를 공유하도록 한다. 어떤 특정 플랫폼에서 개발된 오라클 응용 프로그램이라 하더라도 다른 플랫폼의 오라클에 간단하게 이식하거나 아무런 수정 없이 사용하는 것이 가능하다.

▶ **대규모 데이터베이스**

오라클은 페타바이트 크기의 데이터를 저장할 수 있는 대규모 데이터베이스를 지원한다.

▶ **다중 동시 데이터베이스 사용자**

오라클은 수만 명의 사용자가 동시에 동일한 데이터베이스에 접근하는 응용 프로그램을 실행할 수 있도록 지원한다.

▶ **높은 가용성**

데이터베이스 백업 같은 정상적인 시스템 기능이나 부분적인 컴퓨터 시스템 장애는 데이터베이스 사용에 영향을 주지 않는다. 오라클은 사용자들이 계속 데이터베이스를 접근하는 중에도 백업 작업을 수행할 수 있다.

▶ **산업 표준**

오라클은 SQL, 운영체제, 네트워크 통신 프로토콜 등에 대한 산업 표준을 따른다.

▶ **높은 보안 관리**

인증되지 않은 데이터베이스 접근과 사용을 방지하기 위해 오라클은 높은 보안 기능을 제공한다.

▶ **자동 데이터베이스 회복 및 자동 에러 정정**

오라클은 매우 완벽한 회복 기능과 에러를 정정하는 기술을 제공한다.

▶ **XML 등 다양한 데이터 타입 지원**

오라클은 SQL을 통해 데이터베이스에 XML 문서를 저장하고 검색할 수 있는 기능을 제공한다. 또한, 텍스트, 공간 데이터, 이미지, 사운드 등 임의의 유형의 데이터를 다룰 수 있다.

3.1.2 저장 구조

오라클에는 저장 구조와 관련된 여러 가지 용어들이 사용된다. 오라클을 잘 활용하려면 이런 저장 구조를 잘 이해하는 것이 필요하다. 오라클 데이터베이스는 논리적인 구조와 물리적인 구조를 갖는다. 데이터베이스의 물리적인 구조는 데이터베이스 내의 운영체제 파일들의 집합이다. [그림 3.3]은 오라클의 논리적인 저장 구조와 물리적인 저장 구조를 보여준다. 오라클은 데이터를 논리적으로는 **테이블스페이스** ^{tablespace} 에, 물리적으로는 **데이터파일** ^{datafile} 에 저장한다. 오라클의 논리적 및 물리적인 계층 구조는 다음과 같다.

▶ **오라클 데이터베이스는 하나 이상의 테이블스페이스를 포함한다.**

테이블스페이스는 하나 이상의 세그먼트를 포함한다. 각 테이블스페이스에 대해 하나 이상의 데이터파일이 명시적으로 생성되어 테이블스페이스에 있는 모든 논리적 구조의 데이터를 물리적으로 디스크에 저장한다. 데이터파일은 운영체제가 생성하는 파일이다. 일반적으로 데이터파일의 확장자는 .dbf이다. 가장 단순한 오라클 데이터베이스는 한 개의 테이블스페이스와 한 개의 데이터파일을 가진다. 테이블스페이스는 시스템 테이블스페이스, 임시 테이블스페이스, 사용자 테이블스페이스 등으로 구분한다. 시스템 테이블스페이스는 데이터베이스와 함께 생성된다. 시스템 기동에 필요한 내용들을 저장한다. 모든 데이터베이스에 시스템 테이블스페이스가 필요하다. 임시 테이블스페이스는 정렬 등의 목적으로 사용된 임시 테이블을 저장한다. 사용자 테이블스페이스는 사용자 데이터를 저장한다.

▶ **세그먼트** ^{segment} 는 특정한 유형의 데이터 구조를 저장하기 위해 할당되는 **익스텐트** ^{extent} 들의 집합이다. 세그먼트가 포함하고 있는 데이터 구조에 따라 데이터 세그먼트, 인덱스 세그먼트, 임시 세그먼트 등으로 구분한다. 데이터 세그먼트는 테이블의 실제 데이터를 저장하는 곳이다. 이 세그먼트는 테이블이 정의될 때 생성된다. 인덱스 세그먼트는 인덱스를 위한 저장 공간이다. 인덱스가 정의될 때 생성된다.

▶ 익스텐트는 오라클 **데이터 블록**(운영 체제의 데이터 블록이 아님) 들로 이루어진다. 세그먼트의 크기가 증가함에 따라 익스텐트들이 세그먼트에 추가된다.

▶ 오라클 **데이터 블록**은 오라클 서버가 할당하고 입출력에 사용하는 가장 작은 단위이다. 하나의 데이터 블록은 하나 이상의 운영체제 블록에 대응된다. 오라클 데이터 블록의 크기는 일단 데이터베이스가 생성된 후에는 변경할 수 없다.

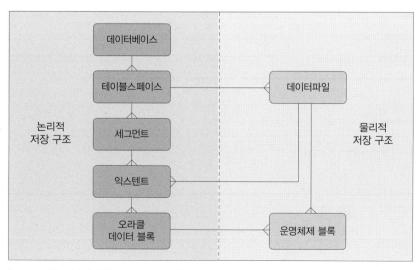

[그림 3.3] 논리적인 저장 구조와 물리적인 저장 구조

3.2 오라클 설치 및 수행

본 절에서는 오라클 익스프레스 에디션을 PC나 노트북에 설치하는 방법을 설명한다. 일반적으로 오라클은 기업의 대규모 데이터베이스를 저장하고 관리하는데, 이런 데이터베이스는 많은 사용자들이 접근하므로 오라클을 서버에 설치한다. 본 교재로 학습하는 독자들이 오라클이 설치된 서버에 접근하지 않고 오라클을 실습해 보기 위해서 PC나 노트북에 설치하도록 한다.

오라클 익스프레스 에디션은 마이크로소프트 사의 윈도우 10, 윈도우 11, 윈도우 서버 2016, 윈도우 서버 2019 운영체제 등에 설치할 수 있다. 본 절에서는 윈도우 10 운영체제에 오라클 익스프레스 에디션을 설치하는 과정을 설명한다. 오라클 익스프레스 에디션에는 오라클 엔터프라이즈 에디션에 포함된 기능과 옵션들이 무료로 제공된다.

오라클 홈페이지(https://www.oracle.com/downloads/)에 접속하여 오라클 익스프레스 에디션을 다운로드하는 링크를 찾는다. 이 웹페이지의 URL은 자주 변경될 수 있다. 오라클을 다운로드하기 위해서는 [그림 3.4]의 웹페이지에서 [Database]를 선택한다.

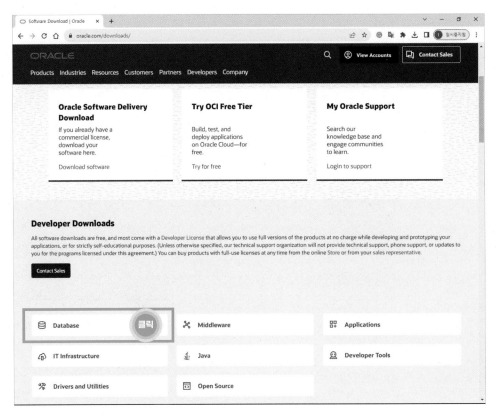

[그림 3.4] 오라클을 다운로드할 수 있는 웹페이지

[그림 3.5]와 같은 데이터베이스 관련 제품 목록에서 [Database Express Edition]을 클릭한다.

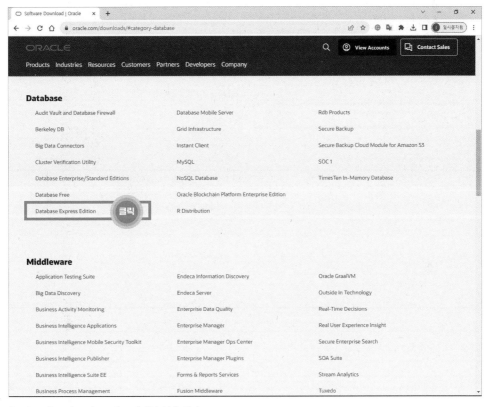

[그림 3.5] 오라클 익스프레스 에디션 선택 화면

[그림 3.6]의 화면에서 'Oracle Database 21c Express Edition for Windows x64'를 선택해서 윈도우용 오라클 설치 zip 파일을 다운로드한다. 파일 크기가 각각 1.9GB이므로 인터넷 속도가 빠르지 않은 환경에서는 다운로드하는 데 시간이 오래 걸릴 수 있다.

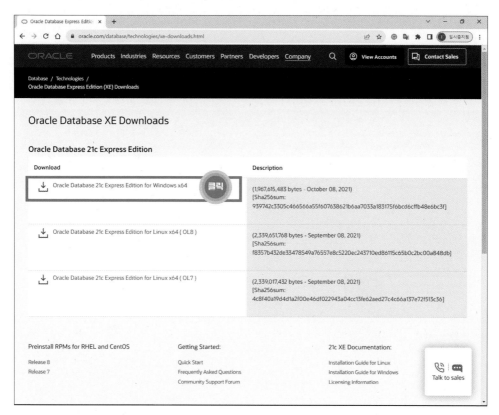

[그림 3.6] 오라클 설치 파일 선택

오라클 설치 zip 파일을 다운로드 폴더에 다운로드한다. 다운로드한 zip 파일을 알집 등의 소프트웨어를 사용하여 압축을 풀고([그림 3.7]), 이 폴더에서 setup.exe를 더블클릭하여 설치 작업을 시작한다([그림 3.8]).

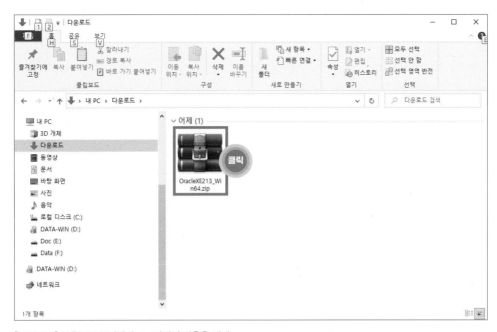

[그림 3.7] 다운로드 폴더에서 zip 파일의 압축을 해제

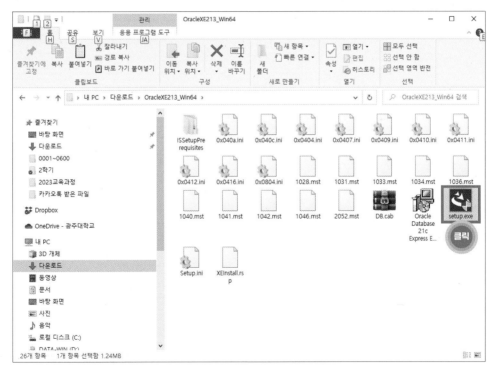

[그림 3.8] 압축 해제 폴더의 setup.exe 파일

setup.exe를 실행하면 [그림 3.9]와 같은 Oracle InstallShield 마법사가 실행되고, 오라클의 설치 화면이 나타난다. Oracle InstallShield는 오라클 제품의 설치 및 구성 과정을 안내한다. Oracle InstallShield는 오라클의 구성요소를 설치하고, 업그레이드하고, 제거하고, 데이터베이스를 생성하는 데 사용된다.

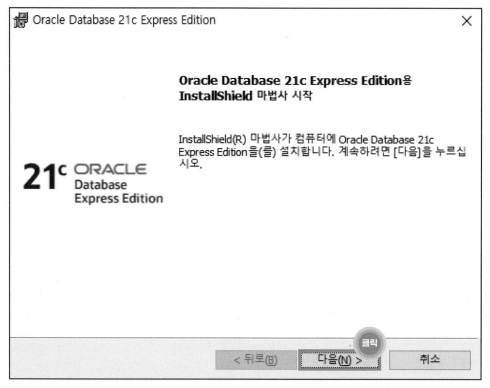

[그림 3.9] Oracle Universal Installer 실행

Oracle InstallShield 시작 화면에서 [다음]을 클릭하면 [그림 3.10]과 같이 오라클 라이센스 계약 화면이 나타난다. [동의함]을 선택하고 [다음]을 클릭한다.

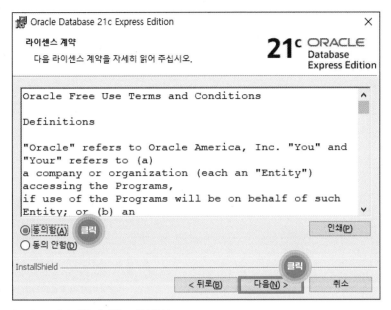

[그림 3.10] 오라클 라이센스 계약 동의

[그림 3.11]은 오라클 설치 위치를 설정하는 화면이다. 오라클 소프트웨어 설치의 최상위 폴더가 되며, Oracle Base 폴더라고도 한다. Base 폴더는 InstallShield에 의해 자동으로 표시되는데, [변경]을 클릭하여 사용자가 원하는 폴더로 변경할 수 있다. 여기서는 제시된 위치에 설치하는 것으로 하고 [다음]을 클릭한다.

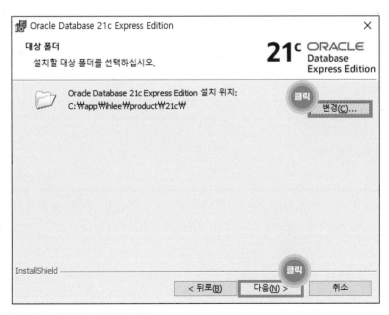

[그림 3.11] 오라클 설치 위치 설정

[그림 3.12]는 설치하는 오라클 데이터베이스 관리 시스템의 비밀번호를 설정하는 화면이다. 이 비밀번호는 오라클 관리자 계정인 SYS, SYSTEM, PDBADMIN의 비밀번호로 사용된다. 데이터베이스 생성 과정에 이 관리자 계정들이 자동으로 만들어진다. SYS 계정은 데이터 사전의 소유자이다. SYSTEM 계정은 오라클 도구들이 사용하는 내부 테이블과 뷰들의 소유자이다. PDBADMIN 계정은 오라클 12c 버전부터 추가된 PDB ^{Pluggable database} 의 관리자 계정이다. 보안을 위해서 관리자 계정의 초기 비밀번호를 명시해야 한다. 여기서는 'DBAadmin2023'으로 설정한다. 비밀번호를 빈칸으로 둘 수 없고 보안을 위해 안전한 수준의 비밀번호로 설정하는 것이 권장된다.

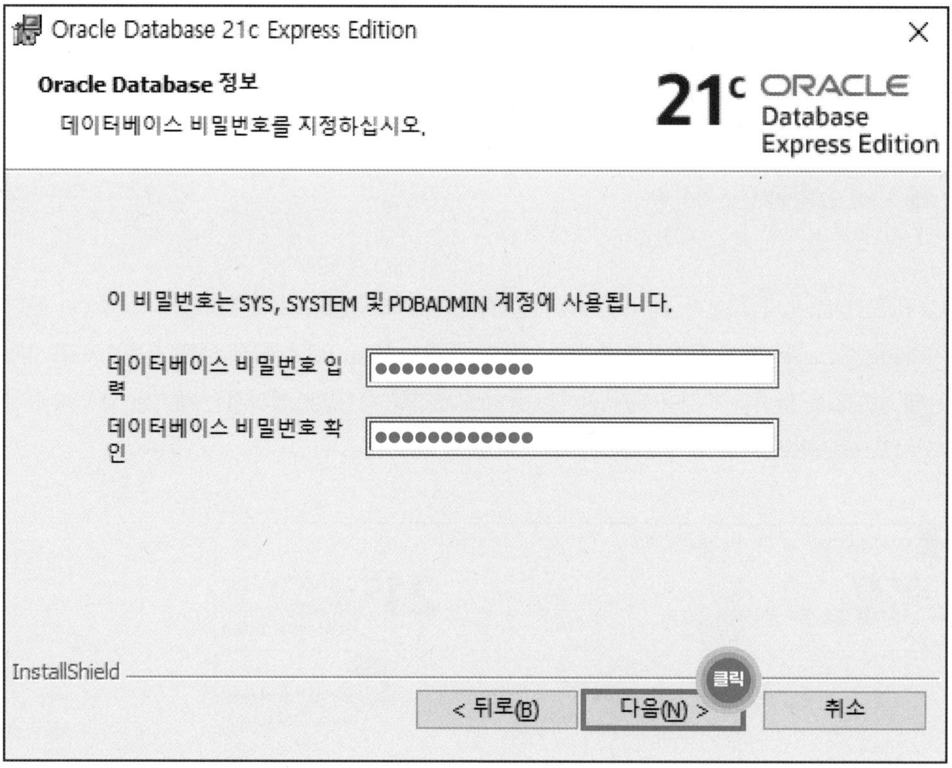

[그림 3.12] 데이터베이스의 비밀번호 설정

[그림 3.13]은 오라클 설치 요약 정보 화면이다. 이전 단계에서 선택한 설치 최상위 폴더에 따라 Oracle 홈 폴더와 기본 위치 ^{Base} 정보를 확인할 수 있다. Oracle 홈 폴더가 Base 아래의 dbhomeXE라는 이름으로 지정된다. 이것은 'XE'라는 데이터베이스가 생성되고 SID ^{서비스 식별자} 가 'XE'가 된다는 것을 의미한다. SID는 로컬 컴퓨터의 데이터베이스를 고유하게 식별하는 데이터베이스 이름이다. 요약 정보를 확인하고 [설치]를 클릭한다.

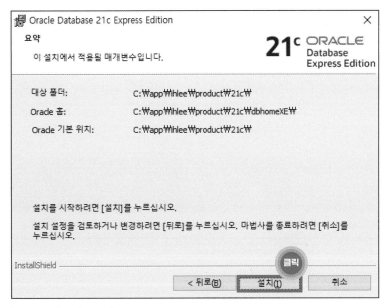

[그림 3.13] 설치 요약 정보

[그림 3.14]는 오라클 설치가 시작된 화면이다. 오라클을 설치하는 데 필요한 최소 시스템 요구 사항을 충족하는지 확인하고 설치를 위해 필요한 새 파일들을 복사한다.

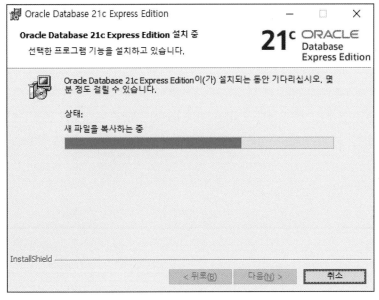

[그림 3.14] 오라클 설치 - 새 파일 복사

[그림 3.15]는 오라클 설치 중간에 윈도우 방화벽이 java.exe의 네트워크 접속을 차단하고, 접속을 허용할 것인지 확인하는 화면이다. 이 경우는 설치하는 컴퓨터의 상황에 따라 나타나지 않을 수도 있다. 방화벽 차단이 발생한 경우, 오라클 설치를 위해 java.exe의 네트워크 접속이 필요하므로 [액세스 허용]을 클릭하고 설치 진행이 계속되는지 확인한다.

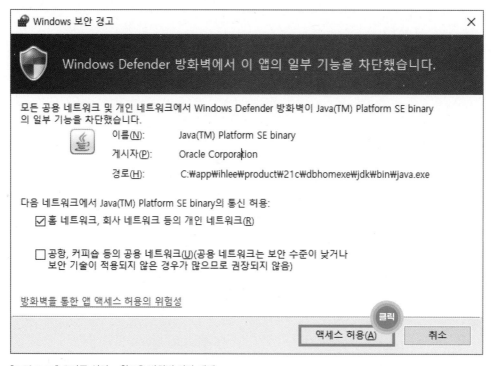

[그림 3.15] 오라클 설치 – 윈도우 방화벽 차단 해제

[그림 3.16]은 오라클 데이터베이스를 구성하는 화면이다. 이 단계에서 몇 분 이상의 긴 시간이 소요된다. 설치 중간에 추가로 나타나는 구성요소 구성 팝업창에서 진행률을 확인할 수 있다.

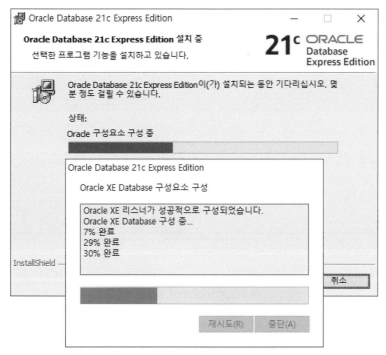

[그림 3.16] 오라클 설치 – 구성요소 구성

[그림 3.17]은 성공적으로 설치가 완료된 화면이다. [완료]를 클릭하여 설치를 마친다.

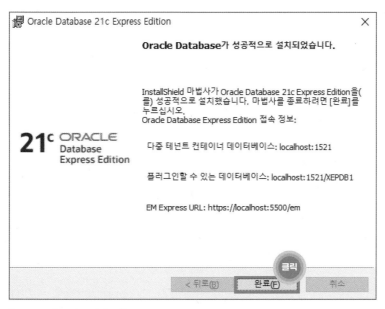

[그림 3.17] 오라클 설치 – 완료

오라클이 윈도우 10의 서비스로 등록되어 있는지 확인해 본다. 윈도우 작업표시줄에서 마우스의 오른쪽 버튼을 클릭한 후 [작업관리자]를 선택하여 실행한다. 작업관리자 화면에서 [서비스] 탭을 클릭한다. [그림 3.18]이 오라클 서비스를 확인하는 작업관리자 화면이다. [서비스] 창에서 로컬 컴퓨터에서 실행되는 서비스들을 확인할 수 있다. 이곳에서 원하는 서비스를 시작시키거나 종료시킬 수 있다. 오라클 익스프레스 에디션은 자동으로 'XE'라는 데이터베이스를 설치하므로 서비스 이름은 'OracleServiceXE'가 된다. 서비스 목록에서 'OracleServiceXE'를 찾고 상태가 '실행 중'인지 확인한다.

[그림 3.18] 작업관리자에서 서비스 확인

설치된 오라클 관련 프로그램들은 [시작] → [Oracle - OraDB21Home1]에서 찾을 수 있다 ([그림 3.19]).

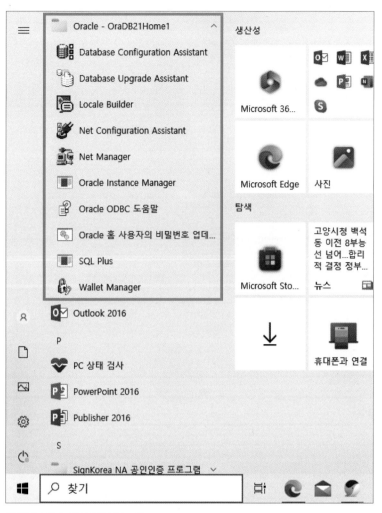

[그림 3.19] 오라클 관련 프로그램

오라클 설치과정에서 생성된 XE 데이터베이스가 [그림 3.11]에서 명시한 설치 최상위 폴더 아래의 'C:\app\ihlee\product\21c\oradata\XE'에 있음을 윈도우 탐색기에서 확인할 수 있다([그림 3.20]). 이 폴더에 데이터베이스 관련 파일들이 저장되어 있다. XE 폴더 아래의 파일들 중에서 TEMP01.DBF에는 SQL문을 처리하는 과정에 생성되는 임시 테이블이 저장된다. SYSTEM01.DBF에는 8장에서 설명할 데이터 사전이 저장된다. USERS01.DBF에는 사용자가 생성한 테이블들이 저장된다.

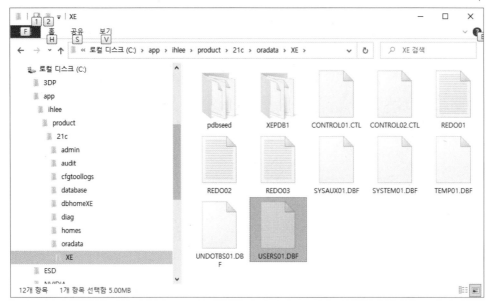

[그림 3.20] 데이터베이스 관련 파일이 저장되는 폴더

3.3 환경 설정

4장에서 설명할 SQL을 실습하기 위해서 사용자를 오라클에 등록하고, 두 개의 테이블 EMPLOYEE와 DEPARTMENT를 정의하고, 이 두 테이블에 튜플들을 삽입하는 것이 필요하다. 본 절에서는 오라클에 실습 환경을 구축하는 데 필요한 사항들을 기술한다. 또한, 데이터베이스에 들어 있는 정보의 보안을 유지하기 위해서 사용자들이 비밀번호를 자주 변경하는 것이 중요하므로 비밀번호를 바꾸는 방법도 설명한다. Oracle SQL Developer를 사용하는 방법도 설명한다.

3.3.1 Oracle SQL Developer 설치

Oracle SQL Developer는 오라클 데이터베이스 개발을 보다 편리하게 할 수 있도록 하는 무료 그래픽 도구이다. 데이터베이스 검색, SQL과 PL/SQL 구문 실행, SQL 스크립트 실행, PL/SQL 구문 편집 및 디버깅 기능 등으로 데이터베이스 객체와 상호 작용할 수 있는 그래픽 인터페이스를 제공한다. 오라클 데이터베이스가 설치되어 있어야 사용 가능하다.

SQL Developer를 다운로드하기 위해 오라클 홈페이지(https://www.oracle.com/downloads/)에 접속하여 [Developer Tools] 아래에서 [SQL Developer]를 클릭한다([그림 3.21]).

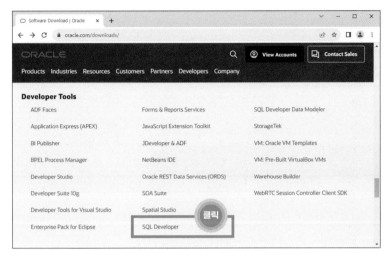

[그림 3.21] SQL Developer를 다운로드할 수 있는 웹페이지

[그림 3.22]에서 SQL Developer 설치를 위해 [Windows 32-bit/64-bit]의 [download]를 클릭한다. SQL Developer를 설치하려는 컴퓨터에 JDK가 설치되어 있지 않은 경우에는 'Windows 64-bit with JDK 11 included'의 [download]를 클릭한다.

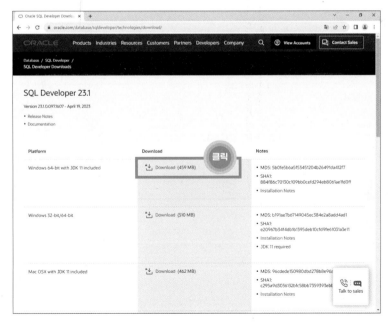

[그림 3.22] SQL Developer 설치 플랫폼 확인 및 다운로드 선택

[그림 3.23]에서 오라클 라이센스 동의를 확인하고 SQL Developer 설치를 위한 zip 파일을 다운로드한다.

[그림 3.23] SQL Developer 설치 플랫폼 확인 및 다운로드 선택

다운로드한 zip 파일을 SQL Developer를 설치하려는 폴더에서 푼다. 압축을 푼 폴더는 [그림 3.24]와 같다. 압축 해제에 성공하면 추가로 설치 작업을 거치지 않고 바로 사용할 수 있다.

[그림 3.24] SQL Developer 압축 해제 파일

3.3.2 Oracle SQL Developer 실행

SQL Developer를 실행하기 위해, 압축을 풀었던 [그림 3.24]의 폴더에서 sqldeveloper.exe를 더블클릭한다. SQL Developer 실행을 편하게 하고 싶다면 sqldeveloper.exe 파일의 바로가기를 만들어서 윈도우 바탕화면에 추가하거나 작업표시줄에 고정하는 것을 권장한다. [그림 3.25]는 SQL Developer의 실행을 시작하는 화면이다.

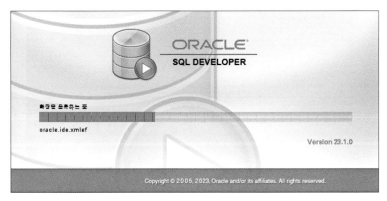

[그림 3.25] SQL Developer 실행 시작

[그림 3.26]은 Oracle SQL Developer를 실행한 화면을 보여준다. 왼쪽 상단의 ✚(녹색 더하기) 아이콘을 클릭하면 데이터베이스를 접속하는 데 필요한 정보를 입력할 수 있는 창([그림 3.27])이 나타난다. [접속 이름]은 사용자가 입력하는 로그인 정보를 저장하는 프로파일의 이름이다. 여기서는 '관리자 로그인 정보'라고 입력해 보자. [사용자 이름]은 접속하려는 데이터베이스에 대한 사용자 계정이다. [비밀번호]는 이 계정의 비밀번호이다. [사용자 이름]에는 'sys'를 입력하고 [비밀번호]에는 설치 과정 중에 입력한 새로운 비밀번호인 'DBAadmin2023'을 입력한다.

[롤]에서는 SYSDBA를 선택한다. SYSDBA는 데이터베이스 관리자를 뜻한다. SYSDBA는 최대한의 데이터베이스 관리 권한을 갖는다. 모든 사용자에게 임의의 권한을 허가할 수 있는 사용자로 데이터베이스에 접속하려면 SYSDBA를 선택한다.

[호스트 이름]은 접속하고자 하는 데이터베이스가 동작하고 있는 컴퓨터의 이름을 말한다. [호스트 이름]에는 'localhost'를 입력한다. [포트]는 오라클을 접속하기 위한 오라클 리스너 서비스의 포트(기본 1521)이다. SID ^{시스템 식별자} 에 'XE'를 입력한다.

[저장]을 선택하면 현재 입력한 접속 정보가 저장되며, [지우기]를 선택하면 입력한 접속 정보가 삭제된다. [테스트]는 입력한 접속 정보가 정확한지 검사한다. [접속]은 현재 입력한 접속 정보로 데이터베이스에 접속한다. [접속]을 클릭하여 XE 데이터베이스에 접속해 보자.

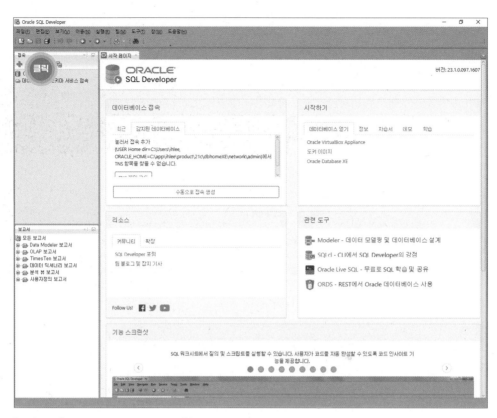

[그림 3.26] Oracle SQL Developer 실행

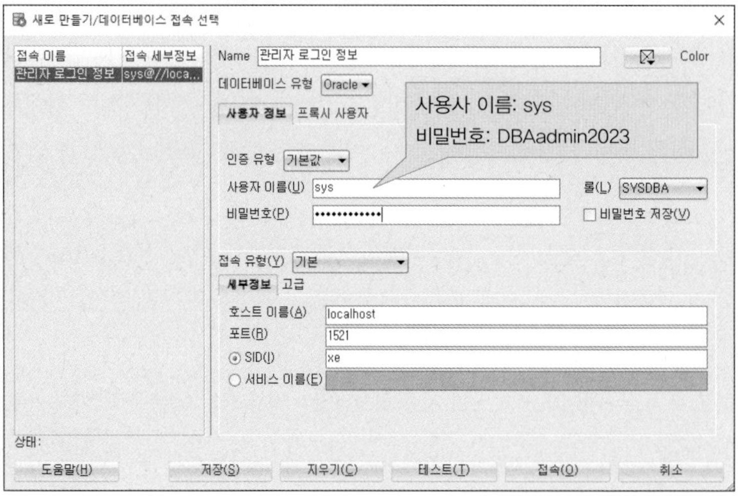

[그림 3.27] 관리자 접속정보 입력

[그림 3.28]은 sys 계정으로 로그인한 Oracle SQL Developer이고, 간단한 'SELECT *

FROM tab;(모든 사용자 테이블을 조회하는 SQL)'을 실행한 화면의 사례이다. Oracle SQL Developer는 몇 개의 영역으로 구분되는데, 앞으로 Oracle SQL Developer에서 다양한 SQL 문들을 수행하고, 그 수행 결과를 설명할 때 편리하도록 [그림 3.28]과 같은 영역의 이름을 따르도록 하자.

Oracle SQL Developer에서는 질의 입력창과 결과 표시창을 합쳐서 SQL 워크시트라고 부른다. 접속 정보 탐색창은 오라클 서버에 접속하는 접속 정보들을 보여주는 영역이고 보고서창은 데이터 모델링과 구조, 보안, 성능 등에 대한 모니터링과 보고서를 확인할 수 있는 영역이다.

[그림 3.28]은 중요한 아이콘들의 기능도 확대해서 보여준다. 녹색 세모인 ▶(실행) 아이콘은 명령 실행 아이콘이다. 이 아이콘은 질의 입력창에서 마우스로 드래그하여 선택한 영역의 SQL 문들 또는 현재 커서가 있는 SQL문을 수행할 때 사용한다. 현재 커서가 있는 SQL문 수행을 위한 단축키로 컨트롤(Ctrl)+엔터(Enter) 키를 사용할 수 있다. ▤(스크립트 실행) 아이콘은 질의 입력창에 입력되어 있는 모든 SQL문을 수행할 때 사용한다.

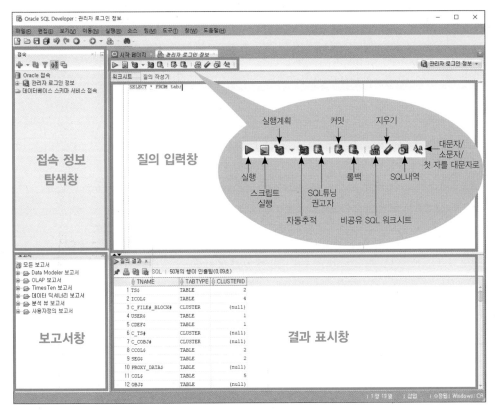

[그림 3.28] sys 계정으로 XE에 접속

3.3.3 사용자 등록

두 명의 데이터베이스 사용자(KIM과 LEE)를 등록해 보자. Oracle SQL Developer에 sys 사용자로 접속한 [그림 3.28]에서 사용자 등록 작업을 진행한다.

출판사 홈페이지(www.booksr.co.kr)를 접속하고, 도서명 '데이터베이스 배움터'를 입력하여 검색한 후 보조자료를 다운로드하고, 압축을 해제한다. sampledata.sql과 userCreate.sql이 나타난다. [그림 3.28]의 Oracle SQL Developer에서 [파일] → [열기]를 차례로 클릭한 후, 'userCreate.sql' 파일을 선택한다([그림 3.29]).

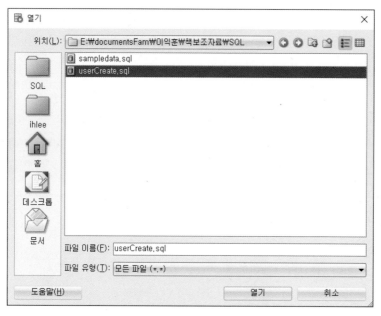

[그림 3.29] 실습 예제 파일(userCreate.sql) 열기

[그림 3.30]과 같이 userCreate.sql의 내용이 SQL Developer의 질의 입력창에 나타난다. 실습 예제를 다운로드해서 실행하는 대신에 [예제 3.1]의 내용을 질의 입력창에 직접 입력해도 좋다.

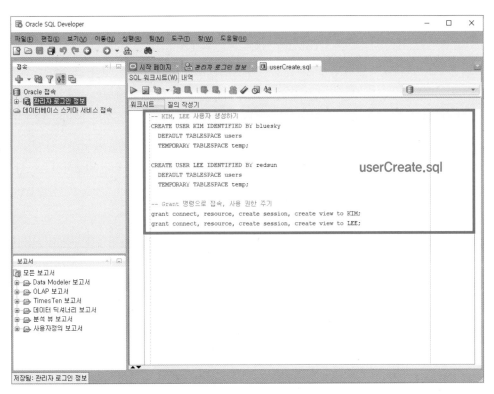

[그림 3.30] 실습 예제 파일(userCreate.sql)의 내용

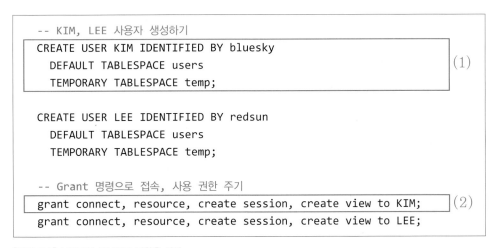

[예제 3.1] 사용자를 생성하고 권한을 허가

(1) CREATE USER

데이터베이스 관리자는 CREATE USER문을 사용하여 사용자를 등록하고 비밀번호를 초기화한다. (1)에서 KIM은 사용자의 계정이고, bluesky는 이 사용자의 초기 비밀번호이다. 묵시적

인 사용자 테이블스페이스는 users이고, 묵시적인 임시 테이블스페이스는 temp이다. users와 temp 테이블스페이스에 디스크 쿼터를 무제한으로 할당하였다.

오라클 12c 버전부터 사용자명에 c##을 붙이지 않으면 오류가 발생할 수 있다. 발생하는 오류는 "ORA-65096: 공통 사용자 또는 롤 이름이 부적합합니다."이다. 이 오류는 사용자명에 c##을 접두어로 붙이거나 _oracle_script 설정을 true로 변경하면 해결할 수 있다. 오라클 12.1 버전부터 멀티 테넌트 기능을 사용할 수 있고, 이 기능을 사용하면 데이터베이스가 CDB ^{Container} ^{DB} 로 동작한다. CDB에서 사용자를 생성할 때는 c## 접두어를 붙여야 에러가 발생하지 않는다. 또는 사용자 생성 SQL문 수행 전에 다음 명령을 이용하여 세션의 _oracle_script 설정을 true로 변경 후 c## 접두어를 붙이지 않고 사용자를 생성할 수 있다.

사용자 생성 SQL문 외에도 사용자명을 사용하는 SQL문 수행 전에 다음 작업을 수행해야 오류가 발생하지 않는다.

```
ALTER SESSION SET "_ORACLE_SCRIPT" = TRUE;
```

[2] GRANT

CREATE USER문으로 사용자를 생성한 시점에 이 사용자는 아무런 권한을 갖지 않는다. 데이터베이스 관리자는 이 사용자에게 필요한 권한을 허가할 수 있다. (2)에서 데이터베이스 관리자는 GRANT문을 사용하여 KIM에게 두 개의 역할(connect, resource)과 두 개의 시스템 권한(create session, create view)을 허가하였다. 권한 관리는 10장에서 자세하게 설명한다.

데이터베이스 관리자가 사용자를 생성할 때 고려할 사항은 다음과 같다.

▶ 사용자 이름, 비밀번호, 인증 방식 등을 명시한다.

▶ 사용자가 객체를 저장할 테이블스페이스를 명시한다.

▶ 임시 테이블스페이스를 명시한다.

▶ 각 테이블스페이스의 할당량을 지정한다.

▶ 사용자에게 역할 및 권한을 부여한다.

[그림 3.31]에서 [실행] → [userCreate.sql 실행]을 차례로 클릭하거나, F5 또는 도구 모음에서 ▤(스크립트 실행) 아이콘을 클릭하면 질의 입력창에 입력되어 있는 명령들이 실행된다.

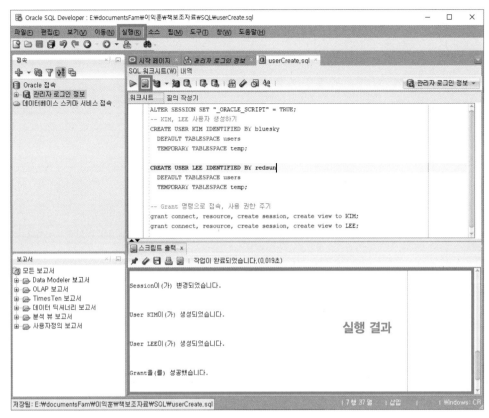

[그림 3.31] 실습 예제 파일(userCreate.sql)의 실행 결과

3.3.4 비밀번호 변경

데이터베이스 관리자가 어떤 사용자의 비밀번호를 변경하거나 사용자가 자신의 비밀번호를 직접 변경할 수 있다. 데이터베이스 관리자로 로그인을 한 상태에서 ALTER USER문을 사용하여 사용자의 비밀번호를 변경할 수 있다. 사용자 KIM의 암호가 'shinystar'로 변경된다([그림 3.32]).

```
ALTER USER KIM IDENTIFIED BY shinystar;
```

ALTER USER문을 사용하면 비밀번호 이외에도 여러 가지 옵션을 변경할 수 있는데, 일반 사용자는 ALTER USER 권한이 있어야 이 명령을 수행할 수 있다.

[그림 3.32] 비밀번호 변경

3.3.5 예제 테이블 생성

4장에서 SQL 실습에 사용할 EMPLOYEE와 DEPARTMENT 테이블을 XE 데이터베이스에 생성하고, 튜플들을 삽입해 보자. 4장에서 CREATE TABLE, SELECT, INSERT, DELETE, UPDATE문 등 SQL의 여러 구문들을 논의하므로 본 절을 4장에 포함시키는 것도 한 가지 대안이 될 수 있지만, 오라클의 기본적인 기능들을 한 장에 통합하여 설명한다는 취지에서 본 장에 포함시켰다. 본 절은 4장을 학습하면서 읽어도 좋다.

Oracle SQL Developer를 실행하고 사용자 KIM으로 로그인한다. [그림 3.33]에서 [접속 이름]에 사용자 KIM의 로그인 정보를 저장하는 프로파일의 이름으로 '사용자 KIM 로그인 정보'라고 입력해 보자. 사용자 KIM의 비밀번호는 'shinystar'이다.

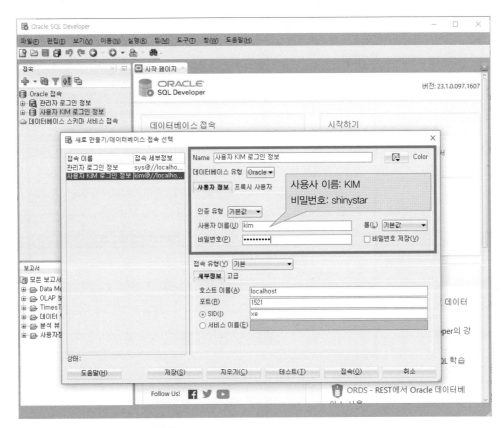

[그림 3.33] 데이터베이스 접속 선택 창

출판사 홈페이지에서 실습 예제(sampledata.sql)를 다운로드하여 컴퓨터에 저장한다. Oracle SQL Developer에서 [파일] → [열기]를 차례로 클릭한 후, 3.3.2절에서 출판사 홈페이지로부터 다운로드해서 저장해 놓은 'sampledata.sql' 파일을 선택한다. [그림 3.34]와 같이 테이블 정의문, 튜플을 삽입하는 문, 뷰를 정의하는 문들이 질의 입력창에 나타난다. 이런 SQL문들에 대해서는 4장과 8장에서 자세하게 논의한다.

출판사 홈페이지에서 실습 예제를 다운로드하는 대신에 [예제 3.2]의 내용을 질의 입력창에 직접 입력해도 좋다. [그림 3.34]에서 [실행] → [sampledata.sql 실행]을 차례로 클릭하거나, F5 또는 도구 모음에서 '스크립트 실행' 아이콘을 클릭하면 질의 입력창에 입력되어 있는 명령들이 실행된다.

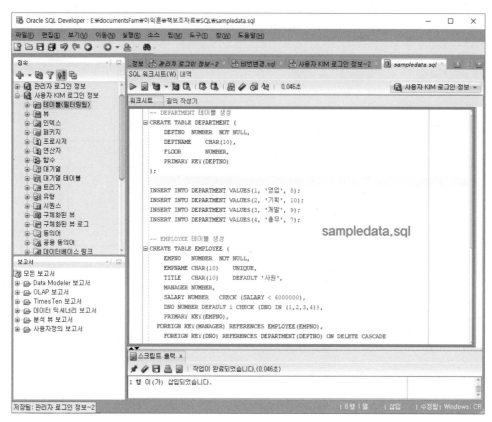

[그림 3.34] 실습 예제 파일(sampledata.sql)의 내용과 실행 결과

```
-- DEPARTMENT 테이블 생성
CREATE TABLE DEPARTMENT (
  DEPTNO NUMBER NOT NULL,
  DEPTNAME CHAR(10),
  FLOOR      NUMBER,
  PRIMARY  KEY(DEPTNO)
);
```
(1)

```
INSERT INTO DEPARTMENT VALUES(1, '영업', 8);
INSERT INTO DEPARTMENT VALUES(2, '기획', 10);
INSERT INTO DEPARTMENT VALUES(3, '개발', 9);
INSERT INTO DEPARTMENT VALUES(4, '총무', 7);
```
(2)

```
-- EMPLOYEE 테이블 생성
CREATE TABLE EMPLOYEE (
  EMPNO    NUMBER NOT NULL,
  EMPNAME  CHAR(10) UNIQUE,
  TITLE    CHAR(10) DEFAULT '사원',
  MANAGER  NUMBER,
  SALARY NUMBER CHECK (SALARY < 6000000),
  DNO      NUMBER CHECK (DNO IN (1,2,3,4)) DEFAULT 1,
  PRIMARY KEY(EMPNO),
  FOREIGN KEY(MANAGER) REFERENCES EMPLOYEE(EMPNO),
  FOREIGN KEY(DNO) REFERENCES DEPARTMENT(DEPTNO)
        ON DELETE CASCADE
);
```
(3)

```
INSERT INTO EMPLOYEE VALUES(4377, '이성래', '사장', NULL, 5000000, 2);
INSERT INTO EMPLOYEE VALUES(3426, '박영권', '과장', 4377, 3000000, 1);
INSERT INTO EMPLOYEE VALUES(3011, '이수민', '부장', 4377, 4000000, 3);
INSERT INTO EMPLOYEE VALUES(3427, '최종철', '사원', 3011, 1500000, 3);
INSERT INTO EMPLOYEE VALUES(1003, '조민희', '과장', 4377, 3000000, 2);
INSERT INTO EMPLOYEE VALUES(2106, '김창섭', '대리', 1003, 2500000, 2);
INSERT INTO EMPLOYEE VALUES(1365, '김상원', '사원', 3426, 1500000, 1);
```
(4)

```
-- EMP_PLANNING 뷰 생성
CREATE VIEW EMP_PLANNING
AS
SELECT E.EMPNAME, E.TITLE, E.SALARY
FROM EMPLOYEE E, DEPARTMENT D
WHERE E.DNO=D.DEPTNO AND D.DEPTNAME='기획';
```
(5)

[예제 3.2] 테이블 정의문, 튜플 삽입문, 뷰 정의문

[예제 3.2]에서 (1)은 DEPARTMENT 테이블을 생성하는 CREATE TABLE문이고, (2)는 DEPARTMENT 테이블에 튜플을 삽입하는 4개의 INSERT문이다. 참조 무결성 제약조건으로 인하여 DEPARTMENT 테이블을 EMPLOYEE 테이블보다 먼저 생성해야 한다. 물론 DEPARTMENT 테이블에 대한 INSERT문들은 EMPLOYEE 테이블을 정의한 다음에, EMPLOYEE 테이블에 튜플을 삽입하기 전에 수행해도 좋다.

INSERT문에서 "ORA-01950: 테이블스페이스 'USERS'에 대한 권한이 없습니다."라는 오류가 발생할 수 있다. 이 오류는 KIM 사용자가 USERS 테이블스페이스 저장 공간을 사용할 수 있는 권한이 없을 때 발생한다. 위 오류가 발생한다면 아래 명령을 오라클 관리자 계정(sys)에서 실행하여 권한 문제를 해결한 후에 실행하면 된다.

```
ALTER USER KIM QUOTA UNLIMITED ON USERS;
```

(3)은 EMPLOYEE 테이블을 생성하는 CREATE TABLE문이고, (4)는 EMPLOYEE 테이블에 튜플을 삽입하는 7개의 INSERT문이다. 참조 무결성 제약조건 때문에 (4)에서 튜플들을 삽입하는 순서가 중요하다. 그 이유는 2장과 부록에서 설명하였다. (5)는 EMPLOYEE와 DEPARTMENT 테이블 위에서 EMP_PLANNING 뷰를 정의하는 CREATE VIEW문이다. (1)~(4)는 4장에서 설명하고 (5)는 8장에서 살펴본다.

[그림 3.34]에서 정의한 테이블과 뷰가 데이터베이스에 생성되었는가를 확인하기 위해서 질의 입력창에 다음 명령을 입력하여 실행한다. tab은 데이터베이스 내의 테이블에 관한 정보를 나타내는 데이터 사전 뷰이다. 데이터 사전 뷰는 8.3절에서 자세하게 설명한다.

```
SELECT * FROM tab;
```

[그림 3.35]의 결과 표시창에서 TNAME은 테이블의 이름을 나타내고 TABTYPE은 테이블의 유형을 나타낸다. 테이블의 유형은 TABLE이나 VIEW이다. 두 개의 테이블과 한 개의 뷰가 생성된 것을 알 수 있다. 결과 표시창에 열거된 첫 번째 테이블은 질의 수행 시 오라클에서 생성하는 임시 테이블이다. 사용자는 이 테이블에 직접 접근할 수 없다. DEPARTMENT 테이블, EMPLOYEE 테이블, EMP_PLANNING 뷰가 생성된 것을 확인할 수 있다.

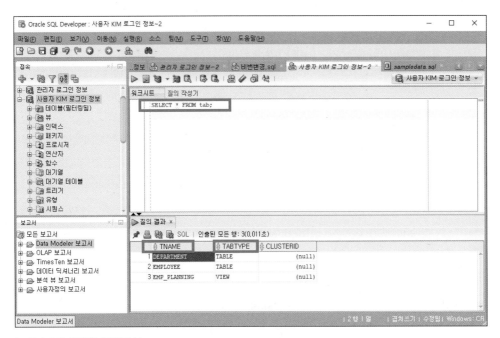

[그림 3.35] 생성된 테이블과 뷰

[그림 3.34]에서 정의한 DEPARTMENT 테이블의 구조를 알아보려면 질의 입력창에 다음 명령을 입력하여 수행한다.

```
DESCRIBE DEPARTMENT;
     또는
DESC DEPARTMENT;
```

[그림 3.36]의 결과 표시창에서 이름은 DEPARTMENT 테이블에 속한 애트리뷰트들을 나타내고, 널은 애트리뷰트가 널을 허용하는가를 나타내며, 유형은 애트리뷰트의 데이터 타입과 길이를 의미한다. 예를 들어, DEPTNAME 애트리뷰트는 널을 허용하며, 데이터 타입이 10바이트 길이의 문자열이다. DESCRIBE 명령을 사용해서는 널 허용 여부에 관한 제약조건만 볼 수있다. 테이블의 제약 조건을 모두 보려면 USER_CONSTRAINTS 데이터 사전 뷰를 질의해야한다.

[그림 3.36] DEPARTMENT 테이블의 구조

[그림 3.34]에서 네 개의 튜플을 삽입한 DEPARTMENT 테이블의 내용을 보고 싶으면 다음 질의를 질의 입력창에서 실행한다.

```
SELECT * FROM DEPARTMENT;
```

[그림 3.37]의 결과 표시창에서 DEPTNO, DEPTNAME, FLOOR는 [그림 3.34]에서 DEPARTMENT 테이블을 정의할 때 명시한 애트리뷰트이다. 또한, 네 개의 행은 [그림 3.34]에서 DEPARTMENT 테이블에 대해 수행한 네 개의 INSERT문의 결과로 삽입된 것이다.

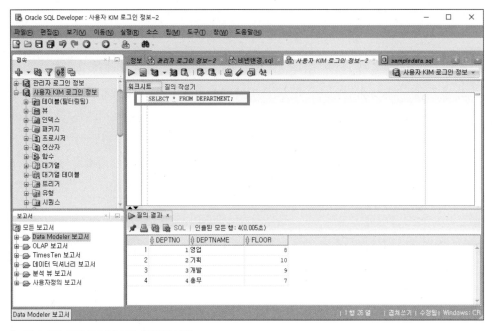

[그림 3.37] DEPARTMENT 테이블의 내용

Oracle SQL Developer의 질의 입력창에 아래와 같은 테이블 정의문을 직접 입력하여 PROJECT 테이블을 생성해 보자([그림 3.38]).

```
CREATE TABLE PROJECT
(
    Projno      NUMBER      NOT NULL,
    Projname    CHAR(15)    NOT NULL,
    Budget      NUMBER
);
```

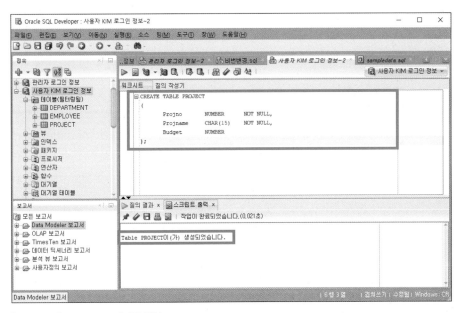

[그림 3.38] PROJECT 테이블 생성

기존의 테이블을 수정하려면 ALTER TABLE문을 사용한다. PROJECT 테이블에 정수형 애트리뷰트인 Manager를 추가하는 SQL문은 다음과 같다([그림 3.39]).

```
ALTER TABLE PROJECT ADD Manager NUMBER;
```

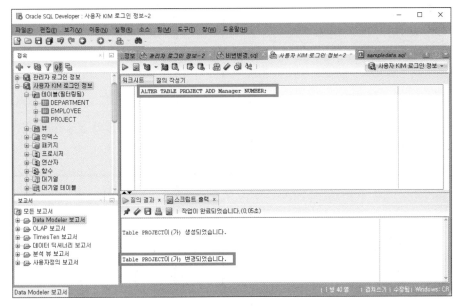

[그림 3.39] PROJECT 테이블에 애트리뷰트 추가

방금 추가한 Manager 애트리뷰트를 삭제하기 위해서는 질의 입력창에 아래와 같은 SQL문을 입력하고 실행한다.

```
ALTER TABLE PROJECT DROP COLUMN Manager;
```

ALTER TABLLE문을 사용하여 테이블에서 애트리뷰트를 삭제하는 기능은 오라클9i부터 제 공된다. 삭제하는 애트리뷰트는 데이터를 포함하거나 포함하지 않을 수 있다. 한 번에 한 애트 리뷰트를 삭제할 수 있다. 애트리뷰트를 삭제한 후에도 테이블에 하나 이상의 애트리뷰트가 남 아 있어야 한다. 애트리뷰트가 일단 삭제되면 되돌릴 수 없다.

3.4 PL/SQL

PL/SQL Procedural Language/SQL 은 오라클에서 관계 데이터베이스를 위한 표준 데이터 언어인 SQL 에 절차적인 언어의 기능(예를 들어, IF-THEN, WHILE 루프 등)을 추가하여 확장한 것이다. 본 절에서는 PL/SQL의 기능을 간략하게 설명한다.

PL/SQL은 블록 위주의 언어이다. 기본적인 단위는 블록, 프로시저, 함수이다. 이들은 다수의 서브블록들을 포함할 수 있다. 블록이나 서브블록은 논리적으로 연관된 선언과 문장들을 그룹 화한다.

PL/SQL은 SQL가 제공하지 않는 PL/SQL의 절차적 프로그래밍 기능, 모듈화된 프로그램 개 발, 커서와 예외 사항 처리 등의 장점을 갖는다. 또한 코드의 재사용성을 높인다. 여러 SQL문 을 하나의 블록으로 묶어서 한 번의 호출로 블록 전체를 서버로 보내기 때문에 네트워크 통신량 을 줄임으로써 성능을 향상시킨다.

기본적인 PL/SQL 블록의 구조는 다음과 같이 세 개의 섹션으로 구성된다. 이 중에서 BEGIN 으로 시작하는 실행절만 필수이고 나머지는 옵션이다. 선언절에서는 변수와 객체들을 선언하 고, 실행절에서는 변수들을 처리(조작)하며, 예외 사항 처리절에서는 실행 중에 발생한 예외나 에러를 처리한다. 실행절에 SQL의 CREATE TABLE, ALTER TABLE, DROP TABLE 등 의 데이터 정의어와 GRANT, REVOKE 등의 데이터 제어어는 사용할 수 없다.

```
[DECLARE        -- 선언절(옵션)
    <상수>
    <변수>
    <커서>
    <사용자가 정의하는 예외 사항>]
BEGIN          -- 실행절(필수)
    <SQL문 또는 PL/SQL문>
    [<EXCEPTION>    -- 예외 사항 처리절(옵션)
       <예외 사항 처리>]
END;
```

키워드인 DECLARE, BEGIN, EXCEPTION 다음에는 세미콜론을 쓰지 않지만, END 및 다른 PL/SQL문에는 문장 끝을 표시하기 위해 세미콜론을 써야 한다. 각 문장은 여러 행에 걸쳐 쓸 수 있다. 식별자는 영문자로 시작해야 하며, 30자까지 쓸 수 있다. 주석은 여러 행에 걸쳐 쓰려면 /*과 */ 사이에 입력하고, 한 행에 쓰려면 시작 부분에 --을 표시해도 된다. 주석을 적절하게 사용하면 코드를 이해하고 관리하는 데 매우 유용하다.

PL/SQL의 SELECT문에서 INTO절은 필수 항목으로서, SELECT절과 FROM절 사이에 위치하며, SELECT절에서 반환되는 값을 저장할 변수 이름을 지정하는 데 사용된다. SELECT절에서 선택한 항목마다 하나의 변수를 제공해야 하며, 변수들의 순서는 SELECT절에서 선택한 항목들과 대응되어야 한다.

PL/SQL의 제어 구조는 다음과 같은 유형으로 구분할 수 있다. PL/SQL의 조건문의 구조는 다른 절차적 언어의 조건문의 구조와 유사하다.

▶ 조건문의 예

```
if <조건> then <PL/SQL문> else <PL/SQL문> end if;
```

▶ for 반복문의 예

```
for <인덱스 변수> in <범위> loop <PL/SQL문> end loop;
```

▶ while 반복문의 예

```
while <조건> loop
    <PL/SQL문>
end loop;
```

만일 질의의 결과로 다수의 행들이 반환되면 어떻게 하는가? 호스트 변수들은 오직 한 개의 값을 저장할 수 있다. 오라클은 질의의 수행 결과 중에서 첫 번째 행만을 PL/SQL 블록(또는 호스트 언어 프로그램)에 전달한다.

질의가 다수의 행들을 결과로 반환할 때 **커서** cursor 를 선언해서 질의 결과의 각 행을 처리하고 현재 어떤 행을 처리하고 있는지 유지해야 한다. 질의의 결과로 반환되는 행들은 **활성 집합** active set 이라고 부르는 영역에 저장된다. 활성 집합의 크기는 검색 조건을 만족하는 행들의 개수에 의존한다. 커서는 활성 집합 내의 한 행을 가리키는 포인터로 생각할 수 있다. 본 절에서는 명시적 커서만 논의한다. [그림 3.40]은 활성 집합의 세 번째 행을 커서가 가리키는 것을 보여준다. 커서가 가리키는 행을 **현재 행**이라고 부른다.

활성 집합

송치윤	52015	사당동	컴퓨터	3.3
김구완	53116	홍제동	정보통신	3.1
최재석	56034	양재동	정보관리	3.5
송혜영	52042	신정동	컴퓨터	2.9
조미림	53108	역삼동	정보통신	3.4

커서 → (최재석 행) 현재 행

[그림 3.40] 명시적 커서의 예

커서를 사용하기 위해서는 네 개의 단계가 필요하다.

▶ 블록의 선언절에서 커서를 선언한다.

```
CURSOR 커서_이름 IS SELECT문;
```

▶ 커서를 사용하기 전에 실행절에서 커서를 열어야 한다. OPEN문은 커서와 연관된 질의를 수행하고, 활성 집합을 식별하며, 커서가 첫 번째 행의 이전을 가리키도록 한다. 이것이 커서의 현재 행이 된다. OPEN문을 실행했다고 해서 활성 집합의 행을 변수로 가져오지는 않는다. FETCH문을 실행해야 해당 행을 변수로 가져온다.

```
OPEN 커서_이름;
```

▶ FETCH문은 활성 집합에 있는 행을 한 번에 하나씩 차례대로 검색한다. FETCH문은 커서를 다음 행으로 이동하고, 그 행의 값들을 FETCH문에 명시된 변수들에 복사한다.

```
FETCH 커서_이름 INTO 변수_리스트;
```

▶ CLOSE문은 질의 수행 결과에 대한 처리를 마치겠다는 표시이며 커서를 닫는다. 이후부터는 질의 수행 결과에 더 이상 접근할 수 없다.

```
CLOSE 커서_이름;
```

커서 루프는 명시적 커서에서 행을 처리한다. 커서 루프는 커서가 열리고 루프가 한 번 반복될 때마다 행이 하나씩 인출된 후, 모든 행이 처리되면 커서가 자동으로 닫히는 방식으로 진행된다.

만일 갱신할 튜플들에 대해 커서를 정의할 때는 커서 선언부에 FOR UPDATE OF절을 반드시 포함시키고, 수정할 애트리뷰트들을 함께 명시한다. 예를 들어, 다음과 같이 커서를 선언하면 EMPLOYEE 테이블의 TITLE 애트리뷰트를 수정할 수 있다.

```
EXEC SQL
    DECLARE title_cursor CURSOR FOR
    SELECT  title FROM employee FOR UPDATE OF title;
```

이제 커서를 열면 튜플의 애트리뷰트들을 수정할 수 있다.

```
UPDATE    employee
SET       title = :newtitle
WHERE     CURRENT OF title_cursor;
```

PL/SQL의 예를 설명하기 위해서 IF문과 FOR 반복문을 포함한 질의의 예를 제시한다. IF문은 고급 프로그래밍 언어에서와 같이 PL/SQL문의 실행 조건을 설정한다. 다음의 예는 3번 부서의 사원들의 평균 급여가 3,800,000원 이상이면 3번 부서에 속한 사원들의 이름과 직책과 급여를 검색하고, 그렇지 않으면 "3번 부서의 평균 급여가 3,800,000 미만입니다."라는 메시지를 인쇄하는 간단한 PL/SQL 코드이다. 이 예에는 옵션인 예외 사항 처리절이 포함되지 않았다.

```
set serveroutput on;

DECLARE     -- 선언절
    avg_salary NUMBER;
    l_empname  VARCHAR2(10);
    l_title    VARCHAR2(10);
    l_salary   NUMBER;
```

```
        -- 커서를 이용하여 employee 정보를 가져온다.
    CURSOR get_employee_rec IS
        SELECT empname, title, salary
        FROM employee
        WHERE dno = 3;

BEGIN    -- 실행절
    SELECT AVG(salary)
    INTO avg_salary
    FROM employee
    WHERE dno = 3;

    IF avg_salary >= 3800000 THEN
        FOR emp_rec IN get_employee_rec /* 묵시적으로 커서를 OPEN하고
                                           FETCH한다 */
        LOOP
            l_empname := emp_rec.empname;
            l_title   := emp_rec.title;
            l_salary  := emp_rec.salary;
        END LOOP/* 묵시적으로 커서를 CLOSE한다 */

    ELSE
        dbms_output.put_line('3번 부서의 평균 급여가 3800000 미만입니다.');
    END IF;
END;
/
```

커서를 이용하기 위해서는 다음과 같은 방법으로 커서를 참조해야 한다.

<커서_변수_이름>.<애트리뷰트_이름>

예를 들어, emp_rec.empname은 EMPLOYEE 테이블의 EMPNAME 애트리뷰트를 참조한다. 위의 PL/SQL 코드에서 dbms_output.put_line은 값을 화면에 출력하는 오라클의 프로시저이다.

연습문제

1. 자신의 컴퓨터의 하드웨어 사양과 소프트웨어 사양이 오라클 익스프레스 에디션을 설치하는 데 적합한지 확인하시오.

2. 자신의 컴퓨터에 오라클 익스프레스 에디션을 설치하시오.

3. 윈도우 탐색기를 이용하여 오라클이 설치된 폴더 밑에 어떤 폴더들이 생성되었는가 확인해 보시오.

4. 시스템 테이블스페이스와 사용자 테이블스페이스의 차이점을 설명하시오.

5. SQL2에 추가된 PL/SQL의 기능들을 조사해 보시오.

6. 오라클에서 한 세션이 언제 시작해서 언제 끝나는가를 설명하시오.

7. 아래의 논리적인 저장 구조들을 큰 것부터 작은 것 순서로 열거하시오.
   테이블스페이스, 익스텐트, 세그먼트, 데이터베이스, 데이터 블록

8. 오라클의 논리적인 저장 구조와 물리적인 저장 구조의 관계를 설명하시오.

9. 오라클 데이터베이스를 구성하는 세 가지 파일 유형을 열거하시오.

10. Oracle SQL Developer를 실행하고 EMPLOYEE 테이블의 구조를 알아보시오. 또한, EMPLOYEE 테이블의 내용을 모두 검색해 보시오.

11. 자신이 원하는 계정과 암호를 사용하여 새로운 사용자로 등록해 보시오. 이 사용자에게 사용자 테이블스페이스와 임시 테이블스페이스를 할당하고 오라클을 사용하는 데 필요한 권한도 허가한다.

12. PL/SQL의 블록의 세 가지 구성요소는 무엇인가?

13. 커서를 사용할 때 사용되는 명령들 중에서 OPEN과 FETCH의 차이점을 설명하시오.

Chapter **04**

관계 대수와 SQL

관계 대수와 SQL

관계 데이터베이스에 정보를 저장하고 검색하는 언어가 필요하다. 관계 데이터 모델에서 지원되는 정형적인 언어에는 두 가지가 있다. **관계 해석** relational calculus 은 원하는 데이터만 명시하고 질의를 어떻게 수행할 것인가는 명시하지 않는 선언적인 언어이고, **관계 대수** relational algebra 는 어떻게 질의를 수행할 것인가를 명시하는 절차적인 언어이다.

관계 대수와 관계 해석은 관계 데이터 모델을 제안한 E. F. Codd가 소개하였다. 관계 해석은 본 책에서 논의하지 않는다. 관계 대수는 관계 데이터 모델에서 중요한 이론적인 언어이다. 관계 대수는 하나 이상의 릴레이션에 적용되는 연산자들을 포함한다. 이 연산자들은 주어진 릴레이션들로부터 새로운 릴레이션을 생성한다. 관계 대수는 상용 관계 DBMS들에서 널리 사용되는 SQL의 이론적인 기초이다. 관계 대수는 SQL을 구현하고 최적화하기 위해 DBMS의 내부 언어로서도 사용된다.

상용 관계 DBMS들의 사실상의 표준 질의어인 SQL을 이해하고 사용할 수 있는 능력은 매우 중요하다. 사용자는 SQL을 사용하여 관계 데이터베이스에 릴레이션을 정의하고, 관계 데이터베이스에서 정보를 검색하고, 관계 데이터베이스를 갱신하며, 여러 가지 무결성 제약조건들을 명시할 수 있다. 또한, C, C++, 코볼, 자바 등의 고급 프로그래밍 언어에 SQL문을 내포시켜 응용 프로그램을 작성할 수 있다.

본 장에서는 관계 대수와 SQL을 논의한다. 4.1절에서는 관계 대수의 개요와 관계 연산자들을 논의한다. 4.2절에서는 SQL의 개요와 여러 가지 버전들을 설명한다. SQL의 구성요소인 데이터 정의어, 데이터 조작어, 데이터 제어어를 간략하게 논의한다. 4.3절에서는 SQL의 데이터 정의어 기능과 무결성 제약조건을 명시하는 방법들을 살펴본다. 4.4절에서는 기본적인

SELECT문부터 시작하여 복잡한 SELECT문까지 SQL에서 자주 사용되는 질의들의 표현 방법을 자세하게 다룬다. 4.5절에서는 INSERT, DELETE, UPDATE 등 SQL의 데이터 갱신문들을 설명한다. 4.6절에서는 트리거와 주장을 살펴본다. 마지막으로 4.7절에서는 SQL문을 고급 프로그래밍 언어에 포함시켜 사용하는 내포된 SQL embedded SQL 을 논의한다.

4.1 관계 대수

관계 대수는 관계 해석과 함께 릴레이션을 다루는 대표적인 이론적 방법이다. 관계 대수는 기존의 릴레이션들로부터 새로운 릴레이션을 생성한다. 릴레이션이나 관계 대수식(이것의 결과도 릴레이션임)에 연산자들을 적용하여 보다 복잡한 관계 대수식을 점차적으로 만들 수 있다.

관계 대수는 기본적인 연산자들의 집합으로 이루어진다. 하나의 관계 연산은 한 개 이상의 입력 릴레이션에 연산자를 적용하여 새로운 릴레이션 하나를 결과로 생성한다. 이는 산술 연산과 원리 면에서 유사하다. 예를 들어, 산술 연산에서 덧셈은 두 개의 수를 입력으로 받아서 하나의 수를 결과로 구한다.

```
123 + 369
```

더욱이 한 연산식은 다른 연산의 하나의 인수로 다시 사용될 수 있기 때문에 복잡한 식을 표현할 수 있다.

```
123 + 369 - 12 * 4
```

산술 연산식에서 + -, *, / 등의 연산자들은 두 개의 수에 적용되어 하나의 수를 결과로 산출하므로 **이항 연산자** binary operator 라고 부른다. 그러나 -는 또 다른 의미를 갖는다. 예를 들어, -7과 같이 한 개의 수에 적용되어 음수로 바꾼 수를 결과로 산출하므로 **단항 연산자** unary operator 라고 부른다.

관계 연산자들도 이와 유사하게 동작한다. 관계 연산자는 산술 연산자와 유사하게 단일 릴레이션이나 두 개의 릴레이션을 입력으로 받아 하나의 결과 릴레이션으로 변환한다. 결과 릴레이션은 또 다른 관계 연산자의 입력으로 사용될 수 있다. 따라서 관계 대수식은 기본적으로 절차적이다. 그러나 관계 연산자들은 산술 연산의 연산자보다 수행 과정이 복잡하다.

관계 연산자들은 중복된 튜플을 가지고 있지 않은 릴레이션들에 적용되며, 결과로 생기는 릴레이션에도 중복된 튜플이 존재하지 않는다. 왜냐하면 릴레이션이 튜플들의 집합이기 때문이다. [그림 4.1]에서 관계 연산자1은 한 개의 릴레이션을 입력으로 받으므로 단항 연산자이다. 이 결과가 관계 연산자2의 입력으로 사용되었다. 관계 연산자2는 두 개의 릴레이션을 입력으로 받으므로 이항 연산자이다.

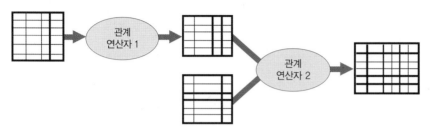

[그림 4.1] 관계 연산자

관계 연산자들은 필수적인 연산자와 질의를 편리하게 표현하기 위해 추가된 연산자들로 구분할 수 있다. 추가된 연산자들은 필수적인 연산자들을 사용하여 표현할 수 있다. 관계 연산자들을 여러 개 조합하여 복잡한 데이터베이스 질의들도 표현할 수 있다. 관계 연산자들을 표기하는 방법은 문헌마다 다소 차이가 있다. 본 책에서는 〈표 4.1〉과 같은 표기법을 사용한다. 〈표 4.1〉의 관계 연산자들 중에서 실렉션 연산자와 프로젝션 연산자만 단항 연산자이고, 나머지 연산자들은 모두 이항 연산자이다. [그림 4.2]는 일부 관계 연산자들의 기능을 나타낸다.

〈표 4.1〉 관계 연산자들의 종류와 표기법

분류	연산자	표기법	단항 또는 이항
필수적인 연산자	실렉션(selection)	σ	단항
	프로젝션(projection)	π	단항
	합집합(union)	∪	이항
	차집합(difference)	−	이항
	카티션 곱(Cartesian product)	×	이항
편의를 위해 유도된 연산자	교집합(intersection)	∩	이항
	세타 조인(theta join)	⋈	이항
	동등 조인(equijoin)	⋈	이항
	자연 조인(natural join)	*	이항
	세미 조인(semijoin)	⋉	이항
	디비전(division)	÷	이항

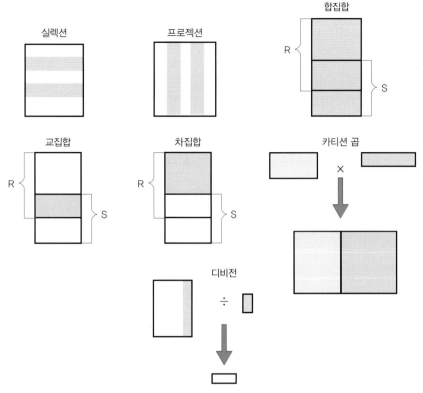

[그림 4.2] 관계 연산자들의 기능

4.1.1 실렉션 연산자

실렉션 연산자는 한 릴레이션에서 **실렉션 조건** selection condition 을 만족하는 튜플들의 부분 집합을 생성한다. 실렉션 연산은 주어진 조건을 만족하는 튜플들만 걸러내는 연산으로 생각할 수 있다. 실렉션 연산자는 하나의 입력 릴레이션에 적용되므로 단항 연산자이다. 실렉션의 결과로 생기는 릴레이션은 입력 릴레이션과 같은 애트리뷰트들을 가지므로 결과 릴레이션의 차수는 입력 릴레이션의 차수와 같다. 실렉션 연산의 결과 릴레이션의 카디날리티는 항상 원래 릴레이션의 카디날리티보다 작거나 같다.

실렉션 조건은 릴레이션의 애트리뷰트들에 대하여 명시된 **부울식** Boolean expression 이다. 실렉션 조건을 **프레디키트** predicate 라고도 한다. 실렉션 조건은 일반적으로 릴레이션의 임의의 애트리뷰트와 상수, { =, < >, <=, <, >=, > } 등의 비교 연산자, { AND, OR, NOT } 등의 부울 연산자를 포함할 수 있다. 좀 더 구체적으로, 실렉션 조건의 형태는 다음과 같다. 여기서 애트리뷰트는 입력 릴레이션에 속하는 애트리뷰트이다. 상수는 애트리뷰트의 도메인에 속하는 값이다.

```
<애트리뷰트> 비교 연산자 <상수>
<애트리뷰트> 비교 연산자 <애트리뷰트>
<조건> AND <조건>
<조건> OR <조건>
NOT <조건>
```

형식 : σ_{<실렉션 조건>} (릴레이션)

형식 : $\sigma_{<\text{실렉션 조건}>}$ (릴레이션)

예: 실렉션

질의: EMPLOYEE 릴레이션에서 3번 부서에 소속된 사원들을 검색하시오.

EMPLOYEE

EMPNO	EMPNAME	TITLE	MANAGER	SALARY	DNO
2106	김창섭	대리	1003	2500000	2
3426	박영권	과장	4377	3000000	1
3011	이수민	부장	4377	4000000	3
1003	조민희	과장	4377	3000000	2
3427	최종철	사원	3011	1500000	3
1365	김상원	사원	3426	1500000	1
4377	이성래	사장	∧	5000000	2

원하는 튜플

$\sigma_{DNO=3}$ (EMPLOYEE)

RESULT

EMPNO	EMPNAME	TITLE	MANAGER	SALARY	DNO
3011	이수민	부장	4377	4000000	3
3427	최종철	사원	3011	1500000	3

4.1.2 프로젝션 연산자

프로젝션 연산자는 실렉션과 달리 한 릴레이션의 애트리뷰트들의 부분집합을 구한다. 다음의
형식에서 〈애트리뷰트 리스트〉는 입력 릴레이션에 속한 애트리뷰트들이다. 프로젝션의 결과로
생성되는 릴레이션은 〈애트리뷰트 리스트〉에 명시된 애트리뷰트들만 가지며, 이 애트리뷰트들
은 애트리뷰트 리스트에 열거된 순서와 동일하게 결과 릴레이션에 나타난다. 새로운 릴레이션
의 차수는 애트리뷰트 리스트 내의 애트리뷰트 개수와 같다.

예: 프로젝션

질의: 모든 사원들의 직급을 검색하시오.

프로젝션 연산자의 입력 릴레이션에는 중복된 튜플이 없지만, 이 릴레이션에서 일부 애트리뷰트를 프로젝션한 결과 릴레이션에는 중복 튜플이 존재하므로, 중복을 제거해야 한다.

EMPLOYEE

EMPNO	EMPNAME	TITLE	MANAGER	SALARY	DNO
2106	김창섭	대리	1003	2500000	2
3426	박영권	과장	4377	3000000	1
3011	이수민	부장	4377	4000000	3
1003	조민희	과장	4377	3000000	2
3427	최종철	사원	3011	1500000	3
1365	김상원	사원	3426	1500000	1
4377	이성래	사장	∧	5000000	2

π_{TITLE} (EMPLOYEE)

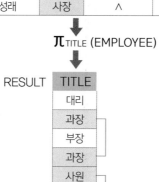

RESULT

TITLE
대리
과장
부장
과장
사원
사원
사장

중복이 존재하는 릴레이션

RESULT

TITLE
대리
과장
부장
사원
사장

중복이 제거된 릴레이션

실렉션의 결과 릴레이션에는 중복 튜플이 존재할 수 없지만(릴레이션이 튜플들의 집합이므로), 프로젝션 연산의 결과 릴레이션에는 입력 릴레이션으로부터 골라낸 일부 애트리뷰트들만 포함되므로 중복된 튜플들이 존재할 수 있다. 따라서 릴레이션의 특성을 만족하기 위해 중복 튜플들을 제거하는 과정이 필요하다. 물론 〈애트리뷰트 리스트〉에 키가 포함되어 있으면 결과 릴레이션에 중복된 튜플이 존재하지 않는다.

4.1.3 집합 연산자

릴레이션이 튜플들의 집합이기 때문에 기존의 집합 연산이 릴레이션에 적용된다. 집합 연산자에는 합집합, 교집합, 차집합 연산자가 있다. 집합 연산자의 입력으로 사용되는 두 개의 릴레이션은 **합집합 호환** union compatible 이어야 한다. 실제로 관계 데이터베이스 내의 임의의 두 릴레이션이 합집합 호환인 경우는 드물다. 일반적으로 프로젝션 연산과 같이 어떤 연산의 결과로 유도된 릴레이션들이 합집합 호환인 경우가 많다. 집합 연산자들은 두 개의 릴레이션을 입력으로 받아들이므로 이항 연산자이다.

두 릴레이션 R1(A1, A2, ..., An)과 R2(B1, B2, ..., Bm)이 합집합 호환일 필요충분조건은 n=m이고, 모든 $1 \leq i \leq n$에 대해 domain(Ai)=domain(Bi)이다. 다시 말해서, 두 릴레이션의 애트리뷰트 수가 같고 대응되는 애트리뷰트들의 도메인이 같다는 것이다.

예: 합집합 호환

다음의 EMPLOYEE 릴레이션 스키마와 DEPARTMENT 릴레이션 스키마는 애트리뷰트 수가 다르므로 합집합 호환이 되지 않는다.

```
EMPLOYEE(EMPNO, EMPNAME, TITLE, MANAGER, SALARY, DNO)
DEPARTMENT(DEPTNO, DEPTNAME, FLOOR)
```

그러나 EMPLOYEE 릴레이션에서 DNO를 프로젝션한 결과 릴레이션(π_{DNO} (EMPLOYEE))과 DEPARTMENT 릴레이션에서 DEPTNO를 프로젝션한 결과 릴레이션(π_{DEPTNO} (DEPARTMENT))은 애트리뷰트 수가 같으며, DNO와 DEPTNO의 도메인이 같으므로 합집합 호환이다.

합집합 연산자

두 릴레이션 R과 S의 합집합 R ∪ S는 R 또는 S에 있거나 R과 S 모두에 속한 튜플들로 이루어진 릴레이션이다. 릴레이션이 튜플들의 집합이므로 결과 릴레이션에서 중복된 튜플들은 제외된다. 결과 릴레이션의 차수는 R 또는 S의 차수와 같으며, 결과 릴레이션의 애트리뷰트 이름들은 R의 애트리뷰트들의 이름과 같거나 S의 애트리뷰트들의 이름과 같다.

EMPLOYEE

EMPNO	EMPNAME	TITLE	MANAGER	SALARY	DNO
2106	김창섭	대리	1003	2500000	2
3426	박영권	과장	4377	3000000	1
3011	이수민	부장	4377	4000000	3
1003	조민희	과장	4377	3000000	2
3427	최종철	사원	3011	1500000	3
1365	김상원	사원	3426	1500000	1
4377	이성래	사장	∧	5000000	2

$$\text{RESULT1} \leftarrow \pi_{\text{DNO}} (\sigma_{\text{EMPNAME='김창섭'}} (\text{EMPLOYEE}))$$

RESULT1

DNO
2

DEPARTMENT

DEPTNO	DEPTNAME	FLOOR
1	영업	8
2	기획	10
3	개발	9
4	총무	7

$$\text{RESULT2} \leftarrow \pi_{\text{DEPTNO}} (\sigma_{\text{DEPTNAME='개발'}} (\text{DEPARTMENT}))$$

RESULT2

DEPTNO
3

$$\text{RESULT3} \leftarrow \text{RESULT1} \cup \text{RESULT2}$$

RESULT3

DEPTNO
2
3

교집합 연산자

두 릴레이션 R과 S의 교집합 R ∩ S는 R과 S 모두에 속한 튜플들로 이루어진 릴레이션이다. 결과 릴레이션의 차수는 R 또는 S의 차수와 같으며, 결과 릴레이션의 애트리뷰트 이름들은 R 의 애트리뷰트들의 이름과 같거나 S의 애트리뷰트들의 이름과 같다.

EMPLOYEE

EMPNO	EMPNAME	TITLE	MANAGER	SALARY	DNO
2106	김창섭	대리	1003	2500000	2
3426	박영권	과장	4377	3000000	1
3011	이수민	부장	4377	4000000	3
1003	조민희	과장	4377	3000000	2
3427	최종철	사원	3011	1500000	3
1365	김상원	사원	3426	1500000	1
4377	이성래	사장	∧	5000000	2

RESULT1 ← π_{DNO} ($\sigma_{EMPNAME='김창섭' OR EMPNAME='최종철}$ (EMPLOYEE))

RESULT1

DNO
2
3

DEPARTMENT

DEPTNO	DEPTNAME	FLOOR
1	영업	8
2	기획	10
3	개발	9
4	총무	7

RESULT2 ← π_{DEPTNO} ($\sigma_{DEPTNAME='기획'}$ (DEPARTMENT))

RESULT2

DEPTNO
2

RESULT3 ← RESULT1 ∩ RESULT2

RESULT3

DEPTNO
2

차집합 연산자

두 릴레이션 R과 S의 차집합 R − S는 R에는 속하지만, S에는 속하지 않은 튜플들로 이루어진 릴레이션이다. 결과 릴레이션의 차수는 R 또는 S의 차수와 같으며, 결과 릴레이션의 애트리뷰트 이름들은 R의 애트리뷰트들의 이름과 같거나 S의 애트리뷰트들의 이름과 같다.

질의: 소속된 직원이 한 명도 없는 부서의 부서번호를 검색하시오.

DEPARTMENT

DEPTNO	DEPTNAME	FLOOR
1	영업	8
2	기획	10
3	개발	9
4	총무	7

RESULT1 ← πDEPTNO (DEPARTMENT)

RESULT1

DEPTNO
1
2
3
4

EMPLOYEE

EMPNO	EMPNAME	TITLE	MANAGER	SALARY	DNO
2106	김창섭	대리	1003	2500000	2
3426	박영권	과장	4377	3000000	1
3011	이수민	부장	4377	4000000	3
1003	조민희	과장	4377	3000000	2
3427	최종철	사원	3011	1500000	3
1365	김상원	사원	3426	1500000	1
4377	이성래	사장	∧	5000000	2

RESULT2 ← πDNO (EMPLOYEE)

RESULT2

DNO
2
1
3

RESULT3 ← RESULT1 — RESULT2

RESULT3

DNO
4

카티션 곱 연산자

실렉션이나 프로젝션을 사용하여 한 릴레이션으로부터 정보를 검색할 수 있지만, 한 릴레이션의 튜플들을 다른 릴레이션의 튜플들과 연관시키기 위해서 흔히 두 릴레이션의 튜플들을 결합할 필요가 있다. 카디날리티가 i인 릴레이션 R(A1, A2, ..., An)과 카디날리티가 j인 릴레이션 S(B1, B2, ..., Bm)의 카티션 곱 R × S는 차수가 n+m이고, 카디날리티가 i * j이고, 애트리뷰트가 (A1, A2, ..., An, B1, B2, ..., Bm)이며, R과 S의 튜플들의 모든 가능한 조합으로 이루어진 릴레이션이다.

카티션 곱의 결과 릴레이션의 크기가 매우 클 수 있으며, 사용자가 실제로 원하는 것은 카티션 곱의 결과 릴레이션의 일부인 경우가 대부분이므로 카티션 곱 자체는 유용한 연산자가 아니다. 동일한 애트리뷰트가 두 릴레이션에 포함되어 있을 수 있기 때문에 결과 릴레이션에서 이런 애트리뷰트들을 구분하기 위해서 애트리뷰트 이름 앞에 릴레이션 이름을 붙인다.

예: 카티션 곱

질의: EMPLOYEE 릴레이션과 DEPARTMENT 릴레이션의 카티션 곱을 구하시오.
지금까지 예로 든 EMPLOYEE와 DEPARTMENT 릴레이션을 사용하면 결과가 너무 커서 책에 나타내기 어려우므로 각각 한 개의 애트리뷰트만 갖는 EMPLOYEE와 DEPARTMENT를 사용한 예를 제시한다.

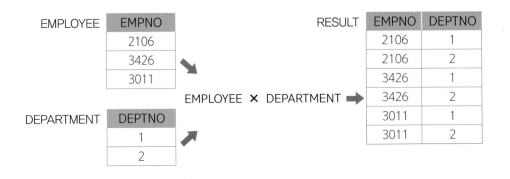

관계 대수의 완전성

실렉션, 프로젝션, 합집합, 차집합, 카티션 곱은 관계 대수의 필수적인 연산자이다. 다른 관계 연산자들은 필수적인 관계 연산자를 두 개 이상 조합하여 표현할 수 있다. 예를 들어, 조인 연산자는 카티션 곱과 실렉션을 사용하여 표현할 수 있다. 디비전 연산자는 프로젝션, 카티션 곱, 차집합을 사용하여 표현할 수 있다. 임의의 질의어가 적어도 필수적인 관계 대수 연산자들만큼의 표현력을 갖고 있으면 **관계적으로 완전** relationally complete 하다고 말한다.

4.1.4 조인 연산자

조인 연산자는 두 개의 릴레이션으로부터 연관된 튜플들을 결합하는 연산자이다. 이 연산자는 관계 데이터베이스에서 두 개 이상의 릴레이션들의 관계를 다루는 데 매우 중요한 연산자이다. 결과만 비교한다면 조인 연산자는 카티션 곱을 수행한 후 실렉션을 적용한 것과 같다. 하지만 관계 DBMS에서는 조인 연산자의 결과를 구하기 위해서 먼저 카티션 곱을 수행하는 경우는 거의 없다. 조인 연산자는 시간이 오래 걸리는 연산자이므로 조인을 효율적으로 수행하는 여러 가지 알고리즘들이 개발되었다. 조인에는 **세타 조인** θ-join, **동등 조인** equijoin, **자연 조인** natural join, **외부 조인** outer join, **세미 조인** semijoin 등이 있다.

세타 조인과 동등 조인

두 릴레이션 R(A1, A2, ..., An)과 S(B1, B2, ..., Bm)의 세타 조인의 결과는 차수가 n+m이고, 애트리뷰트가 (A1, A2, ..., An, B1, B2, ..., Bm)이며, 조인 조건을 만족하는 튜플들로 이루어진 릴레이션이다. 이때 두 릴레이션 R과 S가 합집합 호환일 필요는 없다. **세타**는 { =, < >, <=, <, >=, > } 중의 하나이다. 세타 조인을 수행하기 위해서 양쪽 릴레이션의 애트리뷰트(일반적으로 기본 키와 외래 키 관계)들이 세타 조인 조건을 만족하는 튜플들만 골라낸다. 이것이 카티션 곱과 조인의 주요 차이점이다. 동등 조인은 세타 조인 중에서 비교 연산자가 =인 조인이다.

> 형식: R ⋈$_{R.attribute \theta S.attribute}$ S

예: 동등 조인

질의: EMPLOYEE 릴레이션과 DEPARTMENT 릴레이션을 동등 조인하시오.
지금까지 예로 든 EMPLOYEE와 DEPARTMENT 릴레이션을 사용하면 조인 결과의 튜플 길이가 너무 커서 책에 나타내기 어려우므로 간단한 EMPLOYEE와 DEPARTMENT를 사용하여 조인한 결과를 제시하였다. RESULT1에서 알 수 있듯이 양쪽 릴레이션의 조인 애트리뷰트 두 개가 모두 결과 릴레이션에 포함된다.

EMPLOYEE

EMPNO	EMPNAME	DNO
2106	김창섭	2
3426	박영권	1
3011	이수민	3
1003	조민희	2
3427	최종철	3

DEPARTMENT

DEPTNO	DEPTNAME
1	영업
2	기획
3	개발
4	총무

EMPLOYEE ⋈ DNO=DEPTNO DEPARTMENT

RESULT	EMPNO	EMPNAME	DNO	DEPTNO	DEPTNAME
	2106	김창섭	2	2	기획
	3426	박영권	1	1	영업
	3011	이수민	3	3	개발
	1003	조민희	2	2	기획
	3427	최종철	3	3	개발

릴레이션 R과 S의 동등 조인 결과는 R과 S의 카티션 곱에 실렉션을 적용한 결과와 동등하다.

$$R \Join_{R.attribute=S.attribute} S \equiv \sigma_{R.attribute=S.attribute} (R \times S)$$

자연 조인

동등 조인에서는 두 릴레이션에서 조인 조건에 사용된 두 애트리뷰트가 결과 릴레이션에 포함된다. 그러나 이 두 애트리뷰트는 이름이 다를 수는 있어도 결과 릴레이션의 각 튜플에서 두 애트리뷰트의 값이 같으므로 둘 중의 한 애트리뷰트만 결과 릴레이션에 포함시켜도 무방하다. 동등 조인의 결과 릴레이션에서 조인 애트리뷰트를 한 개 제외한 것을 자연 조인이라고 한다. 자연 조인은 여러 가지 조인 연산자들 중에서 가장 자주 사용된다. 실제로 관계 데이터베이스에서 대부분의 질의는 실렉션, 프로젝션, 자연 조인으로 표현 가능하다. 자연 조인은 필수적인 관계 연산자들의 조합으로 표현할 수 있다.

형식: $R *_{R.attribute, S.attribute} S$

예: 자연 조인

질의: EMPLOYEE 릴레이션과 DEPARTMENT 릴레이션을 자연 조인하시오.
자연 조인의 결과는 동등 조인의 결과에서 조인 애트리뷰트를 1개 제외한 것이다.

EMPLOYEE

EMPNO	EMPNAME	DNO
2106	김창섭	2
3426	박영권	1
3011	이수민	3
1003	조민희	2
3427	최종철	3

DEPARTMENT

DEPTNO	DEPTNAME
1	영업
2	기획
3	개발
4	총무

EMPLOYEE DNO, DEPTNO DEPARTMENT

RESULT

EMPNO	EMPNAME	DNO	DEPTNAME
2106	김창섭	2	기획
3426	박영권	1	영업
3011	이수민	3	개발
1003	조민희	2	기획
3427	최종철	3	개발

4.1.5 디비전 연산자

차수가 n+m인 릴레이션 R(A1, A2, ..., An, B1, B2, ..., Bm)과 차수가 m인 릴레이션 S(B1, B2, ..., Bm)의 디비전 R ÷ S는 차수가 n이고, S에 속하는 모든 튜플 u에 대하여 튜플 tu(튜플 t와 튜플 u를 결합한 것)가 R에 존재하는 튜플 t들의 집합이다.

예: 디비전

AB

A#	B#
a1	b1
a1	b2
a1	b4
a1	b5
a2	b2
a2	b4
a2	b6
a3	b3
a4	b1
a4	b2
a4	b3

÷ C

B#
b1

RESULT1

A#
a1
a4

÷ C

B#
b2
b4

RESULT2

A#
a1
a2

÷ C

B#
b1
b2
b3

RESULT3

A#
a4

4.1.6 관계 대수 질의의 예

지금까지는 각각의 관계 대수 연산자들이 개별적으로 적용되는 예들을 살펴보았다. 본 절에서는 여러 가지 관계 대수 연산자들을 결합하여 복잡한 질의들을 표현하는 예들을 제시한다. 일반적으로, 같은 질의를 여러 가지 관계 대수식으로 표현할 수 있지만, 여기서는 각 질의에 대해 한 가지 관계 대수식만 제시한다. 본 절에서는 입력 릴레이션과 결과 릴레이션의 내용은 제시하지 않고 릴레이션의 스키마 상에서 관계 대수식을 표현한다.

예: 실렉션, 프로젝션

질의: 2번 부서나 3번 부서에 근무하는 모든 사원들의 이름과 급여를 검색하시오.

EMPLOYEE(EMPNO, EMPNAME, TITLE, MANAGER, SALARY, DNO)
DEPARTMENT(DEPTNO, DEPTNAME, FLOOR)

$$\pi_{EMPNAME, SALARY} \left(\sigma_{DNO=2 \ OR \ DNO=3} \left(EMPLOYEE \right) \right)$$

예: 실렉션, 프로젝션, 조인

질의: 개발 부서에서 근무하는 모든 사원들의 이름을 검색하시오.

$$\pi_{EMPNAME} \left(EMPLOYEE \bowtie_{DNO=DEPTNO} \left(\sigma_{DEPTNAME='개발'} \left(DEPARTMENT \right) \right) \right)$$

4.1.7 관계 대수의 한계

관계 대수 연산자는 한 개 이상의 릴레이션을 입력으로 받아 새로운 결과 릴레이션을 한 개 생성하지만, 몇 가지 제한을 갖고 있다. 지금까지 설명한 관계 대수 연산자들은 몇 가지 흔한 데이터베이스 질의들을 표현하는 데는 충분하지 않다. 따라서 관계 DBMS의 표준 데이터베이스 질의어인 SQL은 이런 요구사항을 모두 지원한다.

▶ 관계 대수는 산술 연산을 할 수 없다. 예를 들어, EMPLOYEE 릴레이션의 각 튜플에 대해서 SALARY 애트리뷰트의 값이 10% 인상됐을 때의 값을 알 수 없다.

▶ 집단 함수(aggregate function)를 지원하지 않는다. 집단 함수는 값들의 집합을 입력으로 받아 단일 값을 구하는 함수를 말한다. 집단 함수의 예로는 SUM, AVG, COUNT, MAX, MIN 등이 있다.

▶ 정렬을 나타낼 수 없다. 예를 들어, EMPLOYEE 릴레이션의 모든 튜플들을 사원의 이름순으로 정렬하라고 표현할 수 없다.

▶ 데이터베이스를 수정할 수 없다. 예를 들어, EMPLOYEE 릴레이션의 각 튜플에 대해서 SALARY 애트리뷰트의 값을 10% 인상하라고 요청할 수 없다.

▶ 프로젝션 연산의 결과에 중복된 튜플을 나타내는 것이 필요할 때가 있는데 이를 명시하지 못한다.

4.1.8 추가된 관계 대수 연산자

관계 대수의 표현력을 높이기 위해서 몇 가지 새로운 연산자들이 도입되었다.

집단 함수(SUM, AVG, MAX, MIN, COUNT)

▶ **질의 1**: 모든 사원들의 급여의 총합이 얼마인가?

$$SUM_{salary} \ (EMPLOYEE)$$

▶ **질의 2**: 모든 사원들의 급여의 평균이 얼마인가?

$$AVG_{salary} \ (EMPLOYEE)$$

▶ **질의 3**: 총 몇 명의 사원들이 근무하고 있는가?

$$COUNT_{empno} \ (EMPLOYEE)$$

▶ **질의 4**: 가장 높은 급여는 얼마인가?

$$MAX_{salary} \ (EMPLOYEE)$$

예: 집단 함수

질의: 모든 사원들의 급여의 평균이 얼마인가?

EMPLOYEE

EMPNO	...	SALARY	...
2106	...	2500000	...
3426	...	3000000	...
3011	...	4000000	...
1003	...	3000000	...
3427	...	1500000	...
1365	...	1500000	...
4377	...	5000000	...

$$AVG_{SALARY} \ (EMPLOYEE) \implies 2,928,571$$

그룹화

릴레이션은 그룹화 애트리뷰트들의 값에 의해서 분할되고, 각 그룹에 속하는 튜플들에 대해서 집단 함수를 적용할 수 있다.

예: 그룹화

질의: 각 부서별 사원들의 급여의 평균이 얼마인가?

EMPLOYEE

EMPNO	⋯	SALARY	DNO
3426	⋯	3000000	1
1365	⋯	1500000	1
2106	⋯	2500000	2
1003	⋯	3000000	2
4377	⋯	5000000	2
3011	⋯	4000000	3
3427	⋯	1500000	3

RESULT

DNO	AVG(SALARY)
1	2250000
2	3500000
3	2750000

$$_{DNO}g_{AVG\ (SALARY)}\ (EMPLOYEE)$$

외부 조인

외부 조인은 상대 릴레이션에서 대응되는 튜플을 갖지 못하는 튜플이나 조인 애트리뷰트에 널 값이 들어 있는 튜플들을 다루기 위해서 조인 연산을 확장한 것이다. 앞에서 소개한 조인 연산들은 조인 조건을 만족하는 튜플들만 골라내서 결합하므로 상대 릴레이션에 대응되는 튜플을 갖지 않는 튜플들은 조인 결과에 포함되지 않는다. 또한 조인 애트리뷰트에 널을 갖는 튜플들도 결과에 포함되지 않는다. 외부 조인은 두 릴레이션에서 대응되는 튜플들을 결합하면서, 대응되는 튜플을 갖지 않는 튜플과 조인 애트리뷰트에 널을 갖는 튜플도 결과에 포함시킨다. 외부 조인에는 **왼쪽 외부 조인** left outer join , **오른쪽 외부 조인** right outer join , **완전 외부 조인** full outer join 등 세 가지 종류가 있다.

▶ **왼쪽 외부 조인**

  릴레이션 R과 S의 왼쪽 외부 조인 연산은 R의 모든 튜플들을 결과에 포함시키고 만일 릴레이션 S에 관련된 튜플이 없으면 결과 릴레이션에서 릴레이션 S의 애트리뷰트들은 널로 채운다.

예: 자연 조인과 왼쪽 외부 조인

R과 S의 자연 조인

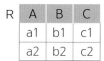

RESULT

A	B	C	D	E
a1	b1	c1	d1	e1

R과 S의 왼쪽 외부 조인

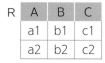

RESULT

A	B	C	D	E
a1	b1	c1	d1	e1
a2	b2	c2	∧	∧

▶ **오른쪽 외부 조인**

릴레이션 R과 S의 오른쪽 외부 조인 연산은 S의 모든 튜플들을 결과에 포함시키고, 만일 릴레이션 R에 관련된 튜플이 없으면 결과 릴레이션에서 릴레이션 R의 애트리뷰트들은 널로 채운다.

형식: R ⋈ S

예: R과 S의 오른쪽 외부 조인

A	B	C	D	E
a1	b1	c1	d1	e1
∧	∧	c3	d2	e2

▶ **완전 외부 조인**

릴레이션 R과 S의 완전 외부 조인 연산은 R과 S의 모든 튜플들을 결과에 포함시키고, 만일 상대 릴레이션에 관련된 튜플이 없으면 결과 릴레이션에서 상대 릴레이션의 애트리뷰트들은 널로 채운다.

예: 완전 외부 조인

R	A	B	C
	a1	b1	c1
	a2	b2	c2

R ⋈ S

S	C	D	E
	c1	d1	e1
	c3	d2	e2

➡

RESULT	A	B	C	D	E
	a1	b1	c1	d1	e1
	a2	b2	c2	∧	∧
	∧	∧	c3	d2	e2

4.2 SQL 개요

왜 데이터베이스 환경에서 질의어를 필요로 하는가? 한글이나 영어와 같은 자연어는 너무 모호하기 때문에 복잡한 질의를 자연어로 표현하면 질의가 정확하게 표현되었는지 입증하기가 어렵다. 또한, 질의의 결과가 실제로 올바른가 판단하기 어렵다. 따라서 좀 더 구조적인 질의어를 필요로 한다. 이상적으로는 사용자가 데이터베이스 질의어를 사용하여 데이터베이스와 릴레이션의 구조를 정의하고, 릴레이션에 튜플을 삽입, 삭제, 수정하고, 간단한 질의는 물론이고 복잡한 질의를 표현할 수 있어야 한다. 사용자와 개발자들이 대부분의 DBMS에서 지원되는 표준 방식을 숙달하는 것이 바람직하다.

본 절에서는 관계 데이터베이스 시스템의 표준 언어인 SQL Structured Query Language 의 개요를 논의한다. SQL은 현재 DBMS 시장에서 관계 DBMS가 압도적인 우위를 차지하는 데 중요한 요인의 하나이다. "만일 어떤 DBMS가 SQL을 사용하지 않는다면 그것은 관계 DBMS가 아니다." 라는 말도 있다.

표준 언어를 사용하면 직원에 대한 교육 비용이 절감되고, 생산성이 높아지고, 응용 프로그램의 이식성이 향상되고, 특정 DBMS에 대한 의존도가 줄어들고, DBMS 간의 통신이 원활해진다.

SQL은 IBM 연구소에서 1974년에 System R이라는 관계 DBMS 시제품을 연구할 때 관계 대수와 관계 해석을 기반으로 집단 함수, 그룹화, 갱신 연산 등을 추가하여 개발된 언어이다. SQL은 그 후 IBM에서 개발된 SQL/DS와 DB2라는 관계 DBMS에 사용되었다. 처음에는 SEQUEL이라고 불렀으나 나중에 SQL로 바뀌었다. 1986년에 ANSI 미국표준기구 에서 SQL 표준을 채택함으로써 SQL이 널리 사용되었다. 다양한 상용 관계 DBMS마다 지원하는 SQL 기능에 다소 차이가 있으나 기본적인 명령들의 집합과 구조는 상당한 수준으로 표준화되었다. 〈표 4.2〉는 SQL의 여러 가지 버전과 특징들을 간단하게 보여준다. 본 책에서는 SQL2를 따른다.

〈표 4.2〉 SQL의 발전 역사

버전	특징
SEQUEL	Structured English Query Language의 약어. Sysetm R 프로젝트에서 처음으로 제안됨
SQL	Structured Query Language의 약어. 1983년에 IBM의 DB2, 1991년에 IBM SQL/DS에 사용됨
SQL-86	1986년에 미국 ANSI에서 표준으로 채택됨. 1987년에 ISO에서 표준으로 채택됨
SQL-89	무결성 제약조건 기능이 강화됨
SQL2(SQL-92)	새로운 데이터 정의어와 데이터 조작어 기능이 추가됨. 약 500페이지 분량
SQL3(SQL-99)	객체 지향과 순환, 멀티미디어 기능 등이 추가됨. 약 2,000페이지 분량

SQL의 장점은 자연어에 가까운 구문을 사용하여 질의를 표현할 수 있다는 것이다. SQL은 **비절차적 언어**(선언적 언어)이므로 사용자는 자신이 **원하는 데이터**(what)만 명시하며, 원하는 것을 **처리하는 방법**(how)은 명시할 수 없다. 이 점이 SQL이 상대적으로 배우기 쉬운 언어가 되도록 하는 중요한 요인이다. SQL은 최종 사용자들이 쉽게 배워서 데이터베이스를 접근하는 데 사용된다. 또한, SQL은 관계 대수나 관계 해석보다 표현력이 우수하다. 그 이유는 SQL이 관계적으로 완전하고, 릴레이션을 정렬하고, 중복된 튜플들을 허용할 수 있기 때문이다. 〈표 4.3〉은 SQL과 관계 대수를 비교하여 보여준다.

〈표 4.3〉 SQL과 관계 대수의 비교

	SQL	관계 대수
언어	**비절차적 언어** - 사용자는 자신이 무엇을 원하는지만 질의에 명시하고, DBMS는 이 질의를 효율적으로 처리하는 방법을 결정한다.	**절차적 언어** - 관계 대수식은 관계 연산자들이 수행되는 순서를 명시한다.
연산	- 데이터베이스 구조 및 제약조건을 추가하거나 수정하는 명령(DDL) - 튜플을 검색, 삭제, 수정하는 명령(DML)	- 검색 연산만 제공

관계 DBMS는 사용자가 입력한 SQL문을 번역하여 사용자가 요구한 데이터를 찾는 데 필요한 모든 과정을 담당한다. 따라서 다른 모델의 DBMS나 파일 시스템에 비해서 관계 DBMS에서는 프로그래밍 노력이 적게 든다.

사용자가 관계 데이터베이스를 접근하기 위한 두 가지 인터페이스는 [그림 4.3]과 같다. 두 경우 모두 데이터베이스에 대한 접근은 SQL을 통해서 이루어진다.

▶ **대화식 SQL (interactive SQL)** 은 데이터베이스를 접근하는 최종 사용자들이 선호한다.

▶ **내포된 SQL (embedded SQL)** 은 C, C++, 코볼 등의 고급 프로그래밍 언어(호스트 언어) 내에 SQL을 포함하여 사용하는 방식이다. 응용 프로그래머가 전문적인 데이터베이스 응용 프로그램을 개발하기 위해서 사용한다.

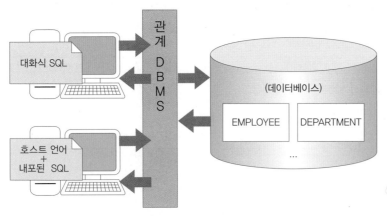

[그림 4.3] 관계 데이터베이스에 대한 두 가지 인터페이스

SQL의 Q가 영어의 Query ^{질의} 를 뜻하지만, 실제로 SQL은 질의 기능뿐만 아니라 데이터 정의, 데이터 수정, 데이터 제어 등 여러 가지 구성요소로 이루어진다. 다음은 오라클에서 SQL의 기능들을 분류한 것이다. 1.4절의 일반적인 분류와 다소 차이가 있음을 주목하자.

▶ **데이터 검색**
데이터베이스로부터 데이터를 검색한다. SQL의 SELECT문이 이에 해당한다. 일반적인 관계 데이터베이스 문헌에서는 오라클과 달리 SELECT문을 데이터 조작어의 하나로 분류한다. 사용자가 검색하는 데이터를 표현하는 방법이 다양하며, 대부분의 데이터베이스 응용에서 검색 명령들의 수행 빈도가 매우 높다([그림 4.4]).

▶ **데이터 조작어**
데이터 조작어는 데이터 정의어로 정의된 데이터베이스 스키마 내의 데이터를 수정하는 데 사용된다. 사용자는 데이터 조작어를 사용하여 데이터를 삽입하고, 삭제하고, 수정한다. 대화식으로 질의를 작성하거나 SQL문을 C, C++, 코볼, 자바와 같은 고급 프로그래밍 언어에 내포시킬 수 있다. 데이터 조작어가 수행해야 하는 세 가지 기본적인 명령은 다음과 같다([그림 4.4]).

> 릴레이션에 새로운 튜플을 삽입(INSERT)
> 릴레이션에서 기존의 튜플들을 삭제(DELETE)
> 릴레이션에서 기존의 튜플들의 값을 수정(UPDATE)

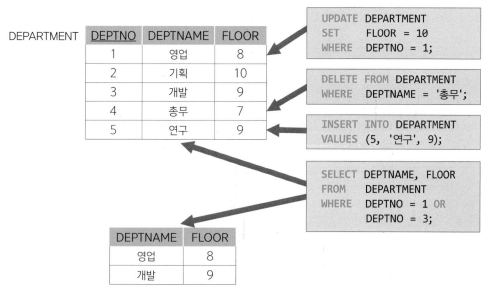

[그림 4.4] 데이터 검색과 데이터 조작어의 기능

▶ **데이터 정의어**

사용자는 데이터 정의어를 사용하여 릴레이션을 생성하고, 릴레이션을 제거하고, 릴레이션에 새로운 애트리뷰트를 추가하고, 릴레이션에서 애트리뷰트를 제거하고, 뷰를 생성하고, 뷰를 제거하고, 인덱스를 생성하고, 인덱스를 제거하는 등의 작업을 수행한다. 또한, 릴레이션을 생성할 때 여러 가지 유형의 무결성 제약조건들을 명시할 수 있다. SQL의 CREATE, ALTER, DROP, RENAME 등이 데이터 정의어이다.

▶ **트랜잭션 제어**

사용자는 트랜잭션의 시작, 철회, 완료 등을 명시하기 위해 트랜잭션 제어를 사용한다. SQL의 COMMIT, ROLLBACK, SAVEPOINT 등이 이에 해당한다.

▶ **데이터 제어어**

릴레이션에 대한 권한을 부여하거나 취소한다. SQL의 GRANT와 REVOKE가 이에 해당한다.

[그림 4.5]는 오라클 SQL의 두 가지 인터페이스와 다섯 가지 구성요소를 보여준다.

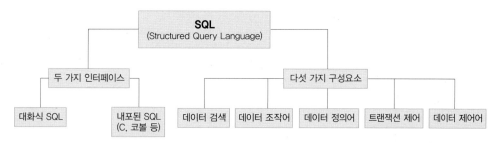

[그림 4.5] SQL의 인터페이스와 구성요소

다른 관계 DBMS에서는 다음과 같이 구분하기도 한다.

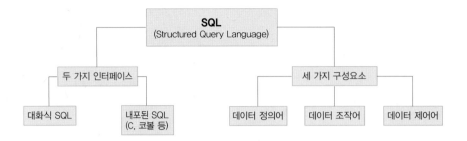

SQL문은 키워드(예약어)와 사용자가 정의하는 단어들로 이루어진다. 키워드는 정확하게 입력해야 하며, 한 개의 키워드가 두 줄에 걸쳐서 입력될 수 없다. 사용자가 정의하는 단어들은 릴레이션, 애트리뷰트, 뷰 등 여러 가지 데이터베이스 객체들의 이름을 나타내기 위해 사용된다. 키워드는 테이블이나 애트리뷰트의 이름으로 사용할 수 없다. 문자열 데이터를 제외하고 SQL문의 대부분의 구성요소는 대문자와 소문자를 구분하지 않는다. SQL문의 각 절(SELECT, FROM, WHERE 등)을 새 줄에 입력하면 SQL문을 좀 더 읽기 쉽다.

4.3 데이터 정의어와 무결성 제약조건

본 절에서는 데이터 정의어를 사용하여 키 제약조건, 엔티티 무결성 제약조건, 참조 무결성 제약조건들을 포함하는 관계 데이터베이스 스키마를 생성하는 방법들을 논의한다. 릴레이션을 정의하고, 애트리뷰트를 정의하며, 각 애트리뷰트마다 도메인(또는 데이터 타입)을 정의하고, 키를 명시한다. 또한, 릴레이션 정의문에서 다양한 제약조건들을 지정한다. 〈표 4.4〉는 릴레이션의 생성을 포함하여 데이터 정의어로 수행할 수 있는 중요한 기능들을 요약한 것이다.

〈표 4.4〉 데이터 정의어의 종류

CREATE	DOMAIN	도메인을 생성
	TABLE	테이블을 생성
	VIEW	뷰를 생성
	INDEX	인덱스를 생성. SQL2의 표준이 아님
ALTER	TABLE	테이블의 구조를 변경
DROP	DOMAIN	도메인을 제거
	TABLE	테이블을 제거

| DROP | VIEW | 뷰를 제거 |
| | INDEX | 인덱스를 제거. SQL2의 표준이 아님 |

4.3.1 데이터 정의어

본 절에서는 SQL의 데이터 정의어로 수행할 수 있는 기능들을 논의한다.

스키마의 생성과 제거

일반적으로 스키마는 특정 사용자의 데이터베이스 응용에 속하는 릴레이션, 도메인, 제약조건, 뷰, 권한 등을 그룹화한 것이다. 각 사용자는 권한을 허가 받지 않은 한 다른 사용자의 스키마에 속한 데이터를 볼 수 없다. 스키마는 CREATE SCHEMA문을 사용하여 생성한다. 다음 문장은 KIM이라는 계정을 가진 사용자가 MY_DB라는 스키마를 생성한다. 여러 DBMS에서 사용자를 생성하면 DBMS는 그 사용자에 대한 스키마를 자동적으로 할당한다.

```
CREATE SCHEMA MY_DB AUTHORIZATION KIM;
```

이제부터 스키마 내에 릴레이션들을 생성할 수 있다. 기존의 스키마를 제거하려면 DROP SCHEMA문을 사용한다. 스키마가 비어 있지 않으면 DBMS가 DROP SCHEMA문을 거절한다.

```
DROP SCHEMA MY_DB;
```

릴레이션 정의

SQL에서 릴레이션을 정의하는 문은 CREATE TABLE문이다. 1장의 [그림 1.1]의 EMPLOYEE 릴레이션과 DEPARTMENT 릴레이션을 생성하는 기본적인 CREATE TABLE문은 [그림 4.6]과 같다. CREATE TABLE문에서 한 릴레이션에 속하는 애트리뷰트들의 이름과 데이터 타입을 명시한다. 애트리뷰트는 디폴트로 널을 가질 수 있으므로 기본 키처럼 널을 허용하지 않는 애트리뷰트에 대해서는 'NOT NULL'을 지정해야 한다. 또한, 어떤 애트리뷰트가 기본 키이고, 어떤 애트리뷰트가 외래 키로서 다른 릴레이션의 기본 키를 참조하는가를 명시한다. CREATE TABLE문의 수행 결과로 빈 릴레이션이 만들어진다.

[그림 4.6]의 첫 번째 CREATE TABLE문에서는 DEPARTMENT 릴레이션을 만든다. 이 릴레이션에는 DEPTNO, DEPTNAME, FLOOR 등의 세 애트리뷰트가 있으며, 각각의 데이터

타입은 NUMBER, CHAR(10), NUMBER이다. 이 릴레이션의 기본 키는 DEPTNO이므로 NOT NULL이라고 명시하였다.

두 번째 CREATE TABLE문에서는 EMPLOYEE 릴레이션을 만든다. 이 릴레이션에는 EMPNO, EMPNAME, TITLE, MANAGER, DNO, SALARY 등의 다섯 애트리뷰트가 있으며, 각각의 데이터 타입은 NUMBER, CHAR(10), CHAR(10), NUMBER, NUMBER, NUMBER이다. 이 릴레이션의 기본 키는 EMPNO이므로 NOT NULL이라고 명시하였다. 이 릴레이션은 DEPARTMENT 릴레이션의 기본 키인 DEPTNO를 참조하는 외래 키 DNO를 가지고 있다.

릴레이션 및 애트리뷰트에 의미 있는 이름을 지정하는 것이 바람직하다. 한 릴레이션에 속하는 애트리뷰트들의 모임의 의미를 잘 나타내는 이름을 릴레이션에 부여한다. 애트리뷰트의 이름은 해당 애트리뷰트에 저장되는 데이터의 의미를 잘 반영하도록 지정한다.

[그림 4.6]처럼 두 개의 릴레이션을 정의할 때 EMPLOYEE 릴레이션에서 DEPARTMENT 릴레이션의 기본 키를 외래 키로 참조하기 때문에 EMPLOYEE 릴레이션을 먼저 정의하면 데이터베이스에 없는 DEPARTMENT 릴레이션의 기본 키를 참조하는 현상이 발생하므로 EMPLOYEE 릴레이션의 정의가 실패한다. 따라서 DEPARTMENT 릴레이션을 먼저 정의하고 그 다음에 EMPLOYEE 릴레이션을 정의해야 한다. 또는 외래 키를 정의하는 절을 생략하고 EMPLOYEE 릴레이션과 DEPARTMENT 릴레이션을 생성한 후에 ALTER TABLE문을 사용해서 EMPLOYEE 릴레이션에 참조 무결성 제약조건을 추가해도 된다.

```
CREATE TABLE DEPARTMENT
   (DEPTNO        NUMBER    NOT NULL,
    DEPTNAME      CHAR(10),
    FLOOR         NUMBER,
    PRIMARY KEY(DEPTNO));

CREATE TABLE EMPLOYEE
   (EMPNO         NUMBER NOT NULL,
    EMPNAME       CHAR(10),
    TITLE         CHAR(10),
    MANAGER       NUMBER,
    SALARY        NUMBER,
    DNO           NUMBER,
    PRIMARY KEY(EMPNO),
    FOREIGN KEY(MANAGER) REFERENCES EMPLOYEE(EMPNO),
    FOREIGN KEY(DNO) REFERENCES DEPARTMENT(DEPTNO));
```

[그림 4.6] DEPARTMENT 릴레이션과 EMPLOYEE 릴레이션의 생성

[그림 4.6]의 릴레이션 정의문에는 NUMBER와 CHAR(10)만 데이터 타입의 예로 들었지만, SQL에서 릴레이션의 정의에 다양한 데이터 타입을 사용할 수 있다. DBMS마다 제공되는 데이터 타입에 다소 차이가 있다. 〈표 4.5〉는 릴레이션의 정의에 사용되는 오라클의 데이터 타입들 중에서 자주 사용되는 것들을 요약한 것이다.

애트리뷰트의 데이터 타입을 결정할 때 고려해야 할 사항은 다음과 같다.

> 숫자인지 문자인지를 먼저 결정한다.
> 문자인 경우에는
>> 고정 길이 또는 가변 길이
>> 최대 길이
> 숫자인 경우에는
>> 정수 또는 실수
>> 최대 길이
>> 소수점 아래 개수

〈표 4.5〉 릴레이션의 정의에 사용되는 오라클의 데이터 타입

데이터 타입	의미
INTEGER 또는 INTEGER	정수형
NUMBER(n, s)	소수점을 포함한 n개의 숫자에서 소수 아래 숫자가 s개인 십진수
CHAR(n) 또는 CHARACTER(n)	n바이트 문자열. n을 생략하면 1
VARCHAR(n), VARCHAR2(n) 또는 CHARACTER VARYING(n)	최대 n바이트까지의 가변 길이 문자열
BIT(n) 또는 BIT VARYING(n)	n개의 비트열 또는 최대 n개까지의 가변 비트열
DATE	날짜형. 날짜와 시간을 저장
BINARY_FLOAT	오라클 10g부터 도입되었는데, 32비트에 실수를 저장
BINARY_DOUBLE	오라클 10g부터 도입되었는데, 64비트에 실수를 저장
BLOB	Binary Large OBject. 멀티미디어 데이터 등을 저장

릴레이션이 더 이상 불필요하게 되면 언제든지 DROP TABLE문을 사용하여 릴레이션을 제거할 수 있다. 릴레이션의 정의와 릴레이션의 튜플들이 모두 삭제된다. 다른 릴레이션이나 뷰에서 참조되지 않는 릴레이션들만 제거할 수 있다. 예를 들어, DEPARTMENT 릴레이션을 제거하려면 [그림 4.6]과 같이 EMPLOYEE 릴레이션을 정의할 때 DEPARTMENT 릴레이션의 기본 키인 DEPTNO를 외래 키로 참조하도록 명시했기 때문에 DROP TABLE문이 수행되지 않는다.

```
DROP TABLE DEPARTMENT;
```

따라서 DEPARTMENT 릴레이션을 제거하려면 EMPLOYEE 릴레이션에서 DEPARTMENT 릴레이션을 참조하는 외래 키 정의를 ALTER TABLE문을 사용하여 먼저 제거해야 한다.

ALTER TABLE

릴레이션을 만든 후에 튜플들을 삽입하고 계속 사용하다가 응용의 요구사항이 변하여 기존의 릴레이션에 애트리뷰트를 추가하거나 기존의 릴레이션에서 애트리뷰트를 제거하는 것이 필요할 수 있다. ALTER TABLE문은 이런 경우에 사용하는 SQL문이다. 추가된 애트리뷰트는 릴레이션의 마지막 애트리뷰트가 된다. ALTER TABLE문을 사용하여 릴레이션에 한 애트리뷰트를 추가할 때 디폴트 값을 명시하지 않은 경우에는 NOT NULL을 지정할 수 없다. 왜냐하면 새로 추가되는 애트리뷰트에 대해 기존의 튜플들은 널을 갖기 때문이다. 새로 추가된 애트리뷰트에 대해서는 사용자가 일일이 갱신문을 사용해서 값을 입력해야 한다.

예를 들어, EMPLOYEE 릴레이션에 PHONE이라는 애트리뷰트를 추가하려면 다음과 같은 ALTER TABLE문을 사용한다.

```
ALTER TABLE EMPLOYEE ADD PHONE CHAR(13);
```

이밖에도 ALTER TABLE문에서 수행할 수 있는 작업에는 테이블에 새로운 제약조건을 추가, 테이블에서 애트리뷰트 삭제, 테이블에서 제약조건을 제거, 애트리뷰트의 데이터 타입 변경, 애트리뷰트의 디폴트 값 지정, 애트리뷰트의 디폴트 값 제거 등이 있다. 일부 관계 DBMS는 애트리뷰트의 삭제를 제한한다. 또한, 어떤 관계 DBMS는 애트리뷰트가 비어 있어야만 데이터 타입을 변경할 수 있도록 한다.

인덱스 생성

CREATE INDEX문은 SQL의 표준은 아니지만, 대부분의 상용 관계 DBMS가 지원한다. CREATE INDEX문은 릴레이션의 하나 이상의 애트리뷰트에 대해 인덱스를 생성한다. 뷰에는 인덱스를 생성할 수 없다. 뷰는 뷰의 정의에 사용된 기본 릴레이션에 생성된 인덱스를 사용하게 된다. 인덱스는 6장에서 자세하게 논의한다. 인덱스는 검색 성능을 향상시키기 위해 사용된다. 하지만 인덱스는 저장 공간을 추가로 필요로 하고 갱신 연산의 속도를 저하시킨다. 인덱스를 생성하면 디폴트는 오름차순이다. 인덱스가 정의된 릴레이션의 튜플에 변경이 생기면 DBMS가 자동적으로 인덱스에 반영한다.

```
CREATE INDEX EMPDNO_IDX ON EMPLOYEE(DNO);
```

이 CREATE INDEX문은 EMPLOYEE 릴레이션의 DNO 애트리뷰트에 EMPDNO_IDX라는 이름의 인덱스를 만든다. 인덱스가 불필요해지면 다음과 같은 DROP INDEX문을 사용하여 인덱스를 제거한다.

```
DROP INDEX EMPLOYEE.EMPDNO_IDX;
```

4.3.2 제약조건

[그림 4.6]의 EMPLOYEE 릴레이션 정의문에 다양한 제약조건을 추가한 [그림 4.7]을 보면서, 데이터 정의문에서 사용자가 지정할 수 있는 제약조건들을 알아보자. [그림 4.7]의 CREATE TABLE문은 [그림 4.6]에서 명시한 사항들 외에 추가로 여러 가지 제약조건들을 포함한다. 각 줄마다 번호를 붙이고 이 번호를 참조해서 차례대로 설명한다. 일반적으로 제약조건은 릴레이션이 생성될 때 명시하지만, 릴레이션이 생성된 후에도 추가할 수 있다.

```
CREATE TABLE EMPLOYEE
  (EMPNO    NUMBER NOT NULL,                                    (1)
   EMPNAME CHAR(10) UNIQUE,                                     (2)
   TITLE    CHAR(10) DEFAULT '사원',                            (3)
   MANAGER NUMBER,
   SALARY   NUMBER   CHECK (SALARY < 6000000),                 (4)
   DNO      NUMBER   CHECK (DNO IN (1,2,3,4,5,6)) DEFAULT 1,    (5)
   PRIMARY KEY(EMPNO),                                         (6)
   FOREIGN KEY(MANAGER) REFERENCES EMPLOYEE(EMPNO),            (7)
   FOREIGN KEY(DNO) REFERENCES DEPARTMENT(DEPTNO)              (8)
        ON DELETE CASCADE);                                    (9)
```

[그림 4.7] 릴레이션 정의에서 다양한 제약조건을 명시

4.3.2.1 애트리뷰트의 제약조건

(1) NOT NULL

애트리뷰트 정의에 제약조건 'NOT NULL'을 명시할지 여부를 결정하는 것은 중요하다. 애트리뷰트는 디폴트로 널을 가질 수 있기 때문에 만일 어떤 애트리뷰트에 널을 허용하지 않으려

면 'NOT NULL'을 명시해야 한다. 이런 애트리뷰트에 대해 디폴트 값을 지정하지 않았으면 INSERT문에서 이 애트리뷰트에 반드시 값을 입력해야 한다. 그렇지 않으면 제약조건을 위배하는 연산이므로 거절된다. 기본 키에는 이 제약조건을 명시하는 것을 권장한다. 반면에 튜플을 삽입하는 시점에 어떤 애트리뷰트의 값을 알지 못하는 경우가 예상되면 이 애트리뷰트에 'NOT NULL'을 명시해서는 안 된다.

(2) UNIQUE

동일한 애트리뷰트 값을 갖는 튜플이 두 개 이상 존재하지 않도록 보장한다. NOT NULL을 명시하지 않았다면 한 개의 튜플에서는 이 애트리뷰트에 널을 가질 수 있다. 한 릴레이션에 UNIQUE절을 여러 개 명시할 수 있다. 오라클은 UNIQUE절이 명시된 애트리뷰트에 자동적으로 인덱스를 생성한다.

단순한 구조를 갖는 EMPLOYEE 릴레이션에서 UNIQUE 절을 소개하려다 보니 ENAME에 명시한 예를 보였는데, 옵션을 현실에서는 동명이인이 얼마든지 존재할 수 있는 ENAME에 UNIQUE 절을 지정하지 않도록 하자.

(3) DEFAULT

애트리뷰트에 널 대신에 특정 값을 디폴트 값으로 지정할 수 있다. 애트리뷰트의 이름과 애트리뷰트의 데이터 타입을 명시한 곳에는 어디서든지 DEFAULT절을 사용하여 디폴트 값을 지정할 수 있다. [그림 4.7]의 EMPLOYEE 릴레이션에 튜플을 삽입할 때 TITLE 애트리뷰트의 값을 입력하지 않으면 디폴트 값으로 '사원'이 입력된다.

(4), (5) CHECK

CHECK절에서는 한 애트리뷰트가 가질 수 있는 값들의 범위를 지정한다. 예를 들어, [그림 4.7]의 (4)와 같이 표현하면 모든 사원들의 급여의 최고 금액은 6,000,000 미만이다. 그리고 (5)와 같이 표현하면 각 사원이 속한 DNO는 1, 2, 3, 4, 5, 6 중 하나의 값만 가질 수 있고, 튜플 삽입 시 부서번호를 입력하지 않으면 디폴트 부서번호는 1이다.

또한 서로 다른 애트리뷰트의 값에 대해 CHECK 옵션을 명시하는 것도 가능하다. 예를 들어, 다음과 같이 EMPLOYEE 릴레이션을 정의하면 모든 사원의 급여는 자신의 상사의 급여보다 작아야 한다.

```
CREATE TABLE EMPLOYEE (
  ID            NUMBER,
  NAME          CHAR(10),
  SALARY        NUMBER,
  MANAGER_SALARY NUMBER,
  CHECK (MANAGER_SALARY > SALARY));
```

4.3.2.2 기본 키 제약조건

릴레이션을 생성할 때 [그림 4.7]의 (6)과 같이 기본 키 제약조건을 명시할 수 있다. 이는 EMPLOYEE 릴레이션의 기본 키가 EMPNO 애트리뷰트라는 것을 나타낸다. 기본 키는 엔티티 무결성 제약조건에 의해 널을 갖지 않아야 한다. PRIMARY KEY절에 사용된 EMPNO 애트리뷰트에 대해 (1)에서 NOT NULL을 이미 명시하였다. 각 릴레이션마다 최대한 한 개의 기본 키를 지정할 수 있다. 기본 키에는 자동적으로 인덱스가 생성된다.

4.3.2.3 참조 무결성 제약조건

참조 무결성 제약조건은 [그림 4.7]의 (7), (8)과 같이 CREATE TABLE문에서 릴레이션을 정의하면서 명시한다. 한 릴레이션에 들어 있는 외래 키의 개수만큼 참조 무결성 제약조건을 명시할 수 있다. 참조 무결성 제약조건은 외래 키의 무결성을 보장한다. 예를 들어, EMPLOYEE 릴레이션의 임의의 튜플의 MANAGER도 이 회사의 사원이어야 하기 때문에 반드시 EMPLOYEE 릴레이션의 EMPNO에 나타나야 하고, EMPLOYEE 릴레이션에 나타나는 부서번호는 반드시 DEPARTMENT 릴레이션의 부서번호에 존재해야 한다. 참조 무결성 제약조건에서 참조되는 애트리뷰트는 참조되는 릴레이션에서 동일한 데이터 타입을 가지면서 UNIQUE 또는 기본 키로 정의되어 있어야 한다.

참조 무결성 제약조건을 보존하기 위해, 데이터베이스가 갱신된 후에 검사를 수행해야 한다. 참조되는 릴레이션을 변경하는 삽입, 삭제, 수정 중에서 참조 무결성 제약조건을 위배할 수 있는 연산은 삭제와 수정 연산이다.

[그림 4.7]의 (9)는 참조되는 릴레이션(DEPARTMENT)에서 튜플이 삭제될 때, 참조하는 릴레이션(EMPLOYEE)에서 어떻게 동작할 것인가를 명시한다.

만일 외래 키를 명시하면서 [그림 4.7]의 (9)처럼 CASCADE를 나타냈으면, 외래 키가 참조하는 기본 키에 변경이 일어나서 참조 무결성 제약조건이 위배되면 참조하는 릴레이션에도 변경이 전파된다.

ON DELETE NO ACTION은 RESTRICT와 같은 뜻이다. 즉, 참조되는 DEPARTMENT

릴레이션에서 어떤 튜플을 삭제하려는데, 이 튜플의 기본 키의 값을 참조하고 있는 튜플이 EMPLOYEE 릴레이션에 존재하면 삭제 연산을 거절한다.

ON DELETE CASCADE는 DEPARTMENT 릴레이션에서 기본 키의 값이 삭제(즉 어떤 튜플이 삭제)되면 EMPLOYEE 릴레이션에서도 이 값을 참조하는 모든 튜플들이 연쇄적으로 삭제된다. 이 옵션은 실제 업무에서 위험한 결과를 초래할 수 있으므로 신중하게 사용하도록 하자.

ON DELETE SET NULL은 DEPARTMENT 릴레이션에서 기본 키의 값이 삭제되면, EMPLOYEE 릴레이션에서 이 값을 참조하는 모든 튜플들의 부서번호는 널을 갖는다. ON DELETE SET DEFAULT는 DEPARTMENT 릴레이션에서 기본 키의 값이 삭제되면, EMPLOYEE 릴레이션에서 이 값을 참조하는 모든 튜플들의 부서번호는 디폴트 값(부서번호 1)을 갖는다.

이와 같이 ON DELETE에 대해서 4가지 동작을 명시할 수 있다. 4가지 동작 중에서 어떤 동작을 명시할 것인가는 응용의 요구사항에 따라 정해진다. 하지만 오라클에서 ON UPDATE에 대해서는 NO ACTION만 명시할 수 있다.

```
ON DELETE NO ACTION
ON DELETE CASCADE
ON DELETE SET NULL
ON DELETE SET DEFAULT

ON DELETE NO ACTION
```

예: ON DELETE CASCADE

4.5절에서 설명할 DELETE문을 사용하여 다음과 같이 DEPARTMENT 릴레이션에서 3번 부서의 튜플을 삭제하면, EMPLOYEE 릴레이션에서 3번 부서에 근무하는 모든 사원들의 튜플도 자동적으로 삭제된다.

```
DELETE DEPARTMENT
WHERE  DEPTNO = 3;
```

DEPARTMENT	DEPTNO	DEPTNAME	FLOOR
	1	영업	8
	2	기획	10
	3	개발	9	① 삭제
	4	총무	7

기본 키의 삭제가
외래 키에도 파급됨

EMPLOYEE	EMPNO	EMPNAME	...	DNO
	2106	김창섭	...	2
	3426	박영권	...	1
	3011	이수민	...	3
	1003	조민희	...	2	② 삭제
	3427	최종철	...	3
	1365	김상원	...	1
	4377	이성래	...	2

4.3.2.4 무결성 제약조건의 추가 및 삭제

릴레이션이 생성된 후에도 기본 키 제약조건을 포함하여 여러 가지 제약조건들을 추가할 수 있다. 다음의 ALTER TABLE문은 STUDENT 릴레이션에 기본 키 제약조건을 추가한다. 기본 키 제약조건의 이름이 STUDENT_PK이고 기본 키는 STNO임을 나타낸다.

```
ALTER TABLE STUDENT ADD CONSTRAINT STUDENT_PK
    PRIMARY KEY(STNO);
```

기본 키 제약조건이 정의되면 자동적으로 활성화된다. 만일 어떤 제약조건이 더 이상 필요하지 않게 되면 다음과 같은 명령을 사용하여 이 제약조건을 삭제할 수 있다.

```
ALTER TABLE STUDENT DROP CONSTRAINT STUDENT_PK;
```

기본 키 제약조건이 삭제되면 연관된 인덱스도 함께 삭제된다. 이에 반해서 외래 키 제약조건이 삭제되면 연관된 인덱스는 삭제되지 않는다.

4.4 SELECT문

관계 데이터베이스에서 정보를 검색하는 SQL문은 SELECT문이다. SELECT문은 관계 대수의 실렉션과 의미가 완전히 다르다. SQL의 SELECT문은 관계 대수의 실렉션, 프로젝션, 조인, 카티션 곱 등을 결합한 것이다. SELECT문은 관계 데이터베이스에서 가장 자주 사용된다. 다양한 옵션과 기능을 갖고 있기 때문에 단계적으로 소개한다. 본 절에서 소개하는 여러 가지 질의들의 결과를 보이기 위해서 [그림 4.8]의 관계 데이터베이스 상태를 사용한다.

질의를 작성할 때, 어떤 애트리뷰트들을 보고자 하는가, 이 애트리뷰트들이 어떤 릴레이션들에 속해 있는가, 다수의 릴레이션이 사용될 때는 어떻게 릴레이션들이 조인되는가 등을 고려해야 한다.

EMPLOYEE

EMPNO	EMPNAME	TITLE	MANAGER	SALARY	DNO
2106	김창섭	대리	1003	2500000	2
3426	박영권	과장	4377	3000000	1
3011	이수민	부장	4377	4000000	3
1003	조민희	과장	4377	3000000	2
3427	최종철	사원	3011	1500000	3
1365	김상원	사원	3426	1500000	1
4377	이성래	사장	∧	5000000	2

DEPARTMENT

DEPTNO	DEPTNAME	FLOOR
1	영업	8
2	기획	10
3	개발	9
4	총무	7

[그림 4.8] 관계 데이터베이스 상태

4.4.1 기본적인 SELECT문

SELECT문의 형식은 [그림 4.9]와 같이 여섯 개의 절로 이루어진다. 이들 중에서 SELECT절과 FROM절만 필수적인 절이고, 나머지는 선택 사항이다. 이들의 순서를 바꿔서는 안 된다. 하나의 SQL문을 한 라인에 길게 입력하거나 여러 라인에 걸쳐 입력할 수 있다. 하나의 SQL문을 각 키워드(예: SELECT, FROM, WHERE)마다 새로운 라인에 입력하면서 적절하게 세로줄 맞추기를 하면 SQL문을 읽고 디버그하기가 쉽다.

SQL문의 대문자와 소문자를 구분하지 않는다. 따라서 SELECT, select, Select 중 어떤 것을 사용해도 좋다. 그러나 흔히 SQL의 키워드는 대문자로 입력하고 나머지는 소문사나 혼합 형식으로 입력한다. SELECT문의 결과는 새로운 릴레이션이다.

SELECT-FROM-WHERE절로 이루어진 기본적인 SELECT문을 **SELECT-FROM-WHERE 블록**이라고 부른다. 다음 구문에서 '[ ]'에 들어 있는 것은 선택 사항을 뜻하고, '|' 기호는 '또는'을 의미한다. 즉, (1)과 (2)만 필수이고 나머지는 선택사항이다. 각 절마다 번호를 붙이고 이 번호를 참조하면서 차례대로 각 절의 기능을 설명한다.

```
SELECT      [DISTINCT] 애트리뷰트(들)          (1) ┐ 필수
FROM        릴레이션(들)                        (2) ┘
[WHERE      조건                               (3)
                [중첩 질의]]                    (4)
[GROUP BY   애트리뷰트(들)]                     (5) ┐ 선택
[HAVING     조건]                              (6)
[ORDER BY   애트리뷰트(들) [ASC | DESC]];       (7) ┘
```

[그림 4.9] SELECT문의 형식

(1) SELECT절

SELECT절에는 질의 결과에 포함하려는 애트리뷰트들의 리스트를 열거한다. 관계 대수의 프로젝션 연산에 해당한다. 관계 대수의 실렉션과 혼동하지 말기를 바란다. 질의의 결과에서 중복을 제거하기 위해서는 질의 결과를 먼저 정렬해야 하는데, 정렬 연산은 시간이 오래 걸릴 수 있으므로 DBMS는 자동적으로 질의 결과에서 중복을 제거하지는 않는다. 또한 사용자가 중복된 튜플들을 원할 수 있고 집단 함수를 정확하게 적용하기 위해서는 중복된 튜플들이 필요한 경우도 있다.

사용자가 DISTINCT절을 사용해서 명시적으로 요청했을 때만 중복을 제거한다. SQL의 릴레이션은 디폴트로 튜플들의 집합이 아니고, 튜플들의 **다중집합**multiset 을 허용한다. 다중집합을 **백** bag 이라고도 부른다. DISTINCT는 관계 대수와 SQL 간의 중요한 차이점을 나타낸다.

(2) FROM절

FROM절에는 질의에서 필요로 하는 릴레이션들의 리스트를 열거한다. SELECT절에서 사용자가 검색하려는 애트리뷰트들을 포함하고 있는 릴레이션들뿐만 아니라 WHERE절의 프레디키트에 사용된 애트리뷰트들을 포함하고 있는 릴레이션들도 열거해야 한다.

(3) WHERE절

WHERE절은 관계 대수의 실렉션 연산의 프레디키트 ^{실렉션 조건}에 해당한다. FROM절에 열거한 릴레이션에 속하는 애트리뷰트들만 사용해서 프레디키트를 표현해야 한다. WHERE절의 조건은 결과 릴레이션의 튜플들이 만족시켜야 하는 조건이다. 예를 들어, WHERE SALARY > 1500000은 결과 릴레이션의 튜플들의 급여가 1,500,000보다 크다는 것이다.

WHERE절의 프레디키트는 다음과 같은 사항들을 포함한다.

```
비교 연산자    =, <>, <, <=, >, >=
부울 연산자    AND, OR, NOT
집합 연산자    IN, NOT IN, ANY(SOME), ALL
```

프레디키트는 비교 연산자와 부울 연산자 등이 결합된 복잡한 형태도 가능하다. 만일 WHERE절을 생략하면 모든 튜플들이 조건을 만족하는 것으로 간주한다. WHERE절은 SELECT문뿐만 아니라 UPDATE문과 DELETE문에도 사용되는데, WHERE절의 구문은 모두 동일하다.

(4) 중첩 질의

중첩 질의는 다른 질의의 WHERE절에 포함된 SELECT문이다.

(5) GROUP BY절

질의 결과에서 GROUP BY 다음에 명시된 애트리뷰트에 동일한 값을 갖는 튜플들을 한 그룹으로 묶는다.

(6) HAVING절

HAVING절은 튜플들의 그룹이 만족해야 하는 조건을 나타낸다.

(7) ORDER BY절

ORDER BY절은 결과 튜플들의 정렬 순서를 지정한다. ORDER BY절을 생략하면 SELECT문의 결과로 검색된 튜플들의 순서는 기본 키의 순서나 튜플들이 검색된 순서를 따른다.

여섯 개의 절이 모두 사용된 SELECT문이 수행되는 개념적인 순서는 FROM절에 열거된 릴레이션들의 카티션 곱을 구하고, WHERE절의 프레디키트를 적용하여 튜플들을 골라내고,

GROUP BY절에 의해 결과 튜플들을 그룹화하고, 각 그룹에 HAVING절의 조건을 적용하여 일부 그룹을 걸러내고, 남은 각 그룹에 집단 함수를 적용하고, SELECT절에 열거된 애트리뷰트들만 프로젝션해서 ORDER BY절에 명시한 순서대로 정렬한다.

예를 들어, 두 개 이상의 부서에 속한 각 사원에 대해서 관리자의 총 급여를 구하는 다음의 SQL문을 고려해보자. 각 부서마다 한 명의 관리자가 있다고 가정한다. [그림 4.8]과는 다른 스키마를 갖는 EMPLOYEE 릴레이션과 DEPTARTMENT 릴레이션에 대해서 작성된 SQL문이다.

```
SELECT    E1.ENAME, SUM(E2.SALARY)              -- 5
FROM      EMPLOYEE E1, DEPARTMENT D, EMPLOYEE E2  -- 1
WHERE     E1.DNO = D.DEPTNO AND E2.ENAME = D.MGR  -- 2
GROUP BY E1.ENAME                               -- 3
HAVING COUNT(*) > 1                             -- 4
ORDER BY E1.ENAME;                              -- 6
```

이 SQL문이 수행되는 개념적인 순서는 다음과 같다.

단계 1. 튜플들을 구하고 (카티션 곱)

단계 2. 조건들을 만족하는 튜플들을 식별하고

단계 3. 그룹들을 구하고

단계 4. HAVING을 적용하여 일부 그룹들을 제거하고

단계 5. 집단 함수의 값을 구하고

단계 6. 결과 튜플들을 정렬하여 사용자에게 제시한다.

이제부터 여러 가지 질의들에 대한 SELECT문의 표현을 살펴보면서 SELECT문의 다양한 사용법을 알아보도록 하자.

별칭 (alias)

서로 다른 릴레이션에 동일한 이름을 가진 애트리뷰트가 속해 있을 때 애트리뷰트의 이름을 구분하는 한 가지 방법은 애트리뷰트 이름 앞에 릴레이션의 이름을 붙인다.

```
EMPLOYEE.DNO
```

또 다른 방법은 **튜플 변수** tuple variable 를 사용한다. SQL에서 튜플 변수는 한 릴레이션에 연관된다. 튜플 변수는 FROM절에서 릴레이션의 이름 다음에 AS(생략 가능)와 함께 명시한다. 튜플 변수를 별칭이라고도 부른다. 다음과 같이 표현하면 EMPLOYEE 릴레이션을 E,

DEPARTMENT 릴레이션을 D로 가리킬 수 있다.

```
FROM EMPLOYEE AS E, DEPARTMENT AS D
   또는
FROM EMPLOYEE E, DEPARTMENT D
```

튜플 변수는 편리성과 질의의 이해도를 높이기 위해 언제든지 사용할 수 있다. 릴레이션이 FROM절에 한 번만 나타나면 그 릴레이션 이름을 튜플 변수처럼 사용해도 좋다.

릴레이션의 모든 애트리뷰트나 일부 애트리뷰트들을 검색

SELECT절에서 애트리뷰트들의 리스트 대신에 *를 사용하면 릴레이션에 속하는 모든 애트리뷰트들을 검색한다. 릴레이션의 모든 애트리뷰트들을 필요로 하지 않는 경우에는 일반적으로 *를 사용하지 않는 것이 좋다. 왜냐하면 모든 애트리뷰트들을 찾아 사용자에게 제시하기 위해서 처리 시간이 소요되므로 릴레이션이 큰 경우에는 검색 시간이 증가할 수 있기 때문이다. 또한, *를 포함한 SELECT문이 응용 프로그램에 내포된 경우에 나중에 릴레이션에 애트리뷰트가 추가되면, SELECT문에서 검색되는 애트리뷰트들의 개수가 변하게 되므로 응용 프로그램을 다시 컴파일해야 한다.

검색하려는 애트리뷰트들을 명시적으로 열거하는 경우에는 애트리뷰트들을 콤마로 구분하고 마지막 애트리뷰트 다음에는 콤마를 사용하지 않는다.

예: *를 사용하여 모든 애트리뷰트들을 검색

질의: 전체 부서의 모든 애트리뷰트들을 검색하시오.

```
SELECT      *
FROM        DEPARTMENT;
```

DEPTNO	DEPTNAME	FLOOR
1	영업	8
2	기획	10
3	개발	9
4	총무	7

질의: 모든 부서의 부서번호와 부서이름을 검색하시오.

```
SELECT      DEPTNO, DEPTNAME
FROM        DEPARTMENT;
```

DEPTNO	DEPTNAME
1	영업
2	기획
3	개발
4	총무

상이한 값들을 검색

SELECT문의 결과에는 디폴트로 중복된 튜플들이 존재할 수 있다. 사용자가 DISTINCT절을 사용해서 명시적으로 요청했을 때만 중복을 제거한다. DISTINCT절을 명시하면 검색된 튜플들을 정렬하여 인접한 튜플들의 중복 여부를 검사하고, 중복된 튜플들이 존재하면 제거한 후 사용자에게 결과를 제시한다. 다음의 예는 한 개의 애트리뷰트가 검색된 경우를 보여주지만, 다수의 애트리뷰트들을 검색하는 경우에도 DISTINCT절을 사용할 수 있다.

예: DISTINCT절을 사용하지 않을 때

질의: 모든 사원들의 직급을 검색하시오.

```
SELECT      TITLE
FROM        EMPLOYEE;
```

TITLE
대리
과장
부장
과장
사원
사원
사장

질의: 모든 사원들의 상이한 직급을 검색하시오.

```
SELECT      DISTINCT TITLE
FROM        EMPLOYEE;
```

TITLE
대리
과장
부장
사원
사장

특정한 튜플들의 검색

WHERE절의 프레디키트를 만족하는 튜플들만 검색한다. 여섯 개의 비교 연산자(=, <, <=, >, >=, <>)를 프레디키트에 사용하여 애트리뷰트와 애트리뷰트 또는 애트리뷰트와 상수를 비교할 수 있다. 프레디키트에 사용되는 숫자가 아닌 상수들은 '개발', '이홍근' 등과 같이 단일 인용기호 ' 로 에워싸야 한다. 모든 숫자 상수는 단일 인용기호로 에워싸서는 안 된다.

예: WHERE절을 사용하여 검색 조건을 명시

질의: 2번 부서에 근무하는 사원들에 관한 모든 정보를 검색하시오.

```
SELECT      *
FROM        EMPLOYEE
WHERE       DNO = 2;
```

EMPNO	EMPNAME	TITLE	MANAGER	SALARY	DNO
1003	조민희	과장	4377	3000000	2
2106	김창섭	대리	1003	2500000	2
4377	이성래	사장	∧	5000000	2

문자열 비교

LIKE 비교 연산자는 문자열의 일부에 대하여 비교 조건을 명시한다. LIKE 비교 연산자는 문자열 타입으로 선언된 애트리뷰트에 사용할 수 있다. LIKE 비교 연산자는 숫자 데이터 타입을 갖는 애트리뷰트에는 적용할 수 없다. wild 문자 '%'는 0개 이상의 문자열과 대치되고, wild 문자 '_'는 임의의 한 개의 문자와 대치된다. 영문자에 대해서는 대문자와 소문자를 구분한다. 예를 들어, LIKE 'S%'는 첫 문자가 S이고, 그 다음에는 0개 이상의 임의의 문자열이 올 수 있다. LIKE 'J____'는 첫 문자가 J이고, 그 다음에 정확하게 4개의 문자가 올 수 있다. LIKE '%x'는 0개 이상의 임의의 문자열이 먼저 오고, 마지막 문자는 x로 끝난다. LIKE '%DB%'는 중간에 DB를 포함한 임의의 길이의 문자열이다. LIKE '_A%'는 두 번째 문자가 A인 임의의 길이의 문자열이다.

wild 문자가 '_A%' 또는 '%A'처럼 문자열의 앞부분에 사용되면, 조건에 맞는 튜플들을 검색하기 위해서 인덱스를 사용하지 못하고 모든 튜플들을 하나씩 읽어야 하므로 수행 시간이 오래 걸릴 수 있다. 인덱스에 관해서는 6장에서 자세하게 설명한다.

SQL 표준에서는 영문자에 대해서 대문자와 소문자를 구분한다. 예를 들어, 'MANAGER'는 'manager' 또는 'Manager'와 같지 않다. 그러나 오라클 등에서 대문자와 소문자를 구분하지 않도록 할 수 있다. 또한, 고정 길이 문자열로 선언된 애트리뷰트 내의 공백 문자들의 개수도 구분한다. LIKE의 부정은 NOT LIKE이다.

예: %를 사용하여 문자열 비교

질의: 이씨 성을 가진 사원들의 이름, 직급, 소속 부서번호를 검색하시오.

```
SELECT      EMPNAME, TITLE, DNO
FROM        EMPLOYEE
WHERE       EMPNAME LIKE '이%';
```

EMPNAME	TITLE	DNO
이수민	부장	3
이성래	사장	2

다수의 검색 조건

WHERE절에 여러 조건들이 논리 연산자로 결합된 프레디키트를 포함할 수 있다. 다음과 같은 질의는 잘못된 것이다. 왜냐하면 부서이름은 단일 값을 갖기 때문에 WHERE절을 만족하는 튜플은 하나도 없다. 즉 부서이름이 영업부이면서 동시에 개발부인 튜플은 없다. 따라서 결과 릴레이션은 빈 릴레이션이다.

```
SELECT      FLOOR
FROM        DEPARTMENT
WHERE       DEPTNAME='영업' AND DEPTNAME='개발';
```

WHERE절에 AND, OR, NOT을 사용하여 여러 조건들로 이루어진 부울식을 표현했을 때 논리 연산자들의 우선순위는 〈표 4.6〉과 같다. 묵시적인 우선순위를 변경하려면 소괄호를 사용한다. 적절하게 괄호를 사용하면 SQL문을 좀 더 읽기 쉽고, 디버그하기도 용이해진다.

〈표 4.6〉 연산자들의 우선순위

연산자	우선순위
비교 연산자	1
NOT	2
AND	3
OR	4

예: 부울 연산자를 사용한 프레디키트

질의: 직급이 과장이면서 1번 부서에서 근무하는 사원들의 이름과 급여를 검색하시오.

```
SELECT      EMPNAME, SALARY
FROM        EMPLOYEE
WHERE       TITLE = '과장' AND DNO = 1;
```

EMPNAME	SALARY
박영권	3000000

부정 검색 조건

사용자가 원하지 않는 튜플들을 배제하기 위해서 부정 연산자를 사용한다.

> **예: 부정 연산자**
>
> 질의: 직급이 과장이면서 1번 부서에 속하지 않은 사원들의 이름과 급여를 검색하시오.
>
> ```
> SELECT      EMPNAME, SALARY
> FROM        EMPLOYEE
> WHERE       TITLE = '과장' AND DNO <> 1;
> ```

EMPNAME	SALARY
조민희	3000000

범위를 사용한 검색

원하는 튜플들의 조건을 명시하기 위해서 WHERE절에 범위를 나타내는 연산자인 BETWEEN을 사용할 수 있다. BETWEEN의 장점은 SQL문의 WHERE절을 좀 더 읽기 쉽게 만든다는 것이다.

> **예: 범위 연산자**
>
> 질의: 급여가 3,000,000원 이상이고, 4,500,000원 이하인 사원들의 이름, 직급, 급여를 검색하시오.
>
> ```
> SELECT      EMPNAME, TITLE, SALARY
> FROM        EMPLOYEE
> WHERE       SALARY BETWEEN 3000000 AND 4500000;
> ```
>
> BETWEEN은 양쪽의 경곗값을 포함하므로 이 질의는 아래의 질의와 동등하다.
>
> ```
> SELECT      EMPNAME, TITLE, SALARY
> FROM        EMPLOYEE
> WHERE       SALARY >= 3000000 AND SALARY <= 4500000;
> ```

EMPNAME	TITLE	SALARY
박영권	과장	3000000
이성래	부장	4000000
조민희	과장	3000000

리스트를 사용한 검색

IN은 리스트 내의 값과 비교한다. IN의 부정은 NOT IN이다. 다음의 WHERE절은 DNO의 값이 (1, 2, 3)에 속하는가를 검사한다.

```
WHERE  DNO IN (1, 2, 3)
```

따라서 이 WHERE절은 OR을 사용하여 다음과 같이 표현할 수 있다. IN을 사용하면 다수의 OR을 사용할 필요가 없다.

```
WHERE  DNO = 1 OR DNO = 2 OR DNO = 3
```

예: IN

질의: 1번 부서나 3번 부서에 소속된 사원들에 관한 모든 정보를 검색하시오.

```
SELECT     *
FROM       EMPLOYEE
WHERE      DNO IN (1, 3);
```

EMPNO	EMPNAME	TITLE	MANAGER	SALARY	DNO
1365	김상원	사원	3426	1500000	1
3011	이수민	부장	4377	4000000	3
3426	박영권	과장	4377	3000000	1
3427	최종철	사원	3011	1500000	3

SELECT절에서 산술 연산자(+, −, *, /) 사용

SELECT절에 산술 연산자를 사용하여 수식을 표현해도 실제로 데이터베이스 내의 값이 변경되는 것은 아니다. 데이터베이스 내의 값이 어떻게 바뀔 것인가 파악하기 위한 목적으로 사용한다.

예: 산술 연산자

질의: 직급이 과장인 사원들에 대하여 이름과, 현재의 급여, 급여가 10% 인상됐을 때의 값을 검색하시오.

```
SELECT      EMPNAME, SALARY, SALARY * 1.1 AS NEWSALARY
FROM        EMPLOYEE
WHERE       TITLE = '과장';
```

EMPNAME	SALARY	NEWSALARY
박영권	3000000	3300000
조민희	3000000	3300000

널

널을 포함한 다른 값과 널을 +, − 등을 사용하여 연산하면 결과는 널이 된다. COUNT(*)를 제외한 집단 함수들은 널을 무시한다. 부서번호가 널인 사원들을 검색하라는 다음의 질의는 DNO 애트리뷰트에 널을 가진 튜플이 EMPLOYEE 릴레이션에 하나 이상 존재하더라도 아무런 결과를 구하지 못한다. 즉, 어떤 애트리뷰트에 들어 있는 값이 널인가 비교하기 위해서 'DNO=NULL'처럼 나타내면 안 된다.

```
SELECT      EMPNO, EMPNAME
FROM        EMPLOYEE
WHERE       DNO = NULL;
```

예를 들어, 다음과 같은 비교 결과는 모두 거짓이다.

```
NULL > 300
NULL = 300
NULL < > 300
NULL = NULL
NULL < > NULL
```

애트리뷰트의 값이 널인지 비교하려면 새로운 비교 연산자인 IS NULL이나 IS NOT NULL을 사용해야 한다. 즉 앞의 질의를 다음과 같이 표현하면 원하는 결과를 구할 수 있다.

```
SELECT      EMPNO, EMPNAME
FROM        EMPLOYEE
WHERE       DNO IS NULL;
```

SALARY가 널이 아닌 모든 튜플들은 다음의 WHERE절을 만족하지만, [그림 4.8]의 EMPLOYEE 릴레이션에 SALARY가 널인 튜플들이 존재한다면 다음의 질의의 결과로 이런 튜플들은 검색되지 않는다.

```
SELECT      *
FROM        EMPLOYEE
WHERE       SALARY < 2000000 OR SALARY >=2000000;
```

이 질의를 다음과 같이 표현하면 SALARY가 널인 튜플들도 검색된다.

```
SELECT      *
FROM        EMPLOYEE
WHERE       SALARY < 2000000 OR SALARY >=2000000
            OR SALARY IS NULL;
```

이처럼 널이 프레디키트에 미치는 영향을 유의해야 한다. 경험이 많은 SQL 전문가들도 널을 포함한 복잡한 프레디키트를 작성할 때 흔히 실수를 저지를 수 있다.

애트리뷰트에 들어 있는 널은 '알려지지 않음'을 의미하기 때문에 SQL은 세 가지 값의 논리를 사용한다. 〈표 4.7〉은 널을 포함한 다른 값과 널과의 OR 연산, 〈표 4.8〉은 AND 연산, 〈표 4.9〉는 NOT 연산의 결과를 보여준다. 예를 들어, 〈표 4.7〉을 보면 'true OR unknown = true', 〈표 4.8〉을 보면 'true AND unknown = unknown', 〈표 4.9〉를 보면 'NOT unknown = unknown'임을 알 수 있다.

true = 1, false = 0, unknown = 0.5로 생각하고, C1과 C2가 true, false, unknown 중 하나의 값을 갖는 조건일 때

```
C1 AND C2 = min(C1, C2)
C1 OR C2 = max(C1, C2)
NOT(C1) = 1 - C1
```

임을 기억하면 〈표 4.7〉~〈표 4.9〉의 내용을 보다 쉽게 기억할 수 있다.

〈표 4.7〉 unknown에 대한 OR 연산

	true	false	unknown
true	true	true	true
false	true	false	unknown
unknown	true	unknown	unknown

〈표 4.8〉 unknown에 대한 AND 연산

	true	false	unknown
true	true	false	unknown
false	false	false	false
unknown	unknown	false	unknown

〈표 4.9〉 unknown에 대한 NOT 연산

true	false
false	true
unknown	unknown

ORDER BY절

질의 결과를 오름차순이나 내림차순으로 정렬하는 경우가 흔히 있다. 사용자가 SELECT문에서 질의 결과의 순서를 명시하지 않으면 오라클에서는 릴레이션에 튜플들이 삽입된 순서대로 사용자에게 제시된다.

ORDER BY절의 디폴트 정렬 순서는 오름차순(ASC)이다. DESC를 지정하여 정렬 순서를 내림차순으로 지정할 수 있다. 널도 정렬 결과에 표시된다. 널은 오름차순에서는 가장 마지막에 나타나고, 내림차순에서는 가장 앞에 나타난다.

예: ORDER BY

질의: 2번 부서에 근무하는 사원들의 급여, 직급, 이름을 검색하여 급여의 오름차순으로 정렬하시오.

```
SELECT      SALARY, TITLE, EMPNAME
FROM        EMPLOYEE
WHERE       DNO = 2
ORDER BY    SALARY;
```

SALARY	TITLE	EMPNAME
2500000	대리	김창섭
3000000	과장	조민희
5000000	사장	이성래

여러 개의 애트리뷰트를 사용하여 정렬할 수도 있다. 다음의 SELECT문에서는 DNO 애트리뷰트에 대해 오름차순으로 정렬하고, DNO 애트리뷰트의 값이 같은 튜플들에 대해서는 SALARY 애트리뷰트에 대해 내림차순으로 정렬한다.

```
SELECT    ...
FROM      ...
WHERE     ...
ORDER BY DNO, SALARY DESC;
```

집단 함수

데이터베이스에서 검색된 여러 튜플들의 집단에 적용되는 함수가 집단 함수이다. 〈표 4.10〉은 집단 함수의 이름과 기능을 보여준다. 각 집단 함수는 한 릴레이션의 한 개의 애트리뷰트에 적용되어 단일 값을 반환한다. 집단 함수는 SELECT절과 HAVING절에만 나타날 수 있다. HAVING절은 튜플들의 그룹에 적용되기 때문에 집단 함수를 HAVING절에 명시할 수 있다. WHERE절은 각 튜플에 적용되고 튜플들의 그룹에는 적용되지 않기 때문에 WHERE절에 집단 함수를 사용할 수는 없다.

COUNT, MIN, MAX는 숫자형 애트리뷰트와 비숫자형 애트리뷰트에 모두 적용할 수 있지만, SUM과 AVG는 숫자형 애트리뷰트에만 적용할 수 있다. COUNT(*)를 제외하고는 모든 집단 함수들이 널을 제거한 후 남아 있는 값들에 대해서 값을 구한다. COUNT(*)는 널이나 중복된 값들이 나타나는 것에 상관없이 결과 릴레이션의 모든 튜플들의 총 개수를 구하는 반면에 COUNT(애트리뷰트)는 해당 애트리뷰트에서 널이 아닌 값들의 개수를 구한다.

만일 키워드 DISTINCT가 집단 함수 앞에 사용되면 집단 함수가 적용되기 전에 먼저 중복을 제거한다. DISTINCT는 MIN과 MAX에는 아무런 영향이 없고 SUM과 AVG, COUNT에는 영향을 미친다.

집단함수	기능
COUNT	튜플이나 값들의 개수
SUM	값들의 합
AVG	값들의 평균값
MAX	값들의 최대값
MIN	값들의 최소값

예: 집단 함수

질의: 모든 사원들의 평균 급여와 최대 급여를 검색하시오.

```
SELECT    AVG(SALARY)AS AVGSAL, MAX(SALARY)AS MAXSAL
FROM      EMPLOYEE;
```

AVGSAL	MAXSAL
2928571	5000000

그룹화

GROUP BY절에 사용된 애트리뷰트에 동일한 값을 갖는 튜플들이 각각 하나의 그룹으로 묶인다. 이때에 사용된 애트리뷰트를 **그룹화 애트리뷰트** grouping attribute 라고 한다. GROUP BY절에 사용되는 애트리뷰트는 집단 함수에 사용되지 않는 애트리뷰트이어야 한다. 각 그룹에 대하여 결과 릴레이션에 하나의 튜플이 생성된다. 따라서 SELECT절에는 각 그룹마다 하나의 값을 갖는 애트리뷰트, 집단 함수, 그룹화에 사용된 애트리뷰트들만 나타날 수 있다. 만일 SELECT절에 집단 함수가 포함되어 있고, GROUP BY절이 없는 경우에는 SELECT절에 집단 함수에서 참조되지 않는 애트리뷰트가 나타날 수 없다.

예를 들어, 다음 질의는 그룹화를 하지 않은 채 EMPLOYEE 릴레이션의 모든 튜플에 대해서 사원번호와 모든 사원들의 평균 급여를 검색하므로 잘못된 것이다.

```
SELECT    EMPNO, AVG(SALARY)
FROM      EMPLOYEE;
```

EMPLOYEE

EMPNO	EMPNAME	TITLE	MANAGER	SALARY	DNO
3426	박영권	과장	4377	3000000	1
1365	김상원	사원	3426	1500000	1
2106	김창섭	대리	1003	2500000	2
1003	조민희	과장	4377	3000000	2
4377	이성래	사장	∧	5000000	2
3011	이수민	부장	4377	4000000	3
3427	최종철	사원	3011	1500000	3

그룹

DNO	AVGSAL	MAXSAL
1	2250000	3000000
2	3500000	5000000
3	2750000	4000000

HAVING절

때로는 어떤 조건을 만족하는 그룹들에 대해서만 집단 함수를 적용할 수 있다. 각 그룹마다 하나의 값을 갖는 애트리뷰트를 사용하여 각 그룹이 만족해야 하는 조건을 명시한다. HAVING절은 그룹화 애트리뷰트에 같은 값을 갖는 튜플들의 그룹에 대한 조건을 나타내고, 이 조건을 만족하는 그룹들만 질의 결과에 나타난다. HAVING절에 나타나는 애트리뷰트는 반드시 GROUP BY절에 나타나거나 집단 함수에 포함되어야 한다. WHERE절과 비슷하지만, WHERE절은 튜플들을 걸러내고, HAVING은 그룹들을 걸러낸다는 점이 다르다.

만일 HAVING절은 사용하지만 GROUP BY절을 생략하면 WHERE절을 만족하는 튜플들의 집합을 하나의 그룹으로 취급한다. 이러한 경우에 HAVING절은 추가적인 WHERE절처럼 동작한다.

예: 그룹화

질의: 모든 사원들에 대해서 사원들이 속한 부서번호별로 그룹화하고, 평균 급여가 2,500,000원 이상인 부서에 대해서 부서번호, 평균 급여, 최대 급여를 검색하시오.

```
SELECT   DNO, AVG(SALARY)AS AVGSAL, MAX(SALARY)AS MAXSAL
FROM     EMPLOYEE
GROUP BY DNO
HAVING   AVG(SALARY) >= 2500000;
```

EMPLOYEE

EMPNO	EMPNAME	TITLE	MANAGER	SALARY	DNO
3426	박영권	과장	4377	3000000	1
1365	김상원	사원	3426	1500000	1
2106	김창섭	대리	1003	2500000	2
1003	조민희	과장	4377	3000000	2
4377	이성래	사장	∧	5000000	2
3011	이수민	부장	4377	4000000	3
3427	최종철	사원	3011	1500000	3

그룹

GROUP BY

DNO	AVGSAL	MAXSAL
1	2250000	3000000
2	3500000	5000000
3	2750000	4000000

HAVING

DNO	AVGSAL	MAXSAL
2	3500000	5000000
3	2750000	4000000

집합 연산

집합 연산을 적용하려면 두 릴레이션이 합집합 호환성을 가져야 한다. 첫 번째 질의의 애트리뷰트 이름들이 결과에 나타난다. UNION ALL(합집합)을 제외하고 결과가 오름차순으로 정렬된다. UNION ALL을 제외하고 모든 집합 연산의 결과 릴레이션에서 중복된 튜플들이 자동적으로 삭제된다.

예 : 합집합

질의: 김창섭이 속한 부서이거나 개발 부서의 부서번호를 검색하시오.

```
(SELECT    DNO
 FROM      EMPLOYEE
 WHERE     EMPNAME = '김창섭')
 UNION
(SELECT    DEPTNO
 FROM      DEPARTMENT
 WHERE     DEPTNAME = '개발');
```

DNO
2
3

4.4.2 조인(join)

조인은 두 개 이상의 릴레이션으로부터 연관된 튜플들을 결합한다. 조인의 일반적인 형식은 다음의 SELECT문과 같이 FROM절에 두 개 이상의 릴레이션들이 열거되고, 두 릴레이션에 속하는 애트리뷰트들을 비교하는 조인 조건이 WHERE절에 포함된다. 조인 조건은 두 릴레이션 사이에 속하는 애트리뷰트 값들을 비교 연산자로 연결한 것이다. 가장 흔히 사용되는 비교 연산자는 '='이다.

다음의 SELECT문은 두 릴레이션 R과 S로부터 릴레이션 R의 애트리뷰트 A와 릴레이션 S의 애트리뷰트 B가 주어진 비교 연산자를 만족하는 튜플들의 집합을 구한다. 흔히 R.A와 S.B는 기본 키와 외래 키의 관계를 갖는다.

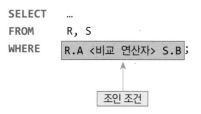

```
SELECT    ...
FROM      R, S
WHERE     R.A <비교 연산자> S.B;
```
조인 조건

두 개의 릴레이션을 연관시키기 위해서 한 개의 조인 조건이 필요하므로 FROM절에 세 개의 릴레이션이 명시되었다면 먼저 두 릴레이션을 조인하기 위해서 한 개의 조인 조건이 필요하고, 이 결과와 나머지 릴레이션을 조인하기 위해서 다시 한 개의 조인 조건이 필요하므로 두 개의 조인 조건이 필요하다. 따라서 일반적으로 FROM절에 n개의 릴레이션을 명시했을 때는 n−1개의 조인 조건이 필요하다.

SQL문을 읽기 쉽게 만들기 위해서 다음의 지침을 따르도록 하자. 하나의 SQL문에서 참조하는 모든 테이블들을 FROM과 같은 라인에 열거한다. 가능하면 테이블들의 순서를 의미 있게 정한다. 모든 조인 조건들을 FROM절에 열거한 테이블들의 순서와 동일하게 한다. 혼동을 피하기 위해서 조인 조건에 테이블 이름(별칭)을 붙이도록 한다. WHERE절에 다른 조건들보다 조인 조건들을 먼저 열거한다.

조인 조건을 생략했을 때와 조인 조건을 틀리게 표현했을 때는 카티션 곱이 생성된다. 4.1절에서 설명한 바와 같이 카티션 곱에서는 첫 번째 릴레이션의 모든 튜플이 두 번째 릴레이션의 모든 튜플과 결합된다. 카티션 곱의 결과는 매우 방대하므로 카티션 곱을 구하는데 시간이 오래 걸릴 수 있다. 따라서 WHERE절에 조인 조건을 정확하게 명시하여 카티션 곱이 생성되지 않도록 해야 한다.

조인 질의가 수행되는 과정을 개념적으로 살펴보면 먼저 조인 조건을 만족하는 튜플들을 찾고, 이 튜플들로부터 SELECT절에 명시된 애트리뷰트들만 프로젝트하고, 필요하다면 중복을 배제하는 순서로 진행된다.

조인 조건이 명확해지도록 애트리뷰트 이름 앞에 릴레이션 이름이나 튜플 변수를 사용하는 것이 좋다. 물론 두 릴레이션의 조인 애트리뷰트 이름이 동일하다면 반드시 애트리뷰트 이름 앞에 릴레이션 이름이나 튜플 변수를 사용해야 한다.

예: 조인 질의

질의: 모든 사원의 이름과 이 사원이 속한 부서 이름을 검색하시오.

```
SELECT    EMPNAME, DEPTNAME
FROM      EMPLOYEE AS E, DEPARTMENT AS D
WHERE     E.DNO = D.DEPTNO;
```

EMPLOYEE 릴레이션의 각 튜플에 대하여 부서번호를 사용하여 DEPARTMENT 릴레이션에서 같은 부서번호를 갖는 튜플을 찾는다. EMPLOYEE 릴레이션의 튜플과 DEPARTMENT 튜플을 결합하면 결과 릴레이션의 한 튜플이 생성된다. EMPLOYEE 릴레이션의 마지막 튜플까지 이런 과정을 반복한다. 이 예에서 조인 조건 E.DNO = D.DEPTNO를 생략하면 카티션곱이 적용되므로 총 28개의 튜플(7*4)들이 생성된다.

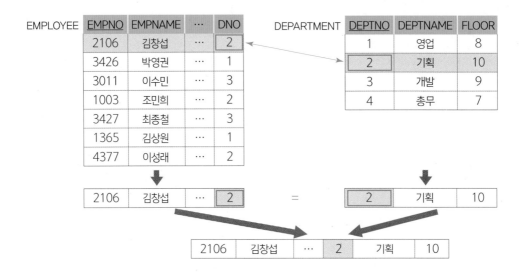

최종 결과 릴레이션은 다음과 같다.

EMPNO	EMPNAME	TITLE	MANAGER	SALARY	DNO	DEPTNAME	FLOOR
1003	조민희	과장	4377	3000000	2	기획	10
1365	김상원	사원	3426	1500000	1	영업	8
2106	김창섭	대리	1003	2500000	2	기획	10
3011	이수민	부장	4377	4000000	3	개발	9
3426	박영권	과장	4377	3000000	1	영업	8
3427	최종철	사원	3011	1500000	3	개발	9
4377	이성래	사장	∧	5000000	2	기획	10

한 릴레이션에 속하는 튜플을 동일한 릴레이션에 속하는 튜플들과 조인하는 것을 **자체 조인** self join 이라고 부른다. 실제로는 한 릴레이션이 접근되지만, FROM절에 두 릴레이션이 참조되는 것처럼 나타내기 위해서 그 릴레이션에 대한 별칭을 두 개 지정해야 한다. 자체 조인은 EMPLOYEE 릴레이션에 사원의 ID와 사원의 상사의 ID를 함께 포함시켰을 경우 또는 EMPLOYEE 릴레이션에 직장주소와 집주소를 모두 포함시켰을 경우 등에 사용할 수 있다.

질의: 모든 사원의 이름과 이 사원이 속한 부서 이름을 검색하시오.

```
SELECT      EMPNAME, DEPTNAME
FROM        EMPLOYEE AS E, DEPARTMENT AS D
WHERE       E.DNO = D.DEPTNO;
```

EMPLOYEE 릴레이션의 각 튜플에 대하여 상사번호(MANAGER)를 사용하여 자체 릴레이션에서 그 상사 번호와 같은 사원번호를 갖는 튜플을 찾는다. 두 튜플을 결합하면 결과 릴레이션의 한 튜플이 생성된다. EMPLOYEE 릴레이션의 마지막 튜플까지 이런 과정을 반복한다. 사용자가 검색하려는 애트리뷰트만 프로젝션한다.

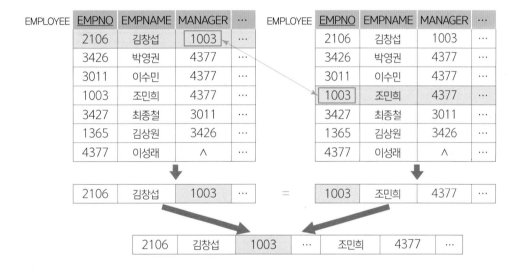

최종 결과 릴레이션은 다음과 같다.

E.EMPNAME	M.EMPNAME
김창섭	조민희
박영권	이성래
이수민	이성래
조민희	이성래
최종철	이수민
김상원	박영권

DEPTNAME	EMPNAME	TITLE	SALARY
개발	이수민	부장	4000000
개발	최종철	사원	1500000
기획	이성래	사장	5000000
기획	조민희	과장	3000000
기획	김창섭	대리	2500000
영업	박영권	과장	3000000
영업	김상원	사장	1500000

오름차순 / 내림차순

4.4.3 중첩 질의(nested query)

일부 질의들은 데이터베이스에서 어떤 값들을 검색한 후에 이를 비교 조건에서 사용한다. 이런 질의들은 중첩 질의를 사용해서 편리하게 표현할 수 있다. 중첩 질의는 [그림 4.10]과 같이 외부 질의의 WHERE절에 다시 SELECT ... FROM ... WHERE 형태로 포함된 SELECT문을 말한다. 중첩 질의를 부질의 subquery 라고 한다. 중첩 질의는 소괄호 안에 표기해야 한다. 여러 단계로 질의가 중첩될 수 있다. 중첩 질의는 INSERT, DELETE, UPDATE문에도 사용할 수 있다.

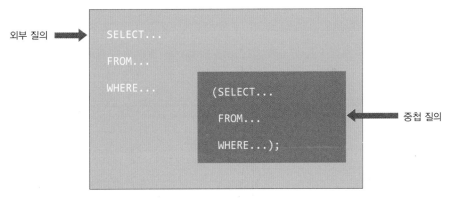

외부 질의 ➡

```
SELECT...
FROM...
WHERE...
        (SELECT...
         FROM...
         WHERE...);
```

⬅ 중첩 질의

[그림 4.10] 중첩 질의의 구조

중첩 질의의 결과로 한 개의 스칼라 값(단일 값), 한 개의 애트리뷰트로 이루어진 릴레이션, 여러 애트리뷰트로 이루어진 릴레이션이 반환될 수 있다. 단일 값이 반환되는 경우에는 하나의 값처럼 취급한다. 중첩 질의로부터 한 개의 애트리뷰트로 이루어진 릴레이션이 반환되는 경우에는 외부 질의의 WHERE절에 IN, ANY(SOME), ALL, EXISTS가 사용되고, 여러 애트리뷰트로 이루어진 릴레이션이 반환되는 경우에는 EXISTS가 사용된다.

한 개의 스칼라 값이 반환되는 경우

중첩 질의는 외부 질의보다 먼저 수행되고, 외부 질의의 WHERE절에서 비교 연산자(=, <, <=, >, >=, <>)를 사용하여 중첩 질의의 결과와 비교하는데, 중첩 질의로부터 여러 값들이 반환되는 경우에는 에러가 발생한다. 왜냐하면 비교 연산자는 단일 값을 비교하는 데 사용되기 때문이다. 한 개의 스칼라 값이 반환되는 경우에는 중첩 질의가 오직 한 번만 수행된다.

이런 경우에 중첩 질의의 SELECT절에 사용된 애트리뷰트의 데이터 타입은 외부 질의의 WHERE절에 사용된 애트리뷰트의 데이터 타입과 같아야 한다. 다시 말해서, "WHERE ColumnName = (SELECT ...);"라고 입력한다면 중첩 질의의 SELECT절에는 한 개의 애트리뷰트만 명시하여야 하고, 이 애트리뷰트의 데이터 타입은 ColumnName의 데이터 타입과 같아야 한다.

질의: 박영권과 같은 직급을 갖는 모든 사원들의 이름과 직급을 검색하시오.

다음과 같이 각 사원의 이름과 직급을 검색하는 질의(외부 질의)가 필요하다.

```
SELECT      EMPNAME, TITLE
FROM        EMPLOYEE
WHERE       TITLE =
```

다음과 같이 박영권의 직급을 검색하는 질의(중첩 질의)가 필요하다.

```
SELECT      TITLE
FROM        EMPLOYEE
WHERE       EMPNAME = '박영권'
```

두 질의를 하나로 결합하면 박영권과 같은 직급을 갖는 모든 사원들의 이름과 직급을 검색할 수 있다.
EMPLOYEE 릴레이션을 CREATE하는 문장에서 EMPNAME에 UNIQUE 키워드를 지정했기 때문에
EMPLOYEE 릴레이션의 모든 튜플들의 EMPNAME은 서로 다르므로 '박영권'의 직급은 한 개만 검색된다.

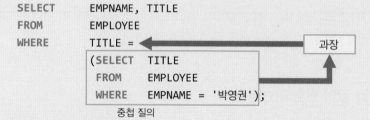

```
SELECT      EMPNAME, TITLE
FROM        EMPLOYEE
WHERE       TITLE =                                    과장
            (SELECT   TITLE
             FROM     EMPLOYEE
             WHERE    EMPNAME = '박영권');
                   중첩 질의
```

EMPNAME	TITLE
박영권	과장
조민희	과장

한 개의 애트리뷰트로 이루어진 릴레이션이 반환되는 경우

중첩 질의의 결과로 한 개의 애트리뷰트로 이루어진 다수의 튜플들(즉, 스칼라 값들의 집합)이 반환될 수 있다. 외부 질의의 WHERE절에서 IN, ANY(SOME), ALL, EXISTS와 같은 연산자를 사용해야 한다. 키워드 IN은 한 애트리뷰트가 값들의 집합에 속하는가를 테스트할 때 사용된다. 만일 한 애트리뷰트가 값들의 집합에 속하는 하나 이상의 값들과 어떤 관계를 갖는가를 테스트하는 경우에는 ANY를 사용하고, 만일 한 애트리뷰트가 값들의 집합에 속하는 모든 값들과 어떤 관계를 갖는가를 테스트하는 경우에는 ALL을 사용한다. EXISTS는 여러 애트리뷰트로 이루어진 릴레이션이 반환되는 경우에도 사용한다.

ANY 및 ALL과 결합하여 사용할 수 있는 다른 연산자들로는 { =, < >, <=, <, >=, > } 등의 비교 연산자가 있다. =ANY는 IN과 의미가 같고 < >ALL은 NOT IN과 의미가 같다.

예: IN

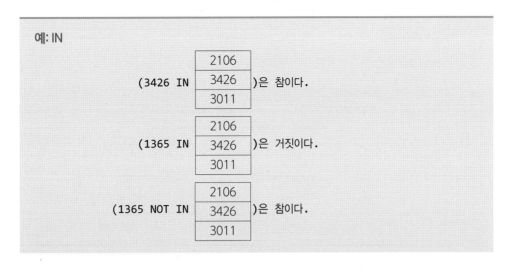

(3426 IN | 2106 / 3426 / 3011 |)은 참이다.

(1365 IN | 2106 / 3426 / 3011 |)은 거짓이다.

(1365 NOT IN | 2106 / 3426 / 3011 |)은 참이다.

예: ANY

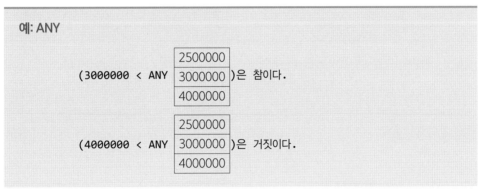

(3000000 < ANY | 2500000 / 3000000 / 4000000 |)은 참이다.

(4000000 < ANY | 2500000 / 3000000 / 4000000 |)은 거짓이다.

예: ALL

(3000000 < ALL | 2500000 / 3000000 / 4000000 |)은 거짓이다.

(1500000 < ALL | 2500000 / 3000000 / 4000000 |)은 참이다.

(3000000 =ALL | 2500000 / 3000000 / 4000000 |)은 거짓이다.

(1500000 <>ALL | 2500000 / 3000000 / 4000000 |)은 참이다.

예: IN을 사용한 질의

질의: 영업부나 개발부에 근무하는 사원들의 이름을 검색하시오.

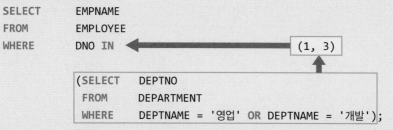

```
SELECT      EMPNAME
FROM        EMPLOYEE
WHERE       DNO IN ◄──────────────── (1, 3)

            (SELECT   DEPTNO
             FROM     DEPARTMENT
             WHERE    DEPTNAME = '영업' OR DEPTNAME = '개발');
```

이 질의를 중첩 질의를 사용하지 않은 다음과 같은 조인 질의로 나타낼 수 있다. 실제로, 중첩 질의를 사용하여 표현된 대부분의 질의를 중첩 질의가 없는 조인 질의로 표현할 수 있다. 그러나 어떤 질의는 중첩 질의를 포함한 질의로만 표현할 수 있다. 일반적으로 중첩 질의를 포함한 질의가 좀 더 읽기 쉽다.

```
SELECT      EMPNAME
FROM        EMPLOYEE E, DEPARTMENT D
WHERE       E.DNO = D.DEPTNO
            AND (D.DEPTNAME = '영업' OR D.DEPTNAME = '개발');
```

EMPNAME
박영권
이수민
최종철
김상원

여러 애트리뷰트들로 이루어진 릴레이션이 반환되는 경우

중첩 질의의 결과로 여러 애트리뷰트들로 이루어진 릴레이션이 반환되는 경우에는 EXISTS 연산자를 사용하여 중첩 질의의 결과가 빈 릴레이션인지 여부를 검사한다. EXISTS 연산자는 중첩 질의의 결과가 비어 있지 않은지의 여부만 검사하므로 중첩 질의의 SELECT절에 임의의 애트리뷰트들의 리스트가 올 수 있다.

EXISTS subquery의 결과는 중첩 질의의 결과에 적어도 하나의 튜플이 들어 있으면 참이 되고 그렇지 않으면 거짓이 된다. NOT EXISTS는 EXISTS의 반대로 테스트한다고 생각하면 된다.

예: EXISTS를 사용한 질의

질의: 영업부나 개발부에 근무하는 사원들의 이름을 검색하시오.

```
SELECT      EMPNAME
FROM        EMPLOYEE E
WHERE       EXISTS
            (SELECT  *
            FROM     DEPARTMENT D
            WHERE    E.DNO = D.DEPTNO
            AND (DEPTNAME = '영업' OR DEPTNAME = '개발'));
```

EMPNAME
박영권
이수민
최종철
김상원

상관 중첩 질의(correlated nested query)

중첩 질의의 WHERE절에 있는 프레디키트에서 외부 질의에 선언된 릴레이션의 일부 애트리뷰트를 참조하는 질의를 상관 중첩 질의라고 부른다. 중첩 질의의 수행 결과가 단일 값이든, 하나 이상의 애트리뷰트로 이루어진 릴레이션이든 외부 질의로 한 번만 결과를 반환하면 상관 중첩 질의가 아니다. 상관 중첩 질의에서는 외부 질의를 만족하는 각 튜플이 구해진 후에 중첩 질의가 수행된다. 따라서 상관 중첩 질의는 외부 질의를 만족하는 튜플 수만큼 여러 번 수행될 수 있다.

바로 앞에서 예로 든 EXISTS를 사용한 질의는 외부 질의의 FROM절에 명시된 EMPLOYEE

릴레이션의 각 튜플마다 중첩 질의가 반복해서 수행되므로 상관 중첩 질의이다.

예: 상관 중첩 질의

질의: 자신이 속한 부서의 사원들의 평균 급여보다 많은 급여를 받는 사원들에 대해서 이름, 부서번호, 급여를 검색하시오.

중첩 질의에서 릴레이션 이름을 함께 표현하지 않은 DNO 애트리뷰트는 중첩 질의의 EMPLOYEE 릴레이션을 참조하는 것이다. 외부 질의에 명시된 EMPLOYEE 릴레이션의 DNO 애트리뷰트를 참조하려면 E.DNO와 같이 별칭을 사용해야 한다. 다시 말해서, 중첩 질의에서 별칭을 붙이지 않은 모든 애트리뷰트들은 중첩 질의에 명시된 릴레이션에 속하는 것이다.

```
SELECT      EMPNAME, DNO, SALARY
FROM        EMPLOYEE (E)
WHERE       SALARY >
            (SELECT   AVG(SALARY)
             FROM     EMPLOYEE
             WHERE    DNO = (E).DNO;
```

상관

EMPNAME	DNO	SALARY
박영권	1	3000000
이수민	3	4000000
이성래	2	5000000

4.5 INSERT, DELETE, UPDATE문

오라클의 SQL의 데이터 조작어에는 데이터베이스를 갱신하는 세 가지 명령이 있다. INSERT 문은 릴레이션에 새로운 튜플을 삽입하고, DELETE문은 릴레이션에서 기존의 튜플을 삭제하고, UPDATE문은 기존의 튜플의 애트리뷰트 값들을 수정한다.

4.5.1 INSERT문

INSERT문은 기존의 릴레이션에 튜플을 삽입한다. 참조되는 릴레이션에 튜플이 삽입되는 경우에는 참조 무결성 제약조건의 위배가 발생하지 않으나 참조하는 릴레이션에 튜플이 삽입되는 경우에는 참조 무결성 제약조건을 위배할 수 있다. INSERT문은 릴레이션에 한 번에 한 튜플씩

삽입하는 것과 한 번에 여러 개의 튜플들을 삽입할 수 있는 것으로 구분한다. 한 번에 한 튜플씩 삽입하는 INSERT문의 구문은 다음과 같다. 이 구문에서 애트리뷰트들의 리스트를 생략하는 경우에는 VALUES절의 값들의 순서가 릴레이션 내의 애트리뷰트들의 순서와 일치해야 한다.

```
INSERT
INTO        릴레이션(애트리뷰트1, ..., 애트리뷰트n)
VALUES      (값1, ..., 값n);
```

릴레이션을 정의할 때의 애트리뷰트들의 순서대로, 모든 애트리뷰트에 값을 명시하여 INSERT 문을 작성하면 INSERT문에서 애트리뷰트 이름들을 생략할 수 있지만, 좋은 습관은 아니다. 왜냐 하면 나중에 릴레이션에 어떤 애트리뷰트가 추가되면 그 INSERT문이 더 이상 동작하지 않기 때문이다.

한 튜플을 입력할 시점에 값이 알려지지 않은 일부 애트리뷰트들에 대해서는 값을 입력하지 않을 수 있다. INSERT문에서 값을 입력하지 않은 애트리뷰트에는 널이 채워진다. 문자나 날짜형의 애트리뷰트 값은 단일 인용기호(')로 에워싼다.

예: 한 개의 튜플을 삽입

질의: DEPARTMENT 릴레이션에 (5, 연구, ∧) 튜플을 삽입하는 INSERT문은 다음과 같다.

```
INSERT INTO DEPARTMENT
VALUES (5, '연구', );
```

DEPARTMENT

DEPTNO	DEPTNAME	FLOOR
1	영업	8
2	기획	10
3	개발	9
4	총무	7
5	연구	

릴레이션에 한 번에 여러 개의 튜플들을 입력하는 INSERT문의 구문은 다음과 같다. INSERT 문 내의 SELECT문의 수행 결과로 검색된 튜플들이 한꺼번에 릴레이션에 입력된다. 이런 형식의 구문에는 VALUES절이 사용되지 않는다.

```
INSERT
INTO      릴레이션(애트리뷰트1, ..., 애트리뷰트n)
SELECT ... FROM ... WHERE  ...;
```

다른 릴레이션으로부터 SELECT한 결과를 어떤 릴레이션에 한꺼번에 삽입하는 것이 아니고,
직접 다수의 튜플을 삽입하려면 튜플 개수만큼의 INSERT문을 일일이 작성해야 한다. 데이터
베이스 외부에서 릴레이션에 다수의 튜플을 쉽게 삽입할 수 있도록 대부분의 DBMS들은 데이
터 적재 명령(예: copy 명령)을 제공한다.

예: 여러 개의 튜플을 삽입

질의: EMPLOYEE 릴레이션에서 급여가 3,000,000 이상인 사원들의 이름, 직급, 급여를 검색하여 HIGH_
SALARY라는 릴레이션에 삽입하시오. HIGH_SALARY 릴레이션은 이미 생성되어 있다고 가정한다.

```
INSERT     INTO HIGH_SALARY(ENAME, TITLE, SAL)
SELECT     EMPNAME, TITLE, SALARY
FROM       EMPLOYEE
WHERE      SALARY >= 3000000;
```

4.5.2 DELETE문

삭제 연산은 한 릴레이션으로부터 한 개 이상의 튜플들을 삭제한다. 참조되는 릴레이션의 삭제
연산의 결과로 참조 무결성 제약조건이 위배될 수 있으나, 참조하는 릴레이션에서 튜플을 삭제
하면 참조 무결성 제약조건을 위배하지 않는다.

DELETE문의 구문은 다음과 같다. FROM절에 명시한 릴레이션으로부터 WHERE절을 만족
하는 튜플들을 삭제한다. WHERE절을 생략하면 해당 릴레이션에서 모든 튜플들이 삭제되어
빈 릴레이션이 되므로 매우 신중하게 사용해야 한다.

```
DELETE
FROM      릴레이션
[WHERE    조건];
```

예: DELETE문

질의: DEPARTMENT 릴레이션에서 4번 부서를 삭제하시오.

```
DELETE FROM DEPARTMENT
WHERE  DEPTNO = 4;
```

실제로 어떤 튜플들이 삭제되는가를 알아보기 위해서, DELETE문을 수행하기 전에 먼저 적절한 WHERE절
을 포함한 SELECT문을 수행해보는 것을 권장한다.

4.5.3 UPDATE문

UPDATE문은 한 릴레이션에 들어 있는 튜플들의 애트리뷰트 값들을 수정한다. UPDATE문
은 수정된 애트리뷰트가 기본 키나 외래 키에 속하지 않는 한 어떤 무결성 제약조건도 위반하
지 않는다. 그러나 기본 키나 외래 키에 속하는 애트리뷰트의 값이 수정되면 참조 무결성 제약
조건을 위배할 수 있다. 외래 키에 속하는 애트리뷰트의 값을 수정하는 UPDATE문은 수정 후
의 새로운 외래 키 값이 참조되는 릴레이션에 존재하는 어떤 튜플과 대응될 때에는 참조 무결성
을 위배하지 않는다. 기본 키의 값을 수정하는 UPDATE문은 기존의 튜플을 삭제한 후에 새로
운 튜플을 삽입한 것과 개념적으로 동등하므로 기본 키가 삭제되었을 때 나타날 수 있는 문제가
UPDATE문에서도 발생할 수 있다.

UPDATE문의 구문은 다음과 같다. WHERE절을 만족하는 한 개 이상의 튜플들이 해당 릴레
이션에서 수정된다. WHERE절을 생략할 수 있다. WHERE절을 생략하면 릴레이션 내의 모든
튜플들이 수정된다. 하나의 UPDATE문에서 여러 애트리뷰트들의 값을 수정할 수 있다. 또한
값 대신에 식을 사용할 수도 있다.

```
UPDATE    릴레이션
SET       애트리뷰트 = 값 또는 식[, …]
[WHERE    조건];
```

예: UPDATE문

질의: 사원번호가 2106인 사원의 소속 부서를 3번 부서로 옮기고, 급여를 5% 올리시오.

```
UPDATE      EMPLOYEE
SET         DNO = 3, SALARY = SALARY * 1.05
WHERE       EMPNO = 2106;
```

EMPLOYEE

EMPNO	EMPNAME	TITLE	MANAGER	SALARY	DNO
2106	김창섭	대리	1003	2625000	3
3426	박영권	과장	4377	3000000	1
3011	이수민	부장	4377	4000000	3
1003	조민희	과장	4377	3000000	2
3427	최종철	사원	3011	1500000	3
1365	김상원	사원	3426	1500000	1
4377	이성래	사장	∧	5000000	2

4.6 트리거(trigger)와 주장(assertion)

저장된 데이터의 의미적 정확성을 보장하기 위해서, 테이블을 정의할 때 데이터베이스 스키마의 한 부분으로서 무결성 제약조건을 명시하는 것을 4.3절에서 논의하였다. 본 절에서는 테이블 정의와 별도로 데이터베이스의 무결성을 시행하는 메커니즘인 트리거와 주장을 설명한다. 제약조건이 트리거보다 성능이 우수하고, 코딩이 불필요하고, 선언하고 수정하기가 용이하므로 가능하면 제약조건을 사용하는 것이 좋다. 트리거는 주장보다 좀 더 절차적이다.

4.6.1 트리거

트리거는 명시된 이벤트(데이터베이스의 갱신)가 발생할 때마다 DBMS가 자동적으로 수행하는, 사용자가 정의하는 문(프로시저)이다. 트리거는 데이터베이스의 무결성을 유지하기 위한 일반적이고 강력한 도구이다. 트리거는 테이블 정의 시 표현할 수 없는 기업의 비즈니스 규칙들을 시행하는 역할을 한다. 무결성 제약조건을 유지하기 위하여 데이터베이스 갱신을 모니터링하고 데이터베이스 갱신을 전파한다. [그림 4.11]은 트리거의 개념을 보여준다. 한 릴레이션에 대해서 삽입, 삭제, 수정이 발생하여 트리거가 활성화되면 트리거의 코드가 데이터베이스에 대해 실행된다.

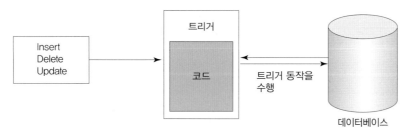

[그림 4.11] 트리거의 개념

트리거를 명시하려면 트리거를 활성화시키는 사건인 이벤트, 트리거가 활성화되었을 때 수행되는 테스트인 조건, 트리거가 활성화되고 조건이 참일 때 수행되는 문(프로시저)인 동작을 표현해야 한다. 트리거를 이벤트-조건-동작(ECA) 규칙이라고도 부른다. 여기서 E는 Event, C는 Condition, A는 Action을 의미한다. 트리거는 SQL3 표준에 포함되었으며, 대부분의 상용 관계 DBMS에서 제공된다. 각 상용 관계 DBMS마다 표준과 조금씩 다른 구문을 사용한다.

SQL3에서 트리거의 형식

```
CREATE TRIGGER  <트리거 이름>
AFTER   <트리거를 유발하는 이벤트들이 OR로 연결된 리스트> ON <릴레이션>   ← 이벤트
[WHEN   <조건>]                                                        ← 조건
BEGIN   <SQL문(들)> END                                                ← 동작
```

트리거에서 명시할 수 있는 이벤트는 외래 키 위반뿐만 아니라 보다 일반적인 이벤트도 포함한다. 이벤트는 테이블에 대한 INSERT문, DELETE문, UPDATE문이다. SELECT문은 테이블을 갱신하지 않으므로 이벤트가 될 수 없다. 조건은 임의의 형태의 프레디키트이다. WHERE 절에 표현할 수 있는 어떤 형태도 조건으로 명시할 수 있다. 동작은 데이터베이스에 대한 임의의 갱신이다. 하나의 SQL문 또는 내포된 SQL문을 포함한 프로그램이 될 수 있다. 트리거가 제

약조건과 유사하지만, 어떤 이벤트가 발생했을 때 조건이 참이 되면 트리거와 연관된 동작이 수행되고 그렇지 않으면 아무 동작도 수행되지 않는다. 트리거는 **능동 데이터베이스** active database 의 중요한 특징이다.

각 SQL문이 수행된 후에 immediate 또는 한 트랜잭션의 수행이 종료된 후에 deferred 검사가 이루어진다. 테이블 수준의 트리거와 행 수준의 트리거로 구분한다. 또한 삽입, 삭제, 수정 등이 일어나기 전 before 에 동작하는 트리거와 일어난 후 after 에 동작하는 트리거로 구분한다.

예: 트리거

새로운 사원이 입사할 때마다, 사원의 급여가 1,500,000 미만인 경우에는 급여를 10% 인상하는 트리거를 작성하시오. 여기서 이벤트는 새로운 사원 튜플이 삽입될 때, 조건은 급여 < 1500000, 동작은 급여를 10% 인상하는 것이다. 오라클에서 트리거를 정의하는 문장은 SQL3의 트리거 정의문과 동일하지는 않다.

```
CREATE TRIGGER RAISE_SALARY
AFTER INSERT ON EMPLOYEE
REFERENCING NEW AS newEmployee
FOR EACH ROW
WHEN     (newEmployee.SALARY < 1500000)
UPDATE   EMPLOYEE
SET      newEmployee.SALARY = SALARY * 1.1
WHERE    EMPNO = newEmployee.EMPNO;
```

트리거는 데이터베이스의 일관성을 유지하는 데 매우 유용하지만, 트리거를 과도하게 사용하면 복잡한 상호 의존성을 야기할 수 있다. 대규모 데이터베이스 응용에서는 복잡한 상호 의존성을 관리하는 것이 어렵다. 예를 들어, 하나의 트리거가 활성화되어 이 트리거 내의 한 SQL문이 수행되고, 그 결과로 다른 트리거를 활성화하여 그 트리거 내의 SQL문이 수행될 수 있다. 이처럼 한 트리거 내의 SQL문이 다른 트리거의 활성화를 유발하면 트리거들이 연쇄된다고 말한다.

[그림 4.12]는 어떤 트리거에 의해 Table1이 수정되고, 이것이 UPDATE_Table1 트리거를 활성화시키고, UPDATE-Table1 트리거의 수행 결과가 INSERT_Table2 트리거를 활성화시켜서, 트리거들이 연쇄적으로 활성화되는 경우를 보여준다.

트리거를 과도하게 사용하지 않더라도 트리거를 작성할 때 신중해야 한다. 왜냐하면 트리거는 조건이 맞으면 자동적으로 수행되기 때문에 사용자가 트리거의 영향을 인식하지 못할 수 있기 때문이다.

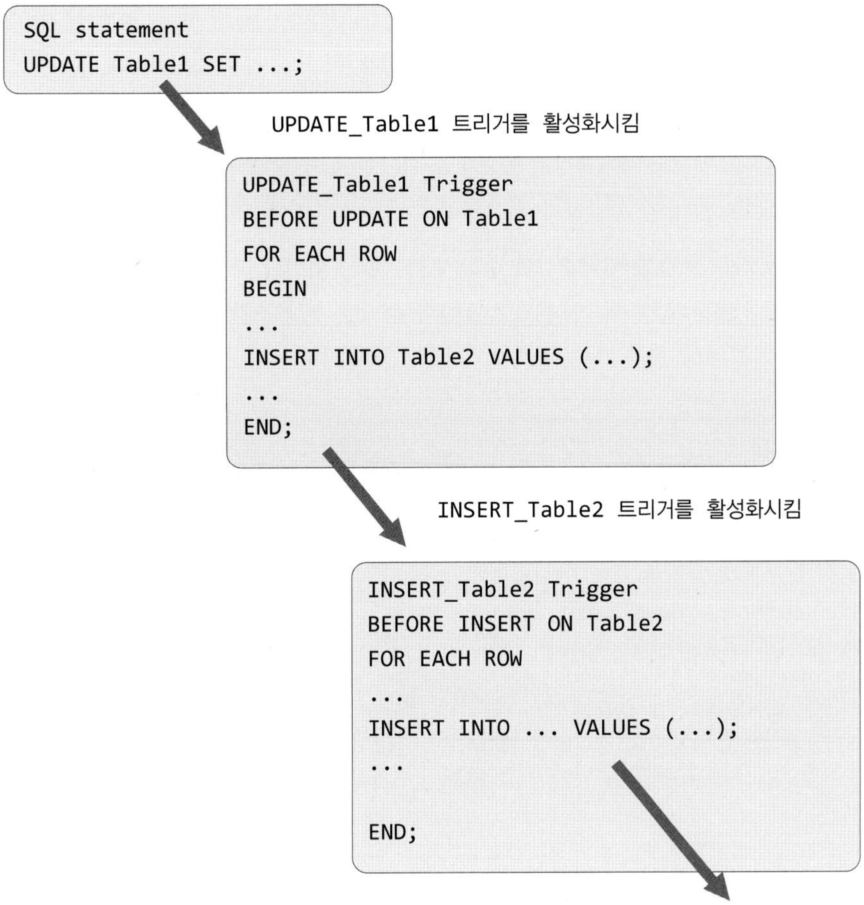

```
SQL statement
UPDATE Table1 SET ...;
```

UPDATE_Table1 트리거를 활성화시킴

```
UPDATE_Table1 Trigger
BEFORE UPDATE ON Table1
FOR EACH ROW
BEGIN
...
INSERT INTO Table2 VALUES (...);
...
END;
```

INSERT_Table2 트리거를 활성화시킴

```
INSERT_Table2 Trigger
BEFORE INSERT ON Table2
FOR EACH ROW
...
INSERT INTO ... VALUES (...);
...

END;
```

[그림 4.12] 연쇄적인 트리거의 활성화

4.6.2 주장

주장의 조건은 그 조건을 위배할 가능성이 있는 각 갱신문마다 검사된다. 주장은 SQL3에 포함되어 있으나 대부분의 상용 관계 DBMS가 아직 지원하고 있지 않다. 트리거는 제약조건을 위반했을 때 수행할 동작을 명시하는 것이고, 주장은 제약조건을 위반하는 연산이 수행되지 않도록 하는 것이다. 주장을 정의하는 구문은 다음과 같다. 릴레이션과 마찬가지로 불필요한 주장은 DROP문을 사용하여 삭제할 수 있다.

```
CREATE ASSERTION 이름
CHECK 조건;
```

주장은 트리거보다 좀 더 일반적인 무결성 제약조건이다. 주장은 데이터베이스가 항상 만족하기를 바라는 조건을 직접적으로 표현하는 프레디키트이다. 일반적으로 두 개 이상의 테이블에 영향을 미치는 제약조건을 명시하기 위해 사용된다. DBMS는 주장의 프레디키트를 검사하여 만일 참이면 주장을 위배하지 않는 경우이므로 데이터베이스 수정을 허용한다.

주장이 명시되었을 때 DBMS는 이 주장의 유효성을 검사한다. 주장이 복잡하면 유효성 검사가 상당한 오버헤드(질의의 평가)를 유발할 수 있으므로 주장을 신중하게 사용해야 한다.

도메인 제약조건과 참조 무결성 제약조건은 주장의 특별한 유형이다. 여러 테이블이 연관되어 도메인 제약조건과 참조 무결성 제약조건으로 표현할 수 없는 제약조건도 주장으로 명시할 수 있다.

예: 주장

STUDENT(학생) 릴레이션과 ENROLL(수강) 릴레이션의 스키마가 다음과 같다. STUDENT 릴레이션의 기본 키는 STNO이다. ENROLL 릴레이션의 STNO는 STUDENT 릴레이션의 기본 키를 참조한다.

```
STUDENT(STNO, STNAME, EMAIL, ADDRESS, PHONE)
ENROLL(STNO, COURSENO, GRADE)
```

ENROLL 릴레이션에 들어 있는 STNO는 반드시 STUDENT 릴레이션에 들어 있는 어떤 학생의 STNO를 참조하도록 하는 주장을 정의하려 한다. 다시 말해서 STUDENT 릴레이션에 없는 어떤 학생의 학번이 ENROLL 릴레이션에 나타나는 것을 허용하지 않으려고 한다. 대부분의 주장은 아래의 예처럼 NOT EXISTS를 포함한다.

```
CREATE ASSERTION EnrollStudentIntegrity
CHECK      (NOT EXISTS
           (SELECT      *
            FROM        ENROLL
            WHERE       STNO NOT IN
                        (SELECT STNO FROM STUDENT)));
```

참고로, ENROLL 릴레이션을 생성할 때 참조 무결성 제약조건을 적절하게 정의하면 이 주장과 동일한 무결성 제약조건을 유지할 수 있다.

대부분의 주장은 NOT EXISTS를 포함한다. 주장에서는 "모든 *x*가 F를 만족한다."를 "￢F를 만족하는 *x*가 존재하지 않는다."로 표현한다.

4.7 내포된 SQL

SQL은 강력한 선언적인 언어이다. SQL에서 질의를 작성하는 것은 일반적으로 고급 프로그래밍 언어(호스트 언어)를 사용하여 동일한 질의를 코딩하는 것보다 간단하다. 사용자의 관점에서 호스트 언어와 SQL을 함께 사용하여 데이터베이스를 접근하는 이유가 있다. SQL이 호스트 언어의 완전한 표현력을 갖고 있지 않기 때문에 모든 질의를 SQL로 표현할 수는 없다. 이런 질의를 표현하기 위해서는 SQL을 보다 강력한 언어에 내포시켜야 한다. SQL은 사용하기 쉬운 언어이지만, 호스트 언어가 갖고 있는 조건문(IF문), 반복문(WHILE문), 입출력 등과 같은 연산, 사용자와의 상호 작용, 질의 결과를 GUI로 보내는 등의 기능을 갖고 있지 않다.

따라서 C, C++, 코볼, 자바, 파이썬 등의 언어로 작성하는 프로그램에 SQL문을 삽입하여, 데이터베이스를 접근하는 부분은 SQL이 맡고 SQL에 없는 기능은 호스트 언어로 작성하는 것이 필요하다. 호스트 언어에 포함되는 SQL문을 **내포된 SQL**이라 부른다. 본 절에서는 어떻게 데이터베이스 응용 프로그래밍이 SQL과 결합될 수 있는가를 알아본다.

호스트 언어에 SQL문을 내포시켜 응용 프로그램을 작성하려면 프로그래머는 두 가지 언어에 익숙해야 한다. 또한 두 언어 사이의 인터페이스와 데이터 타입 호환성, 에러 탐지, 호스트 언어에서 제공하는 데이터 구조와 DBMS가 제공하는 **데이터 구조가 불일치하는 문제** impedance mismatch 문제 등을 해결해야 한다. 내포된 SQL문의 또 다른 문제는 이식성이 높지 않다는 것이다. DBMS들마다 SQL문을 내포시키는 구문 등에 다소 차이가 있다. 즉, 서로 다른 DBMS마다 고유한 **전컴파일러** precompiler 와 라이브러리를 사용하기 때문에 한 DBMS를 사용하여 개발된 응용 프로그램을 다른 DBMS에서 사용하려면 응용 프로그램을 다른 DBMS에 맞게 수정한 후 다시 컴파일해야 한다.

본 절에서는 오라클에서 C 프로그램에 SQL문을 내포시키는 환경을 가정하고 설명을 전개한다. 이를 줄여서 Pro*C라 부르기로 한다. Pro*C는 C 프로그래머가 데이터베이스 접근을 관리하는 환경에 적합하다. Pro*C는 SQL문을 포함한 C 소스 프로그램을 받아들여 그 안에 삽입된 **SQL문을 오라클 런타임 라이브러리** 호출로 변환하여, 수정된 C 소스 프로그램을 생성하는 전컴파일러이다. 사용자는 수정된 이 소스 프로그램을 C 컴파일러를 사용하여 컴파일하고, 링크하고, 수행한다. 일반적으로 내포된 SQL문이 포함된 소스 파일의 확장자는 .pc이다. 이 파일을 Pro*C를 통하여 전컴파일하면 확장자가 .c인 C 소스 프로그램이 생성된다. Pro*C++는 C++ 프로그램에 SQL문을 내포시킬 때 사용하는 전컴파일러이다.

호스트 언어로 작성 중인 프로그램에 SQL문을 내포시킬 때 해당 호스트 언어의 컴파일러가 어떻게 호스트 언어의 문과 SQL문을 구별할 것인가? 예를 들어, C 언어로 작성 중인 프로그램에 자바 문장들을 삽입했다면 C 언어 컴파일러는 자바 문장들이 C 언어의 문법에 맞지 않기 때문에 번역할 수 없으므로 에러 메시지들을 출력할 것이다. 호스트 언어로 작성 중인 프로그램에 포함된 SELECT, INSERT, DELETE, UPDATE 등 모든 SQL문에는 반드시 문장의 앞부분에 EXEC SQL을 붙인다. EXEC SQL은 EXEC SQL부터 세미콜론(;) 사이에 들어 있는 문장이 내포된 SQL문임을 전컴파일러에게 알린다. Pro*C 전컴파일러는 내포된 SQL문을 C 컴파일러에서 허용되는 함수 호출로 변환한다. [그림 4.13]은 Pro*C 환경에서 내포된 SQL문을 컴파일하는 과정을 보여준다.

윈도우10 환경에서 Pro*C를 실습하려면 비주얼 스튜디오 2022 등의 통합 개발 환경이 필요하다. [그림 4.13]에서 Pro*C가 전컴파일러의 역할을 맡고, 비주얼 스튜디오 2022가 호스트 언어의 컴파일러 역할을 수행한다.

Pro*C는 정적인 SQL문과 동적인 SQL문 모두를 지원한다. 정적인 SQL문은 C 프로그램에 내포된 완전한 SQL문이다. 동적인 SQL문은 응용 프로그램을 개발할 때 완전한 SQL문의 구조를 미리 알고 있지 않아도 된다. 동적인 SQL문은 데이터베이스 객체에 대한 정보를 질의가 수행될 때 입력해도 좋다. 동적인 SQL문은 불완전한 SQL문으로서 일부 또는 전부를 질의가 수행될 때 입력해도 좋다.

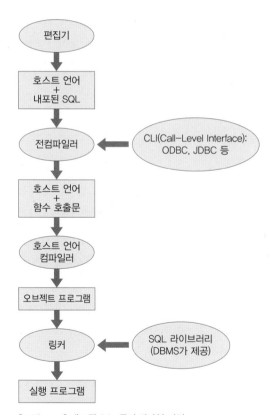

[그림 4.13] 내포된 SQL문의 컴파일 과정

정적인 SQL문은 입력 값과 출력 데이터를 위해서 C의 변수들을 포함할 수 있다. SQL문에 포함된 C 프로그램의 변수를 **호스트 변수** host variable 라고 부른다. 호스트 변수는 내포된 SQL의 선언부에서 BEGIN DECLARE SECTION과 END DECLARE SECTION문을 사용하여 선언된 C 프로그램의 변수이다. C 프로그램에서 선언된 호스트 변수들은 C와 내포된 SQL문에서 사용할 수 있다. C의 변수들을 SQL문에서 사용하려면 다른 SQL 애트리뷰트들과 구별하기 위해 변수 이름 앞에 콜론(:)을 붙여야 한다.

예: 호스트 변수

다음의 부분 프로그램은 호스트 변수를 사용한 C 프로그램의 예를 보여준다. 이 프로그램은 사용자에게 사원의 번호를 입력하도록 하고, 사용자가 입력한 값을 호스트 변수 no에 저장한다. 그 다음에 프로그램은 DBSERVER 데이터베이스의 EMPLOYEE 릴레이션에서 그 사원의 직급을 검색하여 호스트 변수 title에 저장한다.

```
#include <stdio.h>

EXEC SQL BEGIN DECLARE SECTION;          ◀── 호스트 변수 선언
  int       no;
  varchar   title[10];
EXEC SQL END DECLARE SECTION;

EXEC SQL INCLUDE SQLCA.H;    /* SQL 통신 영역 */

void main()
{
    char *uid = "KIM/kim@DBSERVER";
    EXEC SQL WHENEVER SQLERROR GOTO errexit;
    EXEC SQL CONNECT :uid;    /* DBSERVER 데이터베이스에 사용자 KIM으로 접속 */

    printf("Enter employee number  :   ");
    scanf("%d", &no);
                 애트리뷰트              호스트 변수

    EXEC SQL SELECT title INTO :title
             FROM EMPLOYEE WHERE empno = :no;
    printf("\nEmployee's title is %s.\n", title.arr);
    EXEC SQL COMMIT WORK;
    exit(0);
errexit:
    EXEC SQL ROLLBACK WORK;
    exit(1);
}
```

오라클은 INTO절에 있는 호스트 변수들에 SELECT절의 애트리뷰트의 값들을 배정한다. SELECT절에 있는 애트리뷰트의 수와 INTO절에 있는 호스트 변수의 수가 같고, 대응되는 애트리뷰트와 호스트 변수의 데이터 타입이 호환되어야 한다.

불일치 문제와 커서

호스트 언어는 단일 변수/레코드 위주의 처리(튜플 위주의 방식)를 지원하는 반면에 SQL은 레코드들의 처리(집합 위주의 방식)를 지원하기 때문에 불일치 문제가 발생한다. 불일치 문제를 해결하기 위해서 커서가 사용된다.

한 개의 튜플을 검색하는 SQL문을 C 프로그램에 내포시킬 때는 SELECT INTO문을 사용하면 된다. 그러나 두 개 이상의 튜플들을 검색하는 SQL문에 대해서는 반드시 커서를 선언하고 사용해야 한다. 커서는 한 번에 한 튜플씩 가져오는 수단이다. 커서를 정의하려면 DECLARE CURSOR문을 사용한다. 정적인 커서와 동적인 커서를 선언할 수 있지만, 여기서는 정적인 커서를 선언하는 방법만 알아본다. 정적인 커서에서는 완전한 SELECT문이 DECLARE CURSOR문에 포함된다. SELECT문은 입력 매개 변수들을 위해서 호스트 변수들을 포함할 수 있다.

예: 정적인 커서

아래의 부분 프로그램은 정적인 커서의 예를 보여준다.

```
EXEC SQL BEGIN DECLARE SECTION;
  char name[] = "박영권";
  char title[10];
EXEC SQL END DECLARE SECTION;

EXEC SQL
  DECLARE title_cursor CURSOR FOR
  SELECT title FROM employee WHERE empname = :name;

EXEC SQL OPEN title_cursor;
EXEC SQL FETCH title_cursor INTO :title;
```

3.5절의 PL/SQL에서 설명한 커서 개념이 내포된 SQL문에도 적용된다. 커서는 튜플들의 집합에 속하는 각 튜플을 가리키는 포인터로 생각할 수 있다. 커서를 선언한 후에 OPEN문은 질의를 수행하고, 질의 수행 결과의 첫 번째 튜플 이전을 커서가 가리키도록 한다. 이것이 커서의 **현재 튜플**이 된다. 그 다음에 FETCH문은 커서를 다음 튜플로 이동하고, 그 튜플의 애트리뷰트

값들을 FETCH문에 명시된 호스트 변수들에 복사한다. 커서와 연관된 SELECT문은 INTO절을 포함할 수 없다. 그 대신에 FETCH문에 INTO절을 포함한다. CLOSE문은 질의 수행 결과에 대한 처리를 마치겠다는 표시이며, 커서를 닫는다. 이후부터는 질의 수행 결과를 더 이상 접근할 수 없다.

만일 갱신할 튜플들에 대해 커서를 정의할 때는 PL/SQL에서와 같이 커서 선언부에 FOR UPDATE OF절을 포함시키고, 수정할 애트리뷰트들을 함께 명시한다.

여러 튜플들로 이루어진 결과를 하나씩 읽어오기 위해서 일반적으로 FETCH문은 다음과 같이 루프 안에서 사용된다.

```
EXEC SQL WHENEVER NOT FOUND GOTO ...
for (;;)
```

결과 집합이 비었거나 더 이상의 가져올 튜플이 없으면 FETCH문은 'no data found' 에러를 발생시킨다. 일반적으로 위의 예처럼 무한 루프를 빠져나오기 위해서 WHENEVER NOT FOUND를 사용한다. WHENEVER의 구문은 다음과 같다.

```
EXEC SQL WHENEVER <조건> <동작>;
```

조건에는 WHERE절을 만족하는 튜플이 없는 경우를 나타내는 NOT FOUND, 에러가 발생한 경우인 SQLERROR 등이 올 수 있다. 동작에는 프로그램의 다음 문장을 수행하는 CONTINUE, 특정 레이블로 이동하는 GOTO, 루프를 빠져나오는 DO BREAK 등이 사용된다. WHENEVER문이 정의되면 그 이후의 SQL문을 실행할 때마다 <조건>을 만족하는가를 검사하고, 조건이 만족되면 <동작>에 정의된 연산을 수행한다.

오라클은 SQLCA.H 또는 ORACA.H 파일을 사용하여 C 프로그램에 내포된 SQL문에서 발생하는 에러들을 사용자에게 알려준다. SQLCA.H는 **SQL 통신 영역** SQLCA: SQL Communications Area 에 관한 SQLCA라는 구조체가 선언된 헤더 파일이다. 오라클은 각 SQL문의 수행이 끝날 때마다 SQLCA 구조체에 알맞은 값을 지정하여 호스트 언어에서 참조할 수 있게 하여, 오라클과 호스트 언어 사이에 통신 역할을 하게 한다. SQLCA에 담기는 정보는 경고 메시지, 에러 발생 여부 및 에러 코드 등이다. 사용자는 SQLCA 데이터 구조의 에러 필드와 상태 표시자를 검사하여 내포된 SQL문이 성공적으로 수행되었는가 또는 비정상적으로 수행되었는가를 파악할 수 있다.

SQLCA 데이터 구조 중에서 가장 중요하고 널리 사용되는 필드는 SQLCODE 변수이다. SQLCODE의 값이 0이면 마지막 SQL문이 성공적으로 끝났음을 의미한다. 0이 아닌 값들은 어떤 예외나 에러가 발생했는가를 구분하는 데 사용된다. **ORACA** Oracle Communications Area 는

SQLCA라는 SQL 표준을 오라클에서 확장한 구조체로서 SQLCA에서 얻을 수 있는 정보 외에 추가로 필요한 정보를 호스트 언어에게 제공하기 위한 구조체이다. SQLCA를 사용하기 위해서는 다음과 같은 문장을 포함해야 한다.

```
EXEC SQL INCLUDE SQLCA.H;
    또는
#include <sqlca.h>
```

예: SQLCODE

아래의 부분 프로그램은 SQLCODE를 사용하여, 내포된 SQL문이 성공적으로 끝났는가를 검사한다.

```
EXEC SQL DECLARE c1 CURSOR FOR
  SELECT empno, empname, title, manager, salary, dno
  FROM employee;
EXEC SQL OPEN c1;
while (SQLCODE == 0)
{
/* 데이터를 성공적으로 가져올 수 있으면 SQLCODE의 값이 0이다. */
 EXEC SQL
    FETCH c1 INTO :eno, :name, :title, :manager, :salary, :dno;
 if (SQLCODE == 0)
   printf("%4d %12s %12s %4d %8d %2d", eno, name, title, manager,
      salary, dno);
}
EXEC SQL CLOSE c1;
```

연습문제

1. 다음 용어들을 간략히 설명하시오.

   프레디키트, 합집합 호환, 관계적으로 완전, 조인, 집단 함수, 내포된 SQL, 별칭, 그룹화 애트리뷰트, 중첩 질의, 상관 중첩 질의, 트리거, 전컴파일러, 커서

2. 실렉션 연산에 대한 다음 설명 중에서 올바른 것을 고르시오.
   ① 결과 릴레이션의 카디날리티와 차수는 입력 릴레이션의 카디날리티와 차수에 의존하지 않는다.
   ② 결과 릴레이션의 카디날리티와 차수는 입력 릴레이션의 카디날리티와 차수와 동일하다.
   ③ 결과 릴레이션의 차수는 입력 릴레이션의 차수와 같지만, 결과 릴레이션의 카디날리티는 입력 릴레이션의 카디날리티를 초과할 수 없다.

3. 동일한 스키마를 갖는 두 릴레이션 R(A, B)와 S(A, B)가 있다. 릴레이션 R과 S의 유일한 키는 A이다. 릴레이션 T(A, B)는 R과 S의 합집합, 즉 R ∪ S이다. T의 키는 무엇인가?
   ① A   ② B   ③ (A, B)   ④ A와 B 모두

4. 다음의 릴레이션 R에 대하여 물음에 답하시오.

R	A	B	C
	1	b	d
	3	a	f
	2	b	e

   (1) 실렉션의 결과를 보이시오.

   $$\sigma_{B=b \text{ AND } A > 1} (R)$$

   (2) 프로젝션의 결과를 보이시오.

   $$\pi_{A,C} (R)$$
   $$\pi_{B} (R)$$

5. 다음의 두 릴레이션 R과 S를 보고 물음에 답하시오.

R

A	B	C
1	b	d
3	a	f
2	b	e

S

A	B	C
4	c	e
3	a	f

(1) R ∪ S의 결과를 보이시오.

(2) R ∩ S의 결과를 보이시오.

(3) R − S의 결과를 보이시오.

6. 다음의 두 릴레이션 R과 S를 보고 물음에 답하시오.

R

A	B	C
a1	b1	c7
a2	b1	c5
a3	b4	c3

S

B	D
b1	d1
b5	d2

(1) R과 S의 카티션 곱의 결과를 보이시오.

(2) R과 S의 동등 조인의 결과를 보이시오.

(3) R과 S의 자연 조인의 결과를 보이시오.

(4) R과 S의 왼쪽 외부 조인의 결과를 보이시오.

(5) R과 S의 오른쪽 외부 조인의 결과를 보이시오.

(6) R과 S의 완전 외부 조인의 결과를 보이시오.

7. 다음의 릴레이션 R을 S로 디비전한 결과를 보이시오.

(1)

R

A	B	C
a1	b2	c3
a3	b1	c1
a2	b2	c2
a1	b3	c3

S

B
b2
b3

(2)

R	A	B	C	D
	a	b	c	d
	a	b	e	f
	b	c	e	f
	e	d	c	d
	e	d	e	f
	a	b	d	e

S	C	D
	c	d
	e	f

8. 네 개의 유한 도메인 D1, D2, D3, D4가 있다. 각 도메인에는 3개의 값이 들어 있다. D1×D2×D3×D4 위에서 정의된 릴레이션의 인스턴스가 가질 수 있는 최소 튜플 수와 최대 튜플 수는 각각 몇 개인가?

9. 다음과 같이 관계 대수 연산자 두 개가 차례로 적용되었다. 한 개의 관계 대수식으로 표현하시오.

R	NAME	AGE
	Kim	20
	Park	22
	Lee	21

관계 연산1 →

S	NAME	AGE
	Park	22
	Lee	21

관계 연산2 →

T	NAME
	Park
	Lee

10. 비디오 대여점에서 사용할 수 있는 다음과 같은 관계 데이터베이스 스키마를 보고 각 질의를 관계 대수식과 SQL로 표현하시오.

```
CUSTOMER(CUSTOMER_ID, NAME, ADDRESS, PHONE)
VIDEO(VIDEO_ID, TITLE, GENRE)
RESERVED(CUSTOMER_ID, VIDEO_ID, DATE)
```

(1) 제목이 '반지의 제왕'인 비디오테이프의 장르를 검색하시오.

(2) 예약된 비디오테이프의 ID를 검색하시오.

(3) 예약되지 않은 비디오테이프의 ID를 검색하시오.

(4) 예약된 모든 비디오테이프의 제목을 검색하시오.

(5) 비디오테이프를 예약한 고객의 이름을 검색하시오.

(6) 장르가 '액션'인 비디오테이프를 예약한 고객의 주소를 검색하시오.

(7) 장르가 '다큐멘터리'인 비디오테이프를 모두 예약한 고객의 이름을 검색하시오.

11. 적절한 애트리뷰트들을 포함한 학생 릴레이션을 정의하는 CREATE TABLE문을 작성하시오. 애트리뷰트들 중에서 학점(GRADE) 애트리뷰트가 가질 수 있는 값이 'A', 'B', 'C', 'D', 'F' 중의 하나임을 CHECK 옵션을 사용하여 명시하시오.

12. 다음의 관계 데이터베이스 스키마를 보고 물음에 답하시오.

```
DEPENDENT(NAME, EMPLOYEE_NO, AGE)
PROJECT(PROJECT_NO, BUDGET, DEPT_NO)
OFFICE(OFFICE_NO, DEPT_NO)
EMPLOYEE(EMPLOYEE_NO, SALARY, AGE, DEPT_NO, OFFICE_NO)
PHONE(PHONE_NO, OFFICE_NO)
DEPARTMENT(DEPT_NO, BUDGET)
PROJEMP(PROJECT_NO, EMPLOYEE_NO)
```

DEPENDENT 릴레이션의 EMPLOYEE_NO 애트리뷰트는 EMPLOYEE 릴레이션의 기본 키를 참조한다. PROJECT 릴레이션의 DEPT_NO 애트리뷰트는 DEPARTMENT 릴레이션의 기본 키를 참조한다. OFFICE 릴레이션의 DEPT_NO 애트리뷰트는 DEPARTMENT 릴레이션의 기본 키를 참조한다. EMPLOYEE 릴레이션의 DEPT_NO 애트리뷰트는 DEPARTMENT 릴레이션의 기본 키를 참조하고, OFFICE_NO 애트리뷰트는 OFFICE 릴레이션의 기본 키를 참조한다. PHONE 릴레이션의 OFFICE_NO 애트리뷰트는 OFFICE 릴레이션의 기본 키를 참조한다. PROJEMP 릴레이션의 EMPLOYEE_NO 애트리뷰트는 EMPLOYEE 릴레이션의 기본 키를 참조하고, PROJECT_NO 애트리뷰트는 PROJECT 릴레이션의 기본 키를 참조한다.

SQL의 CREATE TABLE문을 사용하여 위의 관계 데이터베이스 스키마를 정의하시오. 각 애트리뷰트에 대해서 적절한 데이터 타입을 명시하시오.

13. 다음의 관계 데이터베이스 스키마를 보고 다음 질의들을 SQL로 표현하시오.

```
EMPLOYEE(EMPNO, EMPNAME, TITLE, MANAGER, SALARY, DNO)
DEPARTMENT(DEPTNO, DNAME, LOCATION)
PROJEMP(PROJNO, PROJNAME, PMANAGER, BUDGET)
```

(1) 직급이 대리인 모든 사원들의 이름과 사원번호, 이들이 소속된 부서의 이름과 부서번호를 검색하시오.

(2) 각 프로젝트에 대하여 프로젝트의 이름, 관리자의 이름, 그 관리자가 소속된 부서의

이름을 검색하시오.

(3) 모든 사원들에 대하여 이름과 관리자의 이름을 검색하시오.

(4) 부서번호 2에 근무하면서 프로젝트 예산이 100,000,000원인 프로젝트를 관리하는 사원들의 이름과 급여를 검색하시오.

(5) 서울에 위치한 부서에서 근무하는 사원들의 이름을 검색하시오.

(6) 부서번호 1에 근무하는 사원들 중에서 적어도 부서번호 3에 근무하는 어떤 한 사원만 큼 급여를 받는 사원들의 이름을 열거하시오.

(7) 부서번호 3에 근무하지 않는 사원들 중에서 부서번호 3에 근무하는 모든 사원들의 급여보다 많은 급여를 받는 사원들의 이름을 검색하시오.

(8) 사원들이 한 명도 소속되지 않은 부서들의 이름을 검색하시오.

14. 13번 문제의 EMPLOYEE 릴레이션과 동일한 스키마를 갖지만 EMPLOYEE1과 EMPLOYEE2 릴레이션이 있다고 가정하자. 다음의 질의들을 SQL로 표현하시오.

(1) EMPLOYEE1과 EMPLOYEE2에 속한 사원들의 사원번호와 이름의 합집합을 구하시오.

(2) EMPLOYEE1과 EMPLOYEE2에 속한 사원들의 사원번호와 이름의 교집합을 구하시오.

(3) EMPLOYEE1에는 속하지만, EMPLOYEE2에는 속하지 않는 튜플들을 검색하시오.

15. 비디오 대여점의 다음 릴레이션을 보고 물음에 답하시오.

VIDEO

VIDEO_ID	TITLE	GENRE
100	대부	액션
101	반지의 제왕	판타지
102	친구	액션
103	해리포터	판타지
104	JSA	드라마

(1) 다음 질의의 결과는 무엇인가?

```
SELECT      COUNT(GENRE)
FROM        VIDEO;
```

(2) 다음 질의의 결과는 무엇인가?

```
SELECT      COUNT(DISTINCT GENRE)
FROM        VIDEO;
```

(3) 다음 질의의 결과는 무엇인가?

```
SELECT      COUNT( * )
FROM        VIDEO
GROUP BY    GENRE;
```

16. 다음 릴레이션 스키마를 보고 다음의 관계 대수식과 동등한 SQL문을 표현하시오.

```
R(A, B, C)
S(D, E, F)
```

(1) $\sigma_{B=17}$ (R)

(2) R×S

(3) $\pi_{A, F}$ ($\sigma_{C=D}$ (R × S))

17. 부서의 예산이 변경되면 그 부서에 소속된 모든 사원들의 급여에 영향을 미친다고 가정하자. 부서의 예산 변경에 따라 모든 사원들의 급여를 수정하는 트리거를 작성하시오. 예를 들어, 부서의 예산이 10% 증가하면 모든 사원들의 급여도 10% 인상한다.

18. impedance mismatch 문제가 무엇을 의미하는지 설명하시오.

19. [그림 4.7]에서 정의한 EMPLOYEE 릴레이션에 50바이트 크기의 ADDRESS 애트리뷰트를 추가하는 SQL문을 작성하시오.

20. [그림 4.6]에서 정의한 DEPARTMENT 릴레이션의 DEPTNAME 애트리뷰트에 DEPT_NAME_IDX라는 이름의 인덱스를 정의하는 SQL문을 작성하시오.

21. 두 릴레이션 R(A, B)과 S(A, B)에 대한 다음의 두 질의가 동등한가? 동등하다면 간단히 증명해 보고, 동등하지 않다면 반례를 제시하시오.

```
    SELECT  *
    FROM    R
    WHERE   R.A IN (SELECT S.A
                    FROM    S
                    WHERE   S.B < 10);

    SELECT  *
    FROM    R, S
    WHERE   R.A = S.A AND S.B < 10;
```

22. SQL의 결과에서 자동적으로 중복이 제거되지는 않는다. 그 이유는 무엇인가? 결과에서
    중복을 제거하는 SQL 구문을 보이시오.

23. 다음의 SQL문들을 차례로 수행하였다. 각 문장을 수행한 결과가 무엇인가?

```
(1) CREATE TABLE R (A INTEGER, B CHAR(20), PRIMARY KEY (A));
(2) CREATE TABLE S (C INTEGER, D DATE, E INTEGER, PRIMARY KEY (C),
    FOREIGN KEY(E) REFERENCES R(A));
(3) INSERT INTO R VALUES (111, '111');
(4) INSERT INTO R VALUES (222, '222');
(5) INSERT INTO S VALUES (1, '2005-12-20', 111);
(6) INSERT INTO S VALUES (2, '2006-3-1', 333);
(7) ALTER TABLE S ADD F CHAR(10);
(8) INSERT INTO S VALUES (3, '2006-2-15', 111, 'a');
(9) DELETE FROM R WHERE R.B = '111'
(10) DROP TABLE S;
```

24. 관계 대수의 실렉트 연산자와 SQL의 SELECT 키워드의 차이점을 설명하시오.

25. 릴레이션 R, S, T가 다음과 같이 정의되었다.

```
CREATE TABLE T (C INTEGER PRIMARY KEY,
                D INTEGER);
CREATE TABLE S (B INTEGER PRIMARY KEY,
                C INTEGER REFERENCES T(C) ON DELETE CASCADE);
CREATE TABLE R (A INTEGER PRIMARY KEY,
                B INTEGER REFERENCES S(B) ON DELETE SET NULL);
```

릴레이션 R, S, T의 현재 내용이 다음과 같다.

R	A	B
	1	1
	2	2

S	B	C
	1	1
	2	1

T	C	D
	1	1
	2	1

DELETE FROM T; 문장을 수행한 후에 릴레이션 R과 S에 어떤 내용이 남아 있게 되는가?

26. 릴레이션 DEPT(DEPT_NO, LOCATION)이 있고 EMP 릴레이션을 다음과 같이 정의하였다.

```
CREATE TABLE EMP
(NAME CHAR(10),
 DNO INTEGER,
 PRIMARY KEY (NAME),
 FOREIGN KEY DNO REFERENCES DEPT(DEPT_NO),
 ON DELETE SET NULL,
 ON UPDATE CASCADE);
```

릴레이션 EMP와 DEPT의 현재 내용이 다음과 같다.

EMP	NAME	DNO
	박영권	1
	이수민	1
	최종철	2
	김상원	2

DEPT	DEPT_NO	LOCATION
	1	서울
	2	부산
	3	광주

(1) 먼저 다음의 DELETE문을 수행한 후에 릴레이션 EMP와 DEPT에 어떤 내용이 남아 있게 되는가?

```
DELETE FROM DEPT WHERE DEPT_NO = 1;
```

(2) 그 다음에 아래의 UPDATE문을 수행한 후에 릴레이션 EMP와 DEPT에 어떤 내용이 남아 있게 되는가?

```
UPDATE DEPT SET DEPT_NO = 4 WHERE DEPT_NO = 2;
```

27. 릴레이션 R(A, B, C)가 있다. 모든 애트리뷰트의 데이터 타입이 정수형이다. 이 릴레이션의 어떤 튜플의 A에는 100, B에 널, C에는 10이 들어 있다. 이 튜플에 대한 다음 프레디키트들의 결과가 무엇인가?

(1) B = 8

(2) B < > 8

(3) B IS NULL

(4) B = 8 AND C = 10

(5) B = 8 OR C = 10

28. 릴레이션 R에는 n개의 튜플이, 릴레이션 S에는 M개의 튜플이 들어 있다. 다음의 관계 연산자의 결과에 포함될 수 있는 최대 튜플 수는?

(1) R ∪ S

(2) R × S

(3) σ_{COND} (R)

29. 다음의 네 릴레이션을 보고 다음 질의들을 SQL로 표현하시오.

```
STUDENT(SID, SNAME, STARTYEAR, DID)
  샘플 튜플: (3430028, '조민수', 2005, 10)
DEPARTMENT(DID, DNAME, PHONE)
  샘플 튜플: (10, '컴퓨터학과', '2210-9999')
PROFESSOR(PNAME, DID, BUILDING, OFFICE, EMAIL)
  샘플 튜플: ('안명석', 10, 'IT관', 6315, 'msahn@uos.ac.kr')
EXAM(SID, CID, PROFESSOR, GRADE)
  샘플 튜플: (3430028, 'COMP-321', '안명석', 'A0')
```

(1) 2005년에 컴퓨터학과에 입학한 모든 학생들에 대해서 학번과 이름을 검색하시오. 학생 이름의 오름차순으로 결과가 나타나야 한다.

(2) 과목 'COMP-321'과 'COMP-234'에 대해서 시험을 실시한 교수들의 이름을 검색하시오.

(3) 오직 한 과목에 대해서만 시험을 치른 학생(즉, 릴레이션 EXAM에 한 개의 튜플만 들어 있는 학생)들의 학번을 검색하시오.

(4) 적어도 두 과목의 시험을 실시한 교수들의 이름을 검색하시오. 결과에서 중복이 제거되도록 하시오.

(5) 적어도 한 시험의 성적이 'A0'인 학생들의 학번을 검색하시오. 결과에서 중복이 제거되도록 하시오.

(6) 적어도 두 시험의 성적이 'A0'인 학생들의 학번을 검색하시오.

(7) 모든 시험의 성적이 'A0'인 학생들의 학번을 검색하시오.

(8) 각 과목의 평균 성적을 검색하시오.

30. 다음의 두 릴레이션 R과 S를 보고 물음에 답하시오.

R

A	B	C
1	2	3
1	1	2
2	2	2
2	2	1

S

A	B	C
1	2	3
2	1	2
3	1	2

(1) $\pi_{A, B} ((\sigma_{C <3} (R)) \bowtie (\sigma_{D=2 \lor D=3} (S)))$

(2) $R \div (\pi_{B, C} (S))$

31. 다음의 트리거의 의미를 설명하시오.

```
CREATE TRIGGER SampleTrigger
AFTER UPDATE OF SALARY ON EMPLOYEE
REFERENCING OLD AS OldTuple, NEW AS NewTuple
WHEN ((OldTuple.SALARY > NewTuple.SALARY) AND
(OldTuple.EMPNAME = '이홍근'))
UPDATE EMPLOYEE
SET SALARY = OldTuple.SALARY
WHERE EMPNO = NewTuple.EMPNO
FOR EACH ROW;
```

32. 다음의 주장은 DEPT(DEPT_NO, MANAGER), EMP(NAME, SALARY) 릴레이션 위에서 정의되었다. 이 주장의 의미를 설명하시오.

```
CREATE ASSERTION RichManager
CHECK (NOT EXISTS
    (SELECT *
    FROM DEPT, EMP
    WHERE DEPT.MANAGER = EMP.NAME
            AND EMP.SALARY < 10000000));
```

33. 변수 X, Y, Z가 다음과 같은 값을 각각 가질 때 논리식의 결과를 채우시오. T는 true, F는 false, U는 unknown을 의미한다.

X	Y	Z	(X AND Y) OR (NOT Z)
U	T	T	
U	F	F	
U	F	T	
U	T	U	
U	U	U	

34. 다음의 CREATE TABLE문으로 릴레이션 R을 생성하였다.

```
CREATE TABLE R
(NAME VARCHAR(20) PRIMARY KEY,
SALARY INTEGER CHECK(SALARY <= 40000));
```

릴레이션 R의 현재 내용은 다음과 같다.

R	NAME	SALARY
	KIM	10000
	LEE	20000
	PARK	30000

이 릴레이션에 대해서 다음과 순서로 SQL문들을 수행하였다. 이들 중에서 일부는 릴레이션에 정의된 제약조건 때문에 거절될 수 있다.

```
INSERT INTO R VALUES ('CHOI', 12000);
UPDATE R SET SALARY = 50000 WHERE NAME = 'PARK';
INSERT INTO R VALUES ('KIM', 13000);
DELETE FROM R WHERE NAME = 'LEE';
```

위의 SQL문들의 수행이 모두 끝난 후에 릴레이션 R에 들어 있는 모든 튜플들의 SALARY의 합은 얼마인가?

35. 아래의 두 릴레이션 스키마에 대해서 "각 관리자의 급여는 6,000,000보다 많아야 한다."

```
DEPARTMENT(DEPTNO, MANAGER)
EMPLOYEE(EMPNAME, SALARY)
```

36. 다음의 네 릴레이션을 보고 물음에 답하시오. 여기서 HOTEL은 각 호텔에 관한 정보, ROOM은 각 호텔의 각 룸에 관한 정보, BOOKING은 예약에 관한 정보, GUEST는 고객에 관한 정보를 포함한다. 밑줄을 표시한 애트리뷰트(들)는 기본 키이다.

```
HOTEL(hotelNo, hotelName, city)
ROOM(roomNo, hotelNo, type, price)
BOOKING(hotelNo, guestNo, dateFrom, dateTo, roomNo)
GUEST(guestNo, guestName, guestAddress)
```

(1) 어떤 릴레이션의 외래 키가 어떤 릴레이션의 기본 키를 참조하는가를 선으로 연결하시오.

(2) 릴레이션 ROOM을 생성하는 CREATE TABLE문을 작성하시오. 이 정의문에 기본 키와 외래 키 정의를 포함시키시오. 또한, 참조 무결성 제약조건을 유지하는 키워드도 포함시키시오.

Chapter **05**

데이터베이스 설계와 ER 모델

데이터베이스 설계와 ER 모델

데이터 모델링은 관계 DBMS 세계에서 가장 어렵고 가장 중요한 업무 중의 하나이다. 데이터 모델링을 잘못하면 조직체의 응용은 사용자의 요구를 만족시키지 못할 수 있고, 신뢰할 수 없으며, 데이터베이스에 쓸모없는 데이터를 채우게 된다.

매우 단순한 상황을 제외하고는 모델이 완전한 지식을 전달할 것으로 기대해서는 안 되지만, 훌륭한 모델은 실세계 상황을 합리적으로 이해할 수 있게 한다. 한 조직체에 가용한 모든 상세한 데이터를 모델에 기록하는 것은 불가능하며, 바람직하지도 않다.

데이터베이스 설계는 미리 정의된 응용들의 모임을 위해서 조직체 사용자들의 정보 요구를 수용하여 하나 이상의 데이터베이스의 논리적인 구조와 물리적인 구조를 설계하는 것이다. 서로 충돌되는 요구들을 조정하고, 좋은 구조를 갖는 데이터베이스를 구축하고, 응답 시간과 저장 공간 등의 처리 요구사항을 만족시키도록 한다. 하나의 데이터베이스는 실세계의 어떤 측면(작은 세계)을 나타낸다. 작은 세계에서 일어나는 변화는 데이터베이스에 반영된다.

데이터베이스 설계에는 개념적 데이터베이스 설계와 물리적 데이터베이스 설계가 있다. 개념적 데이터베이스 설계에서는 개념적인 구조를 다루고, 물리적 데이터베이스 설계에서는 물리적인 저장 장치와 접근 방식을 다룬다.

개념적 데이터베이스 설계는 요구사항 분석 단계 후에 수행되는데, 저장될 데이터에 대한 고수준의 기술 description 을 산출한다. 개념적 데이터베이스 설계는 실제로 데이터베이스를 어떻게 구현할 것인가와는 독립적으로 정보 사용의 모델을 개발하는 과정이다. 개념적 데이터베이스 설계 과정에서 조직체(실세계)의 엔티티, 관계, 프로세스, 무결성 제약조건 등을 나타내는 추상화 모델을 구축한다.

엔티티는 서로 구분이 되면서 조직체에서 데이터베이스에 나타내려는 객체(사람, 장소, 사물 등)를 의미한다. **관계**는 두 개 이상의 엔티티들 간의 연관을 나타낸다. **프로세스**는 관련된 활동을 나타내고 무결성 제약조건은 데이터의 정확성과 비즈니스 규칙을 의미한다. 데이터베이스는 이런 측면들을 모두 결합하여, 논리적으로 연관된 데이터를 저장한다. 개념적 설계의 최종 산출물은 물리적인 구현을 고려하지 않는 한 조직체의 개념적 스키마이다.

개념적 데이터베이스 설계를 수행하는 이유는 비즈니스를 좀 더 잘 이해하기 위해서, 최종 사용자와 의사소통을 가능하게 하기 위해서, 설계상의 실수를 초기에 발견하기 위해서, 튼튼한 기초를 구축하기 위해서, 데이터베이스의 품질을 보장하기 위해서, DBMS와 독립적인 데이터베이스 설계를 위해서 등이다.

개념적 수준의 모델들은 특정 데이터 모델과 독립적으로 응용 세계를 모델링할 수 있도록 한다. 이들은 모델링되고 있는 환경, 사용자의 필요성, 정보 요구사항들이 변경됨에 따라 데이터베이스의 구조가 진화할 수 있도록 허용하는 편리한 메커니즘이다. 개념적 모델들은 데이터베이스 구조나 스키마를 하향식으로 개발할 수 있기 위한 틀 framework 을 제공한다. 인기 있는 개념적 모델은 **엔티티-관계** ER: Entity-Relationship 모델이다. 개념적 모델들은 조직의 데이터를 고수준의 추상적 뷰로 나타낸다. 이런 모델들은 컴퓨터에서 데이터를 표현하거나 검색하는 것은 거의 고려하지 않는다.

ER 모델과 같은 개념적 데이터 모델이 사상될 수 있는 다수의 **구현 데이터 모델** implementation data model 이 존재한다. 구현 단계에서 사용되는 세 가지 데이터 모델은 관계 데이터 모델, 계층 데이터 모델, 네트워크 데이터 모델이다. 이 세 가지 모델은 관계뿐만 아니라 엔티티와 애트리뷰트들을 표현하기 위한 기능들을 제공한다. 엔티티와 이들의 애트리뷰트는 세 가지 모델에서 유사하게 다뤄진다. 레코드의 구조가 다소 다를 수 있지만, 애트리뷰트 값들의 모임(엔티티의 식별자를 포함)인 레코드로 엔티티가 표현된다. 그러나 관계는 세 가지 모델에서 매우 다르게 표현된다.

본 장에서는 데이터베이스 설계와 ER 모델을 논의한다. 5.1절에서는 데이터베이스 설계의 주요 단계들을 개략적으로 설명한다. 5.2절에서는 조직체의 개념적 모델을 구축하기 위한 기법인 ER 모델을 논의한다. ER 모델링 개념과 ER 모델의 표기법들을 기술하고, 개념적 설계 단계에서 이들이 어떻게 사용되는가를 설명한다. 5.3절에서는 회사에서 흔히 볼 수 있는 데이터베이스 응용을 예로 사용하여 개념적 데이터베이스 설계를 진행하는 과정을 소개한다. 마지막으로 5.4절에서는 ER 스키마를 관계 데이터베이스 스키마로 사상하는 알고리즘을 기술한다. 5.3절의 회사 데이터베이스 응용에 이 알고리즘을 적용하여 관계 데이터베이스의 릴레이션들로 사상하는 과정도 기술한다.

5.1 데이터베이스 설계의 개요

데이터베이스 설계는 한 조직체의 운영과 목적을 지원하기 위해 데이터베이스를 생성하는 과정이다. 주요 목적은 모든 주요 응용과 사용자들이 요구하는 데이터, 데이터 간의 관계를 표현하는 것이다. 데이터베이스 설계는 일반적인 프로젝트 라이프 사이클 과정을 따른다. 데이터베이스 설계의 기본적인 원칙은 요구사항에 반드시 충실해야 한다는 것이다.

훌륭한 데이터베이스 설계는 관심의 대상이 되는 실세계를 잘 나타내는 것이다. 시간의 흐름에 따른 데이터의 모든 측면을 나타내고, 데이터 항목의 중복을 최소화하고, 데이터베이스에 대한 효율적인 접근을 제공하고, 데이터베이스의 무결성을 제공하고, 깔끔하고 일관성이 있고, 이해하기 쉬워야 한다. 종종 이런 목적들은 서로 상충되기도 한다.

〈표 5.1〉은 데이터베이스 응용 시스템의 라이프 사이클을 보여준다. 데이터베이스 설계 과정에는 요구사항 분석 단계, 설계 단계, 구현 단계가 있으며, 데이터베이스 설계가 끝난 후에 데이터베이스에 데이터를 적재하거나 변환하고, 기존의 응용 시스템을 변환할 수 있다. 각 단계에서 고려해야 할 질문 사항들을 〈표 5.1〉에 요약하였다. 본 장에서는 요구사항 분석 단계부터 논리적 설계까지 논의한다.

〈표 5.1〉 데이터베이스 개발의 라이프 사이클

데이터베이스 설계 과정

단계	기능	질문
요구사항 분석 단계		
	요구사항 수집과 분석	
설계 단계		
개념적 설계	ER 모델링 또는 객체 지향 모델	어떤 엔티티와 관계들이 요구되는가?
DBMS의 선정		어떤 DBMS가 적절한가?
논리적 설계	개념적 설계를 데이터베이스 스키마로 사상	데이터베이스가 무엇을 모델링하는가?
스키마 정제	중복을 제거함 – 데이터베이스 스키마의 정규화	가장 단순한 스키마는?
물리적 설계	성능상의 문제를 고려하여 인덱스 등을 정의	어떤 성능을 원하는가?
보안 설계	사용자들의 그룹과 접근 제한	어떤 수준의 보안을 원하는가?
구현 단계		
	데이터베이스의 구축과 튜닝	

데이터를 적재하거나 변환

기존의 응용 변환

[그림 5.1]은 본 장에서 자세하게 논의할 데이터베이스 설계의 주요 단계들을 보여준다. 데이터베이스 설계는 요구사항 분석, 개념적 설계, DBMS의 선정, 논리적 설계, 스키마 정제, 물리적 설계와 튜닝 등 여러 단계들로 이루어진다. 일반적으로, 데이터베이스 설계의 완성도를 높이기 위해서 이런 단계들을 앞뒤로 왔다 갔다 할 필요가 있다. 또한, 한 단계에 대한 결정은 다른 단계에 대한 선택에 영향을 미친다. 응용에 대한 워크로드의 특성과 성능 목적을 이해하는 것은 훌륭한 설계를 완성하는 데 필수적이다.

이제부터 설계의 각 단계를 차례대로 설명한다. 직사각형으로 표시한 것은 설계의 주요 단계이고, 타원형으로 표기한 것은 각 단계의 결과물이다. 요구사항 수집과 분석, 개념적 설계는 특정 DBMS와 독립적으로 진행된다. 논리적 설계 단계부터는 특정 DBMS를 선정한 후 이 DBMS에 적용할 수 있도록 진행된다.

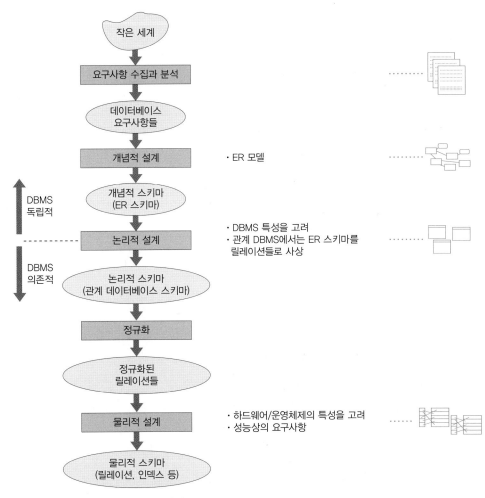

[그림 5.1] 데이터베이스 설계의 주요 단계

요구사항 수집과 분석

작은 세계는 데이터베이스에 표현하려는 실세계의 한 부분(도메인)이다. 데이터베이스 설계자가 설계를 진행하려는 작은 세계의 전문가가 아닐 수 있기 때문에 요구사항 분석 및 수집 단계가 매우 중요하다. 요구사항 수집과 분석 단계에서는 요구사항을 수집하고, 의견들을 평가하고 조정한다. 자연어로 기술된 요구사항은 모호함을 제거하기 위해서 재작성한다. 모든 요구사항이 표현되었는지 확인한다. 요구사항을 수집하기 위해서 흔히 기존의 문서를 조사하고, 인터뷰나 설문 조사 등이 시행된다. 기존의 문서를 조사하는 것은 데이터베이스의 필요성이 어떻게 발생하였는가를 파악하고, 문제가 있는 조직체의 부서를 식별하고, 현재의 시스템을 이해하는 데 유용하다.

핵심적인 사용자와의 인터뷰는 요구사항 수집을 위해 가장 흔히 사용된다. 또한, 일반적으로 가장 유용한 방식이다. 각 사람과 대면하여 정보를 수집하는 것이 가능하다. 사실을 수집하고, 사실을 확인하고, 아이디어와 의견을 수집하고, 요구사항 등을 식별하는 데 유용하다. 운영 중인 시스템을 관찰하는 것도 도움이 된다. 설문 조사는 자유롭게 의견을 적어내도록 하는 방식과 주어진 질문에 대해서만 답을 하는 방식으로 구분한다. 두 가지 방식을 혼용할 수도 있다.

요구사항 수집 단계에서는 사용자들의 데이터 요구사항과 처리 요구사항들을 모두 파악해야 한다. 주요 응용들을 식별하고, 기존의 시스템들을 조사하고, 요구사항들을 기술한다.

요구사항 분석은 실세계에서 관심 있는 부분의 정보 구조 요구를 파악하는 것이다. 요구사항에 관한 지식을 기반으로 관련 있는 엔티티들과 이들의 애트리뷰트들이 무엇인가, 엔티티들 간의 관계가 무엇인가 등을 파악한다. 또한, 데이터 처리에 관한 요구사항에 대하여 전형적인 연산들은 무엇인지, 연산들의 의미, 접근하는 데이터의 양 등을 분석한다.

요구사항 분석의 주된 문제는 설계자와 사용자 간의 원활한 의사소통 문제이다. 설계자와 사용자는 서로 다른 용어를 사용하는 경우가 많다.

개념적 설계

개념적 설계 단계는 모든 물리적인 사항과 독립적으로, 한 조직체에서 사용되는 정보의 모델을 구축하는 과정이다. 사용자들의 요구사항 명세로부터 개념적 스키마가 만들어진다. 개념적 설계 단계의 결과물은 논리적 설계 단계의 입력으로 사용된다.

개념적 설계 단계에서는 높은 추상화 수준의 데이터 모델을 기반으로 정형적인 언어로 데이터 구조를 명시한다. 단순하고, 표현력이 뛰어나고, 다이어그램으로 나타낼 수 있고, 정형적인 기반을 갖추고 있는 데이터 모델이 바람직하다. 이런 용도로 사용되는 대표적인 데이터 모델이 ER 모델이다. ER 모델은 DBMS와 독립적인 데이터 모델이다. 스키마 정보만 고려하며, 인스턴스(데이터)는 고려하지 않는다.

요구사항 명세를 개념적 설계로 변환하는 것은 쉽지 않다. 사용자마다 동일한 객체에 대해 서로 다른 용어 또는 이름을 사용한다. 서로 다른 객체에 대해 사용자들이 같은 용어를 사용할 수도 있다.

개념적 설계의 단계에서는 엔티티 타입, 관계 타입, 애트리뷰트들을 식별하고, 애트리뷰트들의 도메인을 결정하고, 후보 키와 기본 키 애트리뷰트들을 결정한다. 완성된 개념적 스키마(ER 스키마)는 ER 다이어그램으로 표현된다. 완성된 ER 다이어그램을 사용자와 함께 검토한다. 엔티티 타입과 관계 타입에 관해서는 5.2절에서 자세하게 논의한다. 데이터베이스 설계자가 요구사항 수집과 분석 후에 개념적 설계 단계를 생략하고 바로 논리적 설계 단계로 가는 경우가 있는데, 이런 경우에는 흔히 좋은 관계 데이터베이스 스키마가 생성되지 않는다.

DBMS 선정

여러 가지 요인들을 검토한 후 DBMS를 선정한다. 기술적인 요인은 DBMS가 제공하는 데이터 모델, 저장 구조, 인터페이스, 질의어, 도구, 제공되는 서비스 등이다. 정치적인 요인에는 고수준의 전략적인 결정 등이 있다. 경제적인 요인에는 DBMS 구입 비용, 하드웨어 구입 비용, 유지 보수(서비스) 비용, 기존의 시스템을 새로운 DBMS에 맞게 변환하는 데 소요되는 비용, 인건비, 교육비 등이 있다.

논리적 설계

논리적 설계에서는 데이터베이스 관리를 위해 선택한 DBMS의 데이터 모델을 사용하여 논리적 스키마(외부 스키마도 포함)를 생성한다. 개념적 스키마에 알고리즘을 적용하여 논리적 스키마를 생성한다. 논리적 스키마를 나타내기 위해 관계 데이터 모델을 사용하는 경우에는, ER 모델로 표현된 개념적 스키마를 관계 데이터베이스 스키마로 사상한다. 5.4절에서 논리적 설계 단계를 자세하게 논의한다.

정규화

ER 스키마를 관계 데이터베이스 스키마로 자동적으로 사상하면 가장 좋은 관계 데이터베이스 스키마가 생성되지는 않는다. 훌륭한 데이터베이스 설계를 보장하기 위해서는 ER 스키마를 변환해서 얻은 관계 스키마를 분석하여 더 정제하는 과정을 거쳐야 한다. 관계 데이터베이스 스키마를 더 좋은 관계 데이터베이스 스키마로 변환하기 위해서 정규화 과정을 적용한다. 정규화 과정에서는 관계 스키마에 중복과 갱신 이상이 발생하는지 검사한다. 정규화 이론은 7장에서 자세하게 논의한다.

물리적 설계

물리적 설계에서는 처리 요구사항들을 만족시키기 위해 저장 구조와 인덱스 등을 결정한다. 물리적 설계에 영향을 미치는 요인으로는 트랜잭션들의 예상 수행 빈도, 트랜잭션들의 시간 제약 조건 등이 있다. 초기에 개략적으로 인덱스를 선정하고, DBMS를 사용하면서 요구사항이 만족되는가를 테스트한다. 성능을 향상시키기 위해서 튜닝을 수행한다. 전형적인 워크로드를 고려하여 데이터베이스 설계를 더욱 정제한다.

▶ **성능상의 주요 기준은 몇 가지로 구분할 수 있다.**

응답 시간: 질의와 갱신이 평균적으로 또는 피크 시간 때 얼마나 오래 걸릴 것인가?

트랜잭션 처리율: 1초당 얼마나 많은 트랜잭션들이 평균적으로 또는 피크 시간 때 처리될 수 있는가?

전체 데이터베이스에 대한 보고서를 생성하는 데 얼마나 오래 걸릴 것인가?

트랜잭션 설계

요구사항 수집과 분석 후에 데이터베이스 설계 과정과 별도로 트랜잭션 설계를 진행할 수 있다. 트랜잭션은 완성될 데이터베이스에서 동작할 응용 프로그램이다. 데이터베이스 스키마는 트랜잭션에서 요구하는 모든 정보를 포함해야 한다. 트랜잭션들의 상대적인 중요성과 예상 수행 빈도 등이 성능상의 튜닝에 중요하다. 검색, 갱신, 혼합 등 세 가지 유형으로 구분하여 입력과 출력, 동작 등을 식별한다.

데이터베이스 설계 과정을 요약하면, 성공적인 데이터베이스 설계는 처음에 개략적인 수준에서 시작하여 점차 상세한 수준을 나타내는 반복적인 방식에 의존한다. 각 수준에서 적절한 데이터 모델을 사용하여 중요한 측면에 집중해야 한다. 데이터베이스 설계의 최종 결과는 중요한 설계 결정이 문서화된, 완전히 동작하는 데이터베이스이다.

5.2 ER 모델

ER 모델은 데이터베이스 설계를 용이하게 하기 위해서 P. P. Chen이 1976년에 제안하였다. 이 모델을 제안하게 된 주요 동기는 의미적으로 풍부한 데이터 모델을 제공하고, 개념들을 그래픽하게 나타낼 수 있으며, 네트워크 데이터 모델, 관계 데이터 모델, 엔티티 집합 모델의 좋은 특성들을 결합하기 위한 것이다. Chen이 ER 모델을 제안한 후에 많은 학자들이 이 모델을 강화시켰다. 현재는 **EER** Enhanced Entity Relationship 모델이 데이터베이스 설계 과정에 널리 사용되고 있다.

ER 모델은 물리적인 데이터베이스 설계의 효율성에 관심을 두지 않으면서 한 조직의 개념적 스키마를 설명하기 위해 사용된다. ER 모델은 개념적 설계를 위한 인기 있는 모델로서, 높은 수준으로 추상화하며, 이해하기 쉬우며, 구문들의 표현력이 뛰어나고 사람들이 응용에 대해 생각하는 방식과 가깝다. ER 모델은 초기의 고수준(개념적) 데이터베이스 설계를 표현하는 데 편리하다.

ER 모델은 실세계를 엔티티, 애트리뷰트, 엔티티들 간의 관계로 표현한다. ER 다이어그램은 엔티티 타입, 관계 타입, 이들의 애트리뷰트들을 그래픽하게 표현한 것이다. ER 다이어그램은 나중에 데이터베이스가 실제로 구현되는 다른 모델로 표현된 논리적 스키마로 바뀐다. ER 모델은 쉽게 관계 데이터 모델로 사상된다. 즉, ER 모델의 여러 구성요소들이 릴레이션들로 쉽게 변환된다.

기본적인 구문으로는 엔티티, 관계, 애트리뷰트가 있고, 기타 구문으로는 카디널리티 비율, 참여 제약조건 등이 있다. ER 모델에서 여러 유형의 무결성 제약조건들을 표현할 수 있다. 모든 제약조건을 ER 모델에서 표현할 수 있는 것은 아니지만, 응용 도메인과 실세계의 관점에서 제약조건들은 훌륭한 데이터베이스 설계를 결정하는 데 중요한 역할을 한다. 이들 중의 일부는 엔티티 타입과 관계 타입을 릴레이션들로 변환할 때 SQL로 표현된다.

ER 모델은 적은 노력으로 쉽게 배울 수 있고, 전문가가 아니어도 이해하기 쉬우며, 자연어보다는 좀 더 정형적이고, 구현에 독립적이어서 기술적으로 덜 상세하므로 데이터베이스 설계자들이 최종 사용자들과 의사소통을 하는 데 적합하다. 일반적으로 그림은 문장들로 서술한 것보다 의미 전달이 용이하다.

ER 모델을 기반으로 만들어진 다수의 CASE 도구(예: ERWin, DataArchitect, PowerBuilder 등)들이 있다. 대부분의 DBMS 제조업체들은 이런 CASE 도구들을 지원한다. CASE 도구들의 장점은 데이터베이스 설계 시간과 비용을 감소시키고, 데이터베이스 설계 방법론을 표준화하며, CASE 도구를 사용하여 개발된 응용 시스템의 유지 보수를 용이하게 한다는 것이다.

전문적인 데이터베이스 설계자는 10개 이상의 엔티티 타입과 50개 이상의 애트리뷰트들을 포함하는 데이터베이스 설계에 CASE 도구와 자동적인 구현 생성기들을 사용한다. 이런 도구들은 ER 설계를 자동적으로 오라클, 사이베이스 등의 데이터 정의어로 변환하고, 어떤 도구는 XML로 변환한다. 이런 도구들은 이 책에서 사용한 표기법과 다소 다른 표기법을 사용한다. 이런 도구들을 사용하는 표기법은 ER 다이어그램을 그래픽하게 나타내는 데 더 적합하다.

ER 모델링은 현재는 데이터베이스 설계에서 다소 구형 그래픽 표기법이다. 대규모 모델에는 잘 적용되지 않을 수 있다. 현재, 대규모 기업의 데이터베이스 설계에는 UML Unified Modeling Language 을 사용하는 경우가 많다. ER에서 UML로 직접 또는 간접적으로 사상할 수 있다.

ER 모델링을 배우는 이유는 역사적이고 교육적인 효과가 높다는 것이다. 개념적 모델링을 배우는데 종이와 연필만 있으면 된다. 이에 반해서 UML은 방대하고 복잡한 설계 언어이다. UML 기반의 CASE 도구들을 대학교의 데이터베이스 교육에 도입하는 데는 어려운 점이 있으며, 수업 시간에 다루는 간단한 설계 예들은 이런 도구들을 필요로 하지 않는다.

본 절에서는 ER 모델의 기초적인 개념과 고급 개념, ER 모델의 구문과 의미, 개념적 데이터베이스 스키마의 관점에서 실세계의 일부를 모델링하기 위해서 개념들을 적용하는 것을 논의한다.

5.2.1 엔티티

하나의 엔티티는 사람, 장소, 사물, 사건 등과 같이 독립적으로 존재하면서 고유하게 식별이 가능한 실세계의 객체이다. 예를 들어, 사원번호가 2106이고 이름이 김창섭인 사원, 학번이 20021033이고 이름이 홍길동인 학생, 과목 코드가 CS372인 데이터베이스 등이다. 비록 엔티티는 사원처럼 실체가 있는 것도 있지만, 생각이나 개념과 같이 추상적인 것도 있다. 예를 들어, 프로젝트 번호가 P101인 프로젝트, 학과 번호가 D315인 학과는 개념적으로 존재하는 엔티티이다. [그림 5.2]는 엔티티의 예를 보여준다.

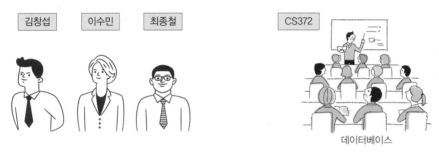

[그림 5.2] 엔티티의 예

5.2.2 엔티티 타입

엔티티들은 엔티티 타입(또는 엔티티 집합)들로 분류된다. 엔티티 집합은 동일한 애트리뷰트들을 가진 엔티티들의 모임이다. 예를 들어, 한 회사의 모든 사원들은 EMPLOYEE라는 엔티티 집합을 이루고, 모든 부서들은 DEPARTMENT라고 부르는 엔티티 집합에 속한다. 하나의 엔티티는 한 개 이상의 엔티티 집합에 속할 수 있다. 예를 들어, 어떤 사원은 EMPLOYEE와 MANAGER라는 두 엔티티 집합에 속할 수 있다. 그러므로 엔티티 집합은 항상 서로 상이하지는 않다.

엔티티 타입은 동일한 애트리뷰트들을 가진 엔티티들의 틀이다. 엔티티 타입은 관계 모델의 릴레이션의 내포에 해당하고, 엔티티 집합은 관계 모델의 릴레이션의 외연에 해당한다. 엔티티 집합과 엔티티 타입을 엄격하게 구분할 필요는 없다. 문맥을 보고 판단하기 바란다. 앞서 설명한 바와 같이 데이터베이스는 한 조직에서 서로 연관된 정보의 모임이므로 데이터베이스는 엔티티 집합들의 모임으로 이루어진다. 또한, 데이터베이스는 엔티티 집합들 간의 관계들에 관한 정보도 포함한다.

ER 다이어그램에서 엔티티 타입은 직사각형으로 나타낸다. 일반적으로 엔티티 타입의 이름은 엔티티 타입의 의미를 잘 나타내는 단수형으로 명시한다.

> **예: 엔티티, 엔티티 타입, 엔티티 집합**
>
> [그림 5.3]은 엔티티 타입과 엔티티 집합을 비교하여 보여준다. [그림 5.3]에는 EMPLOYEE, DEPARTMENT, PROJECT 등 세 개의 엔티티 타입이 있다. EMPLOYEE 엔티티 타입에는 Employee-1, Employee-2, Employee-3의 세 엔티티들이 속해 있다. 이들이 모여서 EMPLOYEE 엔티티 집합을 이룬다.

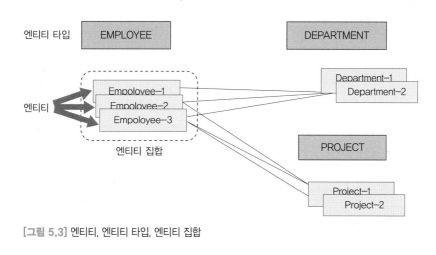

[그림 5.3] 엔티티, 엔티티 타입, 엔티티 집합

엔티티 타입에는 두 가지 종류가 있다. **강한 엔티티 타입** 정규 엔티티 타입 은 독자적으로 존재하며, 엔티티 타입 내에서 자신의 키 애트리뷰트를 사용하여 고유하게 엔티티들을 식별할 수 있는 엔티티 타입을 의미한다. 이에 반해서 **약한 엔티티 타입**은 키를 형성하기에 충분한 애트리뷰트들을 갖지 못한 엔티티 타입이다. 이 엔티티 타입이 존재하려면 소유 엔티티 타입이 있어야만 한다. 소유 엔티티 타입의 키 애트리뷰트를 결합해야만 고유하게 약한 엔티티 타입의 엔티티들을 식별할 수 있다. 5.2.4절에서 약한 엔티티 타입에 관해서 좀 더 자세하게 설명한다. ER 스키마에서 대부분의 엔티티 타입은 정규 엔티티 타입이다.

5.2.3 애트리뷰트

하나의 엔티티는 연관된 애트리뷰트들의 집합으로 설명된다. 예를 들어, 사원 엔티티는 사원번호, 이름, 직책, 급여 등의 애트리뷰트를 갖고, 책은 저자, 제목, 출판사, 발간연도 등의 애트리뷰트를 갖는다. 고객 엔티티는 이름, 나이, 주소, 성별, 신장, 몸무게 등의 애트리뷰트를 갖지만, 신장, 몸무게 등이 기업에 필요가 없는 경우에는 데이터베이스에 저장할 필요가 없다. 각 엔티티를 기술하는 애트리뷰트 값들은 데이터베이스에 궁극적으로 저장되는 데이터의 중요한 부분이 된다.

각 객체는 애트리뷰트들과 어떤 시점의 애트리뷰트들의 값으로 설명된다. 하지만 종종 애트리뷰트의 현재 값에만 관심을 가지므로 객체에 관한 정보에서 시간을 제외하는 것이 편리하다. 그러나 어떤 응용에서는 시간이 매우 중요하다. 예를 들어, 인사과에서는 회사의 모든 사원에 대해 급여가 변화된 이력 history 과 직급이 변화된 이력을 알고 싶을 수 있다. 이와 같은 시간 데이터를 저장하는 여러 가지 방법이 있지만, 이를 자세하게 논의하는 것은 본 책의 범위를 벗어난다.

각 애트리뷰트가 가질 수 있는 값들의 집합이 있다. 한 애트리뷰트의 도메인은 그 애트리뷰트가 가질 수 있는 모든 가능한 값들의 집합을 의미한다. 예를 들어, 사원번호는 1000부터 9999까지의 값을 갖고, 사원의 나이는 20부터 60 사이의 값을 가질 수 있다. 여러 애트리뷰트가 동일한 도메인을 공유할 수 있다. 예를 들어, 사원번호와 부서번호가 네 자리 정수를 가질 수 있다.

한 엔티티 타입 내의 엔티티들은 서로 식별이 가능해야 한다. 키 애트리뷰트는 한 애트리뷰트 또는 애트리뷰트들의 모임으로서 한 엔티티 타입 내에서 각 엔티티를 고유하게 식별한다. 데이터 의미에 따라 키의 정의가 달라질 수 있다. 한 엔티티 타입에 여러 개의 후보 키가 존재할 수 있다. 개념적 설계 과정에서 후보 키 중 하나를 엔티티 타입의 기본 키로 선정한다. 대체 키(보조 키)는 기본 키가 아닌 후보 키를 말한다. ER 다이어그램에서 기본 키에 속하는 애트리뷰트는 밑줄을 그어 표시한다. ER 다이어그램에서는 기본 키와 대체 키를 구분하지 않는다.

키로 사용하기에 적합한 애트리뷰트가 엔티티 타입에 없을 경우에는 때로 엔티티 식별을 쉽게 하기 위해서 인위적으로 기본 키 애트리뷰트를 엔티티 타입에 추가하기도 한다. 예를 들어, STUDENT 엔티티 타입의 각 엔티티를 식별하기 위해서 학생 이름, 주소, 생년월일 애트리뷰트들을 사용할 수도 있지만, 각 학생 엔티티를 쉽게 식별하기 위해서 학번 애트리뷰트를 추가하는 것이 편리하다.

애트리뷰트는 요구사항 명세에서 명사나 형용사로 표현된다. 엔티티와 애트리뷰트의 차이점은 엔티티는 독립적인 의미를 갖는 데 반해서 애트리뷰트는 독립적인 의미를 갖지 않는다는 것이다. ER 다이어그램에서 애트리뷰트는 타원형으로 나타낸다. 애트리뷰트와 엔티티 타입은 실선으로 연결한다.

애트리뷰트는 다음과 같이 여러 가지 유형으로 구분한다.

▶ **단순 애트리뷰트**(simple attribute): 단순 애트리뷰트는 더 이상 다른 애트리뷰트로 나눌 수 없는 애트리뷰트이다. 단순 애트리뷰트는 ER 다이어그램에서 실선 타원으로 표현한다. [그림 5.4]의 CUSTOMER 엔티티 타입에는 Address, Name, ID 등 세 개의 애트리뷰트가 있는데, 이 애트리뷰트들은 모두 단순 애트리뷰트이다. ID 애트리뷰트에는 밑줄이 표시되었으므로 키 애트리뷰트이다. ER 다이어그램에서 대부분의 애트리뷰트는 단순 애트리뷰트이다.

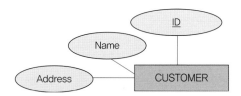

[그림 5.4] 단순 애트리뷰트

▶ **복합 애트리뷰트**(composite attribute): 복합 애트리뷰트는 두 개 이상의 애트리뷰트로 이루어진 애트리뷰트이다. 동일한 엔티티 타입에 속하는 애트리뷰트들 중에서 밀접하게 연관된 것을 모아놓은 것이다. [그림 5.5]에서 애트리뷰트 Address는 City(시), Ku(구), Dong(동), Zipcode(우편번호)로 나눌 수 있으므로 복합 애트리뷰트이다. 여러 지역에 분점을 가진 대형 백화점이 각 분점에서 상품을 구입하는 고객들의 거주 지역을 세밀한 수준에서 분석하기 위해서는 주소를 시, 구, 동으로 구분하는 것이 필요할 수 있다. 주소 전체를 하나의 단순 애트리뷰트로 지정하면 하나의 문자열로 저장되므로 고객들의 거주 지역에 따른 소비 패턴을 분석하는 것이 매우 어렵게 된다. 신문에 세일 광고물을 끼워서 가정에 배달하는 경우에, 해당 분점을 자주 방문하는 고객들의 주요 거주 지역을 쉽게 파악할 수 있다면 상대적으로 저렴한 비용으로 광고 효과가 높은 지역을 선별하여 광고할 수 있다. 물론 Address의 각 구성요소를 구분해서 활용하지 않고 단순히 카드 사용 내역서 등을 발송하는 목적으로만 사용한다면, Address를 여러 개의 애트리뷰트들로 나눌 필요는 없다.

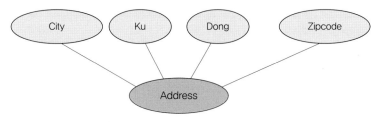

[그림 5.5] 복합 애트리뷰트

▶ **단일 값 애트리뷰트**(single-valued attribute): 단일 값 애트리뷰트는 각 엔티티마다 정확하게 하나의 값을 갖는 애트리뷰트이다. 다시 말해서, 값들의 집합이나 리스트를 갖지 않는 애트리뷰트이다. 단일 값 애트리뷰트는 ER 다이어그램에서 단순 애트리뷰트와 동일하게 표현된다. 예를 들어, 사원번호 애트리뷰트는 어떤 사원도 두 개 이상의 사원번호를 갖지 않으므로 단일 값 애트리뷰트이다. ER 다이어그램에서 대부분의 애트리뷰트는 단일 값 애트리뷰트이다.

▶ **다치 애트리뷰트(multi-valued attribute):** 다치 애트리뷰트는 각 엔티티마다 여러 개의 값을 가질 수 있는 애트리뷰트이다. 예를 들어, 사원은 여러 개의 취미를 가질 수 있으므로 사원 엔티티 타입에 취미 애트리뷰트가 있다면 다치 애트리뷰트로 지정해야 한다. 다치 애트리뷰트는 ER 다이어그램에서 이중선 타원으로 표현한다([그림 5.6]).

[그림 5.6] 다치 애트리뷰트

▶ **저장된 애트리뷰트(stored attribute):** 저장된 애트리뷰트는 다른 애트리뷰트와 독립적으로 존재하는 애트리뷰트이다. 저장된 애트리뷰트도 ER 다이어그램에서 단순 애트리뷰트와 동일하게 표현된다. ER 다이어그램에서 대부분의 애트리뷰트는 저장된 애트리뷰트이다. 예를 들어, 사원 엔티티 타입에서 사원 이름, 급여는 다른 애트리뷰트와 독립적으로 존재한다.

▶ **유도된 애트리뷰트(derived attribute):** 유도된 애트리뷰트는 다른 애트리뷰트의 값으로부터 얻어진 애트리뷰트이다. 예들 들어, Age(나이) 애트리뷰트는 주민등록번호 애트리뷰트로부터 유도될 수 있는 애트리뷰트이다. 유도된 애트리뷰트는 반드시 필요한 애트리뷰트가 아니고 데이터의 불일치를 유발할 수 있으므로, 관계 데이터베이스에서 릴레이션의 애트리뷰트로 포함시키지 않는 것이 좋다. Age 이외에도 합, 평균, 개수 등이 유도된 애트리뷰트에 해당된다. 유도된 애트리뷰트는 ER 다이어그램에서 점선 타원으로 표현한다([그림 5.7]).

[그림 5.7] 유도된 애트리뷰트

예: 애트리뷰트들의 유형

아래 [그림 5.8]에서 단순 애트리뷰트, 복합 애트리뷰트, 단일 값 애트리뷰트, 다치 애트리뷰트, 키 애트리뷰트, 저장된 애트리뷰트, 유도된 애트리뷰트들을 구분하시오.

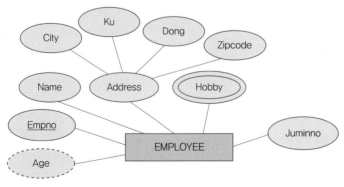

[그림 5.8] 여러 가지 애트리뷰트의 예

Juminno와 Name 애트리뷰트는 단순 애트리뷰트, 단일 값 애트리뷰트, 저장된 애트리뷰트에 해당한다. Age는 Juminno로부터 유도된 애트리뷰트, 단순 애트리뷰트, 단일 값 애트리뷰트에 해당한다. Empno 애트리뷰트는 단순 애트리뷰트, 단일 값 애트리뷰트, 저장된 애트리뷰트, 키 애트리뷰트에 해당한다. Address 애트리뷰트는 복합 애트리뷰트, 단일 값 애트리뷰트, 저장된 애트리뷰트에 해당한다. Hobby 애트리뷰트는 단순 애트리뷰트, 다치 애트리뷰트, 저장된 애트리뷰트에 해당한다.

5.2.4 약한 엔티티 타입

어떤 경우에는 엔티티 타입 내의 엔티티들이 자체적으로 갖고 있는 애트리뷰트들의 값에 의해서 고유하게 식별이 안 된다. 예를 들어, 회사에서 어떤 사원의 부양가족 이름은 다른 사원의 부양가족의 이름과 같을 수 있다. 한 가지 해결 방안은 회사의 사원들의 모든 부양가족에 대해서 고유한 번호를 부여하는 것이다. 이런 고유한 번호는 데이터베이스 처리에 사용되지 않을 수 있다. (우리나라에서는 전 국민에게 주민등록번호가 부여되어 있기 때문에 약한 엔티티 타입인 부양가족이라 하더라도 주민등록번호를 사용하여 부양가족들을 고유하게 식별할 수 있을 것이다.)

또 다른 해결 방안은 부양가족이 속한 사원의 번호를 부양가족의 이름과 결합하여 부양가족의 키로 정하는 것이다. 한 사원의 부양가족 이름은 모두 다를 것이므로, 사원번호와 부양가족의 이름을 결합하면 모든 사원들의 부양가족들을 고유하게 식별할 수 있다. 부양가족의 이름처럼 한 사원에 속한 부양가족 내에서는 서로 다르지만, 회사의 모든 사원들의 부양가족들 전체에서는 같은 경우가 생길 수 있는 애트리뷰트를 **부분 키** partial key 라고 부른다. 이처럼 자체적으로 키를 보유하지 못한 엔티티를 **약한 엔티티 타입** weak entity type 이라고 부른다. 즉, 약한 엔티티 타입은 엔티티들을 고유하게 식별하기 위해서 다른 엔티티 타입으로부터 키 애트리뷰트를 가져오는 엔티티 타입이다.

이때 약한 엔티티 타입에게 키 애트리뷰트를 제공하는 엔티티 타입을 **소유 엔티티 타입** owner entity type 또는 **식별 엔티티 타입** identifying entity type 이라고 부른다. 약한 엔티티 타입은 소유 엔티티 타입이 존재하지 않으면 존재할 수 없는 엔티티 타입이다. ER 다이어그램에서 약한 엔티티 타입은 이중선 직사각형으로 표기한다. 약한 엔티티 타입의 부분 키는 점선 밑줄을 그어 표시한다.

기본 키를 가진 엔티티를 **강한 엔티티 타입** strong entity type 또는 **정규 엔티티 타입** regular entity type 이라고 부른다. 마찬가지로 관계에도 약한 관계와 강한 관계가 있다. 강한 관계는 강한 엔티티들 사이의 관계이고, 강한 엔티티 타입과 약한 엔티티 타입을 연결하는 관계는 약한 관계이다. 약한 엔티티는 다른 엔티티의 존재에 의존하므로 종속되는 엔티티라고도 부른다. 이를 **의존 종속**

성 existence dependence 이라고 한다. 만일 E가 약한 엔티티 타입이면 E에 하나 이상의 키를 제공하는 엔티티 타입 F들은 관계 타입 R에 의해서 E와 연관되어야 한다.

> **예: 약한 엔티티 타입**
>
> [그림 5.9]의 ER 다이어그램은 정규 엔티티 타입 EMPLOYEE와 약한 엔티티 타입 DEPENDENT를 보여준다. 회사에서 사원들의 부양가족들에게 의료보험 혜택을 제공하기 위해서 EMPLOYEE 엔티티 타입과 DEPENDENT 엔티티 타입을 POLICY(보험) 관계 타입으로 연결하였다. 약한 엔티티 타입 DEPENDENT의 부분 키 Depname에는 점선 밑줄을 그어 표시하였다. DEPENDENT 엔티티는 대응되는 EMPLOYEE 엔티티의 존재 여부에 의존한다. EMPLOYEE 엔티티 타입은 DEPENDENT 엔티티 타입의 소유 엔티티 타입이다. 정규 엔티티 타입과 약한 엔티티 타입을 연결하는 POLICY(보험) 관계 타입은 이중선 다이아몬드로 표시한다. POLICY 관계 타입은 약한 관계 타입이다.

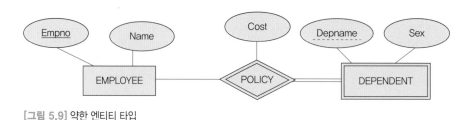

[그림 5.9] 약한 엔티티 타입

5.2.5 관계와 관계 타입

하나의 엔티티 자체는 다른 어떤 엔티티와 연관을 가질 수 있다. 예를 들어, 사원 엔티티는 부서 엔티티에서 일을 한다. 이를 엔티티들 간의 **관계** relationship 라고 한다. 엔티티와 마찬가지로 주어진 문제 영역과 연관된 엔티티들 간의 관계들을 수집하여 저장한다. 다시 말해서 데이터베이스에는 사원과 부서에 관한 데이터뿐만 아니라, 사원과 부서 간의 관계에 관한 데이터도 저장해야 한다. 예를 들어, 데이터베이스 사용자는 사원에 관한 질의 또는 부서에 관한 질의뿐만 아니라, 어떤 사원이 근무하는 부서를 질의하거나 어떤 부서에 근무하는 모든 사원들을 질의할 수 있다.

관계 타입은 [그림 5.10]처럼 ER 다이어그램에서 다이아몬드로 표기하고, 관계 타입이 서로 연관시키는 엔티티 타입들을 관계 타입에 실선으로 연결한다.

[그림 5.10] 관계 타입 WORKS_FOR

관계는 엔티티들 사이에 존재하는 연관이나 연결로서 두 개 이상의 엔티티 타입들 사이의 사상으로 생각할 수 있다. 연관된 엔티티들은 동일한 타입이거나 서로 다른 타입일 수 있다. 예를 들어, [그림 5.10]의 WORKS_FOR 관계는 사원 엔티티 타입과 부서 엔티티 타입 사이의 연관을 나타낸다.

관계 집합은 동질의 관계들의 집합이다. 관계 타입은 동질의 관계들의 틀로서 하나의 관계와 구분해야 한다. 그러나 관계 집합과 관계 타입도 엄격하게 구분할 필요는 없고, 문맥에 따라 판단하면 된다. 요구사항 명세에서 흔히 동사는 ER 다이어그램에서 관계로 표현된다. 따라서 엔티티와 관계를 "Employee가 Department를 위해 일한다"라는 문장처럼 읽을 수 있다. 〈표 5.2〉는 엔티티와 엔티티 간의 관계의 예를 보여준다.

〈표 5.2〉 엔티티와 엔티티 간의 관계의 예

엔티티	관계	엔티티
사원(employee)	근무한다(works for)	부서(department)
공급자(supplier)	공급한다(supplies)	부품(part)
학생(student)	수강한다(enrolls)	과목(course)

관계의 애트리뷰트

관계 타입은 관계의 특징을 기술하는 애트리뷰트들을 가질 수 있다. [그림 5.10]은 SUPPLIER(공급자) 엔티티 타입과 PART(부품) 엔티티 타입을 연결하는 SUPPLIES 관계 타입이 갖는 Quantity(수량)라는 애트리뷰트를 보여준다. 수량 애트리뷰트는 어떤 공급자가 어떤 부품을 얼마나 공급하는가를 나타낸다. 한 공급자가 여러 부품들을 서로 다른 개수로 공급할 수 있고, 각 부품은 여러 공급자들로부터 서로 다른 개수로 공급될 수 있으므로 수량 애트리뷰트를 공급자 엔티티 타입이나 부품 엔티티 타입에 붙일 수 없다.

관계 타입은 키 애트리뷰트를 갖지 않음을 유의하시오. 하나의 관계 집합 내에서 특정 관계의 식별은 참여하는 엔티티들의 키들을 통해서 이루어진다.

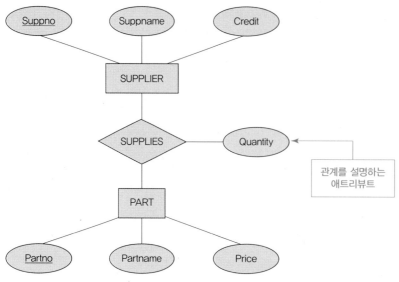

[그림 5.11] 관계를 갖는 애트리뷰트

차수(degree)

관계의 차수는 관계로 연결된 엔티티 타입들의 개수를 의미한다. 따라서 1진, 2진, 3진 관계는 각각 차수가 1, 2, 3이다. 임의의 개수의 엔티티 타입 사이의 관계를 정의할 수 있지만, 실세계에서 가장 흔한 관계는 두 개의 엔티티 타입을 연결하는 2진 관계이다. 본 장에서 논의하는 대부분의 관계도 2진 관계이다. 그러나 여러 엔티티 타입이 한 관계 타입에 참여할 수 있다. [그림 5.12]는 1진, 2진, 3진, n진 관계를 보여준다. 3진 이상의 관계 타입을 2진 관계 타입들로 변환하기 위해서는 주의를 기울여야 한다.

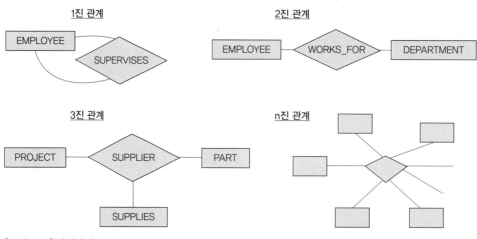

[그림 5.12] 관계의 차수

3진 관계의 의미를 세 개의 2진 관계로 정확하게 나타낼 수 있는가? [그림 5.13]의 3진 관계를 고려해보자. 이 3진 관계는 공급자가 부품을 프로젝트에 얼마만큼 공급하는가를 보여준다. 예를 들어, "공급자 S1이 부품 P2를 프로젝트 J3에 100개만큼 공급한다."는 것을 3진 관계가 나타낼 수 있다. 3진 관계를 SUPPLIER-PROJECT, PROJECT-PART, SUPPLIER-PART의 세 개의 2진 관계로 나누면, 이들은 각각 "공급자 S1은 프로젝트 J3에 공급한다", "프로젝트 J3는 부품 P2를 사용한다.", "공급자 S1은 부품 P2를 공급한다."는 관계를 나타낼 수 있다.

세 개의 2진 관계를 묶어도 한 개의 3진 관계의 의미를 정확하게 나타내지 못한다. 예를 들어, 공급자 S1이 공급하는 부품 P2가 프로젝트 J4에 사용될 수도 있고, 공급자 S5가 공급하는 부품 P2가 프로젝트 J3에 사용될 수도 있기 때문이다. 또한, 3진 관계(SUPPLIES)에 붙어 있는 수량(QTY)은 세 개의 2진 관계 중 어느 하나에 붙일 수 없다. 따라서 3진 관계의 의미를 세 개의 2진 관계로 정확하게 나타낼 수 없다. 이에 반해서, 하나의 3진 관계는 세 개의 2진 관계의 의미를 나타낼 수 있다.

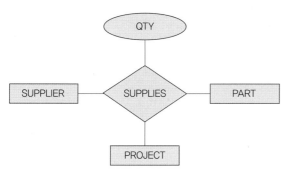

[그림 5.13] 3진 관계

카디널리티 비율

데이터베이스를 설계하기 위해서 데이터 모델링을 수행할 때, 두 개의 엔티티 타입이 서로 연관된다는 사실만 알아서는 충분하지 않다. 두 엔티티 타입 간의 카디널리티 비율도 정확하게 모델링해야 한다. 카디널리티 비율은 한 엔티티 타입의 몇 개의 엔티티가 다른 엔티티 타입의 몇 개의 엔티티와 연관되는가를 나타낸다. 이 비율은 관계 타입에 참여하는 엔티티들의 가능한 조합을 제한한다.

카디널리티 비율은 모델링하려는 실세계의 시나리오로부터 유도된다. 두 개의 엔티티 타입 E1과 E2 사이의 2진 관계 R을 고려해보자. E1의 한 엔티티가 E2의 한 엔티티와 정확하게 연관되거나, 임의의 개수의 엔티티와 연관될 수 있다. 또한, E1의 임의의 개수의 엔티티가 E2의 임의의 개수의 엔티티와 연관될 수도 있다.

관계를 흔히 1:1, 1:N, M:N으로 구분한다. 카디널리티에 관한 정보는 간선 위에 나타낸다. [그림 5.14]는 엔티티 타입 A와 B 사이의 세 가지 카디널리티 비율을 보여준다.

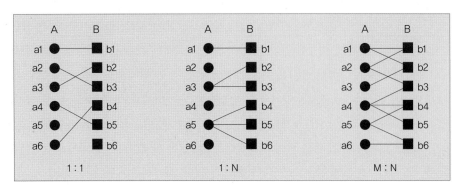

[그림 5.14] 카디널리티 비율

▶ **1:1 관계**

E1의 각 엔티티가 정확하게 E2의 한 엔티티와 연관되고, E2의 각 엔티티가 정확하게 E1의 한 엔티티와 연관되면 이 관계를 1:1 관계라고 한다. 예를 들어, 각 사원에 대해 최대한 한 개의 PC가 있고 각 PC에 대해 최대한 한 명의 사원이 있으면 사원과 PC 간의 관계는 1:1 관계이다.

▶ **1:N 관계**

E1의 각 엔티티가 E2의 임의의 개수의 엔티티와 연관되고, E2의 각 엔티티는 정확하게 E1의 한 엔티티와 연관되면 이 관계를 1:N 관계라고 한다. 예를 들어, 각 사원에 대해 최대한 한 대의 PC가 있고 각 PC에 대해 여러 명의 사원들이 있으면 PC와 사원 간의 관계는 1:N 관계이다([그림 5.15]). 1:N 관계는 실세계에서 가장 흔히 나타나는 유형이다.

[그림 5.15] 1:N 관계

▶ **M:N 관계**

M:N 관계에서는 한 엔티티 타입에 속하는 임의의 개수의 엔티티가 다른 엔티티 타입에 속하는 임의의 개수의 엔티티와 연관된다. 만일 각 사원에 대해 여러 대의 PC가 있고 각 PC에 대해 여러 명의 사원들이 있으면, 사원과 PC 간의 관계는 M:N 관계이다. M:N 관계의 또 다른 예는 학생들이 과목들을 수강하는 것이다. 각 학생은 여러 과목을 수강하고, 각 과목은 다수의 수강 학생을 갖는다.

관계 타입의 카디널리티 비율을 최소값과 최대값을 사용하여 좀 더 명확하게 나타낼 수 있다. ER 다이어그램에서 관계 타입과 엔티티 타입을 연결하는 실선 위에 (min, max) 형태로 표기한다([그림 5.16]). 어떤 관계 타입에 참여하는 각 엔티티 타입에 대하여 min은 이 엔티티 타입 내의 각 엔티티는 적어도 min번 관계에 참여함을 의미하고, max는 이 엔티티 타입 내의 각 엔티티는 최대한 max번 관계에 참여함을 의미한다. min=0 또는 max=*는 특별한 경우이다. min=0은 어떤 엔티티가 반드시 관계에 참여해야 할 필요는 없음을 의미한다. 즉, 선택적으로 참여한다. max=*는 어떤 엔티티가 관계에 임의의 수만큼 참여할 수 있음을 뜻한다. 〈표 5.3〉은 개념적 설계에 흔히 사용되는 카디널리티들의 몇 가지 유형을 보여준다.

[그림 5.16] 카디널리티의 최소값과 최대값

〈표 5.3〉 카디널리티들의 몇 가지 유형

관계	(min1, max1)	(min2, max2)	그래픽 표기
1:1	(0, 1)	(0, 1)	1 ◇ 1
1:N	(0, *)	(0, 1)	1 ◇ N
M:N	(0, *)	(0, *)	M ◇ N

[그림 5.17]과 같이 3진 관계 타입에도 카디널리티를 명시할 수 있다. 어떤 SALESPER(판매원)가 어떤 CAR(자동차)를 어떤 CUSTOMER(고객)에게 판매했음을 나타내는 관계 타입이다.

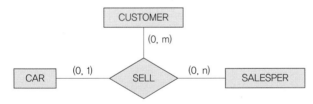

[그림 5.17] 카디널리티가 명시된 3진 관계 타입

역할(role)

역할은 관계 타입의 의미를 명확하게 하기 위해 사용된다. 특히, 하나의 관계 타입에 하나의 엔티티 타입이 여러 번 나타나는 경우에는 반드시 역할을 표기해야 한다. 역할은 관계 타입의 간선 위에 표시한다. [그림 5.18]은 EMPLOYEE 엔티티 타입이 MANAGES 관계에 두 번 나타난 것을 보여준다. EMPLOYEE 엔티티 타입은 한 번은 부하 직원으로, 한 번은 상사로 MANAGES 관계에 참여한다.

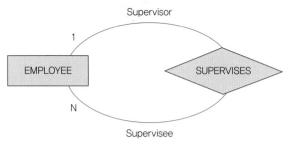

[그림 5.18] 역할

전체 참여와 부분 참여

참여 제약조건은 전체 참여와 부분 참여로 구분한다. 전체 참여는 어떤 관계에 엔티티 타입 E1의 모든 엔티티들이 관계 타입 R에 의해서 어떤 엔티티 타입 E2의 어떤 엔티티와 연관되는 것을 말한다. 만일 어떤 관계에 엔티티 타입 E1의 일부 엔티티만 참여하면 부분 참여라고 말한다. 특히, 약한 엔티티 타입은 항상 관계에 전체 참여를 한다.

전체 참여는 ER 다이어그램에서 이중 실선으로 표시한다. [그림 5.19]는 DEPARTMENT 엔티티 타입이 MANAGES 관계에 전체 참여함을 보여준다. 다시 말해서, DEPARTMENT 엔티티 타입에 속하는 모든 부서 엔티티들은 MANAGES 관계를 통해서 EMPLOYEE 엔티티 타입에 속하는 어떤 엔티티와 반드시 연결되어야 한다. 즉, 모든 부서 엔티티에 대해서 각 부서마다 반드시 1명의 관리자가 있어야 한다.

이에 반해서 EMPLOYEE 엔티티 타입은 MANAGES 관계에 부분 참여한다. 이는 EMPLOYEE 엔티티 타입에 속하는 하나 이상의 엔티티가 MANAGES 관계에 참가하지 않음을 의미한다. 즉, 일부 사원들만 부서의 관리자가 될 수 있으므로 EMPLOYEE 엔티티 타입이 MANAGES 관계에 부분 참여한다. 카디널리티 비율과 함께 참여 제약조건은 관계에 대한 중요한 제약조건이다. 특히 2진 관계 타입을 기술하는 데 매우 유용한 개념이다.

[그림 5.19] 전체 참여와 부분 참여

다중 관계

두 엔티티 타입 사이에 두 개 이상의 관계 타입이 존재할 수 있다. [그림 5.20]은 EMPLOYEE 엔티티 타입과 PROJECT 엔티티 타입 사이에 WORKS_FOR 관계 타입과 MANAGES 관계 타입이 존재하는 것을 보여준다. 즉, 각 사원은 어떤 프로젝트에서 일하고(works_for), 일부 사원은 어떤 프로젝트의 관리자(manages)이기도 하다. 프로젝트에서 사원으로 일하는 것과 프로젝트의 관리자는 의미가 완전히 다르므로 하나의 관계 타입으로 두 가지 의미를 나타낼 수 없다.

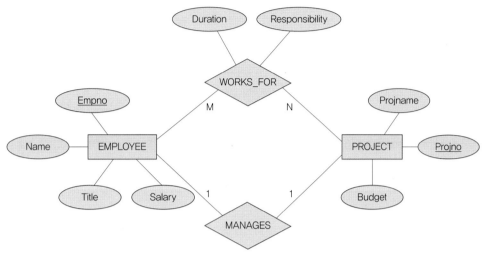

[그림 5.20] 다중 관계

순환적 관계

순환적 관계는 하나의 엔티티 타입이 동일한 관계 타입에 두 번 이상 참여하는 것이다. [그림 5.21]의 관계 타입 CONTAINS(포함)는 부품 엔티티 타입을 부품 엔티티 타입과 연결하는 관계 타입이다. 즉, 어떤 부품은 다른 부품들이 한 개 이상 모여서 구성될 수 있다. [그림 5.18]의 EMPLOYEE도 순환적 관계에 참여한 엔티티 타입이다.

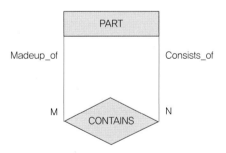

[그림 5.21] 순환적 관계

5.2.6 ER 스키마를 작성하기 위한 지침

지금까지 ER 모델의 기초와 ER 모델을 ER 다이어그램으로 표현하는 것을 논의하였다. ER 모델이 단순하기는 하지만, ER 스키마 다이어그램을 작성하는 데 여러 가지 문제들이 있다. 이런 문제들 중에서 몇 가지를 논의하고, 모델링 과정에 활용할 수 있는 지침들을 소개한다.

개념적 설계에서는 요구사항 명세로부터 실세계의 개념을 엔티티 타입, 애트리뷰트, 관계 타입 중 어떤 것으로 모델링할 것인가, 무엇이 엔티티와 관계인가, 이런 엔티티와 관계에 관해 어떤 정보를 데이터베이스에 저장해야 하는가, 엔티티와 관계가 만족해야 하는 제약조건(또는 비즈니스 규칙)은 무엇인가 등을 파악하여 이런 정보를 ER 스키마 다이어그램으로 나타낸다. 그 다음에 ER 스키마 다이어그램을 관계 스키마로 사상한다. 엔티티, 엔티티들 간의 관계를 동일한 모델 내에서도 여러 가지 방법으로 정의하는 것이 가능하므로 동일한 작은 세계를 설명하는 ER 다이어그램이 여러 가지 생성될 수 있다.

다음과 같은 고려 사항들에 대한 결정이 필요하다. 이런 고려 사항들에 대한 답이 간단하지는 않다.

> - 한 객체를 애트리뷰트로 나타낼 것인가 또는 엔티티로 나타낼 것인가?
> - 어떤 개념을 관계로 표현할 것인가 또는 엔티티로 나타낼 것인가?
> - 고립된 엔티티를 어떻게 다룰 것인가?

애트리뷰트 vs. 엔티티

엔티티의 개념을 논의했지만, 엔티티에 관해 엄격하게 정의하지는 않았다. 엔티티 타입과 애트리뷰트를 구분하는 절대적인 기준이 없기 때문에 엄격하게 정의하는 것이 간단하지는 않다. 일반적으로 애트리뷰트는 엔티티 타입과 연관된 것으로만 존재할 수 있지만, 어떤 상황에서는 애트리뷰트를 엔티티로 볼 수 있다.

앞에서 설명한 바와 같이 엔티티는 관심이 있는 객체이다. 그러나 주어진 대상을 언제 엔티티로 간주해도 되는지 결정하는 것이 항상 쉬운 일은 아니다. 많은 선택은 애트리뷰트를 사용할 것인가 또는 엔티티를 사용할 것인가에 달려 있다. 예를 들어, 공급자-부품 데이터베이스에서 각 공급자에 대해 다음과 같은 정보가 있을 수 있다.

> 공급자 번호, 공급자 이름, 신용, 공급자 도시

공급자가 엔티티인 것은 명확하지만, 공급자 도시가 엔티티인지 또는 공급자 엔티티의 한 애트리뷰트인지 결정해야 한다. 이런 상황에서 사용해야 할 대략적인 규칙은 다음과 같은 질문들에 대한 답을 생각해보는 것이다.

> - 도시가 조직체에게 관심이 있는 객체인가?
> - 도시에 관한 애트리뷰트들을 유지할 필요가 있는가?
> - 도시를 여러 엔티티 타입들이 공유하는가?

이들 중에서 하나라도 대답이 '예'라면 도시를 새로운 엔티티로 나타내기 위해서 도시에 관해 좀 더 많은 정보를 확보해야 한다. 그러나 만일 도시 이름에만 관심이 있다면 도시는 공급자 엔티티의 한 애트리뷰트로 취급해야 한다.

또 다른 예로, color가 자동차 회사에서는 자동차 엔티티의 애트리뷰트로 사용되지만, 페인트 제조 회사에서는 각 color마다 필요한 염료의 유형과 염료의 양 등의 정보를 유지해야 하므로 엔티티로 사용된다.

그러므로 하나의 지침으로서, 각 엔티티는 키 애트리뷰트 이외에 별도의 애트리뷰트들을 포함해야 한다. 만일 한 객체가 식별자 이외에 관심을 가질 만한 정보를 추가로 갖지 않는다면 이 객체는 애트리뷰트로 취급해야 한다.

엔티티는 최종적으로 릴레이션으로 변환되어야 하기 때문에 보다 복잡한 문제가 발생한다. 릴레이션은 다소 융통성이 없는 구조를 갖기 때문에 엔티티 자체는 여러 가지 인위적인 제약조건들을 만족해야 한다. 어떤 엔티티의 한 애트리뷰트가 두 개 이상의 값을 갖는다면 이 애트리뷰트를 엔티티로 간주해야 한다. 개념적으로는 다치 애트리뷰트가 아무런 문제를 야기하지는 않지만, 관계 DBMS를 사용하여 데이터베이스를 구현할 목적으로 ER 스키마를 릴레이션들로 변환하려면 문제가 발생한다.

다치 애트리뷰트를 갖는 엔티티를 관계 데이터베이스로 사상할 때 릴레이션의 각 애트리뷰트는 원자값만 가질 수 있으므로 다치 애트리뷰트를 엔티티로 선언하는 것이 필요하다. 엔티티는 자신의 속성에 관해 식별자 이외에 추가로 정보를 가져야 한다고 설명했지만, 값 이외에 아무런 속성을 갖지 않아도 다치 애트리뷰트는 엔티티로 취급하는 것이 좋다.

관계 vs. 엔티티

어떤 개념을 엔티티 타입으로 모델링할 것인가 또는 관계 타입으로 모델링할 것인가? [그림 5.22]는 OFFERS 관계 타입에 Price 애트리뷰트가 사용된 예를 보여준다. [그림 5.22]에서 공급자는 동일한 상품을 수량에 따라 서로 다른 가격으로 공급할 수 없다. 그 이유는 무엇인가?

[그림 5.22] Price가 관계에 애트리뷰트로 사용

가격을 [그림 5.23]과 같이 엔티티 타입으로 모델링하면 이 문제를 해결할 수 있다.

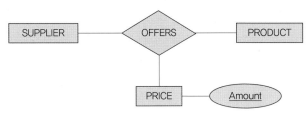

[그림 5.23] Price가 엔티티 타입으로 모델링

고립된 엔티티

고립된 엔티티는 어떤 관계를 통해서 ER 다이어그램 안의 어떤 엔티티와도 연결되지 않은 엔티티를 말한다. ER 다이어그램에서 고립된 엔티티는 매우 드물게 존재한다. 만일 ER 다이어그램에서 고립된 엔티티를 발견하면 이 엔티티를 다른 엔티티와 연결하는 관계를 누락한 것인지 또는 이 엔티티가 실제로 필요한 것인지를 판단해야 한다.

코드 엔티티는 ER 다이어그램의 다수의 엔티티와 연결되기 때문에 ER 다이어그램이 복잡해지지 않도록 일부러 고립된 엔티티로 나타내기도 한다.

본 절을 요약하면, ER 스키마를 작성할 때 다음과 같은 대략적인 규칙들을 고려해야 한다.

▶ 엔티티는 키 애트리뷰트 이외에 설명 정보를 추가로 갖는다.

▶ 다치 애트리뷰트는 엔티티로 분류해야 한다.

▶ 애트리뷰트들이 직접적으로 설명하는 엔티티에 애트리뷰트들을 붙인다.

▶ 관계는 일반적으로 독자적으로 존재할 수 없지만, 엔티티 타입과 관계 타입을 절대적으로 구분하는 것은 어렵다.

5.2.7 데이터베이스 설계 과정

데이터베이스 설계를 위해 ER 모델을 채택했을 때 사용할 수 있는 방안을 요약해서 정리하면 다음과 같은 단계들을 따라가는 것이다. 데이터베이스 설계가 반복적인 과정임을 유념하자.

1. 응용의 요구사항을 수집하여 기술한다.

2. 응용과 연관이 있는 엔티티 타입들을 식별한다.

3. 응용과 연관이 있는 관계 타입들을 식별한다. 관계가 1:1, 1:N, M:N 중에서 어느 것에 해당하는지 결정한다.

4. 엔티티 타입과 관계 타입들에 필요한 애트리뷰트들을 식별하고, 각 애트리뷰트가 가질 수 있는 값들의 집합을 식별한다.

5. 응용을 위한 ER 스키마 다이어그램을 그린다.

6. 엔티티 타입들을 위한 기본 키를 식별한다.

7. ER 스키마 다이어그램이 응용에 대한 요구사항과 부합되는지 검사한다.

8. ER 스키마 다이어그램을 DBMS에서 사용되는 데이터베이스 모델로 변환한다.

5.2.8 ER 모델의 또 다른 표기법

[그림 5.24]는 지금까지 본 장에서 사용한 ER 다이어그램의 표기법을 요약하여 보여준다. 본 장에서 사용한 표기법으로 수십 개 이상의 애트리뷰트가 엔티티 타입에 연결된 다이어그램을 나타내려면 매우 불편하고 공간을 많이 차지한다. 실제 기업의 데이터베이스에는 수십 개~200 개 정도의 애트리뷰트들을 갖는 릴레이션들이 흔히 사용된다.

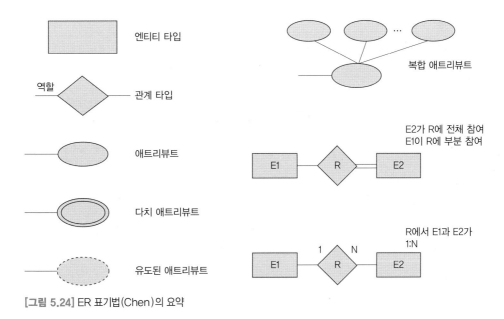

[그림 5.24] ER 표기법(Chen)의 요약

순수한 Chen 스타일의 ER 표기법을 채택한 CASE 도구는 거의 없다. ERWin 등의 CASE 도구들에서는 **새발** crow-feet 표기법이 흔히 사용된다. 새발 표기법에도 여러 가지 변형들이 존재한다. 새발 표기법에서도 엔티티 타입은 직사각형으로 나타내지만, 관계 타입을 의미하는 다이아몬드는 사용되지 않는다. 관계의 의미나 제약조건 등은 엔티티 타입들을 연결하는 실선 위에 몇 가지 기호를 사용하여 표현한다. 두 엔티티를 연결하는 실선 위에 위치한 기호들 중에서 안쪽 (엔티티에서 먼 쪽)의 기호는 참여 제약조건을 나타내고, 바깥쪽(엔티티에 가까운 쪽)의 기호는 카디널리티를 나타낸다.

[그림 5.25]는 새발 표기법의 몇 가지 예를 보여준다.

A ├─○──○┤ B	1:1 관계. 엔티티 A의 각 인스턴스는 엔티티 B의 0 또는 1개의 인스턴스와 연관된다. 엔티티 B의 각 인스턴스는 엔티티 A의 0 또는 1개의 인스턴스와 연관된다.
A ├─○──○< B	1:N 관계. 엔티티 A의 각 인스턴스는 엔티티 B의 0개 이상의 인스턴스와 연관된다. 엔티티 B의 각 인스턴스는 엔티티 A의 0 또는 1개의 인스턴스와 연관된다.
A >○──○< B	M:N 관계. 엔티티 A의 각 인스턴스는 엔티티 B의 0개 이상의 인스턴스와 연관된다. 엔티티 B의 각 인스턴스는 엔티티 A의 0개 이상의 인스턴스와 연관된다.
A ├─○──││ B	1:1 관계. 엔티티 A의 각 인스턴스는 엔티티 B의 1개의 인스턴스와 연관된다. 엔티티 B의 각 인스턴스는 엔티티 A의 0 또는 1개의 인스턴스와 연관된다.
A ├─○──│< B	1:N 관계. 엔티티 A의 각 인스턴스는 엔티티 B의 1개 이상의 인스턴스와 연관된다. 엔티티 B의 각 인스턴스는 엔티티 A의 0 또는 1개의 인스턴스와 연관된다.
A >○──│< B	M:N 관계. 엔티티 A의 각 인스턴스는 엔티티 B의 1개 이상의 인스턴스와 연관된다. 엔티티 B의 각 인스턴스는 엔티티 A의 0개 이상의 인스턴스와 연관된다.

- ○ : 0을 의미
- │ : 1을 의미
- < : 이상을 의미

[그림 5.25] 새발 표기법의 예

지금부터 본 장에서 사용한 ER 표기법이 어떻게 새발 표기법으로 표현되는가를 몇 가지 예를 통해서 설명한다.

▶ **1:1 관계**

[그림 5.26]에서 엔티티 타입 A는 관계 타입 B를 통해서 엔티티 타입 C와 연결된다. 엔티티 타입 A의 각 엔티티는 엔티티 타입 C의 엔티티 0개 또는 1개와 연관된다. 엔티티 타입 C의 각 엔티티는 엔티티 타입 A의 엔티티 1개와 연관된다. 따라서 엔티티 타입 A는 관계 타입 B에 부분 참여하고, 엔티티 타입 C는 관계 타입 B에 전체 참여한다. 엔티티 타입 A와 엔티티 타입 C는 1:1 관계를 갖는다.

[그림 5.19]처럼, 실세계에서 엔티티 타입 A를 EMPLOYEE, 관계 타입 B를 MANAGES, 엔티티 타입 C를

DEPARTMENT라고 하면 이해하기 쉬울 것이다.

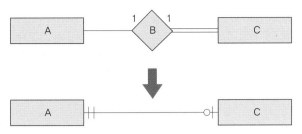

[그림 5.26] 1:1 관계의 변환

▶ 1:N 관계

[그림 5.27]에서 엔티티 타입 C의 각 엔티티는 엔티티 타입 A의 엔티티 0개 또는 1개와 연관된다. 엔티티 타입 A의 각 엔티티는 엔티티 타입 C의 엔티티 0개 이상과 연관된다. 따라서 엔티티 타입 A와 엔티티 타입 C는 1:N 관계를 갖는다. 엔티티 타입 A와 엔티티 타입 C는 관계 타입 B에 부분 참여한다.

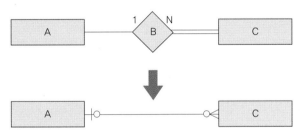

[그림 5.27] 1:N 관계의 변환

▶ M:N 관계

[그림 5.28]에서 엔티티 타입 A의 각 엔티티는 엔티티 타입 C의 엔티티 0개 이상과 연관된다. 엔티티 타입 C의 각 엔티티는 엔티티 타입 A의 엔티티 0개 이상과 연관된다. 따라서 엔티티 타입 A와 엔티티 타입 C는 M:N 관계를 갖는다. 엔티티 타입 A와 엔티티 타입 C는 관계 타입 B에 부분 참여한다.

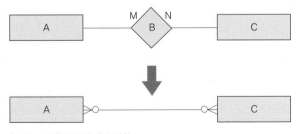

[그림 5.28] M:N 관계의 변환

▶ 엔티티 타입과 애트리뷰트의 표기

본 장의 표기법에서는 애트리뷰트와 엔티티 타입을 각각 타원과 직사각형으로 표현하고, 애트리뷰트를 엔티티 타입과 실선으로 연결하였다. 앞서 설명한 바와 같이 이런 표기법에서는 공간이 많이 요구된다. 새발 표기법에서는 엔티티 타입을 나타내는 직사각형을 확장하여, 그 엔티티 타입에 속하는 애트리뷰트들을 직사각형 내에 포함시킨다([그림 5.29]). 그러나 새발 표기법에서는 다치 애트리뷰트나 유도된 애트리뷰트, 복합 애트리뷰트들을 구분하는 것이 어렵다.

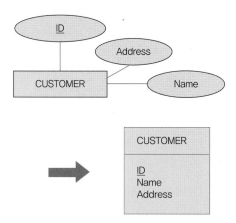

[그림 5.29] 새발 표기법에서 엔티티 타입과 애트리뷰트의 표현

[그림 5.30]은 본 절에서 소개한 새발 표기법의 구성요소를 여러 개 포함한 좀 더 복잡한 ER 다이어그램을 보여준다.

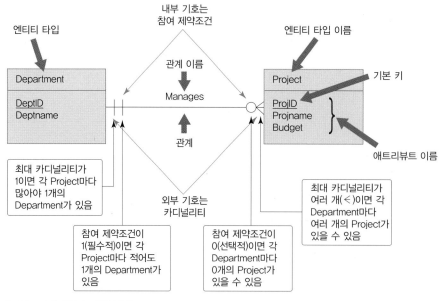

[그림 5.30] 새발 표기법의 요약

5.3 데이터베이스 설계 사례

5.2절에서는 ER 모델의 엔티티, 애트리뷰트, 관계 등의 표기법을 설명하면서 단편적인 요구사항들만 고려하였다. 본 절에서는 좀 더 복잡한 요구사항을 바탕으로 어떻게 ER 스키마를 작성할 것인가를 논의한다. 요구사항을 잘 이해한 후에, 명사들을 엔티티 타입으로 나타내고 동사들을 관계 타입으로 나타내면서 연관된 엔티티 타입들을 연결한다. 엔티티 타입들 중에서 정규 엔티티 타입과 약한 엔티티 타입을 구분한다. 각 엔티티 타입이나 관계 타입을 설명하는 데 필요한 애트리뷰트들을 찾아내서 엔티티 타입 또는 관계 타입에 연결한다.

본 절에서는 기업에서 흔히 볼 수 있는 작은 세계에 관한 요구사항을 고려한다. 기존의 문서를 조사하고, 사용자들과의 인터뷰와 설문 조사 등을 통해서 다음과 같은 요구사항들을 수집했다고 가정한다.

---

1. 회사에는 다수의 사원들이 재직한다.

2. 각 사원에 대해서 사원번호(고유함), 이름, 직책, 급여, 주소를 저장한다. 각 시, 구, 또는 동별로 거주하는 사원들의 정보를 구하기 위해서 주소는 시, 구, 동으로 세분하여 나타낸다.

3. 각 사원은 0명 이상의 부양가족을 가질 수 있다. 또한, 한 부양가족은 두 명 이상의 사원에게 속하지 않는다. 각 부양가족에 대해서 부양가족의 이름과 성별을 저장한다.

4. 회사는 여러 개의 프로젝트들을 진행한다. 각 프로젝트에 대해서 프로젝트번호(고유함), 이름, 예산, 프로젝트가 진행되는 위치를 나타낸다. 한 프로젝트는 여러 위치에서 진행될 수 있다. 각 프로젝트마다 여러 명의 사원들이 일한다. 각 사원은 여러 프로젝트에서 근무할 수 있다. 각 사원이 해당 프로젝트에서 어떤 역할을 수행하고, 얼마 동안 근무해 왔는가를 나타낸다. 각 프로젝트마다 한 명의 프로젝트 관리자가 있다. 한 사원은 두 개 이상의 프로젝트의 관리자가 될 수는 없다. 프로젝트 관리자 임무를 시작한 날짜를 기록한다.

5. 각 사원은 한 부서에만 속한다. 각 부서에 대해서 부서번호(고유함), 이름, 부서가 위치한 층을 나타낸다.

6 각 프로젝트에는 부품들이 필요하다. 한 부품이 두 개 이상의 프로젝트에서 사용될 수 있다. 하나의 부품은 다른 여러 개의 부품들로 이루어질 수 있다. 각 부품에 대해서 부품번호(고유함), 이름, 가격, 그 부품이 다른 부품들을 포함하는 경우에는 그 부품들에 관한 정보도 나타낸다.

7. 각 부품을 공급하는 공급자들이 있다. 한 명의 공급자는 여러 가지 부품들을 공급할 수 있고, 각 부품은 여러 공급자들로부터 공급될 수 있다. 각 공급자에 대해서 공급자번호(고유함), 이름, 신용도를 나타낸다. 각 공급자에 대해서 그 공급자가 어떤 부품을 어떤 프로젝트에 얼마나 공급하는가를 나타낸다.

이제부터 앞의 요구사항 명세를 분석하여 ER 스키마를 단계적으로 완성해 보자.

엔티티 타입 및 애트리뷰트들을 식별

요구사항 분석에서 엔티티 타입들을 식별하여 직사각형으로 나타내고, 이들을 설명하는 데 필요한 애트리뷰트들을 찾아서 엔티티 타입에 실선으로 연결한다. 회사를 모델링하는 것이기 때문에 회사 자체를 엔티티 타입으로 취급해서는 안 된다.

먼저 EMPLOYEE(사원) 엔티티 타입을 ER 다이어그램으로 나타내자. 사원 엔티티 타입에는 Empno(사원번호), Empname(사원이름), Title(직책), Salary(급여), Address(주소) 등 다섯 개의 애트리뷰트가 필요하다. 이 중에서 사원번호가 기본 키이므로 ER 다이어그램에서 밑줄을 그어 표시한다. Address는 복합 애트리뷰트이므로 이 애트리뷰트를 구성하는 애트리뷰트들로 분해하여 나타낸다. [그림 5.31]은 EMPLOYEE 엔티티 타입의 다이어그램을 보여준다.

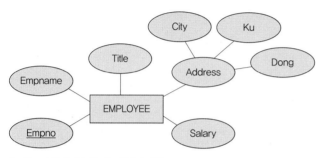

[그림 5.31] EMPLOYEE 엔티티 타입

PROJECT(프로젝트) 엔티티 타입을 ER 다이어그램으로 나타내자. 프로젝트 엔티티 타입에는 Projno(프로젝트번호), Projname(프로젝트이름), Budget(예산), Location(위치) 등 네 개의 애트리뷰트가 필요하다. 이 중에서 프로젝트번호가 기본 키이므로 ER 다이어그램에서 밑줄을 그어 표시한다. Location은 다치 애트리뷰트이므로 이중선 타원으로 표현한다. [그림 5.32]는 PROJECT 엔티티 타입의 다이어그램을 보여준다.

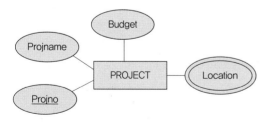

[그림 5.32] PROJECT 엔티티 타입

DEPARTMENT(부서) 엔티티 타입을 ER 다이어그램으로 나타내자. 부서 엔티티 타입에는 Deptno(부서번호), Deptname(부서이름), Floor(층) 등 세 개의 애트리뷰트가 필요하다. 이

중에서 부서번호가 기본 키이므로 ER 다이어그램에서 밑줄을 그어 표시한다. [그림 5.33]은
DEPARTMENT 엔티티 타입의 다이어그램을 보여준다.

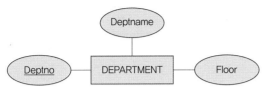

[그림 5.33] DEPARTMENT 엔티티 타입

SUPPLIER(공급자) 엔티티 타입을 ER 다이어그램으로 나타내자. 공급자 엔티티 타입에는
Suppno(공급자번호), Suppname(공급자이름), Credit(신용도) 등 세 개의 애트리뷰트가 필요
하다. 이 중에서 공급자번호가 기본 키이므로 ER 다이어그램에서 밑줄을 그어 표시한다. [그림
5.34]는 SUPPLIER 엔티티 타입의 다이어그램을 보여준다.

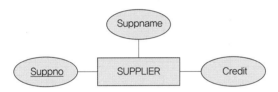

[그림 5.34] SUPPLIER 엔티티 타입

DEPENDENT(부양가족) 엔티티 타입을 ER 다이어그램으로 나타내자. 부양가족 엔티티 타
입은 약한 엔티티 타입이므로 이중선 직사각형으로 나타낸다. 부양가족 엔티티 타입에는
Depname(부양가족이름), Sex(성별) 등 두 개의 애트리뷰트가 필요하다. 이 중에서 부양가
족이름이 부분 키이므로 ER 다이어그램에서 점선의 밑줄을 그어 표시한다. [그림 5.35]는
DEPENDENT 엔티티 타입의 다이어그램을 보여준다.

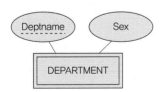

[그림 5.35] DEPENDENT 엔티티 타입

마지막으로 PART(부품) 엔티티 타입을 ER 다이어그램으로 나타내자. 부품 엔티티 타입에는
Partno(부품번호), Partname(부품이름), Price(가격) 등 세 개의 애트리뷰트가 필요하다. 이
중에서 부품번호가 기본 키이므로 ER 다이어그램에서 밑줄을 그어 표시한다. [그림 5.36]은

DEPENDENT 엔티티 타입의 다이어그램을 보여준다.

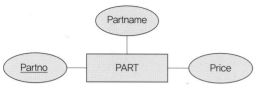

[그림 5.36] PART 엔티티 타입

관계와 애트리뷰트들을 식별

이제부터 요구사항 명세로부터 동사를 주목하여 엔티티 타입들을 연관시키는 관계 타입들을 식별한다. 사원 엔티티 타입과 부서 엔티티 타입은 BELONGS(소속) 관계 타입으로 연결된다. 각 부서에는 여러 명의 사원들이 속하고, 한 사원은 한 부서에만 속할 수 있으므로 부서 엔티티 타입과 사원 엔티티 타입은 1:N 관계를 갖는다. 또한, 사원 엔티티 타입과 부서 엔티티 타입은 관계 타입에 전체 참여한다. [그림 5.37]은 EMPLOYEE 엔티티 타입과 DEPARTMENT 엔티티 타입 사이의 BELONGS 관계 타입을 보여준다.

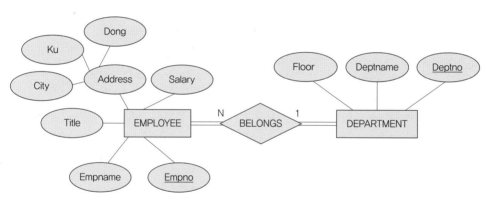

[그림 5.37] EMPLOYEE 엔티티 타입과 DEPARTMENT 엔티티 타입 사이의 BELONGS 관계 타입

사원 엔티티 타입과 프로젝트 엔티티 타입은 두 가지 관계 타입으로 연결된다. 하나의 관계 타입(WORKS_FOR)은 각 사원이 어떤 프로젝트에서 근무하는가를 나타낸다. 이 관계 타입에서 사원 엔티티 타입과 프로젝트 엔티티 타입은 M:N 관계이다. 사원 엔티티 타입과 프로젝트 엔티티 타입은 이 관계 타입에 전체 참여한다. 이 관계 타입에는 Responsibility(역할)와 Duration(근무기간) 애트리뷰트가 필요하다.

다른 관계 타입(MANAGES)은 어떤 사원이 어떤 프로젝트의 관리자인가를 나타낸다. 이 관계 타입에서 어떤 사원은 최대한 한 프로젝트의 관리자가 될 수 있고, 각 프로젝트에는 최대한 한 명의 관리자만 있으므로 사원 엔티티 타입과 프로젝트 엔티티 타입은 1:1 관계를 갖는다. 모든 사원이 어떤 프로젝트의 관리자가 될 수 없으므로 사원 엔티티 타입은 이 관계 타입에 부분 참여하고, 모든 프로젝트에는 관리자가 필요하므로 프로젝트 엔티티 타입은 이 관계 타입에 전체 참여한다. 또한, 관계 타입에는 StartDate(시작날짜) 애트리뷰트가 필요하다. [그림 5.38]은 EMPLOYEE 엔티티 타입과 PROJECT 엔티티 타입 사이의 두 개의 관계 타입을 보여준다.

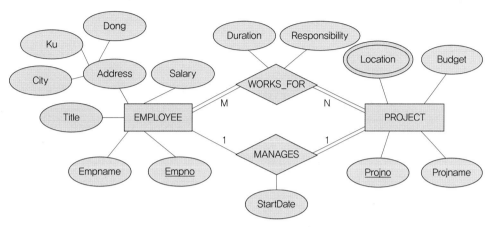

[그림 5.38] EMPLOYEE 엔티티 타입과 PROJECT 엔티티 타입 사이의 두 개의 관계 타입

사원의 부양가족은 회사의 의료보험 혜택을 받으므로 사원 엔티티 타입과 부양가족 엔티티 타입은 Policy(보험) 관계 타입으로 연결된다. 각 사원은 0명 이상의 부양가족을 가질 수 있고 각 부양가족은 한 명의 사원과 연관되므로 사원 엔티티 타입과 부양가족 엔티티 타입은 1:N 관계를 갖는다. 또한, 부양가족 엔티티는 그 엔티티와 연관된 사원 엔티티가 존재하지 않으면 존재할 수 없으므로, 또는 부양가족 엔티티는 자체적으로 기본 키를 갖고 있지 않으므로 약한 엔티티 타입이다. 약한 엔티티 타입은 관계 타입에 전체 참여한다. 이때의 관계 타입은 이중선 다이아몬드로 표시한다. [그림 5.39]는 EMPLOYEE 엔티티 타입과 DEPENDENT 엔티티 타입 사이의 약한 관계 타입을 보여준다.

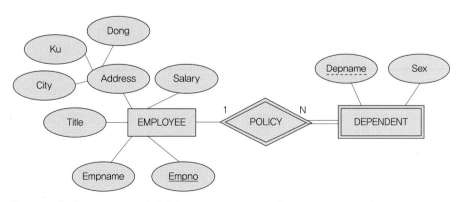

[그림 5.39] EMPLOYEE 엔티티 타입과 DEPENDENT 엔티티 타입 사이의 약한 관계 타입

한 부품은 다시 다른 부품들로 이루어질 수 있으므로 부품 엔티티 타입은 CONTAINS(포함) 관계 타입에 두 번 참여한다. 즉, 순환적 관계 타입이 존재한다. 한 엔티티 타입이 어떤 관계 타입에 두 번 이상 나타나는 경우에는 반드시 역할을 표시한다. 부품 엔티티 타입과 부품 엔티티 타입 사이에는 1:N 관계 타입이 존재한다. 만일 한 부품이 여러 부품들의 구성요소가 될 수 있고, 한 부품이 여러 개의 부품들로 이루어질 수 있는 경우에 포함 관계 타입은 M:N 관계이다. [그림 5.40]은 PART 엔티티 타입이 두 번 참여하는 순환적 관계 타입을 보여준다.

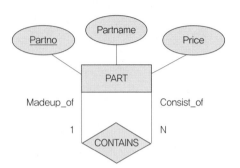

[그림 5.40] PART 엔티티 타입이 두 번 참여하는 순환적 관계 타입

마지막으로, 공급자 엔티티 타입, 프로젝트 엔티티 타입, 부품 엔티티 타입을 연관시키는 3진 관계 타입 SUPPLIES(공급)가 존재한다. 이 관계 타입에 Quantity(수량) 애트리뷰트가 필요하다. 이 관계 타입에 참여하는 세 엔티티 타입은 L:M:N의 카디널리티를 갖는다. [그림 5.41]은 세 개의 엔티티 타입이 참여하는 3진 관계 타입을 보여준다.

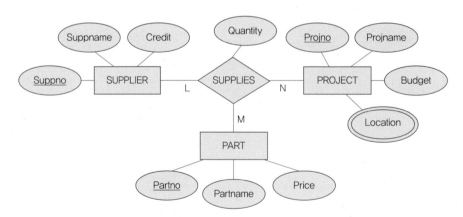

[그림 5.41] 세 개의 엔티티 타입이 참여하는 3진 관계 타입

지금까지 그린 각각의 ER 다이어그램을 하나로 합치면 [그림 5.42]와 같은 전체적인 ER 다이어그램이 만들어진다.

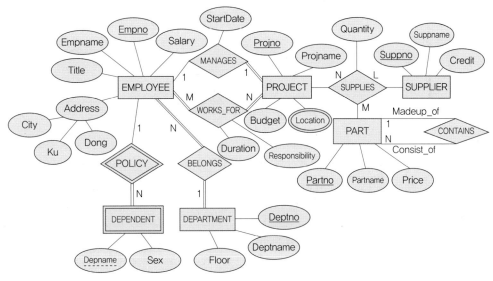

[그림 5.42] 회사의 ER 스키마 다이어그램

5.4 논리적 설계: ER 스키마를 관계 모델의 릴레이션들로 사상

개념적 설계 단계에서 ER 모델을 사용하여 조직체의 데이터베이스 응용을 위한 개념적 스키마를 생성하였으면, 논리적 설계 단계에서는 ER 스키마를 관계 데이터 모델의 릴레이션들로 사상해야 한다. ER 데이터 모델을 기반으로 한 상용 DBMS가 없으므로, 또한 대부분의 DBMS는 관계 데이터 모델을 기반으로 하기 때문에 ER 스키마를 관계 데이터 모델로 변환해야 한다. 또한, ER 스키마에는 엔티티 타입과 관계 타입이 존재하지만, 관계 데이터베이스에는 엔티티 타입과 관계 타입을 구분하지 않고 릴레이션들만 들어 있다.

릴레이션으로 사상할 대상이 ER 스키마에서 엔티티 타입인지 또는 관계 타입인지, 엔티티 타입이라면 정규 엔티티 타입인지 또는 약한 엔티티 타입인지, 관계 타입이라면 2진 관계 타입인지 3진 이상의 관계 타입인지, 관계 타입의 카디널리티가 1:1인지 또는 1:N인지 또는 M:N인지, 애트리뷰트가 단일 값 애트리뷰트인지 또는 다치 애트리뷰트인지 등에 따라 사상하는 방법이 달라진다.

본 절에서는 ER 모델을 릴레이션들로 사상하는 7개의 단계로 이루어진 알고리즘을 설명한다. 각 단계를 거침에 따라 릴레이션들이 생성된다. 먼저 ER 스키마에 존재하는 각 엔티티 타입들을 릴레이션들로 나타내고, 엔티티 타입을 설명하는 데 사용되는 애트리뷰트들을 릴레이션에 포함시킨다. 그 다음에 외래 키를 사용하거나 별도의 릴레이션을 생성하여 관계 타입을 나타낸다. 각 릴레이션에서 기본 키와 외래 키를 식별하는 작업은 다른 작업과 병행해도 좋다.

사용자가 아래의 7개의 단계들을 직접 따라가면서 많은 수의 엔티티 타입과 관계 타입들이 포함되어 있는 ER 스키마를 릴레이션들로 사상하는 것은 쉽지 않다. 대부분의 CASE 도구들이 자동적으로 ER 스키마를 릴레이션들의 집합으로 변환한다. 릴레이션의 이름은 대응되는 엔티티 타입이나 관계 타입의 이름을 따른다.

본 절의 알고리즘을 따라 ER 스키마를 릴레이션들의 집합으로 사상하는 것이 관계 DBMS에 릴레이션들을 생성하기 위한 최종 작업은 아니다. 본 절의 알고리즘을 통해 생성된 릴레이션들은 정보의 중복과 갱신 이상 등의 문제를 유발할 수 있다. 따라서 7장에서 논의할 정규화를 거쳐서 관계 스키마를 좀 더 훌륭한 관계 스키마로 정제해야 한다.

각 릴레이션은 (원자적) 애트리뷰트에 대응되는 애트리뷰트들을 갖는다. 이 애트리뷰트들은 각각 고유한 이름을 갖는다. 릴레이션의 한 애트리뷰트는 ER 스키마의 애트리뷰트와 동일한 도메인을 갖는다. 본 절에서는 [그림 5.43]과 같이 논리적 설계 단계에서 수행되는 작업을 중점적으로 상세하게 논의한다. 〈표 5.4〉는 알고리즘의 각 단계에서 릴레이션으로 사상되는 ER 스키마의 대상을 요약해서 나타낸다.

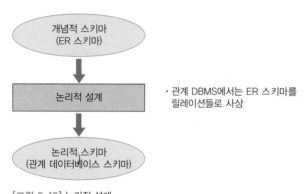

[그림 5.43] 논리적 설계

〈표 5.4〉 알고리즘의 각 단계에서 릴레이션으로 사상되는 ER 스키마의 대상

사상할 대상	알고리즘의 단계
엔티티 타입과 단일 값 애트리뷰트	단계 1: 정규 엔티티 타입
	단계 2: 약한 엔티티 타입
2진 관계 타입	단계 3: 2진 1:1 관계 타입
	단계 4: 정규 2진 1:N 관계 타입
	단계 5: 2진 M:N 관계 타입
3진 이상의 관계 타입	단계 6: 3진 관계 타입
다치 애트리뷰트	단계 7: 다치 애트리뷰트

5.4.1 ER-릴레이션 사상 알고리즘

단계 1: 정규 엔티티 타입과 단일 값 애트리뷰트

ER 스키마의 각 정규 엔티티 타입 E에 대해 하나의 릴레이션 R을 생성한다. E에 있던 단순 애트리뷰트들을 릴레이션 R에 모두 포함시킨다. E에서 복합 애트리뷰트는 그 복합 애트리뷰트를 구성하는 단순 애트리뷰트들만 릴레이션 R에 포함시킨다. 엔티티 타입 E에 유도된 애트리뷰트가 있으면 이를 릴레이션 R에 포함시키는 것은 사용자의 선택에 따른다. E의 기본 키가 릴레이션 R의 기본 키가 된다. 릴레이션의 한 튜플은 엔티티 타입의 한 엔티티와 대응된다.

> **예:**
>
> [그림 5.44]에서 엔티티 타입 E1은 기본 키 애트리뷰트와 키가 아닌 애트리뷰트 A를 가지고 있다. 엔티티 타입 E1에 대하여 하나의 릴레이션 E1이 생성되고, 릴레이션 E1에는 엔티티 타입 E1에 있는 기본 키와 애트리뷰트 A를 포함시킨다. 릴레이션 E1의 기본 키도 엔티티 타입의 기본 키와 동일하다.

[그림 5.44] 정규 엔티티 타입을 릴레이션으로 사상

단계 2: 약한 엔티티 타입과 단일 값 애트리뷰트

ER 스키마에서 소유 엔티티 타입 E를 갖는 각 약한 엔티티 타입 W에 대하여 릴레이션 R을 생성한다. W에 있던 모든 단순 애트리뷰트들을 릴레이션 R에 포함시킨다. 소유 엔티티 타입에 해당하는 릴레이션의 기본 키를 약한 엔티티 타입에 해당하는 릴레이션에 외래 키로 포함시킨다. 약한 엔티티 타입에 해당하는 릴레이션 R의 기본 키는 약한 엔티티 타입의 부분 키와 소유 엔티티 타입에 해당하는 릴레이션을 참조하는 외래 키의 조합으로 이루어진다. 단계 2까지 마친 후에는 ER 스키마에서 모든 엔티티 타입들이 릴레이션들로 사상되었다.

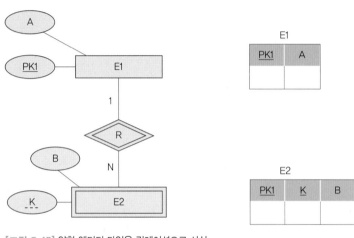

[그림 5.45] 약한 엔티티 타입을 릴레이션으로 사상

단계 3: 2진 1:1 관계 타입

ER 스키마의 각 2진 1:1 관계 타입 R에 대하여, R에 참여하는 엔티티 타입에 대응되는 릴레이션 S와 T를 찾는다. S와 T 중에서 한 릴레이션을 선택하여, 만일 S를 선택했다면 T의 기본 키를 S에 외래 키로 포함시킨다. S와 T 중에서 관계 타입에 완전하게 참여하는 릴레이션을 S의 역할을 하는 릴레이션으로 선택하는 것이 좋다. 관계 타입 R이 가지고 있는 모든 단순 애트리뷰트(복합 애트리뷰트를 갖고 있는 경우에는 복합 애트리뷰트를 구성하는 단순 애트리뷰트)들을 S에 대응되는 릴레이션에 포함시킨다.

다른 엔티티 타입에 속해 있는 애트리뷰트를 한 엔티티 타입에 포함시키면 애트리뷰트들의 이름이 같아지는 경우가 생길 수 있다. 이런 경우에는 한 릴레이션 내에서 애트리뷰트들의 이름은 서로 달라야 하므로 한 애트리뷰트의 이름을 변경해야 한다.

두 엔티티 타입이 관계 타입 R에 완전하게 참여할 때는 두 엔티티 타입과 관계 타입을 하나의 릴레이션으로 합치는 방법도 가능하다.

예:

[그림 5.46]에서 첫 번째 방법은 엔티티 타입 E1과 엔티티 타입 E2에 대하여 각각 릴레이션 E1과 릴레이션 E2를 생성하고, 릴레이션 E1의 기본 키 PK1을 릴레이션 E2에 외래 키 FK1으로 포함시켰다. 릴레이션 E2의 기본 키는 PK2이다. 두 번째 방법은 엔티티 타입 E1과 엔티티 타입 E2에 대하여 각각 릴레이션 E1과 릴레이션 E2를 생성하고, 릴레이션 E2의 기본 키 PK2를 릴레이션 E1에 외래 키 FK2로 포함시켰다. 릴레이션 E2의 기본 키는 PK1이다. 세 번째 방법은 엔티티 타입 E1과 E2에 대하여 각각 릴레이션 E1과 E2를 생성하고, 관계 타입 R에 대하여 릴레이션 R을 생성하고, 릴레이션 E1과 E2의 기본 키를 각각 외래 키로 포함시켰다. 릴레이션 R의 기본 키는 FK1과 FK2의 조합이다. 이 방법은 필요 이상으로 릴레이션을 수를 늘리므로 바람직한 방법이 아니다. 네 번째 방법은 E1과 E2가 관계 타입 R에 완전하게 참여할 때 엔티티 타입 E1과 E2, 관계 타입 R을 하나의 릴레이션에 통합하는 것이다. 이 릴레이션의 후보 키는 PK1과 PK2이므로, [그림 5.46]에서는 이 중에서 PK1을 기본 키로 선정했다.

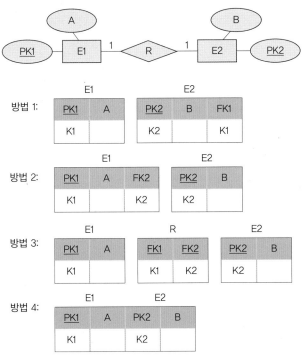

[그림 5.46] 2진 1:1 관계 타입을 릴레이션으로 사상

단계 4: 정규 2진 1:N 관계 타입

정규 2진 1:N 관계 타입 R에 대하여 N측의 참여 엔티티 타입에 대응되는 릴레이션 S를 찾는다.

관계 타입 R에 참여하는 1측의 엔티티 타입에 대응되는 릴레이션 T의 기본 키를 릴레이션 S에 외래 키로 포함시킨다. 그 이유는 모든 N측 엔티티 인스턴스가 최대한 하나의 1측 엔티티 인스턴스와 관계를 갖기 때문이다. 이와 반대로, N측의 릴레이션 S의 기본 키를 1측의 릴레이션 T에 외래 키로 포함시키면 애트리뷰트에 값들의 집합이 들어가거나 정보의 중복이 많이 발생한다. 관계 타입 R이 가지고 있는 모든 단순 애트리뷰트(복합 애트리뷰트를 갖고 있는 경우에는 복합 애트리뷰트를 구성하는 단순 애트리뷰트)들을 S에 해당하는 릴레이션에 포함시킨다.

예:

[그림 5.47]에서 관계 타입 R에 참여하는 엔티티 타입 E1과 E2 중에서 N측에 해당하는 엔티티 타입은 E2이므로 엔티티 타입 E2에 대응되는 릴레이션 E2에는 엔티티 타입 E1에 대응되는 릴레이션의 기본 키 PK1을 참조하는 외래 키 FK1을 포함시킨다. 두 번째 방법은 엔티티 타입 E1과 E2에 대하여 각각 릴레이션 E1과 E2를 생성하고, 관계 타입 R에 대하여 릴레이션 R을 만든 후 릴레이션 R에는 릴레이션 E1과 E2의 기본 키를 각각 참조하는 외래 키를 포함시킨다. 불필요하게 릴레이션 수를 늘리므로 이 방법은 바람직하지 않다. 하나의 엔티티 타입을 연관시키는 순환적 관계 타입 R에 대해서도 첫 번째 방법을 그대로 적용하면, 엔티티 타입 E1이 관계 타입 R에 1측으로, N측으로 참여하므로 엔티티 타입 E1에 해당하는 릴레이션의 기본 키를 외래 키로 포함시킨다. 단계 4를 거친 후에 1측에 참여하는 엔티티 타입에 대응되는 릴레이션에는 아무런 변화가 없다.

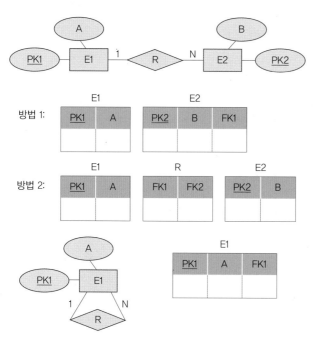

[그림 5.47] 정규 2진 1:N 관계 타입을 릴레이션으로 사상

단계 5: 2진 M:N 관계 타입

2진 M:N 관계 타입을 직접 관계 데이터베이스에 나타낼 수 없으므로 별도의 릴레이션으로 표현해야 한다. 2진 M:N 관계 타입 R에 대해서 릴레이션 R을 생성한다. 참여 엔티티 타입에 해당하는 릴레이션들의 기본 키를 릴레이션 R에 외래 키로 포함시키고, 이들의 조합이 릴레이션 R의 기본 키가 된다. 또한, 관계 타입 R이 가지고 있는 모든 단순 애트리뷰트(복합 애트리뷰트를 갖고 있는 경우에는 복합 애트리뷰트를 구성하는 단순 애트리뷰트)들을 릴레이션 R에 포함시킨다. 두 릴레이션의 기본 키를 외래 키로 포함시킬 때 두 기본 키의 이름이 같은 경우에는, 한 릴레이션 내에서 애트리뷰트들의 이름은 서로 달라야 하므로 한 애트리뷰트의 이름을 변경해야 한다. 애트리뷰트 이름을 변경해도 기본 키/외래 키의 특성에 영향을 주지는 않는다.

> **예:**
>
> [그림 5.48]에서 관계 타입 R에 대하여 새로운 릴레이션 R을 생성하고, 엔티티 타입 E1과 E2에 해당하는 릴레이션들의 기본 키 PK1과 PK2를 릴레이션 R에 각각 외래 키 FK1과 FK2로 포함시킨다. 두 외래 키의 조합이 릴레이션 R의 기본 키가 된다.

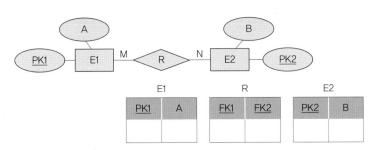

[그림 5.48] 2진 M:N 관계 타입을 릴레이션으로 사상

단계 6: 3진 이상의 관계 타입

3진 이상의 각 관계 타입 R에 대하여 릴레이션 R을 생성한다. 관계 타입 R에 참여하는 모든 엔티티 타입에 대응되는 릴레이션들의 기본 키를 릴레이션 R에 외래 키로 포함시킨다. 또한, 관계 타입 R이 가지고 있는 모든 단순 애트리뷰트(복합 애트리뷰트를 갖고 있는 경우에는 복합 애트리뷰트를 구성하는 단순 애트리뷰트)들을 릴레이션 R에 포함시킨다. 일반적으로 외래 키들의 조합이 릴레이션 R의 기본 키가 된다. 하지만 관계 타입 R에 참여하는 엔티티 타입들의 카디널리티가 1:N:N이면 카디널리티가 1인 릴레이션의 기본 키를 참조하는 외래 키를 제외한 나머지 외래 키들의 모임이 릴레이션 R의 기본 키가 된다.

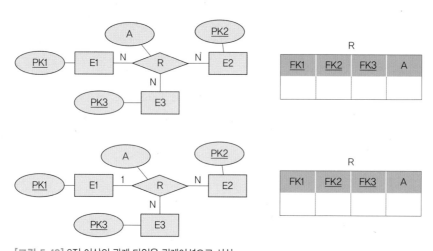

[그림 5.49] 3진 이상의 관계 타입을 릴레이션으로 사상

단계 7: 다치 애트리뷰트

각 다치 애트리뷰트에 대하여 릴레이션 R을 생성한다. 다치 애트리뷰트에 해당하는 애트리뷰트를 릴레이션 R에 포함시키고, 다치 애트리뷰트를 애트리뷰트로 갖는 엔티티 타입이나 관계 타입에 해당하는 릴레이션의 기본 키를 릴레이션 R에 외래 키로 포함시킨다. 릴레이션의 R의 기본 키는 다치 애트리뷰트와 외래 키의 조합이다.

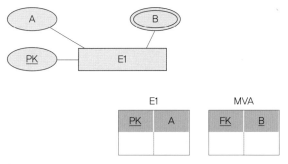

[그림 5.50] 다치 애트리뷰트를 릴레이션으로 사상

지금까지 설명한 7단계를 정확하게 적용하여 ER 스키마를 관계 데이터베이스로 사상하더라도, 바람직하지 않은 특성을 갖는 관계 데이터베이스가 생성될 수 있다. 그 이유는 데이터베이스 설계자가 잘못 판단하여 두 개 이상의 엔티티 타입에 속하는 애트리뷰트들을 한 개의 엔티티 타입에 포함시킨 경우가 있을 수 있기 때문이다. 단계 1과 단계 2에서 한 엔티티 타입이 하나의 릴레이션으로 사상된다. 만일 한 엔티티 타입에 두 개 이상의 엔티티 타입에 속하는 애트리뷰트들이 섞여 있다면 이 엔티티 타입이 사상된 릴레이션은 바람직하지 않은 특성을 나타낸다.

따라서 논리적 설계의 결과로 생성된 관계 데이터베이스에 7장의 정규화 이론을 적용하여 보다 좋은 특성을 갖는 관계 데이터베이스로 정제해야 한다.

5.4.2 데이터베이스 설계 사례에 알고리즘 적용

[그림 5.39]의 회사 ER 스키마에 5.4.1절의 알고리즘을 적용하여 릴레이션들로 사상해 보자.

단계 1: 정규 엔티티 타입과 단일 값 애트리뷰트

단계 1을 거치면 정규 엔티티 타입과 단순 애트리뷰트들이 릴레이션으로 사상된다. [그림 5.39]의 EMPLOYEE 엔티티 타입의 Address 애트리뷰트는 복합 애트리뷰트이므로 이 애트리뷰트를 구성하는 단순 애트리뷰트들을 릴레이션에 포함시킨다. 엔티티 타입의 기본 키가 릴레이션의 기본 키가 된다. 릴레이션의 기본 키에는 밑줄을 그어 표시한다.

```
EMPLOYEE(Empno, Empname, Title, City, Ku, Dong, Salary)
```

PROJECT 엔티티 타입에는 다치 애트리뷰트인 Location이 포함되어 있는데, 단계 1에서는 다치 애트리뷰트는 고려하지 않고 있으므로 PROJECT 릴레이션에 Location 애트리뷰트는 포함시키지 않는다.

```
    PROJECT(Projno, Projname, Budget)
```

DEPARTMENT 엔티티 타입은 다음의 릴레이션으로 사상된다.

```
    DEPARTMENT(Deptno, Deptname, Floor)
```

SUPPLIER 엔티티 타입과 PART 엔티티 타입도 각각 다음과 같은 릴레이션으로 사상된다.

```
    SUPPLIER(Suppno, Suppname, Credit)
    PART(Partno, Partname, Price)
```

단계 2: 약한 엔티티 타입과 단일 값 애트리뷰트

단계 2를 거치면 약한 엔티티 타입과 단일 값 애트리뷰트들이 릴레이션으로 사상된다. [그림 5.39]의 회사 ER 스키마에서 DEPENDENT가 유일한 약한 엔티티 타입이다. 이 엔티티 타입에는 단순 애트리뷰트만 들어 있다. 이 엔티티 타입의 소유 엔티티 타입은 EMPLOYEE이 므로 EMPLOYEE 릴레이션의 기본 키를 DEPENDENT 릴레이션에 외래 키로 포함시킨다. DEPENDENT의 부분 키 Depname과 EMPLOYEE 릴레이션의 기본 키를 참조하는 외래 키 Empno가 모여서 DEPENDENT 릴레이션의 기본 키가 된다.

```
    DEPENDENT(Empno, Depname, Sex)
```

단계 3: 2진 1:1 관계 타입

회사 ER 스키마에서 EMPLOYEE 엔티티 타입과 PROJECT 엔티티 타입을 연결하는 MANAGES 관계 타입이 유일한 2진 1:1 관계 타입이다. 이 관계 타입에 PROJECT 엔티티 타입은 전체 참여하고 EMPLOYEE 엔티티 타입은 부분 참여하므로, PROJECT 엔티티 타입에 대응되는 PROJECT 릴레이션이 S의 역할을 한다. T의 역할을 하는 EMPLOYEE 릴레이션의 기본 키를 PROJECT 릴레이션에 외래 키로 포함시킨다. 따라서 단계 1에서 생성된 PROJECT 릴레이션에 EMPLOYEE 릴레이션을 참조하는 외래 키 Manager 가 추가된다. 이 애트리뷰트는 PROJECT 릴레이션의 기본 키의 구성요소는 아니다. 또한, MANAGES 관계 타입이 가지고 있는 StartDate 애트리뷰트를 PROJECT 릴레이션에 추가한다.

```
PROJECT(Projno, Projname, Budget, StartDate, Manager)
```

단계 4: 정규 2진 1:N 관계 타입

회사 ER 스키마에는 정규 2진 1:N 관계 타입이 두 개 존재한다. EMPLOYEE 엔티티 타입과 DEPARTMENT 엔티티 타입을 연결하는 BELONGS 관계 타입, PART 엔티티 타입을 자체적으로 연결하는 CONTAINS 관계 타입이 정규 2진 1:N 관계 타입에 해당한다. EMPLOYEE 엔티티 타입과 DEPENDENT를 연결하는 POLICY 관계 타입은 2진 1:N 관계이지만, 정규 2진 1:N 관계가 아님을 주의하시오. EMPLOYEE 엔티티 타입과 DEPARTMENT 엔티티 타입을 연결하는 BELONGS 관계 타입에서 EMPLOYEE 엔티티 타입이 N측에 참여하므로 EMPLOYEE 릴레이션을 S라고 한다. BELONGS 관계 타입에 참여하는 1측의 엔티티 타입에 대응되는 릴레이션이 DEPARTMENT이므로 이를 T라고 한다. T의 기본 키를 S에 외래 키로 포함시킨다. 따라서 단계 1에서 생성된 EMPLOYEE 릴레이션에 DEPARTMENT 릴레이션의 기본 키를 참조하는 외래 키(Dno)가 추가된다. 이 애트리뷰트는 EMPLOYEE 릴레이션의 기본 키의 구성요소는 아니다.

```
EMPLOYEE(Empno, Empname, Title, City, Ku, Dong, Salary, Dno)
```

PART 엔티티 타입에 대해서도 단계 4를 적용하면, 단계 1에서 생성된 PART 릴레이션에 PART 릴레이션의 기본 키를 참조하는 외래 키(Subpartno)가 추가된다. 이 애트리뷰트는 PART 릴레이션의 기본 키의 구성요소는 아니다.

```
PART(Partno, Partname, Price, Subpartno)
```

단계 5: 2진 M:N 관계 타입

회사 ER 스키마에서 EMPLOYEE 엔티티 타입과 PROJECT 엔티티 타입을 연결하는 WORKS_FOR 관계 타입이 유일한 2진 M:N 관계 타입이다. 2진 M:N 관계 타입에 대해서는 새로운 릴레이션을 생성한다. 이 릴레이션의 이름을 WORKS_FOR라고 부르기로 하자. EMPLOYEE 엔티티 타입에 대응되는 릴레이션의 기본 키와 PROJECT 엔티티 타입에 대응되는 릴레이션의 기본 키를 WORKS_FOR 릴레이션에 외래 키로 포함시킨다. 이 두 외래 키의 조합이 WORKS_FOR 릴레이션의 기본 키가 된다. 또한, WORKS_FOR 관계 타입이 갖고 있는 두 개의 애트리뷰트 Duration과 Responsibility를 Works_for 릴레이션에 추가한다.

```
WORKS_FOR(Empno, Projno, Duration, Responsibility)
```

단계 6: 3진 이상의 관계 타입

회사 ER 스키마에서 SUPPLIER 엔티티 타입, PROJECT 엔티티 타입, PART 엔티티 타입을 연결하는 SUPPLIES 관계 타입이 유일한 3진 관계 타입이다. 3진 관계 타입에 대해서는 새로운 릴레이션을 생성한다. 이 릴레이션의 이름을 SUPPLY라고 부르기로 하자. SUPPLIER 엔티티 타입에 대응되는 릴레이션의 기본 키, PROJECT 엔티티 타입에 대응되는 릴레이션의 기본 키, PART 엔티티 타입에 대응되는 릴레이션의 기본 키를 SUPPLY 릴레이션에 외래 키로 포함시킨다. 세 외래 키의 조합이 SUPPLY 릴레이션의 기본 키가 된다. 또한, SUPPLIES 관계 타입이 갖고 있는 한 개의 애트리뷰트 Quantity를 SUPPLY 릴레이션에 추가한다.

```
SUPPLY(Suppno, Projno, Partno, Quantity)
```

단계 7: 다치 애트리뷰트

회사 ER 스키마에서 PROJECT 엔티티 타입의 Location 애트리뷰트가 다치 애트리뷰트이다. 다치 애트리뷰트에 대해서 새로운 릴레이션을 생성한다. 이 릴레이션의 이름을 PROJ_LOC라고 부르기로 하자. 다치 애트리뷰트에 해당하는 애트리뷰트를 PROJ_LOC 릴레이션에 포함시키고, 다치 애트리뷰트를 갖고 있는 PROJECT 엔티티 타입에 대응되는 릴레이션의 기본 키를 PROJ_LOC 릴레이션에 외래 키로 포함시킨다. 두 애트리뷰트의 조합이 PROJ_LOC 릴레이션의 기본 키가 된다.

```
PROJ_LOC(Projno, Location)
```

회사 ER 스키마에 대해 7단계의 알고리즘을 적용하면 최종적으로 아래와 같은 릴레이션들의 집합이 생성된다. 회사 ER 스키마의 각 엔티티 타입에 대해서 정규 엔티티 타입이든 약한 엔티티 타입이든 하나의 릴레이션이 생성되어 6개의 릴레이션이 생성되었다. 각 2진 M:N 관계 타입에 대해서 하나의 릴레이션이 생성되었다. 각 3진 이상의 관계 타입에 대해서 하나의 릴레이션이 생성되었다. 마지막으로 각 다치 애트리뷰트에 대해서 하나의 릴레이션이 생성되었다. 따라서 회사 ER 스키마는 관계 데이터베이스에서 총 9개의 릴레이션으로 사상되었다.

그러나 이 릴레이션 스키마들은 관계 데이터베이스에 정의할 최종 스키마가 아니다. 이들은 각 엔티티 타입의 애트리뷰트나 관계 타입의 애트리뷰트가 갖는 의미는 고려하지 않고 ER 스키마의 각 구성요소에 릴레이션으로 사상하는 알고리즘을 기계적으로 적용하여 생성한 릴레이션 스키마들이다. 7장에서 논의할 정규화 과정을 적용하여 중복을 감소시키고, 여러 가지 갱신 이상들이 발생하지 않도록 릴레이션 스키마들을 정제한 후에 관계 데이터베이스에 릴레이션들로 정의하는 것이 바람직하다.

```
EMPLOYEE(Empno, Empname, Title, City, Ku, Dong, Salary, Dno)
PROJECT(Projno, Projname, Budget, StartDate, Manager)
DEPARTMENT(Deptno, Deptname, Floor)
SUPPLIER(Suppno, Suppname, Credit)
PART(Partno, Partname, Price, Subpartno)
DEPENDENT(Empno, Depname, Sex)
WORKS_FOR(Empno, Projno, Duration, Responsibility)
SUPPLY(Suppno, Projno, Partno, Quantity)
PROJ_LOC(Projno, Location)
```

[그림 5.42]의 회사 ER 스키마 다이어그램이 최종적으로 9개의 릴레이션으로 변환되었다. 물론 정규화를 추가로 적용하면 릴레이션 개수가 더 늘어날 수 있다. 이런 릴레이션들을 관계 DBMS의 데이터베이스에 정의하여 회사에서 생성되는 데이터를 저장하고 관리하게 된다. 다음 [그림 5.51]은 ER 개념과 데이터베이스 개념들의 대응 관계를 보여준다.

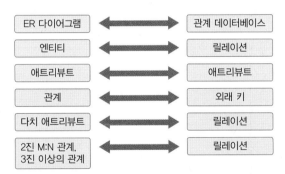

[그림 5.51] ER 개념과 관계 데이터베이스 개념들의 대응 관계

연습문제

1. 다음 용어들을 간략히 설명하시오.

   엔티티, 엔티티 타입, 단순 애트리뷰트, 복합 애트리뷰트, 다치 애트리뷰트, 유도된 애트리뷰트, 탐색 키,
   히프 화일, 클러스터링 인덱스, 밀집 인덱스, 희소 인덱스, 다단계 인덱스

2. 엔티티 타입이란 무엇인가? 정규 엔티티 타입과 약한 엔티티 타입의 차이점은 무엇인가?

3. 언제 약한 엔티티 타입의 개념이 데이터 모델링에 유용한가? 예를 들어 설명하시오.

4. 관계 타입이란 무엇인가? 관계 타입의 차수란 무엇인가? 순환 관계란 무엇인가?

5. 커피는 엔티티인가? 의자는 엔티티인가? 중력은 엔티티인가?

6. 다음의 ER 다이어그램에 두 개의 엔티티 타입과 한 개의 관계 타입이 있다. 한 사람의 프로그래머가 어떤 프로젝트에서 몇 시간 동안 일했는가를 나타내는 NumOfHours라는 애트리뷰트를 포함시키려 한다. 이 애트리뷰트가 어디에 속해야 하는가?

7. 카디널리티 비율과 참여 제약조건을 합쳐서 구조적 제약조건이라고 부른다. 카디널리티 비율은 1:1, 1:N, M:N 중의 하나이다. 참여 제약조건은 전체 참여와 부분 참여로 구분한다. 총 몇 가지 구조적 제약조건이 가능한가?

8. 다음의 ER 다이어그램을 보고, 단순 애트리뷰트, 복합 애트리뷰트, 다치 애트리뷰트, 기본 키 애트리뷰트, 유도된 애트리뷰트, 관계 타입이 가진 애트리뷰트를 구분하시오.

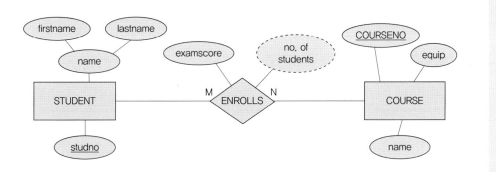

9. 다음의 ER 다이어그램을 릴레이션들로 변환하시오.

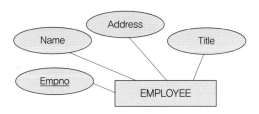

10. 다음의 ER 다이어그램을 릴레이션들로 변환하시오. 이 릴레이션들을 생성하는 CREATE TABLE문을 작성하시오. 기본 키와 외래 키 제약조건을 포함시키시오.

(1)

(2)

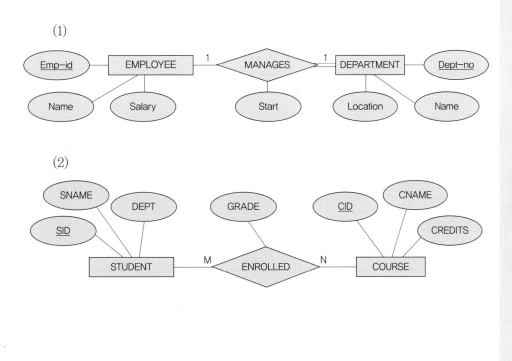

11. 다음의 ER 다이어그램을 릴레이션들로 변환하시오.

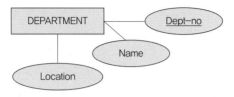

12. 다음의 ER 다이어그램을 릴레이션들로 변환하시오. 생성된 릴레이션들을 정의하는 CREATE TABLE문들을 작성하시오.

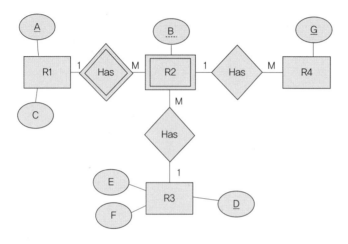

13. 다음의 각 ER 다이어그램을 릴레이션들로 사상하시오.

(1)

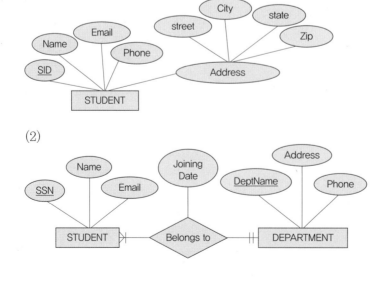

(2)

(3)

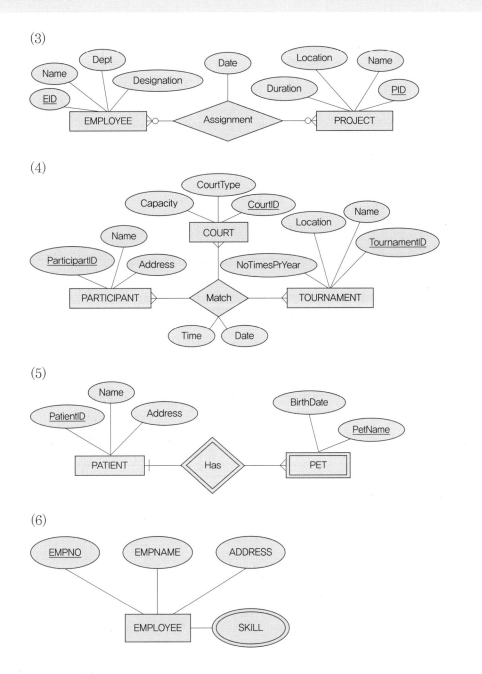

(4)

(5)

(6)

14. 작은 도시에 위치한 소규모 신문사에서 각종 사진과 기사들을 관리하기 위해서 데이터베이스 시스템을 설치하려고 결정하였다. 데이터베이스에 어떤 정보를 저장할 것인가에 관한 요구사항이 다음과 같다.

   − 사진은 고유한 번호와 촬영한 날짜, 사진의 가로와 세로 크기를 갖는다.

   − 신문사 소속 사진사가 찍은 사진과 외부에서 구입한 사진들을 구분하려고 한다. 신문사 소속 사진사가 찍은 사진에 대해서는 사진사의 이름을 나타내고 외부에서 구입한 사진

에 대해서는 구입처와 사진의 가격을 나타내려고 한다.

- 기사 또는 사진에 등장하는 인물에 대한 정보를 별도로 저장하려 한다. 인물에 대해서 이름, 생년월일, 영역(정치, 경제, 사회, 스포츠 등)을 저장한다.

- 사진마다 그 사진에 어떤 사람들이 등장하는가를 저장한다.

- 기사마다 기사의 제목, 기사 작성자의 이름(들), 기사가 등장한 신문의 발간호를 저장 한다. 또한 각 기사에 대해서 그 기사에 어떤 인물들이 등장했는지, 그 기사에 어떤 사 진들이 포함되었는가를 나타내려 한다.

이와 같은 요구사항을 바탕으로 다음과 같은 작업들을 수행하시오.

(1) 위의 요구사항을 ER 다이어그램으로 그리시오. 기본 키 애트리뷰트뿐만 아니라 관계 타입들의 카디널리티 제약조건들도 ER 다이어그램에 나타내시오.

(2) ER 다이어그램에 나타내지 못한 무결성 제약조건이 있으면 자연어로 서술하시오.

(3) (1)에서 작성한 ER 다이어그램을 관계 데이터베이스 스키마로 변환하시오. 기본 키 와 외래 키 애트리뷰트들을 모두 명시하시오.

15. 일반적으로 데이터베이스 설계 단계에서 고려되는 두 가지 제약조건이란 무엇인가?

16. 정보통신 교육센터에 50명의 강사가 속해 있다. 각 과정마다 100명의 수강생이 참여할 수 있다. 교육센터의 운영을 ER 다이어그램으로 표현하려고 한다. 교육센터 자체를 엔티 티로 모델링하지는 말아야 한다. 교육센터 내의 엔티티들과 이들 간의 관계만 모델링하 시오.

- 교육센터는 다수의 고급 과정을 개설하는데, 각 과정은 두 명 이상의 강사들이 팀으로 맡는다.

- 각 강사는 최대 두 개의 과정을 맡거나 강의 준비 임무를 부여받는다.

- 각 수강생은 교육 기간 동안 하나의 고급 과정을 이수한다.

17. 극장연합회에서는 영화와 관객들에 관한 통계를 수집하여 다음과 같은 사항들을 데이터베 이스에 저장하고자 한다.

- 영화: 각 영화마다 고유한 번호, 이름, 제작 연도, 제작 국가를 저장한다.

- 극장: 각 극장마다 고유한 번호, 이름, 위치한 도시를 저장한다.

- 스크린: 각 극장은 하나 이상의 스크린을 보유한다. 각 스크린마다 해당 극장 내에서 고 유한 번호와 이름을 갖는다. 이와 같은 스크린에 관한 정보를 저장한다.

- 상영: 영화는 여러 스크린에서 상영된다. 언제 어떤 스크린에서 어떤 영화가 상영되었

으며 얼마나 많은 관객이 관람했는가에 관한 정보를 저장한다.

(1) 이런 요구사항에 대하여 ER 다이어그램을 그리시오. ER 다이어그램을 그리기 위해 추가로 가정한 것이 있으면 이를 설명하시오. ER 다이어그램은 여러 가지 형태로 그릴 수 있다. 자신이 그린 ER 다이어그램의 표기법을 설명하시오.

(2) (1)에서 작성한 ER 다이어그램을 릴레이션들로 사상하시오. 릴레이션들의 스키마에서 어느 애트리뷰트가 기본 키인지 표시하시오.

18. 다음의 ER 다이어그램을 관계 데이터베이스 스키마로 변환하시오. 각 릴레이션이 생성되는 과정을 설명하시오.

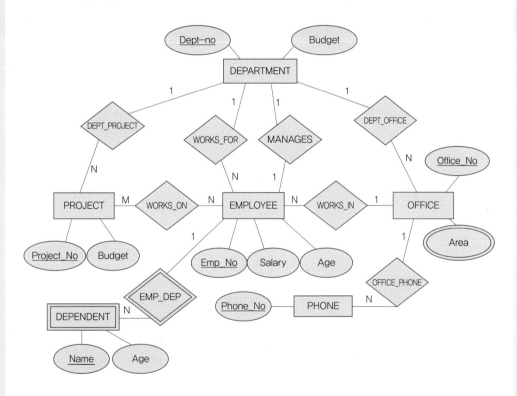

19. 대학 근처에 패스트푸드점들을 오픈한 후에 고객들이 크게 증가하여 본사에서는 판매 정보를 데이터베이스에 저장하려 한다. 다음과 같은 사항들을 데이터베이스에 저장하고자 한다.

– 패스트푸드 점: 각 패스트푸드점은 고유한 번호, 주소, 전화번호를 저장한다.

– 메뉴(item): 메뉴는 콜라, 햄버거 등과 같이 고객이 구입할 수 있는 각 품목이다. 각 메뉴에 대하여 고유한 번호, 이름, 가격을 저장한다.

– 주문(sale): 한 명의 고객이 여러 가지 메뉴를 구입하면 이를 주문이라고 부른다. 각 주

문에 대하여, 어느 패스트푸드점에서 어느 시간에 어떤 메뉴들이 몇 개씩 포함되었는가를 저장한다.

이런 요구사항에 대한 ER 다이어그램이 다음과 같다. 이 ER 다이어그램을 릴레이션들로 사상하시오. 릴레이션들의 스키마에서 어느 애트리뷰트가 기본 키인지 표시하시오.

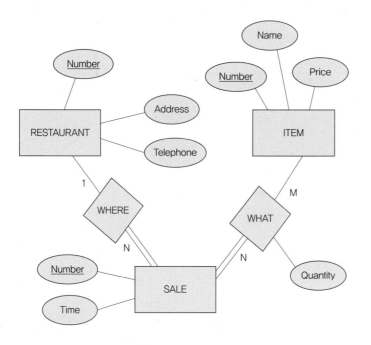

20. ER 다이어그램은 그래프로 생각할 수 있다. 어떤 기업의 ER 스키마의 구조 관점에서 다음의 경우는 무엇을 의미하는가?

(1) 그래프가 분리되어 있음

(2) 그래프에 사이클이 없음

21. 벤처기업협회에서 각 회원사에 대한 정보를 유지하려 한다. 다음의 각 설명에 대하여 ER 다이어그램을 그리시오.

(1) 각 회사는 다섯 개 이하의 부서를 유지한다. 각 부서는 한 회사에만 속한다.

(2) (1)의 각 부서에는 한 명 이상의 사원들이 근무한다. 각 사원은 한 부서를 위해서만 일한다.

(3) (2)의 각 사원은 부양가족을 가지지 않았거나 한 명 이상의 부양가족을 가질 수 있다. 각 부양가족은 한 사원에게만 속한다.

(4) (3)의 각 사원은 고용 이력을 가질 수도 있고 안 가질 수도 있다.

(5) (1)~(4)까지 개별적으로 작성한 ER 다이어그램을 한 개의 ER 다이어그램으로 통

합하여 나타내시오.

22. 여러 지역에 공장들이 분산된 PC 제조업체가 있다. 이 제조업체는 회사 운영을 위해 데이터베이스를 구축하려고 한다. 제품, 제품을 조립하는 공장 내의 기계, 공장, 조립 기계를 위한 서비스 부품 등에 관한 정보를 데이터베이스에 저장하려 한다. ER 다이어그램을 그리시오. 필요한 제약조건들도 ER 다이어그램에 포함시키시오. 필요하다면 적절한 가정을 하시오. 완성한 ER 다이어그램을 자세하게 설명하시오. ER 다이어그램에 사용된 각 기호의 의미를 설명하시오.

23. 한국대학교에서 학생과 과목들에 관한 정보를 데이터베이스에 저장하려 한다. 각 학생은 여러 과목들을 수강하고 각 과목은 여러 학생들이 수강한다. 각 강사는 한 강좌를 맡고 각 학과에 여러 강사들이 있다. 어떤 과목이 여러 개의 강좌로 개설될 수 있다.

(1) 위의 요구사항에서 명사들을 모두 식별하시오.

(2) (1)에서 식별한 명사들을 검토하여 엔티티로 적합한 것들을 찾아내라.

(3) 각 엔티티에 대하여 가능한 식별자를 선정하시오.

(4) 위의 요구사항에서 동사들을 모두 식별하시오.

(5) 엔티티들 간의 관계를 식별하고, 초기 ER 다이어그램을 그려라.

(6) 대학에 대한 지식을 기반으로 각 엔티티와 관계가 있는 애트리뷰트들을 열거하시오.

(7) (5)에서 작성한 초기 ER 모델에 애트리뷰트들을 추가하시오.

24. 다음과 같은 데이터베이스 설계의 주요 단계들을 정확한 순서대로 배열하시오.

논리적 설계
데이터베이스 튜닝
요구사항 수집과 분석
물리적 설계
정규화
개념적 설계

25. 개념적 설계, 논리적 설계, 물리적 설계의 차이점을 설명하시오.

26. DBA가 6개월 동안 회사 데이터베이스를 모니터링한 결과 한 릴레이션에 레코드가 하나도 들어 있지 않다는 사실을 발견했다.

(1) 이 릴레이션을 제거해도 무방한가?

(2) 처음에 이 릴레이션이 회사 데이터베이스에 포함된 이유는 무엇인가?

(3) 어떤 작업을 제안하고 싶은가?

27. 데이터베이스 종강 파티를 하려 한다. 수강생뿐만 아니라 수강생의 친구들도 참가할 수 있다. 각 수강생에 대해서 참가 여부, 참가한다면 몇 명의 친구들과 함께 올 것인지를 알고자 한다. 또한, 파티 참가자들에게 주류를 제공하려 하기 때문에 맥주와 소주 중에서 어느 것을 마실 수 있는지, 모두 마실 수 있는지, 모두 못 마시는지 알고자 한다. 파티에 얼마나 많은 참가자들이 올 것이며, 이들이 어떤 주류를 선호하는가를 저장하기 위해서 데이터베이스를 설계하려 한다. 이 데이터베이스에는 몇 개의 릴레이션이 필요한가? 각 릴레이션에는 어떤 정보를 저장할 것인가?

28. 보고서에 학생들의 나이를 표시하려고 한다. 이에 필요한 정보를 관련된 릴레이션에 저장하는 가장 좋은 방안을 제시하시오.

29. 약한 엔티티 타입과 소유 엔티티 타입을 연결하는 관계 타입에서 소유 엔티티 타입의 카디널리티가 얼마인가? 그 이유를 설명하시오.

30. 카디널리티 비율 1:1, 1:N, M:N에 대해서 본문에서 설명하지 않은 실생활의 예를 하나씩 드시오.

31. 요구사항 분석과 수집이 끝난 후에 이를 바탕으로 두 가지 이상의 정확한 ER 다이어그램이 작성될 수 있는가? 그 이유를 설명하시오.

32. ER 다이어그램을 작성할 때 CASE 도구들을 사용하는 이유는 무엇인가?

Chapter **06**

물리적
데이터베이스 설계

CHAPTER 06
물리적 데이터베이스 설계

물리적인 설계 단계에서는 논리적인 설계의 데이터 구조를 보조 기억 장치상의 파일(물리적인 데이터 모델)로 사상한다. 예상 빈도를 포함하여 데이터베이스 질의와 트랜잭션들을 분석한다. 조인 연산들의 속도를 향상시키고, 가장 빈번하게 사용되는 애트리뷰트들에 중점을 둔다. 데이터에 대한 효율적인 접근을 제공하기 위하여 저장 구조와 접근 방법들을 다룬다. 물리적 데이터베이스 설계는 특정 DBMS의 특성을 고려하여 진행된다.

질의를 효율적으로 지원하기 위해서 인덱스 구조를 적절히 사용한다. 너무 많은 인덱스를 정의하면 데이터베이스 갱신 시 시간이 많이 걸린다. 너무 적은 인덱스를 정의하면 검색 연산이 효율적으로 지원되지 않는다

대부분의 경우에 논리적인 데이터베이스 설계는 바로 물리적인 데이터베이스 설계로 사상된다. 그러나 데이터베이스의 사용 패턴에 관한 정보를 추가로 알게 됨에 따라 시스템 성능을 향상시킬 수 있다. 만일 현재 사용하고 있는 DBMS가 ANSI/SPARC 모델을 잘 따른다면 이런 변화로 인해 논리적인 설계가 변경될 필요는 없다.

데이터베이스는 파일들의 집합으로 저장된다. 각 파일은 일반적으로 동일한 유형의 레코드들의 모임으로 이루어진다. 각 레코드는 연관된 필드들의 모임이다. 동일한 개수의 필드와 일정한 크기를 갖는 필드들로 이루어진 고정 길이 레코드, 각 레코드마다 서로 다른 필드 개수를 갖거나 각 필드의 길이가 가변적인 가변 길이 레코드로 구분한다. 파일들은 일반적으로 디스크와 같은 보조 기억 장치에 저장된다.

DBMS는 운영체제와 상호 작용을 하면서 디스크로부터 데이터를 읽어온다. 운영체제의 구성 요소들 중에서 파일 시스템이 DBMS와 상호 작용한다. 파일 시스템은 디스크, 테이프, CD-

ROM 등의 보조 기억 장치에서 저장 공간을 관리한다. 파일 시스템이 제공하는 일반적인 서비스에는 프로그램이 요청한 공간의 할당, 데이터에 대한 접근 제공, 가용 데이터에 대한 개요 제공 등이 있다.

본 장에서는 물리적 데이터베이스 설계를 논의한다. 6.1절에서는 데이터베이스가 저장되는 대표적인 보조 기억 장치인 디스크의 개요와 특성을 개략적으로 논의한다. 6.2절에서는 운영체제가 디스크의 블록을 주기억 장치의 버퍼로 읽고, 주기억 장치의 버퍼를 관리하는 방법을 간략하게 소개한다. 6.3절에서는 디스크상의 레코드 배치와 클러스터링을 설명한다. 6.4절에서는 파일 조직 중에서 히프 파일과 순서 파일을 소개하고, 6.5절에서는 단일 단계 인덱스를 기술한다. 6.6절에서는 다단계 인덱스를 설명하고, 마지막으로 6.7절에서는 인덱스 선정 지침과 데이터베이스 튜닝을 다룬다.

6.1 보조 기억 장치

사용자가 원하는 데이터를 검색하기 위해서 DBMS는 디스크 상의 데이터베이스로부터 사용자가 원하는 데이터를 포함하고 있는 블록을 읽어서 주기억 장치로 가져와야 한다. 데이터가 변경된 경우에는 블록들을 디스크에 다시 기록해야 한다. 보조 기억 장치에서 주기억 장치로 이동하는 데이터의 단위는 블록(주기억 장치에서는 페이지)이다. 블록 크기는 운영체제에 따라 다르다. 사용자가 블록 크기를 임의로 설정할 수 없다. 블록 크기는 512바이트부터 수 킬로바이트까지 다양한데, 전형적인 블록 크기는 4,096바이트이다. 각 파일은 고정된 크기의 블록들로 나누어져서 저장된다.

주기억 장치는 매우 **빠르지만**, 용량이 작아서 전체 데이터베이스(심지어 한 릴레이션 전체)를 저장할 수 없고, 주기억 장치는 휘발성이어서 컴퓨터 시스템이 다운된 경우에는 내용이 모두 없어지므로 데이터베이스는 디스크에 저장하여 관리한다.

디스크는 데이터베이스를 장기간 보관하는 주된 보조 기억 장치이다. 일반적으로 전체 데이터베이스(모든 릴레이션 및 연관된 접근 구조)가 디스크에 저장된다. 컴퓨터 시스템이 다운되는 경우에도 일반적으로 디스크의 데이터베이스는 손상되지 않는다. 디스크는 직접 접근 장치이다. 즉, 디스크 상의 임의의 위치에 있는 데이터에 바로 접근할 수 있다.

이에 반해서 자기 테이프는 주로 데이터베이스를 백업하기 위해서 사용한다. 순차 접근만 가능하므로 디스크 장치보다 속도가 느리다.

현재 사용 중인 데이터베이스는 디스크에 있으므로 디스크에 중점을 두고 논의를 진행한다. [그림 6.1]은 저장 장치의 계층 구조를 보여준다. 속도가 가장 빠른 주기억 장치가 제일 위에 위치하고 중간에 디스크가 위치한다. 맨 아래에 가장 속도가 느린 테이프 장치가 위치한다.

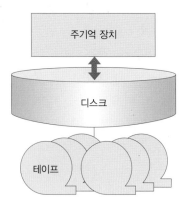

[그림 6.1] 저장 장치의 계층 구조

[그림 6.2]와 같이 디스크는 자기 물질로 만들어진 여러 개의 판으로 이루어진다. 각 면마다 디스크 헤드가 있다. [그림 6.3]이 나타내듯이 각 판은 트랙과 섹터로 구분된다. 정보는 디스크 표면상의 동심원(트랙)을 따라 저장된다. 디스크 팩에서 여러 개의 디스크 면 중에서 같은 지름을 갖는 트랙들을 실린더라고 부른다. 일반적으로 한 트랙의 용량이 매우 크기 때문에 더 작은 단위인 섹터들로 구분한다. 블록은 한 개 이상의 섹터들로 이루어진다. 디스크 장치의 물리적인 특성은 회전 속도, 판의 개수, 각 면의 트랙 수, 트랙당 용량(바이트 수) 등에 따라 달라진다.

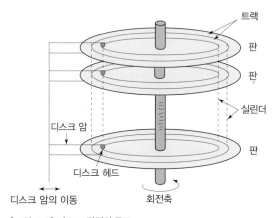

[그림 6.2] 디스크 장치의 구조

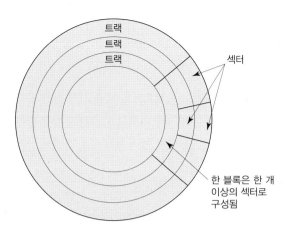

[그림 6.3] 트랙과 섹터와 블록

디스크에서 임의의 블록을 읽어오거나 기록하는 데 걸리는 시간은 **탐구 시간** seek time, **회전 지연 시간** rotational delay, **전송 시간** transfer time 의 합이다. 탐구 시간은 원하는 실린더 위에 디스크 헤드가 놓일 때까지 걸리는 시간이다. 전형적인 디스크에서 약 5~10ms 정도 소요된다. 회전 지연 시간은 원하는 블록이 디스크 헤드 밑에 올 때까지 걸리는 시간이다. 평균적으로 1/2 회전 시간만큼 걸린다. 7,200rpm 회전 속도의 디스크에서 약 4.2ms 정도 소요된다. 전송 시간은 블록을 주기억 장치로 전송하는 데 걸리는 시간이다. 전송 시간은 블록 크기와 버스 속도에 따라 달라진다. 디스크 접근에 소요되는 시간을 감소시키기 위해서는 평균 회전 지연 시간을 줄이고, 블록 전송 횟수를 감소시켜야 한다.

디스크에서 블록들을 순차적으로 접근하는 경우에 연속된 블록들이 동일한 실린더 상에 위치한다고 가정하면 탐구 시간이 0이고, 다음에 읽을 데이터가 동일한 트랙 상에서 다음 블록에 위치한다면 회전 지연 시간이 0이다. 따라서 임의 접근의 경우보다 순차 접근의 성능이 매우 빠르다. DBMS는 가능한 한 순차 접근을 이용하려고 노력한다. 디스크 상에 레코드들을 배치할 때 가능하면 연관된 레코드들을 동일한 블록, 동일한 트랙, 동일한 실린더, 인접한 실린더 순으로 유지한다.

연관된 정보를 저장하고 있는 블록들을 디스크 상에서 가까운 곳에 위치시키는 근거는 만일 응용에서 x에 접근했다면 그 다음에는 x와 연관된 데이터 y를 읽을 가능성이 높다는 것이다. 블록 크기가 크면 데이터 x와 연관된 데이터 y를 동일 블록에 저장할 수 있는 가능성이 높아지므로 y를 읽기 위해 추가로 디스크를 접근할 필요가 줄어들 수 있다.

디스크 장치의 속도에 비해서 중앙 처리 장치의 속도가 매우 빠르기 때문에 디스크와 주기억 장치 간의 데이터 전송이 데이터베이스 응용에서 주요 병목이 된다. DBMS가 여러 블록들을 주기억 장치로 읽어올 때 항상 그 블록들이 디스크 상에서 인접해 있지는 않으므로 DBMS의 성능은 주로 디스크 입출력 연산의 횟수에 좌우된다.

6.2 버퍼 관리와 운영체제

데이터베이스는 일반적으로 너무 커서 주기억 장치에 적재할 수 없으므로 보조 기억 장치에 저장한다. 디스크 입출력은 컴퓨터 시스템에서 가장 속도가 느린 작업이므로 입출력 횟수를 줄이는 것이 DBMS의 성능을 향상시키는 데 매우 중요하다. 가능하면 많은 블록들을 주기억 장치에 유지하거나 자주 참조되는 블록들을 주기억 장치에 유지하면 블록 전송 횟수를 줄일 수 있다. 버퍼는 디스크 블록들을 저장하는 데 사용되는 주기억 장치 공간이다. 버퍼 관리자는 운영체제의 구성요소로서 주기억 장치 내에서 버퍼 공간을 할당하고 관리하는 일을 맡는다.

데이터베이스 전체를 주기억 장치에 유지할 수 없으므로 한정된 버퍼 공간에 어느 블록들을 주기억 장치에 유지할 것인가? 운영체제에서 버퍼 관리를 위해 흔히 사용되는 알고리즘에서는 버퍼가 꽉 찼을 때 새로운 블록을 디스크에서 읽어오려면, 버퍼 내에서 **가장 오래 전에 참조된 블록** LRU: Least Recently Used 을 먼저 디스크로 내보내고, 그 자리에 지금 필요한 블록을 읽어온다. 즉, LRU 알고리즘에서는 블록 전송 횟수를 줄이기 위해서 주기억 장치 내의 버퍼에 최근에 접근된 블록들을 유지한다. 이렇게 함으로써 어떤 블록에 대한 요청은 디스크를 접근할 필요 없이 주기억 장치 내의 버퍼로 만족시킬 수 있다. 그러나 LRU는 데이터베이스를 위해 항상 우수한 성능을 보이지는 않는다.

DBMS는 응용에서 필요로 하는 데이터를 포함하고 있는 디스크 블록을 주기억 장치 내의 버퍼로 읽어오고, 버퍼 내에서 사용자가 필요로 하는 데이터를 찾아서 응용에 전달하는 과정을 거친다. 응용에서 데이터를 갱신하는 요청은 버퍼에서 그 데이터를 갱신하고, 갱신된 버퍼를 디스크에 기록하면 된다.

6.3 디스크 상에서 파일의 레코드 배치

릴레이션의 애트리뷰트는 고정 길이 또는 가변 길이의 필드로 표현된다. 연관된 필드들이 모여서 고정 길이 또는 가변 길이의 레코드가 된다. 레코드는 튜플에 대응된다. 한 릴레이션을 구성하는 레코드들의 모임이 파일이라고 부르는 블록들의 모임에 저장된다([그림 6.4]).

한 파일에 속하는 블록들이 반드시 인접해 있을 필요는 없다. [그림 6.5]에서 EMPLOYEE 파일에 속하는 블록들이 첫 번째 블록, 네 번째 블록, 다섯 번째 블록에 위치해 있는데 첫 번째 블록은 네 번째 블록을 가리키고, 네 번째 블록은 다섯 번째 블록을 가리킨다. 두 번째 블록은 현재 아무 파일에도 할당되지 않았다. 인접한 블록들을 읽는 경우에는 탐구 시간과 회전 지연 시간이 들지 않기 때문에 입출력 속도가 빠르므로 블록들이 인접하도록 한 파일의 블록들을 재조직할 수 있다.

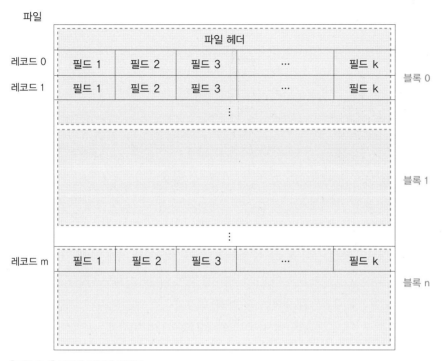

[그림 6.4] 파일과 블록과 레코드

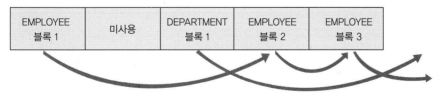

[그림 6.5] 디스크에서 블록들의 연결

블록 크기는 일반적으로 레코드 크기보다 훨씬 크므로 많은 레코드들이 한 블록에 들어간다. 만일 레코드 길이기 블록 크기를 초과하면 한 레코드를 두 개 이상의 블록에 걸쳐서 저장한다. 이런 레코드를 **신장된 레코드** spanned record 라고 부른다. BLOB Binary Large Object 로 선언된 애트리뷰트는 이미지(GIF, JPG), 동영상(MPEG, RM) 등 대규모 크기의 데이터를 저장하는 데 사용된다. BLOB는 실린더 상에서 인접한 블록들을 할당하여 저장한다.

오라클에서 BLOB의 최대 크기는 4GB이기 때문에 한 레코드 전체를 한 번에 검색한다는 가정이 더 이상 성립하지 않는다. BLOB 데이터는 한 번에 여러 블록씩 나눠서 검색한다.

채우기 인수 ^fill factor 는 각 블록에 레코드를 채우는 공간의 비율을 말한다([그림 6.6]). 한 블록에 레코드를 가득 채우지 않고 빈 공간을 남겨 두는 이유는 나중에 레코드가 삽입될 때 기존의 레코드들을 이동하는 가능성을 줄이기 위한 것이다.

50% 채움

100% 채움

[그림 6.6] 채우기 인수

튜플은 필드들로 이루어진 레코드로 표현된다. 가장 간단한 경우는 모든 필드들이 고정 길이일 때이다. 각 블록이 한 릴레이션에 속하는 튜플들만 저장하고 레코드가 고정 길이인 경우에는 레코드 관리가 단순해진다.

레코드 길이가 n바이트인 고정 길이 레코드에서 레코드 i를 접근하기 위해서는 n*(i−1)+1의 위치에서 레코드를 읽으면 된다. 예를 들어, [그림 4.6]과 같이 정의한 DEPARTMENT 릴레이션에 해당하는 파일에서 각 레코드의 길이는 18바이트(DEPTNO가 4바이트, DEPTNAME이 10바이트, FLOOR가 4바이트)이다. [그림 6.7]에서 세 번째 레코드를 읽기 위해서는 18*2+1=37번째 바이트부터 18바이트를 읽으면 된다.

1	영업	8
2	기획	10
3	개발	9
4	총무	7

◄———— 18바이트 ————►

[그림 6.7] 고정 길이 레코드 읽기

i번째 고정 길이 레코드를 삭제할 때는 i+1, ..., n번째 레코드를 i, ..., n−1로 하나씩 이동한다. [그림 6.8]에서 두 번째 레코드가 삭제되면 세 번째 레코드는 두 번째 레코드의 위치로, 네 번째 레코드는 세 번째 레코드의 위치로 각각 이동한다.

1	영업	8
2	기획	10
3	개발	9
4	총무	7

➡

1	영업	8
3	개발	9
4	총무	7

[그림 6.8] 고정 길이 레코드 삭제 시 여러 개의 레코드를 이동

만일 n번째 레코드를 바로 i번째 자리로 옮기면 속도가 보다 빨라진다. 예를 들어, [그림 6.9]에서 네 번째 레코드를 두 번째 레코드 위치로 바로 이동하면 삭제된 빈 공간을 한 번에 채울 수 있다.

1	영업	8
2	기획	10
3	개발	9
4	총무	7

1	영업	8
4	총무	7
3	개발	9

[그림 6.9] 고정 길이 레코드 삭제 시 한 개의 레코드를 이동

예: 고정 길이 레코드

예를 들어, 고정 길이 레코드의 길이가 350바이트이고, 블록 크기가 4K바이트(4,096바이트)이고 블록 헤더의 길이가 12바이트이면, 4,084바이트에 레코드를 저장할 수 있다. 한 블록에 11개의 레코드를 저장하고 234바이트가 남는다.

가변 길이 레코드의 경우에는 특정 레코드의 접근이 어려워진다. i번째 레코드가 더 이상 (n-1) *i+1 위치에 있지 않게 된다. 한 가지 구현 방법은 각 레코드의 끝을 나타내는 특별한 문자를 사용하는 것이다. 레코드를 삭제한 후에 그 공간에 길이가 더 긴 레코드를 삽입하려면 레코드들의 위치를 옮겨서 필요한 공간을 만들어야 한다.

레코드들을 블록에 넣을 때 질의 처리 시 입출력을 최소화하기 위해서 하나의 질의에서 함께 요구될 정보를 동일한 블록에 넣는 클러스터링을 활용할 수 있다. 첫 번째 클러스터링 방법은 한 파일 내의 레코드들을 클러스터링한다. **파일 내의 클러스터링** intra-file clustering 은 한 파일 내에서 함께 검색될 가능성이 높은 레코드들을 디스크 상에서 물리적으로 가까운 곳에 모아두는 것이다. 두 번째 클러스터링 방법은 두 개 이상의 파일에 속하는 레코드들을 클러스터링한다. **파일 간의 클러스터링** inter-file clustering 은 논리적으로 연관되어 함께 검색될 가능성이 높은 두 개 이상의 파일에 속한 레코드들을 디스크 상에서 물리적으로 가까운 곳에 저장하는 것이다.

예: 파일 내의 클러스터링

[그림 4.8]의 EMPLOYEE 릴레이션에 해당하는 파일에서 같은 부서에 속하는 사원 레코드들이 함께 검색될 가능성이 높으므로 [그림 6.10]과 같이 블록 0에는 1번 부서, 블록 1에는 2번 부서에서 근무하는 사원 레코드들을 함께 저장한다.

3426	박영권	과장	4377	3000000	1
1365	김상원	사원	3426	1500000	1

블록 0

2106	김창섭	대리	1003	2500000	2
1003	조민희	과장	4377	3000000	2
4377	이성래	사장	∧	5000000	2

블록 1

[그림 6.10] 파일 내의 클러스터링

공통된 애트리뷰트를 사용하여 빈번하게 조인이 수행되는 파일들에 대해서만 파일 간의 클러스터링을 제공하는 것이 좋다. 파일 간의 클러스터링이 조인 성능은 향상시키지만, 파일 전체를 탐색하는 연산, 레코드를 삽입하는 연산, 조인 애트리뷰트를 수정하는 연산의 속도는 저하시킬 수 있다.

예: 파일 간의 클러스터링

[그림 6.11]과 같이 DEPARTMENT 파일에서 1번 부서에 해당하는 레코드와 EMPLOYEE 파일에서 1번 부서에 소속된 레코드들을 가까운 곳(동일 블록)에 저장하고, 2번 부서에 해당하는 레코드와 2번 부서에 소속된 레코드들을 가까운 곳에 저장한다. 어떤 부서의 이름 등과 함께 그 부서에 소속된 사원들에 관한 정보를 함께 검색하는 경우가 많기 때문이다.

1	영업	8			
3426	박영권	과장	4377	3000000	1
1365	김상원	사원	3426	1500000	1

블록 0

2	기획	10			
2106	김창섭	대리	1003	2500000	2
1003	조민희	과장	4377	3000000	2
4377	이성래	사장	∧	5000000	2

블록 1

[그림 6.11] 파일 간의 클러스터링

6.4 파일 조직

파일 조직은 파일 내의 데이터를 보조 기억 장치에서 블록과 레코드들로 배치하는 것이다. 전형적인 파일 조직의 유형으로는 **히프 파일** heap file , **순차 파일** sequential file , **인덱스된 순차 파일** indexed sequential file , **직접 파일** hash file 등이 있다. 본 장에서는 직접 파일은 논의하지 않는다.

6.4.1 히프 파일(비순서 파일)

히프 파일은 가장 단순한 파일 조직이다. 일반적으로 레코드들이 삽입된 순서대로 파일에 저장된다. 일반적으로 새로 삽입되는 레코드는 파일의 가장 끝에 첨부된다. 따라서 삽입이 쉬우며, 레코드들의 순서는 없다. 원하는 레코드를 찾기 위해서는 모든 레코드들을 순차적으로 접근해야 한다. 삭제는 원하는 레코드를 찾은 후에 그 레코드를 삭제하고, 삭제된 레코드가 차지하던 공간을 재사용하지 않는다. 이 공간을 재사용하려면 레코드를 삽입할 때 파일의 끝 대신에 파일 중간에서 빈자리를 찾아야 하므로 레코드 삽입 시간이 증가한다.

시간이 오래 흐르면 삭제된 레코드들이 차지했던 공간이 재사용되지 않으면서 빈 공간으로 남아 있어서 파일 크기가 증가하게 된다. 검색 시에는 빈 공간도 검사하게 되므로 검색 시간이 오래 걸리게 된다. 따라서 좋은 성능을 유지하기 위해서 히프 파일을 주기적으로 재조직할 필요가 있다. 파일 재조직 시에는 빈 공간들을 회수해서 자유 공간에 반환한다.

릴레이션에 데이터를 **한꺼번에 적재할 때** bulk loading , 릴레이션에 몇 개의 블록들만 있을 때, 모든 튜플들이 검색 위주로 사용될 때 히프 파일이 주로 사용된다. [그림 6.12]는 EMPLOYEE 파일이 히프 파일로 저장된 것을 보여준다. EMPLOYEE 파일의 레코드들이 임의의 순서로 들어 있다.

2106	김창섭	대리	1003	2500000	2
3426	박영권	과장	4377	3000000	1
3011	이수민	부장	4377	4000000	3

블록 0

1003	조민희	과장	4377	3000000	2
3427	최종철	사원	3011	1500000	3
1365	김상원	사원	3426	1500000	1

블록 1

4377	이성래	사장	∧	5000000	2

블록 1

[그림 6.12] EMPLOYEE 파일을 히프 파일로 저장

히프 파일의 성능

히프 파일은 질의에서 모든 레코드들을 참조하고 레코드들에 접근하는 순서는 중요하지 않을 때 효율적이다. 예를 들어, 다음의 질의는 EMPLOYEE 릴레이션에서 모든 레코드들을 임의의 순서로 검색한다.

```
SELECT      *
FROM        EMPLOYEE;
```

그러나 특정 레코드를 검색하는 경우에는 히프 파일이 비효율적이다. 예를 들어, 아래 질의는 EMPLOYEE 릴레이션에서 EMPNO가 1365인 사원을 검색한다. 히프 파일에 b개의 블록이 있다고 가정하자. 원하는 블록을 찾기 위해서 평균적으로 b/2개의 블록을 읽어야 한다.

```
SELECT      TITLE
FROM        EMPLOYEE
WHERE       EMPNO = 1365;
```

> **예:**
>
> 파일에 레코드가 10,000,000개 있고, 각 레코드의 길이가 200바이트이고, 블록 크기가 4,096바이트이면, 블로킹 인수는 $\lfloor 4,096/200 \rfloor$=20인 파일을 가정하자. 블로킹 인수(blocking factor)는 한 블록에 포함되는 레코드 수를 의미한다. 블로킹 인수는 레코드의 크기에 따라 달라진다. 이 파일을 위해 필요한 총 블록 수는 $\lceil 10,000,000/20 \rceil$=500,000이다.
>
> 특정 레코드를 찾기 위해서는 평균적으로 500,000/2=250,000개의 디스크 블록을 읽어야 한다. 한 블록을 읽는 데 10ms가 걸린다고 가정하면, 250,000×10ms=2,500,000ms=2,500초≒42분이 소요된다.

몇 개의 레코드들을 검색하는 경우에도 비효율적이다. 이 경우에는 조건에 맞는 레코드를 이미 한 개 이상 검색했더라도 파일의 마지막 블록까지 읽어서 원하는 레코드가 존재하는가를 확인해야 하기 때문에 b개의 블록을 모두 읽어야 한다. 다음의 질의는 EMPLOYEE 릴레이션에서 2번 부서에 근무하는 사원 레코드들을 검색하는데, 2번 부서에 근무하는 사원이 여러 명 있을 수 있으므로 모든 레코드들에 접근해야만 한다.

```
SELECT      EMPNAME, TITLE
FROM        EMPLOYEE
WHERE       DNO = 2;
```

급여의 범위를 만족하는 레코드들을 모두 검색하는 다음의 질의도 EMPLOYEE 릴레이션의 모든 레코드들을 접근해야 한다.

```
SELECT      EMPNAME, TITLE
FROM        EMPLOYEE
WHERE       SALARY >= 3000000 AND SALARY <= 4000000;
```

히프 파일을 갱신하는 데도 시간이 많이 걸린다. 〈표 6.1〉은 히프 파일에 대한 여러 가지 연산의 유형과 소요 시간을 개략적으로 보여준다.

〈표 6.1〉 연산의 유형과 소요 시간

연산의 유형	시간
삽입	효율적
삭제	시간이 많이 소요
탐색	시간이 많이 소요
순서대로 검색	시간이 많이 소요
특정 레코드 검색	시간이 많이 소요

6.4.2 순차 파일(순서 파일)

순차 파일은 레코드들이 하나 이상의 필드 값에 따라 순서대로 저장된 파일이다. 레코드들이 일반적으로 레코드의 **탐색 키** search key 값의 순서에 따라 저장된다. 탐색 키는 순차 파일을 정렬하는 데 사용되는 필드를 의미한다. 순차 파일은 레코드들을 순차 접근하는 응용에 적합하다. 파일의 레코드들이 정렬된 필드를 사용하여 특정 레코드를 검색하는 경우에는 이진 탐색을 사용하여 순차 탐색보다 탐색 시간을 줄일 수 있다.

삽입 연산은 삽입하려는 레코드의 순서를 고려해야 하기 때문에 시간이 많이 걸릴 수 있다. 삽입 연산은 레코드를 삽입할 위치를 찾은 후에 그 자리에 빈 공간이 있으면 레코드를 삽입하고, 빈 공간이 없는 경우에는 삽입할 레코드를 오버플로 블록에 넣거나, 삽입할 곳 이전의 레코드들을 이전 블록으로 이동하거나, 삽입할 곳 이후의 레코드들을 다음 블록으로 하나씩 이동한다.

레코드를 삭제하는 연산은 삭제된 레코드가 사용하던 공간을 빈 공간으로 남기기 때문에 히프 파일의 경우와 마찬가지로 주기적으로 순차 파일을 재조직해야 한다. 기본 인덱스가 순차 파일에 정의되지 않는 한 순차 파일은 데이터베이스 응용을 위해 거의 사용되지 않는다.

[그림 6.13]은 EMPLOYEE 파일이 순차 파일로 저장된 것을 보여준다. EMPLOYEE 파일의 레코드들이 EMPNO의 값이 증가하는 순서로 들어 있다.

1003	조민희	과장	4377	3000000	2	
1365	김상원	사원	3426	1500000	1	블록 0
2106	김창섭	대리	1003	2500000	2	

3011	이수민	부장	4377	4000000	3	
3426	박영권	과장	4377	3000000	1	블록 1
3427	최종철	사원	3011	1500000	3	

4377	이성래	사장	∧	5000000	2	블록 2

[그림 6.13] EMPLOYEE 파일을 순차 파일로 저장

예를 들어, EMPLOYEE 파일이 EMPNO의 순서대로 저장되어 있을 때 첫 번째 SELECT문은 이진 탐색을 이용할 수 있고, 두 번째 SELECT문의 WHERE절에 사용된 SALARY는 저장 순서와 무관하기 때문에 파일 전체를 탐색해야 한다.

```
SELECT      TITLE
FROM        EMPLOYEE
WHERE       EMPNO = 1365;


SELECT      EMPNAME, TITLE
FROM        EMPLOYEE
WHERE       SALARY >= 3000000 AND SALARY <= 4000000;
```

〈표 6.2〉는 순차 파일에 대한 여러 가지 연산의 유형과 소요 시간을 보여준다.

〈표 6.2〉 연산의 유형과 소요 시간

연산의 유형	시간
삽입	시간이 많이 소요
삭제	시간이 많이 소요
탐색 키를 기반으로 탐색	효율적
탐색 키가 아닌 필드를 사용하여 탐색	시간이 많이 소요

6.5 단일 단계 인덱스

만일 파일에 대한 접근이 일괄 방식으로 순차 접근만 한다면 어떤 종류의 인덱스도 거의 불필요하다. 인덱스된 순차 파일은 인덱스를 통해서 임의의 레코드에 접근할 수 있는 파일이다. 인덱스 자체가 파일을 의미하므로 '인덱스 파일'이라고 할 필요는 없다.

단일 단계 인덱스의 각 엔트리는

<탐색 키, 레코드에 대한 포인터>

로 이루어진다.

엔트리들은 탐색 키 값의 오름차순으로 정렬된다. 인덱스는 DBMS가 파일 내의 특정 레코드들을 빠르게 찾을 수 있도록 하는 데이터 구조이므로 인덱스를 통하여 질의를 수행하면 응답 시간이 향상된다([그림 6.14]).

디스크 접근 시간이 주기억 장치 접근 시간에 비해서 매우 크고 대부분의 데이터베이스 응용에서 디스크 접근을 많이 요구하므로 인덱스를 통해 디스크 접근 횟수를 줄이면 데이터베이스의 성능을 크게 향상시킬 수 있다.

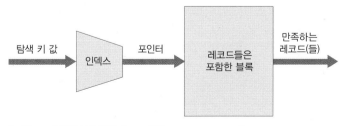

[그림 6.14] 인덱스를 통한 레코드 검색

인덱스는 임의 접근을 필요로 하는 응용에 적합하다. 인덱스는 데이터파일과는 별도의 파일에 저장된다. 데이터파일에 들어 있는 여러 애트리뷰트들 중에서 탐색 키에 해당하는 일부 애트리뷰트만 인덱스에 포함되기 때문에 인덱스의 크기는 데이터파일의 크기에 비해 훨씬 작으며, 흔히 데이터파일 크기의 10~20% 정도가 된다. 또한, 하나의 파일에 여러 개의 인덱스들을 정의할 수 있다.

[그림 6.15]는 EMPLOYEE 파일의 EMPNO에 정의된 인덱스를 보여준다. 인덱스는 〈EmpnoIndex, Pointer〉 형식의 엔트리들로 이루어지며, EmpnoIndex의 값이 증가하는 순서대로 엔트리들이 정렬되어 있다. [그림 4.6]의 EMPLOYEE 릴레이션의 정의를 보면 한 레코드의 길이가 36바이트이다. EmpnoIndex 필드의 길이가 4바이트이므로 인덱스의 Pointer의 길이를 4바이트라고 가정하면, 인덱스의 한 엔트리의 길이는 8바이트이다. 따라서 EMPLOYEE 파일의 크기보다 인덱스의 크기가 훨씬 작다.

인덱스

EmpnoIndex	Pointer
1003	
1365	
2106	
3011	
3426	
3427	
4377	

EMPLOYEE

EMPNO	EMPNAME	TITLE	MANAGER	SALARY	DNO
2106	김창섭	대리	1003	2500000	2
3426	박영권	과장	4377	3000000	1
3011	이수민	부장	4377	4000000	3
1003	조민희	과장	4377	3000000	2
3427	최종철	사원	3011	1500000	3
1365	김상원	사원	3426	1500000	1
4377	이성래	사장	∧	5000000	2

[그림 6.15] EMPLOYEE 파일의 EMPNO에 정의된 인덱스

인덱스가 정의된 필드를 탐색 키라고 부른다. 탐색 키의 값들은 후보 키처럼 각 튜플마다 반드시 고유하지는 않다. 즉, 후보 키와 달리 두 개 이상의 튜플들이 동일한 탐색 키 값을 가질 수 있다. 탐색 키라는 용어에 포함된 '키'를 지금까지 사용해온 '키'와 혼동하지 않기를 바란다. 키를 구성하는 애트리뷰트뿐만 아니라 어떤 애트리뷰트도 탐색 키로 사용될 수 있다.

인덱스가 데이터파일보다 크기가 작으므로 인덱스를 순차적으로 찾는 시간은 데이터파일을 순차적으로 탐색하는 시간보다 적게 걸린다. 더욱이 인덱스의 엔트리들은 탐색 키 값의 오름차순으로 저장되어 있으므로 이진 탐색을 이용할 수도 있다([그림 6.16]). 이진 탐색을 이용하면 탐색 시간이 훨씬 적게 소요된다.

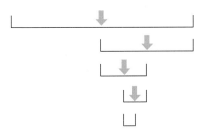

[그림 6.16] 이진 탐색

인덱스를 사용하면 한 파일에서 특정 레코드를 찾기 위해서 모든 레코드들을 탐색할 필요가 없으므로 특히 파일이 매우 클 경우에 유용하다. 인덱스 전체를 주기억 장치에 유지할 수 있을 때 특히 인덱스가 성능에 도움이 된다. 어떤 레코드를 찾는 질의도 한 번의 디스크(데이터파일에 대한) 접근만 필요로 한다.

인덱스의 유형은 크게 단일 단계 인덱스와 다단계 인덱스로 구분한다. B+−트리 인덱스는 관계 DBMS에서 가장 널리 사용되는 다단계 인덱스 구조이다. 다단계 인덱스는 다음 절에서 자세하게 논의한다. 단일 단계 인덱스에는 다음과 같은 유형들이 있다.

기본 인덱스(primary index)

탐색 키가 데이터파일의 기본 키인 인덱스를 기본 인덱스라고 부른다. 레코드들은 기본 키의 값에 따라 클러스터링된다. 기본 인덱스는 기본 키의 값에 따라 정렬된 데이터파일에 대해 정의된다. 기본 인덱스는 흔히 희소 인덱스로 유지할 수 있다. 희소 인덱스는 데이터파일을 구성하는 각 블록마다 하나의 탐색 키 값이 인덱스 엔트리에 포함된다. 일반적으로 각 인덱스 엔트리는 블록 내의 첫 번째 레코드의 키 값(**블록 앵커** block anchor 라고 부름)을 갖는다.

각 릴레이션마다 최대한 한 개의 기본 인덱스를 가질 수 있다. [그림 6.17]은 데이터파일에 대한 기본 인덱스(또는 희소 인덱스)를 보여준다. 데이터파일의 레코드들을 저장하는 블록마다 두 개의 레코드가 들어 있다. 이에 반해서 인덱스 엔트리들을 저장하고 있는 블록마다 네 개의 엔트리들이 들어 있다. 실제의 경우에는 데이터 블록당 레코드 수와 인덱스 블록당 엔트리 수는 훨씬 더 차이가 난다.

데이터파일은 기본 키 값이 증가하는 순서로 정렬되어 있다. 각 데이터 블록의 첫 번째 레코드의 기본 키 값이 인덱스 엔트리에 포함된다. 예를 들어, 첫 번째 데이터 블록에는 기본 키가 10, 20인 레코드가 들어 있는데, 이 중에서 기본 키 값 10이 인덱스에 포함된다. 두 번째 데이터 블록에는 기본 키가 30, 40인 레코드가 들어 있는데, 이 중에서 기본 키 값 30이 인덱스 엔트리에 포함된다.

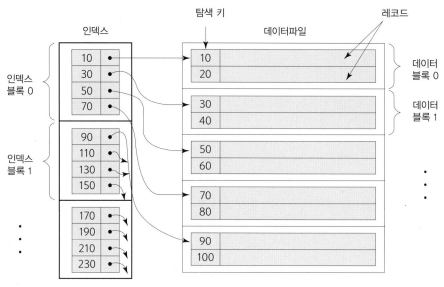

[그림 6.17] 데이터파일에 대한 기본(또는 희소) 인덱스

예: 기본 인덱스

6.4.1절의 히프 파일에서 예로 든 매개변수들의 값을 계속 사용하자. 데이터파일의 각 블록마다 하나의 인덱스 엔트리가 인덱스에 들어 있다. 블록 포인터는 4바이트이고 키 필드의 길이는 20바이트라고 가정하면, 한 인덱스 엔트리의 길이는 24바이트이다. 인덱스 블로킹 인수는 $\lfloor 4,096/24 \rfloor = 170$이므로 인덱스 블록당 170개의 인덱스 엔트리가 들어간다. 데이터 블록의 개수가 500,000이므로 인덱스의 크기는 $\lceil 500,000/170 \rceil = 2,942$블록이다. 인덱스에서 이진 탐색을 이용하여 하나의 레코드를 찾는 데 필요한 블록 접근 횟수는 $\lceil \log_2 2942 \rceil + 1 = 13$이다. 여기서 1은 레코드가 들어 있는 데이터 블록을 접근하는 횟수이다. 따라서 레코드를 탐색하는 데 걸리는 시간은 13*10ms=130ms이다. 순차 파일에서 소요된 시간 190ms와 비교하면 32%만큼 검색 속도가 향상되었다. 다단계 인덱스를 통해서 이 시간을 더 크게 줄일 수 있다.

클러스터링 인덱스(clustering index)

클러스터링 인덱스는 탐색 키 값에 따라 정렬된 데이터파일에 대해 정의된다. 각 데이터 블록 대신에 각각의 상이한 키 값마다 하나의 인덱스 엔트리가 인덱스에 포함되어, 그 탐색 키 값을 갖는 첫 번째 레코드의 주소(또는 레코드가 들어 있는 블록의 주소)를 가리킨다.

클러스터링 인덱스는 범위 질의에 유용하다. 범위의 시작 값에 해당하는 인덱스 엔트리를 먼저 찾는다. 클러스터링 인덱스에서는 인접한 탐색 키 값을 갖는 레코드들이 디스크에서 가깝게 저장되어 있으므로 범위에 속하는 인덱스 엔트리들을 따라가면서 레코드들을 검색할 때 디스크에서 읽어오는 블록 수가 최소화된다. 어떤 인덱스 엔트리에서 참조되는 데이터 블록을 읽어오면 그 데이터 블록에 들어 있는 대부분의 레코드들은 범위를 만족한다.

[그림 6.18]은 EMPLOYEE 파일의 EMPNAME 애트리뷰트에 대한 클러스터링 인덱스를 보여준다. 데이터파일의 레코드들은 EMPNAME 애트리뷰트의 값이 증가하는 순서대로 정렬되어 있다. 물론 인덱스의 엔트리들은 인덱스가 정의된 EMPNAME의 값이 증가하는 순서대로 정렬되어 있다. 따라서 인덱스 엔트리들의 정렬 순서와 데이터파일의 레코드들의 정렬 순서가 일치하므로 EMPNAME에 대한 어떤 범위를 만족하는 레코드들을 검색할 때 범위에 속하는 첫 번째 레코드를 인덱스 엔트리에서 찾은 후에 인덱스 엔트리의 포인터들을 따라가면 주어진 범위에 속하는 레코드들을 인접한 데이터 블록들에서 빠르게 찾을 수 있다.

이에 반해서 [그림 6.19]의 비클러스터링 인덱스에서는 데이터파일의 레코드들이 탐색 키의 값과 무관하게 저장되어 있으므로, 인덱스 엔트리들이 인접해 있어도 레코드들은 대부분의 경우에 멀리 떨어져 있다. 따라서 어떤 범위에 속하는 레코드들을 검색하기 위해서는 범위를 만족하는 첫 번째 레코드를 인덱스 엔트리에서 찾은 후에, 범위 내의 인덱스 엔트리들을 차례대로 읽으면서 데이터 레코드를 검색할 때마다 매번 디스크 블록에 접근해야 하는 경우가 많다.

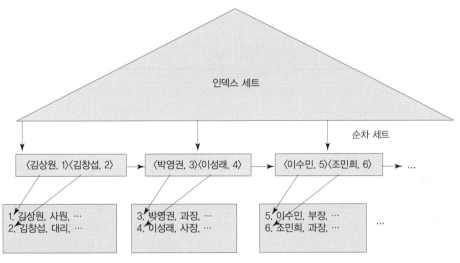

[그림 6.18] 클러스터링 인덱스

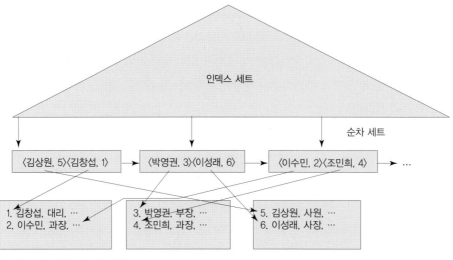

[그림 6.19] 비 클러스터링 인덱스

보조 인덱스(secondary index)

한 파일은 기껏해야 한 가지 필드들의 조합에 대해서만 정렬될 수 있다. 즉, EMPLOYEE파일을 EMPNO에 대해서 정렬하는 동시에 TITLE에 대해서도 정렬할 수 없다. 만일 EMPLOYEE 파일이 EMPNO 애트리뷰트의 값이 증가하는 순으로 정렬되어 있는데, TITLE을 WHERE절에 사용하여 레코드들을 검색하기 위해서는 TITLE에 대해 인덱스를 정의해야 한다.

보조 인덱스는 탐색 키 값에 따라 정렬되지 않은 데이터파일에 대해 정의된다. 하지만 인덱스에서 탐색 키 값들은 물론 정렬되어 있다. 흔히 한 릴레이션에 여러 개의 인덱스를 정의해야 할 필요성이 있다.

보조 인덱스는 기본 인덱스처럼 레코드를 빠르게 찾는다는 동일한 목적을 달성한다. 보조 인덱스는 일반적으로 밀집 인덱스이므로 같은 수의 레코드들에 접근할 때 보조 인덱스를 통하면 기본 인덱스를 통하는 경우보다 디스크 접근 횟수가 증가할 수 있다. 또한, 기본 인덱스를 사용한 순차 접근은 효율적이지만, 보조 인덱스를 사용한 순차 접근은 비효율적이다. 각 레코드를 접근하기 위해서 디스크에서 블록을 읽어올 필요가 있을 수 있다.

2.3절에서 예로 설명한 바와 같이 신용카드 회사에서는 신용카드 번호를 사용하여 고객의 레코드를 빈번하게 검색하므로 신용카드 번호에 대해 기본 인덱스를 생성한다. 또한, 카드를 분실한 고객이 분실 신고를 할 때 신용카드 번호를 기억하지 못한다면 주민등록번호를 사용하여 고객의 레코드를 빠르게 찾을 수 있어야 한다. 만일 신용카드 회사의 고객 파일에 기본 인덱스만 존재하고 주민등록번호에 보조 인덱스가 존재하지 않는다면, 6.4.1절의 예와 같이 주민등록번호를 사용하여 특정 고객의 레코드를 찾을 때 몇십 분씩 시간이 걸릴 수 있으므로 실제 업무에 도저히 적용할 수 없다. 주민등록번호는 신용카드 번호만큼 특정 고객의 레코드를 찾는 데 자주 사용되지는 않지만, 주어진 주민등록번호를 갖는 레코드를 빠르게 찾기 위해서 보조 인덱스를 정의하는 것이 바람직하다.

[그림 6.20]은 보조 인덱스(밀집 인덱스)를 보여준다. 데이터파일의 레코드들은 인덱스가 정의된 필드의 값과 무관하게 저장되어 있다. 또한, 데이터파일의 각 레코드의 탐색 키 값이 인덱스의 엔트리에 포함된다.

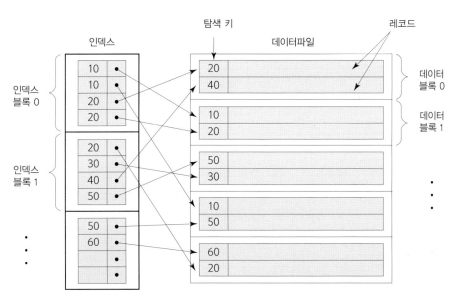

[그림 6.20] 보조(밀집) 인덱스

희소 인덱스(sparse index)

희소 인덱스는 일부 키 값에 대해서만 인덱스에 엔트리를 유지하는 인덱스를 말한다. 일반적으로 각 블록마다 한 개의 탐색 키 값이 인덱스 엔트리에 포함된다. 희소 인덱스의 그림은 기본 인덱스의 그림을 참조하기 바란다.

밀집 인덱스(dense index)

밀집 인덱스는 각 레코드의 키 값에 대해서 인덱스에 엔트리를 유지하는 인덱스를 말한다. [그림 6.21]은 기본 인덱스를 밀집 인덱스로 나타낸 것이다. 데이터파일의 각 레코드의 탐색 키 값이 인덱스 엔트리에 포함된다. [그림 6.20]과 비교하면 각 데이터 레코드의 탐색 키 값이 인덱스 엔트리에 포함된다는 것은 동일하지만, [그림 6.21]의 데이터 레코드들은 탐색 키 값이 증가되는 순서대로 정렬되어 있다. 따라서 클러스터링 인덱스이기도 하다.

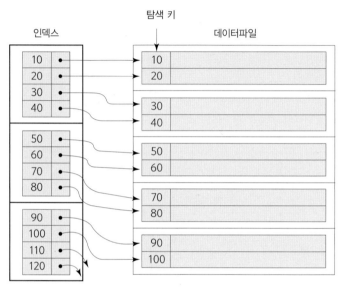

[그림 6.21] 데이터파일에 대한 밀집 인덱스

예: 밀집 인덱스

6.4.1절의 히프 파일에서 예로 든 매개변수들의 값을 계속 사용하자. 데이터파일의 각 레코드마다 하나의 인덱스 엔트리가 인덱스에 들어 있다. 블록 포인터는 4바이트이고 키 필드의 길이는 20바이트라고 가정한다. 한 인덱스 엔트리의 길이는 24바이트이다. 인덱스 블로킹 인수는 $\lfloor 4{,}096/24 \rfloor$=170이므로 인덱스 블록당 170개의 인덱스 엔트리가 들어간다. 레코드의 개수가 10,000,000이므로 인덱스의 크기는 $\lceil 10{,}000{,}000/170 \rceil$=58,824블록이다. 인덱스에서 이진 탐색을 이용하여 하나의 레코드를 찾는 데 필요한 블록 접근 횟수는 $\lceil \log_2 58824 \rceil$+1=17이다. 여기서 1은 레코드가 들어 있는 데이터 블록을 접근하는 횟수이다. 따라서 레코드를 탐색하는 데 걸리는 시간은 17*10ms=170ms이다.

희소 인덱스와 밀집 인덱스의 비교

희소 인덱스는 각 데이터 블록마다 한 개의 엔트리를 갖는다. 밀집 인덱스는 각 레코드마다 한 개의 엔트리를 갖는다. 따라서 밀집 인덱스 내의 엔트리 수는 희소 인덱스 내의 엔트리 수에 블록당 평균 레코드 수를 곱한 것이다. 레코드의 길이가 블록 크기에 가까울 경우에는 밀집 인덱스와 희소 인덱스의 크기가 거의 비슷하다. 레코드의 길이가 블록 크기보다 훨씬 작은 일반적인 경우에는 희소 인덱스의 엔트리 수가 밀집 인덱스의 엔트리 수보다 훨씬 적다. 희소 인덱스는 일반적으로 밀집 인덱스에 비해 인덱스 단계 수가 1 정도 적으므로 인덱스 탐색 시 디스크 접근 수가 1만큼 적을 수 있다. 희소 인덱스는 밀집 인덱스에 비해 모든 갱신과 대부분의 질의에 대해 더 효율적이다.

하지만 만일 질의에서 인덱스가 정의된 애트리뷰트만 검색(예를 들어, COUNT 질의)하는 경우에는 데이터파일에 접근할 필요 없이 인덱스에만 접근해서 질의를 수행할 수 있으므로 밀집 인덱스가 희소 인덱스보다 유리하다.

희소 인덱스를 이용해서 키 값이 K인 레코드를 어떻게 찾을 것인가? 이진 탐색을 사용하여 인덱스에서 K와 같거나 K보다 작으면서 가장 큰 엔트리를 찾는다. 그 엔트리의 포인터를 따라가서 데이터 블록을 접근한다. 그 데이터 블록 내에서 탐색 키 값이 K인 레코드를 찾는다. [그림 6.17]의 기본 인덱스(희소 인덱스)에서 탐색 키 값이 40인 레코드를 찾는 과정을 고려해 보자. 탐색 키 값 40보다 작으면서 가장 큰 인덱스 엔트리의 키 값은 30이다. 이 엔트리에 들어 있는 포인터를 따라가면 데이터파일의 두 번째 블록에 접근하게 된다. 이 데이터 블록에 들어 있는 레코드들의 탐색 키 값을 하나씩 확인해 보면 두 번째 레코드의 탐색 키 값이 40인 것을 알 수 있다. 따라서 "탐색 키 값이 K인 레코드가 존재하는가?"를 묻는 질의는 밀집 인덱스보다 디스크 접근 횟수가 1만큼 더 많을 수 있다.

한 파일은 한 개의 희소 인덱스와 다수의 밀집 인덱스를 가질 수 있다. 왜냐하면 희소 인덱스는 디스크 상에서 데이터파일의 물리적인 순서에 의존하기 때문이다.

클러스터링 인덱스와 보조 인덱스의 비교

클러스터링 인덱스는 희소 인덱스일 경우가 많으며, 범위 질의 등에 좋다. 클러스터링 인덱스가 불리한 경우에는 릴레이션의 중간에 튜플이 삽입되어 오버플로를 야기하고 이로 인해서 클러스터링의 장점을 잃게 되는 경우이다. 클러스터링 인덱스를 정의할 때는 채우기 인수에 낮은 값을 지정하여 추가로 삽입되는 레코드들에 대비하는 것이 바람직하다. 보조 인덱스는 밀집 인덱스이므로 일부 질의에 대해서는 파일에 접근할 필요 없이 처리할 수 있다.

6.6 다단계 인덱스

단일 단계 인덱스 자체는 인덱스가 정의된 필드의 값에 따라 정렬된 파일로 볼 수 있다. 인덱스 자체가 클 경우에는 인덱스를 탐색하는 시간도 오래 걸릴 수 있다. 인덱스 엔트리를 탐색하는 시간을 줄이기 위해서 단일 단계 인덱스를 디스크 상의 하나의 순서 파일로 간주하고, 단일 단계 인덱스에 대해서 다시 인덱스를 정의할 수 있다. 1단계 인덱스는 밀집 인덱스 또는 희소 인덱스 모두 가능하지만, 2단계 이상의 인덱스는 희소 인덱스만 가능하다.

원래의 인덱스를 1단계 인덱스라 하고 이 인덱스에 대해 정의한 추가 인덱스를 2단계 인덱스라고 한다. 교재에 따라서는 새로 추가된 인덱스를 1단계, 기존의 인덱스를 2단계라고 부르기도 한다.

다단계 인덱스는 가장 상위 단계의 모든 인덱스 엔트리들이 한 블록에 들어갈 수 있을 때까지 이런 과정을 반복한다. 가장 상위 단계 인덱스를 마스터 인덱스 master index 라고 부른다. 마스터 인덱스는 한 블록으로 이루어지기 때문에 주기억 장치에 상주할 수 있다. 다단계 인덱스의 각 단계는 하나의 순서 파일이다. 새로운 인덱스 엔트리를 추가하거나 기존의 인덱스 엔트리를 삭제하면 단일 단계 인덱스의 경우보다 처리 과정이 복잡해진다.

[그림 6.22]는 3단계로 이루어진 다단계 인덱스를 보여준다. 마스터 인덱스의 엔트리들은 2단계 인덱스의 블록들을 가리키고, 2단계 인덱스의 엔트리들은 1단계 인덱스의 블록들을 가리킨다. 마지막으로 1단계 인덱스의 엔트리들은 데이터파일의 블록들을 가리킨다.

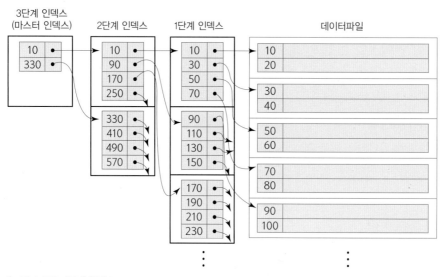

[그림 6.22] 다단계 인덱스

대부분의 다단계 인덱스는 B⁺-트리를 사용한다. B는 balanced의 첫 글자이다. 균형 이진 탐색 트리를 일반화한 것이다. B⁺-트리의 각 노드는 다수의 자식 노드들을 가진다. 각 노드는 한 개의 디스크 블록을 차지한다. 일반적으로 한 블록에 자식 노드들에 대한 포인터를 수백 개 저장할 수 있다. B⁺-트리는 4단계 이상을 필요로 하는 경우가 거의 없다. B⁺-트리는 추가될 인덱스 엔트리들을 위해 각 인덱스 블록에 예비 공간을 남겨둔다.

인덱스의 각 단계들이 오름차순으로 유지되어야 하므로 다단계 인덱스의 갱신은 단일 단계 인덱스의 갱신보다 시간이 오래 걸리고 복잡해진다. 하지만 대부분의 데이터베이스 응용에서 검색 비율이 갱신 비율보다 월등히 높으므로 모든 DBMS에서는 인덱스를 다단계 인덱스로 유지한다.

예: 기본 키에 대한 다단계 인덱스

6.4.1절의 히프 파일과 기본 인덱스에서 예로 든 매개변수들의 값을 계속 사용하자.
- 1단계 인덱스의 블록 수는 2,942
- 2단계 인덱스의 블록 수는 ⌈2,942/170⌉=18
- 3단계 인덱스의 블록 수는 ⌈18/170⌉=1 ⇒ 주기억 장치에 상주할 수 있음

원하는 레코드를 탐색할 때, 3단계 인덱스는 주기억 장치에 상주하므로 디스크 접근이 필요 없고, 2단계 인덱스를 구성하는 18개의 블록 중에서 한 블록, 2,942개의 1단계 인덱스 블록 중에서 한 블록, 데이터 파일의 500,000개의 블록 중에서 한 블록 등 총 세 번의 디스크 접근만 하면 된다. 따라서 탐색 시간은 3*10ms=30ms이다. 기본 인덱스를 단일 단계 인덱스로 구성한 경우의 130ms와 비교하면 인덱스를 탐색하는 시간이 1/4.3 정도밖에 안 걸린다.

SQL의 인덱스 정의문

SQL의 CREATE TABLE문에서 PRIMARY KEY절로 명시한 애트리뷰트에 대해서는 DBMS가 자동적으로 기본 인덱스를 생성한다. UNIQUE로 명시한 애트리뷰트에 대해서는 DBMS가 자동적으로 보조 인덱스를 생성한다. SQL2는 인덱스 정의 및 제거에 관한 표준 SQL문을 제공하지 않는다. 다른 애트리뷰트에 추가로 인덱스를 정의하기 위해서는 DBMS마다 다소 구문이 다른 CREATE INDEX문을 사용해야 한다. 언제든지 인덱스를 릴레이션에 생성하거나 제거할 수 있다.

일반적으로 뷰(8장)에는 인덱스를 만들지 못한다. 뷰는 뷰를 정의하는 데 사용된 릴레이션에 정의된 인덱스를 이용한다. 한 애트리뷰트에 대해 인덱스를 생성하는 CREATE INDEX문의 예는 4.3.1절에서 제시하였다.

다수의 애트리뷰트를 사용한 인덱스 정의

한 릴레이션에 속하는 두 개 이상의 애트리뷰트들의 조합에 대하여 하나의 인덱스를 정의할 수 있다. 대부분의 데이터베이스 전문가들은 복합 애트리뷰트에 인덱스를 정의할 때 3개 이하의 애트리뷰트를 사용하라고 권고한다. 인덱스가 정의된 복합 애트리뷰트에 포함된 애트리뷰트의 개수가 늘어날수록 이 인덱스를 활용하는 탐색 조건이 복잡해지고, 인덱스 엔트리의 길이가 늘어나기 때문에 탐색 성능이 저하된다.

복합 애트리뷰트에 인덱스를 정의할 때 애트리뷰트들의 순서가 중요하다. 예를 들어, 다음의 CREATE INDEX문은 EMPLOYEE 릴레이션의 (DNO, SALARY) 애트리뷰트에 대해 하나의 인덱스를 생성한다.

```
CREATE INDEX EmpIndex ON EMPLOYEE (DNO, SALARY);
```

이 인덱스는

```
SELECT     *
FROM       EMPLOYEE
WHERE      DNO=3 AND SALARY = 4000000;
```

와 같이, 인덱스가 정의된 두 애트리뷰트를 참조하는 WHERE절의 프레디키트를 만족하는 레코드들을 찾기 위해 사용될 수 있다. 이 인덱스는 두 애트리뷰트에 대한 범위 질의에도 사용될 수 있다.

```
SELECT     *
FROM       EMPLOYEE
WHERE      DNO>=2 AND DNO <=3 AND SALARY >= 3000000
           AND SALARY <= 4000000;
```

이 인덱스는 인덱스가 정의된 첫 번째 애트리뷰트만 참조하는 WHERE절의 프레디키트를 만족하는 레코드들을 찾기 위해서도 사용될 수 있다.

```
SELECT     *
FROM       EMPLOYEE
WHERE      DNO = 2;  (또는 DNO에 대한 범위 질의)
```

그러나 인덱스가 정의된 두 번째 이후의 애트리뷰트만 참조하는 WHERE절의 프레디키트를 만족하는 레코드들을 찾기 위해서는 사용될 수 없다.

```
SELECT          *
FROM            EMPLOYEE
WHERE           SALARY  >= 3000000 AND SALARY <= 4000000;
(또는 SALARY에 대한 동등 조건)
```

인덱스의 장점과 단점

인덱스는 검색 속도를 향상시키지만, 인덱스를 저장하기 위한 공간이 추가로 필요하고 삽입, 삭제, 수정 연산의 속도는 저하시킨다. 데이터파일이 갱신되는 경우에는 그 파일에 대해 정의된 모든 인덱스들에도 갱신 사항이 반영되어야 하므로 인덱스의 갱신은 데이터베이스의 성능을 저하시킨다. 가능하면 릴레이션 당 인덱스의 개수를 3개 이내로 유지하도록 하자.

그러나 소수의 레코드들을 수정하거나 삭제하는 연산의 속도는 향상된다. 왜냐하면 레코드를 수정하거나 삭제하려면 먼저 해당 레코드를 찾아야 하기 때문이다. 이런 경우에는 파일에 많은 인덱스가 정의되어 있지 않는 한, 인덱스를 사용하여 레코드를 찾는 효율이 증가하므로 일반적으로 인덱스를 갱신하는 데 필요한 추가 오버헤드를 무시할 수 있다.

인덱스가 커서 주기억 장치에 인덱스 전체를 유지하지 못한다면 인덱스 블록들에 접근하기 위해서 디스크 입출력이 요구된다. 릴레이션이 매우 크고, 질의에서 릴레이션의 튜플들 중에 일부를 검색하고, WHERE절이 잘 표현되었을 때 특히 성능에 도움이 된다.

6.7 인덱스 선정 지침과 데이터베이스 튜닝

성능 목표를 만족시키기 위해서, 가장 중요한 질의들과 이들의 수행 빈도, 가장 중요한 갱신들과 이들의 수행 빈도, 이와 같은 질의와 갱신들에 대한 바람직한 성능들을 고려하여 인덱스를 선정하도록 한다. 어느 애트리뷰트에 인덱스를 정의할 것인가를 결정하는 것이 항상 쉬운 일은 아니며, 경험을 필요로 한다. 인덱스 선정은 물리적 데이터베이스 설계자에게 가장 중요한 업무 중의 하나이면서 어려운 작업이다.

워크로드 내의 각 질의에 대해 이 질의가 어떤 릴레이션들을 접근하는가, 어떤 애트리뷰트들을 검색하는가, WHERE절의 선택/조인 조건에 어떤 애트리뷰트들이 포함되는가, 이 조건들의 선별력은 얼마인가 등을 고려한다. 워크로드 내의 각 갱신에 대해서도 이 갱신이 어떤 릴레이션들에 접근하는가, WHERE절의 선택/조인 조건에 어떤 애트리뷰트들이 포함되는가, 이 조건들의 선별력은 얼마인가, 갱신의 유형(INSERT/DELETE/UPDATE), 갱신의 영향을 받는 애트리뷰트 등을 고려한다.

어떤 릴레이션에 인덱스를 생성해야 하는가, 어떤 애트리뷰트를 탐색 키로 선정해야 하는가, 몇 개의 인덱스를 생성해야 하는가, 각 인덱스에 대해 클러스터링 인덱스, 밀집 인덱스/희소 인덱스 중 어느 유형을 선택할 것인가 등을 고려한다. 가능하면 많은 질의가 도움을 받을 수 있는 인덱스들을 선정하려고 노력한다. 릴레이션마다 한 개의 인덱스만 클러스터링 인덱스가 될 수 있으므로 클러스터링으로부터 가장 도움을 받을 수 있는 중요한 질의를 기반으로 선정한다.

WHERE 절에 여러 조건들이 포함되어 있을 경우에는 복합 애트리뷰트로 이루어진 탐색 키를 고려할 수 있다. 범위 선택이 포함되면 범위의 순서와 부합되도록 인덱스 정의 시 애트리뷰트들의 순서를 신중하게 명시해야 한다. 때로 중요한 질의를 위해 인덱스만 탐색하는(릴레이션을 접근할 필요 없이) 밀집 인덱스를 선택한다. 인덱스만 고려하는 전략에서는 클러스터링 여부가 중요하지 않다.

인덱스를 선정하는 한 가지 방법은 가장 중요한 질의들을 차례로 고려해 보고, 현재의 인덱스가 최적의 계획에 적합한지 고려해보고, 인덱스를 추가하면서 더 좋은 계획이 가능한지 알아본다. 만일 그렇다면 그 인덱스를 생성한다. 인덱스를 생성하기 전에 워크로드 내의 갱신에 미치는 영향도 고려해야 한다.

물리적인 데이터베이스 설계는 끊임없이 이루어지는 작업이다. DBMS가 ANSI/SPARC 아키텍처에 부합될수록 사용 패턴처럼 계속해서 변하는 요구사항들을 보다 잘 만족시킬 수 있도록 물리적인 구조를 변경하는 것이 쉽다. 따라서 물리적 데이터베이스 설계는 데이터베이스를 구축할 때 한 번 인덱스들을 정의하고 끝내는 업무가 아니고, 데이터베이스를 사용하는 라이프 사이클 동안 반복적으로 수행되어야 하는 작업이다.

물리적 데이터베이스 설계를 잘 하기 위해서는 접근 패턴과 같은 정보를 필요로 하는데, 데이터베이스가 운영되기 전에는 이에 관한 실제적인 정보를 얻기가 힘들다. 현업의 사용자들은 데이터베이스 설계자에게 그들이 실제로 대부분의 시간을 투입하는 업무(따라서 이런 업무를 효율적으로 지원하는 것이 더 중요함)보다 그들이 직장 생활을 흥미롭게 만드는 업무에 대해서 더 자세하게 설명하는 경향이 있다. 실제로 사용자가 어떻게 데이터베이스 시스템을 사용하는가를 파악해서 이를 어떻게 효율적으로 지원할 것인가를 미리 결정하는 것은 매우 어렵다.

그러나 그렇다고 해서 접근 패턴을 분석하는 작업을 무시해도 되는 것은 아니다. 가능성이 높은 접근 패턴들을 파악하도록 노력하고 DBMS가 얼마나 이런 접근 패턴에 잘 대응할 것인가를 예상한다. 만일 어떤 문제가 존재할 것으로 생각되면 가능한 해결 방안을 모색한다. 해결 방안을 쉽게 구현할 수 있으면 실제로 문제가 발생할 때까지 기다렸다가, 문제가 발생한 후에 해결 방안을 구현해도 무방하다.

인덱스를 결정하는 데 도움이 되는 지침

▶ **지침 1:** 기본 키는 클러스터링 인덱스를 정의할 훌륭한 후보이다. 대부분의 DBMS는 사용자가 릴레이션을 정의할 때 기본 키로 명시한 애트리뷰트에 대해 자동적으로 인덱스를 생성한다.

▶ **지침 2:** 기본 키와 마찬가지로 외래 키도 인덱스를 정의할 중요한 후보이다. 어떤 DBMS에서는 사용자가 릴레이션 정의문에서 어떤 애트리뷰트를 외래 키로 지정하면 자동적으로 인덱스를 생성한다. 외래 키에 정의된 인덱스는 조인 연산의 수행에 큰 도움이 된다. 기본 키와 외래 키의 주요 목적은 무결성을 유지하는 것이지만, 흔히 조인 조건이 기본 키와 외래 키의 동등 조건으로 표현되므로 외래 키에 인덱스를 정의하면 질의의 성능을 향상시킬 수 있다.

기본 키와 외래 키에 대해 효율적인 접근 경로가 필요하고 실제로 자주 사용된다고 예상할 만한 근거가 확실히 있다. 첫째, 기본 키는 튜플들을 고유하게 식별하므로 특정 튜플을 검색하는 응용에서 자주 사용된다. 둘째, DBMS는 기본 키의 값이 고유하도록 보장해야 한다. DBMS는 인덱스를 사용해서 기본 키의 고유성을 효율적으로 보장할 수 있다. 기본 키에 인덱스가 없다면 삽입 연산과 수정 연산 후 기본 키의 고유성을 보장하기 위해서 모든 튜플들을 정렬한 후 중복된 튜플들이 존재하는지 확인해야 하므로 시간이 오래 걸릴 수 있다. 셋째, 외래 키는 기본 키의 어떤 값을 참조하는 모든 튜플들을 검색하는 데 사용될 수 있다. 이는 외래 키에 정의된 인덱스를 통해 효율적으로 처리할 수 있다. 넷째, 외래 키는 DBMS가 무결성 제약조건을 시행하고, 무결성을 유지하기 위해 필요한 연산들을 수행하는 데 사용된다. 예를 들어, 기본 키의 어떤 값이 삭제되면 이 값을 참조하는 외래 키 값을 외래 키에 정의된 인덱스를 통해서 빠르게 찾아 조치를 취할 수 있다.

▶ **지침 3:** 한 애트리뷰트에 들어 있는 상이한 값들의 개수가 거의 전체 레코드 수와 비슷하고 그 애트리뷰트가 동등 조건에 사용된다면 비클러스터링 인덱스를 생성하는 것이 좋다.

▶ **지침 4:** 튜플이 많이 들어 있는 릴레이션에서 대부분의 질의가 검색하는 튜플이 2~4% 미만인 경우에는 인덱스를 생성하는 것이 좋다. 또한, 가능하면 한 릴레이션에 세 개 이하의 인덱스를 만드는 것이 좋다.

▶ **지침 5:** 자주 갱신되는 애트리뷰트에는 인덱스를 정의하지 않는 것이 좋다.

▶ **지침 6:** 갱신이 빈번하게 이루어지는 릴레이션에는 인덱스를 많이 만드는 것을 피해야 한다.

▶ **지침 7:** 후보 키는 비록 기본 키로 선정되지는 않았지만, 기본 키가 갖는 모든 특성을 마찬가지로 갖기 때문에 인덱스를 생성할 후보가 된다. 그러나 기본 키로 선정되지 못했기 때문에 이 애트리뷰트에 대한 인덱스가 데이터베이스의 운영에 중요한지 숙고해야 한다.

▶ **지침 8:** 인덱스는 파일의 레코드들을 충분히 분할할 수 있어야 한다. 인덱스는 인덱스가 정의된 애트리뷰트에 같은 값을 갖는 레코드들을 하나의 그룹으로 분할하는 역할을 한다. 인덱스 애트리뷰트의 각 값마다 적은 수의 레코드들만 존재하면 인덱스는 파일의 레코드들을 충분히 분할한 것이다. 예를 들어, EMPLOYEE 파일의 EMPNO에 정의된 인덱스는 인덱스 애트리뷰트의 각 값마다 한 개의 레코드만 허용하므로(EMPNO는 기본 키), 최대로 릴레이션을 분할한다. EMPLOYEE 파일에 SEX(성별)란 애트리뷰트가 있고, 이 애트리뷰트에 인덱스가 정의되었다고 가정하자. SEX 애트리뷰트에는 남자와 여자 중 하나의 값만 저장된다. 회사의 사원들의 남녀 비율이 같다면 이 인덱스를 통해서는 EMPLOYEE 파일의 레코드들을 두 개의 그룹으로 분할할 수밖에 없다. 이런 인덱스는 별로 도움이 안 된다.

▶ **지침 9:** 가능하면 정수형 애트리뷰트에 인덱스를 만드는 것이 가장 좋다. 그 다음에는 고정 길이 애트리뷰트에 인덱스를 만드는 것이 좋다.

▶ **지침 10:** VARCHAR 데이터 타입을 갖는 애트리뷰트에 인덱스를 만드는 것은 피해야 한다. 또한, 날짜형, 실수형 애트리뷰트에는 인덱스를 만들지 않도록 한다.

▶ **지침 11:** 작은 파일에는 인덱스를 만들 필요가 없다. 예를 들어, 40바이트 크기의 레코드가 200개 들어 있는 파일은 40*200=8,000바이트의 저장 공간을 필요로 하는데, 한 블록의 크기가 4,096바이트라면 2블록만 있으면 된다. 이런 파일에는 인덱스를 만들 필요가 없다. 4,000바이트 크기의 레코드가 200개 있는 파일은 4,000*200=800,000바이트의 저장 공간을 필요로 하고 같은 크기의 블록을 200개 필요로 하므로 인덱스를 정의하면 도움이 된다.

▶ **지침 12:** 대량의 데이터를 삽입할 때는 모든 인덱스를 제거하고, 데이터 삽입이 끝난 후에 인덱스들을 다시 생성하는 것이 좋다. 이렇게 하면 대량의 데이터를 삽입하는 시간이 감소되고, 인덱스에 사용되는 공간이 좀 더 효율적으로 사용될 수 있다. 클러스터링 인덱스를 정의하기 전에는 클러스터링 인덱스를 정의할 애트리뷰트를 기준으로 먼저 데이터파일을 정렬하는 것이 좋다.

▶ **지침 13:** 정렬 속도를 향상시키기 위해서 ORDER BY절에 자주 사용되는 애트리뷰트, 그룹화 속도를 향상시키기 위해서 GROUP BY절에 자주 사용되는 애트리뷰트는 인덱스를 정의할 후보이다.

언제 인덱스가 사용되지 않는가?

어떤 애트리뷰트에 인덱스를 정의했고 그 애트리뷰트가 WHERE절에 사용된다 하더라도 그 인덱스가 항상 이용될 수 있는 것은 아니다. 다음과 같은 경우에는 DBMS가 그 인덱스를 사용하지 않을 수 있다.

▶ 시스템 카탈로그가 오래 전의 데이터베이스 상태를 나타낸다. 이에 관해서는 8장에서 부연 설명을 한다.

▶ DBMS의 질의 최적화 모듈이 릴레이션의 크기가 작아서 인덱스가 도움이 되지 않는다고 판단한다. DBMS의 질의 최적화 모듈은 파일 조직과 어떤 애트리뷰트에 인덱스가 존재하는가 등을 고려하여 질의를 효율적으로 수행할 수 있는 방법을 찾는다.

▶ 인덱스가 정의된 애트리뷰트에 산술 연산자가 사용된다. SALARY 애트리뷰트에 인덱스가 정의되어 있어도 SALARY*12와 같이 산술 연산자가 사용되었으므로 다음의 질의에는 그 인덱스가 사용되지 않는다. 이 질의는 연봉이 4천만 원보다 많은 사원들을 검색한다.

```
SELECT      *
FROM        EMPLOYEE
WHERE       SALARY * 12 > 40000000;
```

SALARY 애트리뷰트에 인덱스가 정의되어 있으면 다음의 질의에는 그 인덱스가 사용된다.

```
SELECT          *
FROM            EMPLOYEE
WHERE           SALARY > 4000000/12;
```

▶ DBMS가 제공하는 내장 함수가 사용된다. EMPNAME 애트리뷰트에 인덱스가 정의되어 있어도 다음의 질의에는 그 인덱스가 사용되지 않는다. SUBSTR은 주어진 문자열에서 일부를 반환하는 오라클의 내장 함수로서, 다음의 질의에서는 EMPNAME 애트리뷰트에서 첫 번째 바이트부터 두 바이트가 '김'인가, 즉 성이 김인 사원을 검색하는 용도로 사용되었다. 이런 내장 함수는 SQL의 표준 기능이 아니다.

```
SELECT          *
FROM            EMPLOYEE
WHERE           SUBSTR(EMPNAME, 1, 1) = '김';
```

EMPNAME 애트리뷰트에 인덱스가 정의되어 있으면 다음의 질의에는 그 인덱스가 사용된다.

```
SELECT          *
FROM            EMPLOYEE
WHERE           EMPNAME LIKE '김%';
```

널에 대해서는 일반적으로 인덱스가 사용되지 않는다.

```
SELECT          *
FROM            EMPLOYEE
WHERE           MANAGER IS NULL;
```

인덱스가 정의된 애트리뷰트에 대해서 'WHERE 애트리뷰트 IS NULL'이 아니고, 'WHERE 애트리뷰트 = 값'을 명시했더라도 DBMS에 따라서는 인덱스에서 널이 참조되지 않으므로 인덱스가 정의된 애트리뷰트에 널을 가진 레코드들은 그 인덱스를 사용하여 탐색할 때 검색되지 않는다.

질의 튜닝을 위한 추가 지침

▶ DISTINCT절의 사용을 최소화하라.
중복된 튜플을 허용할 수 있는 경우 또는 SELECT절에 키가 포함되어 있을 경우에는 DISTINCT절이 불필요하다.

▶ GROUP BY절과 HAVING절의 사용을 최소화하라.

▶ 임시 릴레이션의 사용을 피하라.

```
SELECT      *
INTO        TEMP
FROM        EMPLOYEE D, DEPARTMENT D
WHERE       E.DNO = D.DEPTNO AND D.DEPTNAME = '개발';

과


SELECT      T.DNO, AVG(T.SALARY)
FROM        TEMP T
GROUP BY    T.DNO;

의 두 SELECT문 대신에 다음과 같은 한 개의 SELECT문이 바람직하다.


SELECT      E.DNO, AVG(E.SALARY)
FROM        EMPLOYEE D, DEPARTMENT D
WHERE       E.DNO = D.DEPTNO AND D.DEPTNAME = '개발'
GROUP BY    T.DNO;
```

▶ 가능하면 "SELECT * FROM ..." 대신에 SELECT절에 애트리뷰트 이름들을 구체적으로 명시하라.
이렇게 하면 불필요한 애트리뷰트가 전송되지 않으므로 네트워크 트래픽이 감소되고, SELECT문을 이해하기 쉽고, 나중에 릴레이션에 애트리뷰트가 추가되거나 제거되더라도 SELECT문을 변경해야 할 필요성이 줄어든다. 특히, 릴레이션에 수많은 애트리뷰트들이 포함되어 있거나 긴 애트리뷰트(예: BLOB)가 포함되어 있을 때 SELECT절에서 필요한 애트리뷰트들만 구체적으로 명시하는 것이 네트워크 트래픽에 큰 영향을 미칠 수 있다.

1. 인덱스를 사용하는 장점과 단점은 무엇인가?

2. 클러스터링 인덱스는 비클러스터링 인덱스에 비해서 빠른 접근을 제공한다. 클러스터링 인덱스의 장점에도 불구하고 비클러스터링 인덱스를 사용해야만 하는 경우를 간단하게 설명하시오.

3. 할인점 데이터베이스에 다음과 같은 릴레이션이 저장되어 있다고 가정하자. 기본 키는 밑줄을 그어 표시했다. 단일 단계 인덱스를 생성하려 한다.

ITEM#	ITEMNAME	PRICE	LOCATION
C1	치약	2000	1층
C2	칫솔	1000	1층
C3	간장	3000	지하
C4	내의	5000	2층
C5	양말	2500	2층
C6	형광등	4000	1층
C7	콜라	400	지하
C8	쌀	45000	지하
C9	화장지	8000	1층
C10	우산	6000	2층

(1) 기본 인덱스의 구조를 설명하고 이 릴레이션에 대해서 인덱스 엔트리가 포함된 기본 인덱스를 그리시오.

(2) 밀집 인덱스에 대해서 (1)을 반복하시오.

(3) 보조 인덱스에 대해서 (1)을 반복하시오.

4. 블록 크기가 1,024바이트인 디스크 장치를 고려해보자. 파일에는 30,000개의 고정 길이 사원 레코드가 들어 있다. 사원 레코드에는 이름(15바이트), 주민등록번호(13바이트), 부서번호(8바이트), 주소(37바이트), 전화번호(11바이트), 성별(1바이트), 직급(10바이트), 급여(4바이트) 필드가 있다.

   (1) 레코드 길이가 몇 바이트인가?

   (2) 블로킹 인수가 얼마인가?

   (3) 파일이 필요로 하는 최소 블록 수는 얼마인가?

   (4) 파일이 주민등록번호 순서로 정렬되어 있다고 가정한다. 주민등록번호에 대해 희소 기본 인덱스를 생성하려 한다. 단, 레코드 포인터를 나타내는 데 4바이트가 사용된다.

   a. 인덱스 블로킹 인수가 얼마인가?

   b. 1단계 인덱스 엔트리 수와 1단계 인덱스 블록 수를 계산하시오.

   c. 다단계 인덱스를 구축할 때 총 몇 단계가 필요한가?

   d. 다단계 인덱스가 필요로 하는 총 블록 수는 얼마인가?

   e. 인덱스를 사용하여 한 레코드를 검색할 때 몇 번의 블록 접근이 필요한가?

5. 1,000,000개의 튜플이 들어 있는 릴레이션이 있다. 각 튜플은 고객주문번호(10바이트), 고객이름(20바이트), 주소(60바이트), 고객번호(10바이트)를 나타낸다. 고객마다 고유한 번호가 있고 고객들의 각 주문은 고유한 번호를 갖는다. 한 고객이 평균적으로 100건의 주문을 했다. 한 주문은 한 명의 고객에게 속한다. 블록 크기는 4,096바이트라고 가정한다. 레코드 포인터의 크기는 4바이트이다. 한 레코드가 두 개의 블록에 걸쳐서 저장되지 않는다고 가정한다.

   (1) 기본 인덱스가 무엇인가 설명하시오. 고객주문번호에 대해 기본 인덱스를 생성하는 이유를 설명하시오.

   (2) 고객주문번호가 주어지면 레코드를 찾는 데 몇 번의 블록 접근이 필요한가? 그 이유를 설명하시오.

   (3) 밀집 인덱스가 무엇인가 설명하시오. 고객번호에 대해서 밀집 인덱스를 생성하는 이유를 설명하시오.

   (4) 고객번호가 주어지면 한 레코드를 찾는데 평균적으로 몇 번의 블록 접근이 필요한가? 그 이유를 설명하시오.

6. 릴레이션 EMPLOYEE의 복합 애트리뷰트(AGE, SALARY, NAME)에 인덱스가 정의되어 있다. 다음 SELECT문 중에서 이 인덱스를 이용하여 효율적으로 수행될 수 있는 것을 모두 고르시오.

```
(1)  SELECT      AGE, SALARY, NAME
     FROM        EMPLOYEE
     WHERE       AGE=30 AND SALARY=3000000;
(2)  SELECT      SALARY, NAME
     FROM        EMPLOYEE
     WHERE       AGE=30 AND SALARY=3000000 AND NAME="Kim";
(3)  SELECT      AGE, SALARY
     FROM        EMPLOYEE
     WHERE       SALARY=3000000 AND NAME="Kim";
```

7. 기본 인덱스와 보조 인덱스의 유사점과 차이점을 설명하시오.

8. 파일 내의 클러스터링과 파일 간의 클러스터링을 비교하여 설명하시오.

9. 특정 레코드 한 개만 검색하는 경우에 클러스터링 인덱스와 비클러스터링 인덱스 간에 성능 차이가 있는가? 그 이유를 설명하시오.

10. 어떤 범위에 속하는 여러 레코드들을 검색하는 경우에 클러스터링 인덱스와 비클러스터링 인덱스 간에 성능 차이가 있는가? 그 이유를 설명하시오.

Chapter

07

릴레이션 정규화

릴레이션 정규화

데이터베이스를 설계하여 생성하는 업무를 맡았다고 가정해 보자. 좋은 데이터베이스 설계는 매우 중요하다. 부주의한 데이터베이스 설계는 제어할 수 없는 데이터 중복을 야기하여 여러 가지 **갱신 이상** update anomaly 을 유발한다. 어떻게 좋은 데이터베이스 설계를 할 것인가? 데이터베이스에 어떤 릴레이션들을 생성할 것인가? 각 릴레이션에 어떤 애트리뷰트들을 둘 것인가? 본 장에서는 이런 물음들에 대한 이론적인 해결 방안을 알아본다.

5장에서 ER 스키마를 관계 데이터베이스 스키마로 변환하는 방법론을 살펴보았다. ER 데이터 모델을 사용하면 일반적으로 좋은 설계를 할 수 있지만, ER 데이터 모델에서 생성된 관계 데이터베이스 스키마를 정형적인 방법을 기반으로 세밀하게 다듬어야 한다. ER 데이터 모델은 응용의 요구사항을 분석하여 하향식으로 진행된다. **정규화** normalization 는 5장에서 생성한 관계 데이터베이스 스키마를 기반으로 릴레이션의 수학적인 이론을 적용하여 보다 좋은 데이터베이스 설계로 이끄는 상향식 방법론이다. 적절하게 정규화된 릴레이션들은 데이터베이스의 유지를 간단하게 한다.

본 장에서는 SQL문을 직접 입력하여 정보를 검색하는 것은 더 이상 논의하지 않으므로 릴레이션의 이름과 애트리뷰트의 이름을 한글로 나타내면서 릴레이션 정규화를 논의한다. 7.1절에서는 정규화의 개요를 논의하고, 정규화되지 않은 릴레이션에 생기는 갱신 이상의 예를 살펴본다. 7.2절에서는 정규화의 이론적인 근거가 되는 함수적 종속성을 논의하고, 7.3절에서는 릴레이션의 분해에 관해 기술한다. 7.4절에서는 제1정규형, 제2정규형, 제3정규형, BCNF가 무엇을 의미하는지 설명하고, 한 릴레이션이 제1정규형, 제2정규형, 제3정규형, BCNF인지 식별한다. 마지막으로 7.5절에서는 역정규화 denormalization 를 기술한다. 응용의 요구사항 이상으로 정규화된 릴레이션 스키마는 성능의 저하를 가져올 수 있으므로 필요한 경우에는 역정규화를 수행할 수 있다.

7.1 정규화 개요

좋은 관계 데이터베이스 스키마를 설계하는 목적은 정보의 중복과 갱신 이상이 생기지 않도록 하고, 정보의 손실을 막으며, 실세계를 훌륭하게 나타내고, 애트리뷰트들 간의 관계가 잘 표현되는 것을 보장하며, 어떤 무결성 제약조건의 시행을 간단하게 하며, 아울러 효율성 측면도 고려하는 것이다. 실세계를 훌륭하게 나타낸 설계는 직관적으로 이해하기 쉬우며, 미래의 성장에 잘 대비할 수 있는 설계를 의미한다. 먼저 갱신 이상이 발생하지 않도록 노력하고 그 다음에 효율성을 고려한다.

ER 데이터 모델을 기반으로 고수준의 스키마를 생성하고, 이 설계를 릴레이션들의 집합으로 사상한 후에 함수적 종속성을 기반으로 릴레이션들을 재구성한다. 릴레이션을 재구성할 때 릴레이션을 어떻게 분해하는가에 따라 좋은 분해와 나쁜 분해로 구분할 수 있다. 나쁜 분해는 정보의 손실을 초래한다. 좋은 분해에서는 분해된 릴레이션들을 조인하면 원래의 릴레이션을 만들어낼 수 있다.

관계 데이터 모델을 제안한 E. F. Codd는 검색 및 갱신 문제를 유발하는 릴레이션의 구조적인 특징들을 밝혀냈다. 정보의 중복은 나쁜 릴레이션 스키마로부터 발생되는 많은 문제들의 원인이 된다. 다음의 문제들 중에서 수정 이상, 삽입 이상, 삭제 이상을 총칭하여 갱신 이상이라고 부른다.

▶ **정보의 중복**
정보의 중복은 동일 정보를 두 곳 이상에 저장하는 것을 말한다.

▶ **수정 이상(modification anomaly)**
반복된 데이터 중에 일부만 수정하면 데이터의 불일치가 발생한다.

▶ **삽입 이상(insertion anomaly)**
불필요한 정보를 함께 저장하지 않고는 어떤 정보를 저장하는 것이 불가능하다.

▶ **삭제 이상(deletion anomaly)**
유용한 정보를 함께 삭제하지 않고는 어떤 정보를 삭제하는 것이 불가능하다.

[그림 7.1]과 같은 구조와 내용을 갖는 사원 릴레이션으로부터 설계를 시작한다고 가정해보자. [그림 7.1]의 사원 릴레이션은 회사의 사원에 관한 정보를 저장하는 릴레이션이다. 이 회사에서는 각 사원이 두 개까지의 부서에 속할 수 있다.

사원	사원이름	사원번호	주소	전화번호	부서번호1	부서이름1	부서번호2	부서이름2
	김창섭	2106	우이동	726-5869	1	영업	2	기획
	박영권	3426	사당동	842-4538	3	개발	∧	∧
	이수민	3011	역삼동	579-4685	2	기획	3	개발

[그림 7.1] 사원 릴레이션

각 사원마다 존재하는 하나의 튜플은 그 사원이 속한 부서에 관한 정보를 두 개까지 나타낸다. 예를 들어, 김창섭 사원은 영업부와 기획부 두 곳에서 근무하고 있다. 현재 한 부서에만 속해 있던 사원 박영권이 또 다른 부서에도 발령을 받으면 박영권에 관한 정보(사원이름, 사원번호, 주소, 전화번호)는 반복할 필요 없이, 기존의 튜플에 부서 정보를 추가로 나타내면 된다.

그러나 이 릴레이션에는 심각한 단점들이 있다. 첫째, 릴레이션의 튜플이 길고 다루기 힘들다. 둘째, 각 사원마다 두 개까지의 부서에 속할 수 있도록 릴레이션을 생성했는데, 회사의 방침이 바뀌어 사원이 세 개 이상의 부서에 속할 수 있게 되면 어떻게 처리할 것인가? SQL의 ALTER TABLE문을 사용하여 사원 릴레이션에 부서에 관한 애트리뷰트들을 추가하거나, 더 많은 부서 정보를 가진 새로운 사원 릴레이션을 생성한 후에 기존의 사원 릴레이션의 튜플들을 읽어서 새로운 릴레이션에 삽입하고, 기존의 사원 릴레이션은 제거해야 한다. 셋째, 각 사원이 속한 부서의 평균 개수가 각 사원이 속할 수 있는 최대 부서 수보다 적을 때에는 부서 정보에 널이 들어 있는 경우가 많아지므로 기억 장소 낭비가 초래된다.

[그림 7.1] 릴레이션 대신에 [그림 7.2] 릴레이션처럼 설계하면 각 사원마다 부서 수를 제한할 필요가 없다. 그러나 이 설계는 또 다른 단점을 갖고 있다. 이 릴레이션의 단점은 다음과 같다.

사원

사원이름	사원번호	주소	전화번호	부서번호1	부서이름1
김창섭	2106	우이동	726-5869	1	영업
김창섭	2106	우이동	726-5869	2	기획
박영권	3426	사당동	842-4538	3	개발
이수민	3011	역삼동	579-4685	2	기획
이수민	3011	역삼동	579-4685	3	개발

[그림 7.2] 사원 릴레이션

▶ 정보의 중복

각 사원이 속한 부서 수만큼 동일한 사원의 튜플들이 존재하므로 사원이름, 사원번호, 주소, 전화번호 등이 중복되어 저장 공간이 낭비된다. 예를 들어, 이수민이 두 개의 부서에 속하므로 사원번호가 3011, 주소가 역삼동, 전화번호가 579-4685라는 사실이 두 번 기록된다.

▶ 수정 이상

만일 어떤 부서의 이름이 바뀔 때 이 부서에 근무하는 일부 사원 튜플에서만 부서이름을 변경하면 데이터베이스가 불일치 상태에 빠진다. 예를 들어, 부서번호가 2인 기획부의 이름이 총무부로 바뀌면 두 번째 튜플과 네 번째 튜플에서 부서이름을 변경해야 한다.

▶ 삽입 이상

만일 어떤 부서를 신설했는데 아직 사원을 한 명도 배정하지 않았다면 이 부서에 관한 정보를 입력할 수 없다. 왜냐하면 이 릴레이션의 기본 키가 (사원번호, 부서번호)이므로 사원번호가 기본 키의 구성요소인데, 엔티티 무결성 제약조건에 의해 사원번호가 널을 가질 수 없기 때문이다. 예를 들어, 홍보부를 신설하여 릴레이션에 삽입하려면 홍보부에 근무하는 사원이 최소한 한 명 이상 존재해야 한다.

▶ 삭제 이상

만일 어떤 부서에 속한 사원이 단 한 명이 있는데, 이 사원에 관한 튜플을 삭제하면 이 사원이 속한 부서에 관한 정보도 릴레이션에서 삭제된다. 예를 들어, 릴레이션에서 김창섭 튜플을 삭제하면 부서번호가 1인 부서의 이름이 영업부라는 사실도 함께 삭제된다.

앞의 두 가지 설계 예에서 설명한 바와 같이, 나쁘게 설계된 릴레이션 또는 정규화되지 않은 릴레이션들은 저장 공간을 낭비하고, 세 가지 갱신 이상을 유발하게 된다. 정규화는 주어진 릴레이션 스키마를 함수적 종속성과 기본 키를 기반으로 분석하여, 원래의 릴레이션을 분해함으로써 중복과 세 가지 갱신 이상을 최소화하는 것이다.

정규화가 진행되면 기존의 릴레이션이 분해된다. **릴레이션 분해**는 하나의 릴레이션을 두 개 이상의 릴레이션으로 나누는 것이다. 릴레이션의 분해는 필요한 경우에는 분해된 릴레이션들로부터 원래의 릴레이션을 다시 구할 수 있음을 보장해야 한다는 원칙을 기반으로 하므로 두 릴레이션으로부터 얻을 수 있는 정보는 원래의 릴레이션이 갖고 있던 정보와 정확하게 일치해야 한다. 중복을 감소시키면서 어떤 정보도 잃지 않으면서 기존의 정보를 데이터베이스 내의 다른 정보로부터 유도할 수 있다는 것이다. 분해를 잘못하면 두 릴레이션으로부터 얻을 수 있는 정보가 원래의 릴레이션이 나타내던 정보보다 적을 수도 있고 많을 수도 있다.

릴레이션의 분해는 릴레이션에 존재하는 함수적 종속성에 관한 지식을 기반으로 한다. 이에 관해서는 7.2절과 7.3절에서 자세하게 논의한다.

예: 릴레이션 분해

[그림 7.2]의 사원 릴레이션에 존재하는 좋지 않은 특성들은 바람직한 구조를 갖는 릴레이션들로 분해함으로써 해결할 수 있다. 즉, [그림 7.2]의 사원 릴레이션을 [그림 7.3]의 사원1 릴레이션과 부서 릴레이션으로 분해한다. 부서 릴레이션은 각 부서를 한 개의 튜플로 나타낸다. 사원1 릴레이션과 부서 릴레이션을 조인한 결과는 원래의 사원 릴레이션이 나타내는 정보와 일치한다.

사원

사원이름	사원번호	주소	전화번호	부서번호
김창섭	2106	우이동	726-5869	1
김창섭	2106	우이동	726-5869	2
박영권	3426	사당동	842-4538	3
이수민	3011	역삼동	579-4685	2
이수민	3011	역삼동	579-4685	3

부서

부서번호1	부서이름1
1	영업
2	기획
3	개발

[그림 7.3] [그림 7.2]의 사원 릴레이션을 사원1 릴레이션과 부서 릴레이션으로 분해

이와 같이 분해했을 때 어떻게 갱신 이상 문제가 완화되는가 살펴보자. 사원1 릴레이션에 각 사원이 속한 부서 개수만큼 튜플이 존재하므로 여전히 사원이름, 사원번호, 주소, 전화번호가 중복되므로 어떤 사원의 전화번호나 주소 등이 변경되면 이 사원에 관한 모든 튜플에서 변경해야 한다. 이로 인한 문제들은 7.4절에서 좀 더 자세하게 논의한다. 하지만 [그림 7.2]에서 예를 들

었던 갱신 이상 문제는 다음과 같이 해결된다.

▶ **부서이름의 수정**

어떤 부서에 근무하는 사원이 여러 명 있더라도 사원1 릴레이션에는 부서이름이 포함되어 있지 않으므로 수정 이상이 나타나지 않는다. 만일 부서번호가 2인 기획부의 이름이 총무부로 바뀌면, 이 부서에 관한 튜플은 부서 릴레이션에 한 번만 나타나므로 이 튜플에서만 부서이름을 변경하면 된다.

▶ **새로운 부서를 삽입**

만일 어떤 신설 부서에 사원이 한 명도 배정되지 않았더라도, 부서 릴레이션의 기본 키가 부서번호이므로 이 부서에 관한 정보를 부서 릴레이션에 삽입할 수 있다. 예를 들어, 홍보부를 신설하고 아직 홍보부에 사원을 발령내지 않았어도 홍보부에 관한 정보를 부서 릴레이션에 삽입할 수 있다. 부서 릴레이션에 새로운 튜플이 삽입되더라도 참조 무결성 제약조건을 위배하지 않는다.

▶ **마지막 사원 튜플을 삭제**

만일 어느 부서에 속한 유일한 사원에 관한 튜플을 삭제하더라도 이 부서에 관한 정보는 부서 릴레이션에 남아 있다. 예를 들어, 사원1 릴레이션에서 김창섭 튜플을 삭제하더라도 부서번호가 1인 부서이름이 영업부라는 사실은 부서 릴레이션에 계속 존재한다.

이처럼 하나의 릴레이션을 좀 더 단순하고 바람직한 구조를 갖는 두 개 이상의 릴레이션으로 쪼개는 과정을 정규화라고 한다. 정규화는 정규화되지 않은 릴레이션을 보다 좋은 구조를 갖는 릴레이션들로 단계적으로 변환해 가는 과정이다. 정규화 이론은 Codd가 1972년에 처음 제안하였다.

정규형 normal form 에는 **제1정규형** first normal form , **제2정규형** second normal form , **제3정규형** third normal form , **BCNF** Boyce-Codd normal form , **제4정규형** fourth normal form , **제5정규형** fifth normal form 등이 있다. Codd는 처음에 제1정규형, 제2정규형, 제3정규형을 제안하였고, 나중에 BCNF라 부르는 강한 제3정규형의 정의를 소개하였다. 이들은 함수적 종속성을 기반으로 한다. 제4정규형과 제5정규형은 각각 다치 종속성과 조인 종속성을 기반으로 한다. 제4정규형과 제5정규형은 이해하기 어렵고 사용하기도 어렵다.

일반적으로 산업계의 데이터베이스 응용에서 데이터베이스를 설계할 때 3NF 또는 BCNF까지만 고려하므로 본 책에서는 BCNF까지 논의한다.

관계 데이터베이스 설계의 비공식적인 지침

왜 어떤 릴레이션 스키마가 다른 릴레이션 스키마보다 좋은가? 다음 절부터 정규화를 자세하게 논의하기 전에 특별한 이론을 필요로 하지 않는 관계 데이터베이스 설계의 지침을 소개한다. 첫째, 각 릴레이션은 독자적으로 의미를 갖는 단위가 되어야 한다. 여러 엔티티에 속하는 애트리뷰트들이 하나의 릴레이션 스키마에 포함되면 정보의 중복이 발생한다. 정보가 반복되면 삽입

이상, 수정 이상, 삭제 이상이 발생하므로 정보의 반복을 최대한 피해야 한다. 둘째, 널은 정보의 해석에 어려움을 야기하므로 가능한 한 널을 피해야 한다. 셋째, 가짜 튜플이 생기는 조인을 피한다. 넷째, 스키마를 정제한다.

지침 1: 이해하기 쉽고 명확한 스키마를 만들자.

데이터베이스를 갱신하는 프로그램들이 정확하게 동작하도록 기본 릴레이션을 명확하게 설계한다. 갱신 이상이 생기지 않도록, 여러 엔티티 타입이나 관계 타입에 속한 애트리뷰트들을 하나의 릴레이션에 포함시키지 않는다. 예들 들어, 각 학과에는 다수의 학생이 속해 있다. 그리고 각 학생은 전공을 위해 한 학과에 속한다. 각 학과마다 하나의 전화번호가 있다. 각 학생은 여러 과목들을 수강할 수 있고 각 과목은 여러 학생들이 수강한다. 각 학생은 여러 과목을 수강하고 각 과목마다 성적을 받는다. 학생_학과 릴레이션 스키마에는 학생 엔티티, 학과 엔티티, 과목 엔티티 등에 속하는 애트리뷰트들이 섞여 있다. 이런 릴레이션 스키마에서는 앞서 설명한 갱신 이상이 나타난다.

학생_학과	학생번호	학과이름	학과전화번호	과목번호	성적

지침 2: 널을 피하자.

값이 널일 가능성이 높은 애트리뷰트를 릴레이션에 포함시키지 않는다. 만일 널을 피할 수 없으면 릴레이션의 과반수가 넘는 튜플들에서 널이 나타나지 않도록 해야 한다. 널은 저장 공간이 늘어나고, sum이나 count와 같은 집단 함수를 적용하기 어렵고, 조인을 하기 어렵고, 여러 가지 의미(예: 알려지지 않음, 적용할 수 없음 등)를 갖는 문제 등을 유발한다.

지침 3: 가짜 튜플이 생기지 않도록 하자.

기본 키 또는 외래 키로 사용되는 애트리뷰트들 간에 동등 조건으로 조인할 수 있도록 릴레이션들을 설계한다. 가짜 튜플에 관해서는 7.3절에서 설명한다.

지침 4: 스키마를 정제하자.

여러 가지 갱신 이상을 피하기 위해서 개념적 설계 단계에서 고려한 것보다 더 완전하게 무결성 제약조건들을 고려함으로써 설계를 정제해야 한다. 정규화 과정을 통해 이를 달성할 수 있다.

7.2 함수적 종속성

함수적 종속성 FD: Functional Dependency 의 개념은 정규화 이론의 핵심이다. 함수적 종속성은 관계 데이터 모델에서 가장 중요한 제약조건의 하나이다. 함수적 종속성에 관한 지식은 갱신 이상과 중복을 제거하기 위해 데이터베이스 스키마를 설계하는 데 필수적이다. ER 다이어그램이 모든 함수적 종속성들을 나타내지는 못한다.

함수적 종속성은 릴레이션의 애트리뷰트들의 의미로부터 결정된다. 함수적 종속성은 릴레이션 스키마에 대한 주장이지 릴레이션의 특정 인스턴스에 대한 주장이 아니다. 릴레이션의 상태에 포함될 수 있는 모든 가능한 튜플에 대한 제약조건이다. 함수적 종속성은 릴레이션의 가능한 모든 인스턴스들이 만족해야 한다. 어떤 릴레이션 인스턴스가 주어졌을 때 이 인스턴스가 어떤 함수적 종속성을 위반하는지 검사할 수 있지만, 함수적 종속성이 모든 릴레이션 인스턴스에서 성립하는지는 알 수 없다. 함수적 종속성 제약조건을 만족하는 릴레이션의 인스턴스를 합법적인 인스턴스라고 부른다.

실세계에 대한 지식과 응용의 의미를 기반으로 어떤 함수적 종속성들이 존재하는가를 파악해야 한다. 정규화에서 가장 중요한 작업의 하나는 함수적 종속성들을 찾아내고 기록하는 것이다. 모든 함수적 종속성들을 찾아내면 실세계를 보다 훌륭하게 모델링할 수 있다.

함수적 종속성은 제2정규형부터 BCNF까지 적용된다. 간단한 함수적 종속성 구조를 가지는 소수의 릴레이션들에는 사용자가 직접 수작업으로 정규화를 적용할 수 있지만, 복잡한 함수적 종속성 구조를 갖는 많은 수의 릴레이션들이 포함된 대규모 데이터베이스에 대해서는 CASE 도구를 사용하여 정규화를 진행하는 것이 바람직하다.

결정자(determinant)

어떤 애트리뷰트의 값은 다른 애트리뷰트의 값을 고유하게 결정할 수 있다. [그림 7.4]의 사원 릴레이션에서 사원번호는 사원이름을 고유하게 결정한다. 또한, 사원번호는 주소와 전화번호도 고유하게 결정한다. 예를 들어, 사원번호의 값 4257이 주어지면 사원이름이 정미림, 주소가 홍제동, 전화번호가 731-3497인 것을 알 수 있다. 이에 반해서 주소가 양재동일 때 사원이름이 이범수라고 말할 수 없다. 왜냐하면 주소가 양재동일 때 사원이름이 안명석일 수도 있기 때문이다. 따라서 주소는 사원이름을 고유하게 결정하지 못한다.

결정자는 주어진 릴레이션에서 다른 애트리뷰트(또는 애트리뷰트들의 집합)를 고유하게 결정하는 하나 이상의 애트리뷰트를 의미한다. 예를 들어, 사원 릴레이션에서 사원번호는 사원이름, 주소, 전화번호의 결정자이다. 또한, 부서번호는 부서이름의 결정자이다. 결정자를 다음과 같이 표기하고, 이를 "A가 B를 결정한다(또는 B가 A에 의해 결정된다, 또는 A는 B의 결정자이다)."라고 말한다.

$$A \rightarrow B$$

릴레이션 R에서 애트리뷰트 A가 B의 결정자이면 임의의 두 튜플에서 A 애트리뷰트의 값이 같으면 B 애트리뷰트의 값도 같아야 한다. A는 릴레이션의 키 애트리뷰트이거나 아닐 수 있다. 또한, A와 B는 복합 애트리뷰트일 수 있다. 앞의 표기법을 사용하여 사원 릴레이션의 일부 결정자를 다음과 같이 표기한다.

사원번호 → 사원이름
사원번호 → 주소
사원번호 → 전화번호
부서번호 → 부서이름

사원

사원번호	사원이름	주소	전화번호	직책	부서번호	부서이름
4257	정미림	홍제동	731-3497	팀장	1	영업
1324	이범수	양재동	653-7412	프로그래머	3	개발
1324	이범수	양재동	653-7412	웹 디자이너	1	영업
3609	안명석	양재동	425-8520	팀장	2	기획

[그림 7.4] 사원 릴레이션

함수적 종속성

만일 애트리뷰트 A가 애트리뷰트 B의 결정자이면 B가 A에 함수적으로 종속한다고 말한다. 다른 말로 표현하면, 주어진 릴레이션 R에서 애트리뷰트 B가 애트리뷰트 A에 함수적으로 종속하는 필요충분조건은 각 A 값에 대해 반드시 한 개의 B 값이 대응된다는 것이다. 하나의 함수적 종속성은 실세계의 의미에 따라 바뀐다. 어떤 응용에서는

$$이름 \rightarrow 주소$$

가 성립할 수 있고, 또 다른 응용에서는

$$이름 \rightarrow 주소$$

가 성립하지 않을 수 있다.

[그림 7.4]의 사원 릴레이션에서 각 사원은 한 개 이상의 부서에 속할 수 있다. 한 사원이 여러 부서에 속할 때에는 각 부서에서 고유한 직책을 맡는다. 예를 들어, 이범수는 개발부에서는 프로그래머로, 홍보부에서는 웹 디자이너로 일한다.

사원번호가 사원이름, 주소, 전화번호의 결정자이므로 사원이름, 주소, 전화번호는 사원번호에 함수적으로 종속한다. 그러나 직책은 (사원번호, 부서번호)에 함수적으로 종속하지, 사원번호에 함수적으로 종속하지는 않는다. 함수적 종속성을 [그림 7.5]처럼 두 가지 형태의 다이어그램으로 나타내기도 한다.

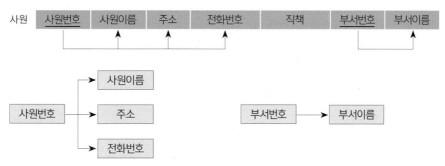

[그림 7.5] 사원 릴레이션의 함수적 종속성의 두 가지 다이어그램

완전 함수적 종속성(FFD: Full Functional Dependency)

주어진 릴레이션 R에서 애트리뷰트 B가 애트리뷰트 A에 함수적으로 종속하면서 애트리뷰트 A의 어떠한 진부분 집합에도 함수적으로 종속하지 않으면 애트리뷰트 B가 애트리뷰트 A에 완전하게 함수적으로 종속한다고 말한다. 여기서 애트리뷰트 A는 복합 애트리뷰트이다. [그림 7.4]의 사원 릴레이션에서 사원이름, 주소, 전화번호는 사원번호에 함수적으로 종속하므로 (사원번호, 부서번호)에는 완전하게 함수적으로 종속하지 않는다. 완전하게 함수적으로 종속하지 않으면 부분 함수적 종속성을 갖는다고 말한다.

어떤 사원의 직책은 그 사원이 속한 부서에 따라 달라지므로 직책은 (사원번호, 부서번호)에 완전하게 함수적으로 종속한다.

예: 완전 함수적 종속성과 부분 함수적 종속성

[그림 7.6]에서 fd3은 완전 함수적 종속성을 나타내고, fd1과 fd2는 부분 함수적 종속성을 나타낸다.

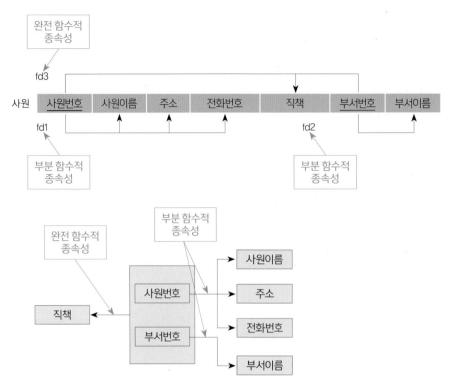

[그림 7.6] 완전 함수적 종속성과 부분 함수적 종속성

이행적 함수적 종속성(transitive FD)

한 릴레이션의 애트리뷰트 A, B, C가 주어졌을 때 애트리뷰트 C가 이행적으로 A에 종속한다(A → C)는 것의 필요충분조건은

$$A \rightarrow B \land B \rightarrow C$$

가 성립하는 것이다. A가 릴레이션의 기본 키라면 키의 정의에 따라 A → B와 A → C가 성립한다. 만일 C가 A 외에 B에도 함수적으로 종속한다면 C는 A에 직접 함수적으로 종속하면서 B를 거쳐서 A에 이행적으로 종속한다. 이행적 종속성이 존재하는 릴레이션에는 키가 아닌 애트리뷰트가 적어도 두 개 이상 있어야 한다.

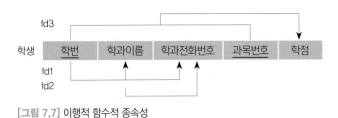

[그림 7.7] 이행적 함수적 종속성

7.3 릴레이션의 분해(decomposition)

릴레이션 분해는 하나의 릴레이션을 두 개 이상의 릴레이션으로 나누는 것이다. 릴레이션을 분해하면 중복이 감소되고 갱신 이상이 줄어드는 장점이 있는 반면에, 바람직하지 않은 문제들을 포함하여 몇 가지 잠재적인 문제들을 야기할 수 있다. 첫째, 일부 질의들의 수행 시간이 길어진다. 릴레이션이 분해되기 전에는 조인이 필요 없는 질의가 분해 후에는 조인을 필요로 하는 질의로 바뀔 수 있다. 이에 관해서는 7.5절에서 논의한다. 둘째, 분해된 릴레이션들을 사용하여 원래 릴레이션을 재구성하지 못할 수 있다. 셋째, 어떤 종속성을 검사하기 위해서는 분해된 릴레이션들의 조인이 필요할 수 있다. 따라서 이런 잠재적인 문제와 중복성 감소 간의 균형을 고려해야 한다.

[그림 7.8]의 학생 릴레이션을 사용하여 이런 잠재적인 문제들을 좀 더 자세하게 살펴보자. [그림 7.8]의 학생 릴레이션은 다섯 개의 애트리뷰트로 이루어진다. 각 학생마다 이메일 주소가 고유하다. 한 학생은 여러 개의 과목을 수강하고 각 수강 과목마다 학점을 받는다.

학생	학번	이름	이메일	과목번호	학점
	11002	이홍근	sea@hanmail.net	CS310	A0
	11002	이홍근	sea@hanmail.net	CS313	B+
	24036	김순미	smkim@uos.ac.kr	CS345	B0
	24036	김순미	smkim@uos.ac.kr	CS310	A+

[그림 7.8] 학생 릴레이션

학생 릴레이션에서 다음과 같은 함수적 종속성들이 만족된다.

> 학번 → 이름, 이메일
>
> 이메일 → 학번, 이름
>
> (학번, 과목번호) → 학점

한 학생이 여러 과목을 수강하면 이 학생의 튜플들에서 (학번, 이름, 이메일)이 중복해서 나타난다. 7.1절에서 논의한 것처럼 갱신 이상이 발생할 수 있다. 정보의 중복을 해결하기 위해서 학생 릴레이션을 [그림 7.9]와 같이 두 개의 릴레이션 학생1과 수강으로 분해해보자. 두 릴레이션으로부터 학생 릴레이션을 다시 얻으려면 자연 조인을 수행한다. 학생1 릴레이션과 수강 릴레이션에서 학번은 기본 키와 외래 키 관계이므로 두 릴레이션을 조인하면 원래의 학생 릴레이션에 들어 있는 정보를 완전하게 얻을 수 있다.

이런 분해를 **무손실 분해** ^{lossless decomposition} 라 한다. 여기서 손실은 튜플의 손실이 아니라 정보의 손실을 의미한다. 정보의 손실은 원래의 릴레이션을 분해한 후에 생성된 릴레이션들을 조인한 결과에 들어 있는 정보가 원래의 릴레이션에 들어 있는 정보보다 적거나 많은 것을 모두 포함한다.

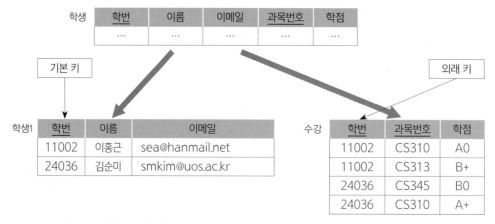

[그림 7.9] 학생 릴레이션을 두 릴레이션으로 분해

학생1 릴레이션을 [그림 7.10]처럼 또 다시 분해하는 것은 불필요하다. 학생1 릴레이션의 기본 키는 학번이고 이름과 이메일이 학번에 직접 함수적으로 종속하므로 학생1 릴레이션을 추가로 분해하면 학번만 불필요하게 두 번 저장된다. 또한, 학생1 릴레이션에는 불필요한 중복이 존재하지도 않는다.

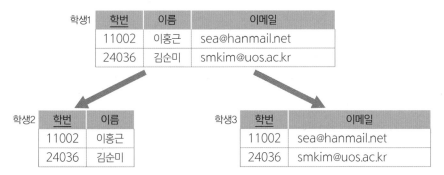

[그림 7.10] 불필요한 분해

수강 릴레이션을 [그림 7.11]처럼 분해하면 과목번호와 학점 간의 연관이 표현되지 않으므로 나쁜 분해이다. 또한, 수강1과 수강2 릴레이션을 조인하면 수강 릴레이션에 들어 있는 튜플보다 많은 튜플이 생성된다. 따라서 이 분해는 무손실 분해가 아니다. 수강 릴레이션에 없는 튜플이 수강1과 수강2 릴레이션의 조인 결과에 생긴 것을 **가짜 튜플** spurious tuple 이라고 말한다.

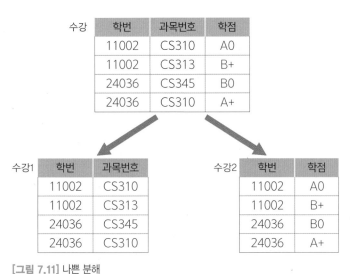

[그림 7.11] 나쁜 분해

예: 가짜 튜플

[그림 7.11]의 수강1 릴레이션과 수강2 릴레이션을 학번 애트리뷰트를 사용하여 자연 조인하면 [그림 7.12]와 같은 결과를 얻는다. 이 릴레이션에서 회색 음영으로 표시한 튜플들은 [그림 7.11]의 원래 릴레이션인 수강 릴레이션에 존재하지 않는 튜플들이므로 가짜 튜플에 해당한다.

학번	과목번호	학점
11002	CS310	A0
11002	CS310	B+
11002	CS313	A0
11002	CS313	B+
24036	CS345	B0
24036	CS345	A+
24036	CS310	B0
24036	CS310	A+

[그림 7.12] 가짜 튜플

7.4 제1정규형, 제2정규형, 제3정규형, BCNF

정규형에는 제1정규형, 제2정규형, 제3정규형, BCNF, 제4정규형, 제5정규형 등이 있지만, 일반적으로 데이터베이스를 설계할 때 3NF 또는 BCNF까지만 고려하므로 본 절에서는 BCNF까지만 논의한다. 제2정규형부터 BCNF까지의 정규형은 함수적종속성 이론에 기반을 둔다.

7.4.1 제1정규형

제1정규형의 정의

한 릴레이션 R이 제1정규형을 만족할 필요충분조건은 릴레이션 R의 모든 애트리뷰트가 원잣값만을 갖는다는 것이다.

즉, 릴레이션의 모든 애트리뷰트에 **반복 그룹** repeating group 이 나타나지 않으면 제1정규형을 만족한다. 반복 그룹은 한 개의 기본 키값에 대해 두 개 이상의 값을 가질 수 있는 애트리뷰트를 의미한다.

[그림 7.13]의 학생 릴레이션에서 과목번호 애트리뷰트는 각 학생이 수강하는 여러 과목들의 집합 값을 가지므로 제1정규형을 만족하지 못한다. 2장의 릴레이션의 정의에 따르면 릴레이션의 각 애트리뷰트는 원잣값만 가질 수 있으므로 모든 릴레이션은 적어도 제1정규형을 만족한다. 실제로 [그림 7.13]은 릴레이션이 아니다. 객체 지향 데이터베이스에서는 제1정규형을 완화하여 각 애트리뷰트가 원잣값이 아닌 집합, 리스트, 배열 등을 가질 수 있다.

학생

학번	이름	과목번호	주소
11002	이홍근	{CS310, CS313}	우이동
24036	김순미	{CS310, CS345}	양재동

[그림 7.13] 반복 그룹

제1정규형을 만족하지 않는 [그림 7.13]을 제1정규형으로 변환하는 한 가지 방법은 반복 그룹 애트리뷰트에 나타나는 집합에 속한 각 값마다 하나의 튜플로 표현하는 것이다. [그림 7.14]는 이런 방법을 적용하여 [그림 7.13]을 제1정규형을 만족하는 릴레이션으로 변환한 예를 보여준다. [그림 7.14]의 제1정규형은 정보가 많이 중복되므로 7.1절에서 설명한 바와 같이 갱신 이상을 유발한다.

학생

학번	이름	과목번호	주소
11002	이홍근	CS310	우이동
11002	이홍근	CS313	우이동
24036	김순미	CS345	양재동
24036	김순미	CS310	양재동

[그림 7.14] 애트리뷰트에 원잣값만 있는 릴레이션

제1정규형을 만족하지 않는 [그림 7.13]을 제1정규형으로 변환하는 또 다른 방법은 모든 반복 그룹 애트리뷰트들을 분리해서 새로운 릴레이션에 넣는 것이다. 원래 릴레이션의 기본 키를 새로운 릴레이션에 애트리뷰트로 추가한다. 원래 릴레이션의 기본 키가 새로운 릴레이션에서도 항상 키가 되는 것은 아니다. [그림 7.15]는 이런 방법을 적용하여 [그림 7.13]을 제1정규형을 만족하는 릴레이션으로 변환한 예를 보여준다.

학생1

학번	이름	주소
11002	이홍근	우이동
24036	김순미	양재동

수강

학번	과목번호
11002	CS310
11002	CS313
24036	CS345
24036	CS310

[그림 7.15] 두 릴레이션으로 분해

7.4.2 제2정규형

[그림 7.16]의 학생 릴레이션은 모든 애트리뷰트가 원잣값을 가지므로 제1정규형을 만족한다. 이 릴레이션에 어떤 갱신 이상이 일어날 수 있는지 알아보자. 한 학생이 여러 과목을 수강할 수 있으므로 이 릴레이션의 기본 키는 (학번, 과목번호)이다.

학생

학번	학과이름	학과전화번호	과목번호	학점
11002	컴퓨터과학	210-2261	CS310	A0
11002	컴퓨터과학	210-2261	CS313	B0
24036	정보통신	210-2585	IC214	B+

[그림 7.16] 제1정규형을 만족하는 릴레이션

▶ **수정 이상**

한 학과에 소속한 학생 수만큼 그 학과의 전화번호가 중복되어 저장되므로 여러 학생이 소속된 학과의 전화번호가 변경되었을 때 그 학과에 속한 모든 학생들의 튜플에서 전화번호를 수정하지 않으면 데이터베이스의 일관성이 유지되지 않는다. 예를 들어, 컴퓨터학과의 전화번호가 바뀌었는데 첫 번째 튜플에서만 수정하면 데이터베이스의 일관성이 깨진다.

▶ **삽입 이상**

한 명의 학생이라도 어떤 학과에 소속되지 않으면 이 학과에 관한 튜플을 삽입할 수 없다. 왜냐하면 학번이 기본 키의 구성요소인데 엔티티 무결성 제약조건에 따라 기본 키에 널을 입력할 수 없기 때문이다. 예를 들어, 멀티미디어학과를 신설했는데 아직 학생을 선발하지 않았으면 이 학과에 관한 정보를 [그림 7.16]의 릴레이션에 삽입할 수 없다.

▶ **삭제 이상**

어떤 학과에 소속된 마지막 학생 튜플을 삭제하면 이 학생이 소속된 학과에 관한 정보도 삭제된다. 예를 들어, 정보통신학과에는 한 명의 학생만 소속되어 있는데, 이 학생의 튜플을 삭제하면 정보통신학과에 관한 정보도 함께 삭제된다.

이와 같은 갱신 이상이 생기는 이유는 기본 키에 대한 부분 함수적 종속성이 학생 릴레이션에 존재하기 때문이다. 즉, 학과이름과 학과전화번호는 학번에 부분적으로 종속한다. [그림 7.17(a)]는 [그림 7.16]의 학생 릴레이션에 존재하는 함수적 종속성들을 나타낸다. fd2는 완전 함수적 종속성을 나타내고 fd1은 부분 함수적 종속성을 나타낸다.

따라서 학생 릴레이션을 [그림 7.17(b)]와 같이 학생1 릴레이션과 수강 릴레이션으로 나누면 부분 함수적 종속성이 없어지며, 두 릴레이션은 제2정규형을 만족한다. [그림 7.17(b)]의 수강 릴레이션에서 학점은 기본 키에 완전하게 함수적으로 종속한다. 또한 위에 기술한 갱신 이상이 발생하지 않는다.

두 릴레이션으로 분해할 때 원래 릴레이션에서 기본 키에 부분적으로 종속되는 애트리뷰트(예: [그림 7.17(a)]에서 학과이름과 학과전화번호)들은 한 릴레이션(예: [그림 7.17(b)]에서 학생1 릴레이션)에 속하도록 한다. 이 애트리뷰트들이 부분적으로 종속됐던 애트리뷰트(예: [그림 7.17(a)]에서 학번)가 이 릴레이션의 기본 키가 된다. 원래 릴레이션의 나머지 애트리뷰트들이 또 다른 릴레이션(예: [그림 7.17(b)]에서 수강)에 포함되며, 학번 애트리뷰트를 외래 키로 이 릴레이션에 포함시킨다.

학생1 릴레이션의 기본 키는 한 애트리뷰트로 이루어지므로 제2정규형을 만족한다. 수강 릴레이션의 기본 키는 복합 애트리뷰트인 (학번, 과목번호)이지만, 학점 애트리뷰트가 기본 키에 완전하게 함수적으로 종속하므로 제2정규형을 만족한다.

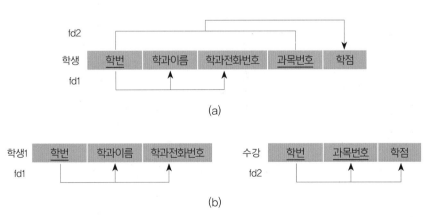

(a)

(b)

[그림 7.17] (a) 부분 함수적 종속성이 존재하는 릴레이션(제1정규형)
(b) 부분 함수적 종속성이 존재하지 않도록 분해된 두 릴레이션(제2정규형)

제2정규형의 정의

한 릴레이션 R이 제2정규형을 만족할 필요충분조건은 릴레이션 R이 제1정규형을 만족하면서, 어떤 후보 키에도 속하지 않는 모든 애트리뷰트들이 R의 기본 키에 완전하게 함수적으로 종속하는 것이다.

기본 키가 두 개 이상의 애트리뷰트로 구성되었을 경우에만 제1정규형이 제2정규형을 만족하는가를 고려할 필요가 있다. 즉, 기본 키가 한 개의 애트리뷰트로 이루어진 릴레이션이 제1정규형을 만족하면 제2정규형도 만족한다.

7.4.3 제3정규형

[그림 7.18]의 학생1 릴레이션의 기본 키는 한 애트리뷰트인 학번이므로 제2정규형을 만족한다. 이 릴레이션에 어떤 갱신 이상이 일어날 수 있는지 알아보자.

학생

학번	학과이름	학과전화번호
11002	컴퓨터과학	210-2261
24036	정보통신	210-2585
11048	컴퓨터과학	210-2261

[그림 7.18] 제2정규형을 만족하는 릴레이션

▶ **수정 이상**

여러 학생이 소속된 학과의 전화번호가 변경되었을 때 그 학과에 속한 모든 학생들의 튜플에서 전화번호를 수정하지 않으면 데이터베이스의 일관성이 유지되지 않는다.

▶ **삽입 이상**

어떤 학과를 신설해서 아직 소속 학생이 없으면 그 학과의 정보를 입력할 수 없다. 왜냐하면 학번이 기본 키인데 엔티티 무결성 제약조건에 따라 기본 키에 널을 입력할 수 없기 때문이다.

▶ **삭제 이상**

어떤 학과에서 마지막 학생의 튜플이 삭제되면 그 학과의 전화번호도 함께 삭제된다.

이와 같은 갱신 이상이 생기는 이유는 학생1 릴레이션에 이행적 종속성이 존재하기 때문이다. 제2정규형을 만족하는 릴레이션 스키마에 이행적 종속성이 존재할 수 있다. 즉, 키가 아닌 애트리뷰트에 하나 이상의 애트리뷰트가 함수적으로 종속할 수 있다. 학생1 릴레이션에서 학과이름과 학과전화번호는 기본 키인 학번에 함수적으로 종속하고 학과전화번호는 학과이름에도 함수적으로 종속한다. 즉 다음과 같은 이행적 종속성이 존재한다.

학번 → 학과이름 ∧ 학과이름 → 학과전화번호 ⇒ 학번 → 학과전화번호

그림 7.19 (a)에서 fd2가 이행적 종속성이다. 따라서 학생1 릴레이션을 그림 7.19 (b)와 같이 학생2와 학과 릴레이션으로 나누면 이행적 종속성이 없어지며, 두 릴레이션은 제3정규형을 만족한다. 또한 앞에 기술한 갱신 이상이 발생하지 않는다.

두 릴레이션으로 분해할 때 원래 릴레이션에서 기본 키가 아닌 애트리뷰트에 종속되는 애트리뷰트(예: [그림 7.19 (a)]에서 학과전화번호), 키가 아니면서 다른 애트리뷰트를 결정하는 애트리뷰트(예: [그림 7.19 (a)]에서 학과이름)를 새로운 릴레이션에 속하도록 한다. 키가 아니면서 다른 애트리뷰트를 결정하는 애트리뷰트는 새로운 학과 릴레이션의 기본 키가 된다. 원래 릴레이션의 나머지 애트리뷰트들이 또 다른 릴레이션(예: [그림 7.19 (b)]에서 학생2)에 포함되며, 학과이름 애트리뷰트를 외래 키로 이 릴레이션에 포함시킨다. 구조적으로 제2정규형은 제1정규형보다 좋고, 제3정규형은 제2정규형보다 좋다.

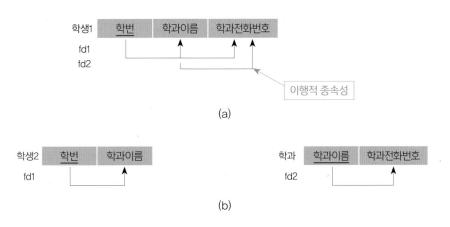

[그림 7.19] (a) 이행적 종속성이 존재하는 릴레이션(제2정규형)
(b) 이행적 종속성이 존재하지 않도록 분해된 두 릴레이션(제3정규형)

제3정규형의 정의

한 릴레이션 R이 제3정규형을 만족할 필요충분조건은 릴레이션 R이 제2정규형을 만족하면서, 키가 아닌 모든 애트리뷰트가 릴레이션 R의 기본 키에 이행적으로 종속하지 않는 것이다.

7.4.4 BCNF

BCNF를 만족하는 릴레이션 스키마들의 집합에서는 갱신 이상이 발생하지 않으므로 실제적인 정규화의 목표이다. BCNF를 만족하는 릴레이션에서는 중복이 존재하지 않으며, 갱신 이상도 발생하지 않는다. [그림 7.20]의 수강 릴레이션에서 각 학생은 여러 과목을 수강할 수 있고 각 강사는 한 과목만 가르친다. 이 릴레이션의 기본 키는 (학번, 과목)이다. 키가 아닌 강사 애트리뷰트가 기본 키에 완전하게 함수적으로 종속하므로 제2정규형을 만족하고, 키가 아닌 강사 애트리뷰트가 기본 키에 직접 종속하므로 제3정규형도 만족한다.

수강

학번	과목	강사
11002	데이터베이스	이영준
11002	운영체제	고성현
24036	자료구조	엄영지
24036	데이터베이스	조민형
11048	데이터베이스	이영준

[그림 7.20] 제3정규형을 만족하는 릴레이션

이 릴레이션에는 [그림 7.21]과 같은 함수적 종속성들이 존재한다. 이 릴레이션에 어떤 갱신 이상이 일어날 수 있는지 알아보자.

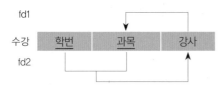

[그림 7.21] 수강 릴레이션에 존재하는 함수적 종속성

▶ **수정 이상**

여러 학생이 수강 중인 어떤 과목의 강사가 변경되었을 때 그 과목을 수강하는 모든 학생들의 튜플에서 강사를 수정하지 않으면 데이터베이스의 일관성이 유지되지 않는다. 예를 들어, [그림 7.20]에서 이영준 강사가 가르치는 데이터베이스를 두 명의 학생이 수강하고 있는데, 강사가 김민정으로 바뀌면 첫 번째 튜플과 다섯 번째 튜플에서 강사 이름을 모두 변경해야 한다.

▶ **삽입 이상**

어떤 과목을 신설하여 아직 수강하는 학생이 없으면 어떤 강사가 그 과목을 가르친다는 정보를 입력할 수 없다. 왜냐하면 학번이 기본 키를 구성하는 애트리뷰트인데 엔티티 무결성 제약조건에 따라 기본 키를 구성하는 애트리뷰트에 널을 입력할 수 없기 때문이다. 예를 들어, 정용순 강사가 데이터마이닝 과목을 처음 개설하여 아직 수강 학생을 받기 전이라면 릴레이션에 삽입할 수 없다.

▶ **삭제 이상**

어떤 과목을 이수하는 학생이 한 명밖에 없는데 이 학생의 튜플을 삭제하면 그 과목을 가르치는 강사에 관한
정보도 함께 삭제된다. 예를 들어, 운영체제 과목의 유일한 수강생인 두 번째 튜플을 삭제하면 고성현 강사가
운영체제를 가르친다는 사실도 함께 삭제된다.

이와 같은 갱신 이상이 발생하는 이유는 수강 릴레이션에서 키가 아닌 애트리뷰트가 다른 애트
리뷰트를 결정하기 때문이다. 이 릴레이션의 후보 키는 (학번, 과목)과 (학번, 강사)이다.

BCNF의 정의

한 릴레이션 R이 BCNF를 만족할 필요충분조건은 릴레이션 R이 제3정규형을 만족하고 모든
결정자가 후보 키이어야 한다는 것이다.

제3정규형을 만족하는 대부분의 릴레이션들은 BCNF도 만족한다. 하나의 후보 키만을 가진 릴
레이션이 제3정규형을 만족하면 동시에 BCNF도 만족한다. 제3정규형을 만족하지만, BCNF
를 만족하지 않는 릴레이션에는 [그림 7.22]처럼 키가 아닌 애트리뷰트가 키 애트리뷰트의 결
정자인 경우가 존재한다. [그림 7.20] 수강 릴레이션에서 강사 애트리뷰트는 후보 키가 아님에
도 불구하고 과목 애트리뷰트를 결정하기 때문에 BCNF가 아니다.

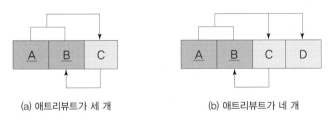

(a) 애트리뷰트가 세 개   (b) 애트리뷰트가 네 개

[그림 7.22] 제3정규형을 만족하지만 BCNF는 만족하지 않는 릴레이션

제3정규형을 만족하는 릴레이션([그림 7.22])을 BCNF로 정규화하려면 [그림 7.23]처럼 키가
아니면서 결정자 역할을 하는 애트리뷰트와 그 결정자에 함수적으로 종속하는 애트리뷰트를 하
나의 릴레이션에 넣는다. 이 릴레이션에서 결정자는 기본 키가 된다. 그 다음에는 기존 릴레이
션에 결정자를 남겨서 기본 키의 구성요소가 되도록 한다. 또한, 이 결정자는 새로운 릴레이션
에 대한 외래 키 역할도 한다.

(a) 애트리뷰트가 세 개

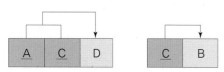

(b) 애트리뷰트가 네 개

[그림 7.23] 제3정규형을 BCNF로 분해

예: BCNF로 정규화

[그림 7.20]의 수강 릴레이션을 BCNF로 정규화해 보자. [그림 7.24]와 같이 강사 애트리뷰트와 과목 애트리뷰트를 빼내어 새로운 릴레이션 수강2를 만든다. 이 릴레이션에서 강사 애트리뷰트가 기본 키이다. 원래의 릴레이션에는 학번 애트리뷰트와 강사 애트리뷰트가 남아 수강1 릴레이션이 된다. 강사 애트리뷰트는 수강1 릴레이션의 기본 키의 구성요소가 되면서, 수강2 릴레이션의 외래 키 역할도 한다.

수강

학번	과목	강사
11002	데이터베이스	이영준
11002	운영체제	고성현
24036	자료구조	엄영지
24036	데이터베이스	조민형
11048	데이터베이스	이영준

수강

학번	강사
11002	이영준
11002	고성현
24036	엄영지
24036	조민형
11048	이영준

수강

강사	과목
이영준	데이터베이스
고성현	운영체제
엄영지	자료구조
조민형	데이터베이스

[그림 7.24] 제3정규형을 BCNF로 정규화

7.4.5 여러 정규형의 요약

제1정규형과 제2정규형은 좋은 릴레이션 스키마 설계의 목표가 아니다. 이들은 보다 높은 단계의 정규형에 이르는 중간 과정의 의미밖에 갖지 못한다. 실제로 대부분의 데이터베이스 응용에서 릴레이션 스키마들은 3NF 또는 BCNF를 만족하도록 설계된다.

지금까지 설명한 여러 가지 정규형들을 요약하면, 릴레이션 R(A, B, (C, D))에는 반복 그룹이 존재하기 때문에 제1정규형을 만족하지 않으므로 R1(A, B)와 R2(A, C, D)로 분해한다. R1과 R2는 제1정규형을 만족한다.

릴레이션 R(A, B, C, D)에서 A → C가 만족되면 부분 함수적 종속성이 존재하기 때문에 제2정규형을 만족하지 않으므로 R1(A, B, D)와 R2(A, C)로 분해한다. R1과 R2는 제2정규형을 만족한다.

릴레이션 R(A, B, C, D)에서 C → D가 만족되면 이행적 함수적 종속성이 존재하기 때문에 R1(A, B, C)와 R2(C, D)로 분해한다. R1과 R2는 제3정규형을 만족한다.

릴레이션 R(A, B, C, D)에서 C → B가 만족되면 후보 키가 아닌 결정자가 존재하기 때문에 R1(A, C, D)와 R2(C, B)로 분해한다. R1과 R2는 BCNF를 만족한다.

[그림 7.25]는 각 정규형의 특징과 정규화가 진행될 때 수행되는 작업을 보여준다.

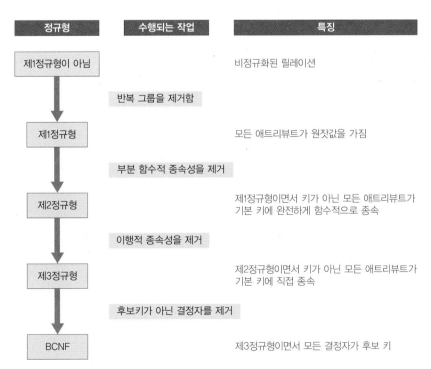

[그림 7.25] 각 정규형의 특징과 정규화 과정

ER 다이어그램을 작성하는 데 사용되는 CASE 도구들은 일반적으로 제1정규형까지만 정규화한다. CASE 도구들이 제2정규형 이상으로 정규화하려면 부분 함수적 종속성이나 이행적 종속성을 인식할 수 있는 기능을 가져야 한다.

7.4.6 ER 다이어그램과 정규화

ER 다이어그램은 조직체의 데이터베이스 요구사항에 대한 큰 관점을 제공하고 정규화는 작은 관점에서 ER 다이어그램 내의 엔티티들을 살펴본다. 정규화는 각 엔티티의 특성에 집중하며, 정규화가 진행됨에 따라 엔티티들이 추가로 생성될 수 있다. ER 다이어그램을 작성하는 작업과 정규화를 분리하는 것은 쉽지 않다. 정규화도 데이터베이스 설계 과정의 일부가 되어야 한다.

ER 다이어그램으로부터 릴레이션들을 생성하기 전에 엔티티들이 조직체의 정규형 요구사항들을 만족하는가를 확인해야 한다. 모든 엔티티들을 정확하게 식별하여 ER 다이어그램을 신중하게 설계하면 추가로 정규화해야 할 여지가 줄어든다. 그러나 실세계의 (불완전한) ER 다이어그램에서는 어떤 엔티티의 키가 아닌 애트리뷰트가 다른 애트리뷰트를 결정하는 함수적 종속성이 존재하는 경우가 있어서 추가적인 정규화가 필요하다.

〈표 7.1〉은 ER 다이어그램과 정규화를 비교하여 보여준다.

〈표 7.1〉 ER 다이어그램과 정규화

ER 다이어그램	정규화
하향식(top down)	상향식(bottom up)
요구사항들을 조사	기존의 데이터를 조사
비즈니스 지식이 필요	수학을 기반

7.5 역정규화

7.4절에서 설명했듯이 정규화 단계가 진행될수록 중복이 감소하고 갱신 이상도 줄어든다. 또한 정규화가 진전될수록 무결성 제약조건을 시행하기 위해 필요한 코드의 양이 줄어든다. 정규화가 데이터베이스 설계의 중요한 요소이지만, 높은 정규형이 항상 최선이라는 생각은 옳지 않다. 성능상의 관점에서만 보면 높은 정규형을 만족하는 릴레이션 스키마가 최적인 것은 아니다.

한 정규형에서 다음 정규형으로 진행될 때마다 하나의 릴레이션이 최소한 두 개의 릴레이션으로 분해된다. 분해되기 전의 릴레이션을 대상으로 질의를 할 때는 조인이 필요 없지만, 분해된 릴레이션을 대상으로 질의를 할 때는 같은 정보를 얻기 위해서 보다 많은 릴레이션들을 접근해야 하므로 조인의 필요성이 증가한다.

예: 조인의 필요성

제2정규형을 만족하는 [그림 7.18]의 학생1 릴레이션에서 "학번이 11002인 학생이 속한 학과의 이름과 전화번호를 검색하시오."는 질의를 다음과 같은 SELECT문으로 표현한다. 한 릴레이션에서 필요한 정보를 모두 찾을 수 있으므로 조인이 필요 없다.

```
SELECT      학과이름, 학과전화번호
FROM        학생1
WHERE       학번 = '11002';
```

그러나 정규화 과정을 거쳐 [그림 7.18]의 릴레이션이 [그림 7.19 (b)]처럼 두 개의 릴레이션으로 분해되면 동일한 정보를 찾기 위해 다음과 같이 조인을 포함한 SELECT문이 사용된다.

```
SELECT      학과이름, 학과전화번호
FROM        학생2, 학과
WHERE       학번 = '11002'
            AND 학생2.학과이름 = 학과.학과이름;
```

조인 조건

4장에서 논의한 것처럼 조인 연산은 관계 DBMS에서 컴퓨터 시스템의 자원을 많이 사용하고, 수행 시간이 오래 걸리는 연산이므로 앞의 예에서 두 번째 SELECT문은 첫 번째 SELECT문보다 응답 시간이 오래 걸린다. 많은 데이터베이스 응용에서 검색 질의의 비율이 갱신 질의의 비율보다 훨씬 높으므로 검색 질의의 응답 시간을 줄이는 것이 중요하다.

때로 데이터베이스 설계자는 응용의 요구사항에 따라 데이터베이스 설계의 일부분을 역정규화함으로써 데이터 중복 및 갱신 이상을 대가로 치르면서 성능상의 요구를 만족시키기도 한다. **역정규화** denormalization 는 주어진 응용에서 빈번하게 수행되는 검색 질의들의 수행 속도를 높이기 위해서 이미 분해된 두 개 이상의 릴레이션들을 합쳐서 하나의 릴레이션으로 만드는 작업이다.

즉, 역정규화는 보다 낮은 정규형으로 되돌아가는 것이다. 제3정규형이나 BCNF까지 릴레이션들을 정규화한 후 성능상의 요구사항을 고려하여 선별적으로 역정규화를 수행하는 것이 바람직한 전략이다.

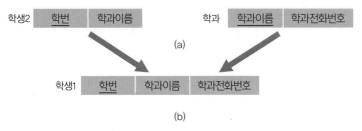

[그림 7.26] (a) 제3정규형을 만족하도록 분해된 두 릴레이션
　　　　　　 (b) 역정규화된 릴레이션

1. 다음 용어들을 간략히 설명하시오.

> 반복 그룹, 결정자, 함수적 종속성, 완전 함수적 종속성, 이행적 종속성, 제1정규형,
>
> 제2정규형, 제3정규형, BCNF, 역정규화

2. 다음의 릴레이션 R을 보고 올바른 문장을 고르시오.
   ① 이 릴레이션은 제2정규형을 만족시키지 않는다.
   ② 이 릴레이션은 제2정규형을 만족시킨다.
   ③ 중요한 정보가 미흡하므로 특정한 답을 고르는 것이 불가능하다.

R

K1	K2	I1	I2	I3
1	1	1	x	z
1	2	b	y	w
2	1	c	x	z

3. 한 릴레이션을 다음과 같은 정규형을 만족하도록 정규화하였을 때 삽입 이상을 막을 수 있는가?
   ① 제1정규형
   ② 제2정규형
   ③ 제3정규형
   ④ BCNF
   ⑤ ①부터 ④까지 모두

4. 정규화의 목적을 설명하시오.

5. 다음 릴레이션 R을 보고 물음에 답하시오. 이 릴레이션에는 네 개의 애트리뷰트 A, B, C, D가 있고, 두 개의 함수적 종속성 (A, B) → C, B → D가 존재한다. (A, B)가 유일한 후보 키이다.

R	A	B	C	D
	a1	b1	c1	d1
	a3	b3	c3	d3
	a4	b4	c4	d4

(1) 함수적 종속성 (A, B) → D가 완전 함수적 종속성인가 또는 부분 함수적 종속성인가 또는 이행적 함수적 종속성인가? 그 이유를 간단하게 설명하시오.

(2) 이 릴레이션이 만족하는 가장 높은 수준의 정규형이 무엇인가?

(3) 릴레이션 R을 두 개의 릴레이션 R1(A, B, C)와 R2(A, B, D)로 분해하였다. R1과 R2는 제3정규형을 만족하는가?

6. 다음과 같은 부동산 릴레이션에 대해서 물음에 답하시오. 이 릴레이션에 존재하는 함수적 종속성들은 다음과 같다.

> 부동산(필지번호, 주소, 공시지가, 소유자이름, 주민등록번호, 전화번호)
>
> 함수적 종속성
>
> 　　　필지번호 → 주소, 공시지가
>
> 　　　소유자이름 → 전화번호
>
> 　　　전화번호 → 소유자이름
>
> 　　　주민등록번호 → 소유자이름

(1) 이 릴레이션이 BCNF를 만족하지 못하는 이유를 설명하시오.

(2) 이 릴레이션에서 발생할 수 있는 갱신 이상의 예를 두 가지 보이시오.

(3) 이 릴레이션을 BCNF로 정규화하시오. 정규화 결과로 생긴 릴레이션이 BCNF를 만족함을 설명하시오.

(4) BCNF로 정규화된 릴레이션이 어떻게 (2)의 갱신 이상을 해결하는지 설명하시오.

7. 창고 릴레이션에 재고 정보를 유지한다. 하나의 창고마다 고유한 사원번호와 이름을 가진 관리자가 있다. 각 창고는 창고이름(고유함)과 주소로 식별한다. 창고에 보관되는 각 부품마다 부품번호(고유함), 재고날짜, 재고량, 공급자이름(고유함), 배송번호, 배송날짜, 배송수량이 있다. 한 번의 배송에서 여러 부품들을 배송할 수 있다. 창고 릴레이션의 스키마는 다음과 같다.

창고(관리자번호, 관리자이름, 창고이름, 창고주소, 부품번호, 재고날짜, 재고량, 공급자이름, 배송번호, 배송날짜, 배송수량)

(1) 이 릴레이션의 기본 키를 식별하시오.

(2) 이 릴레이션에서 발생할 수 있는 갱신 이상을 설명하시오.

(3) 이행적 종속성을 포함하여 모든 함수적 종속성들을 열거하시오.

(4) 이 릴레이션이 어떤 정규형을 만족하는가?

(5) 이 릴레이션이 제2정규형이 아니라면 제2정규형으로 정규화하시오.

(6) 이 릴레이션이나 (5)에서 생성된 릴레이션이 제3정규형이 아니라면 제3정규형으로 정규화하시오.

8. 세 개의 애트리뷰트 A, B, C와 네 개의 튜플을 가진 릴레이션 R을 보고 다음의 함수적 종속성들이 성립하는지 또는 성립하지 않는지 답하시오. 그 이유도 설명하시오.

R	A	B	C
	2	3	8
	5	9	6
	7	9	6
	5	2	1

(1) A → B

(2) B → C

(3) (B, C) → A

(4) (A, B) → C

9. 사원과 프로젝트에 관한 애트리뷰트들에 대해서 다음과 같은 함수적 종속성들이 존재한다. 각 사원이 여러 프로젝트에 참여할 수 있고 각 프로젝트에서 여러 사원이 일할 수 있다고 가정하자.

주민등록번호 → 사원번호

프로젝트번호 → 프로젝트이름

사원번호 → 주민등록번호

주민등록번호 → (사원이름, 나이)

프로젝트유형 → 분류

프로젝트번호 → 프로젝트유형

프로젝트번호 → 분류

(주민등록번호, 프로젝트번호) → 프로젝트시작날짜

사원번호 → (사원이름, 나이)

(사원번호, 프로젝트번호) → 프로젝트시작날짜

(1) 위의 함수적 종속성들을 모두 나타내는 BCNF 릴레이션들의 집합을 구하시오.

(2) 만일 제3정규형까지 릴레이션들을 정규화하려 한다면 어떤 릴레이션들의 집합이 구해지는가? 이들 중에서 어느 릴레이션이 BCNF를 만족하지 못하는가?

(3) 만일 제2정규형까지 릴레이션들을 정규화하려 한다면 어떤 릴레이션들의 집합이 구해지는가? 이들 중에서 어느 릴레이션이 제3정규형을 만족하지 못하는가?

(4) 적절하게 명시된 기본 키를 가진 제1정규형 릴레이션의 스키마를 보이시오. 이 릴레이션에서 발생할 수 있는 갱신 이상들을 설명하시오.

10. 학교에서 체육 과목을 수강할 때 활동에 따라 수강료에 차이가 있다. 다음과 같은 릴레이션이 몇 정규형을 만족하는가? 그 이유를 설명하시오. 또한, 이 릴레이션에 존재하는 삽입 이상, 삭제 이상, 수정 이상의 예를 보여라.

수강료

학번	활동	수강료
101	골프	30000
101	수영	20000
157	스키	40000
185	스쿼시	10000
185	스키	40000
300	스키	40000
300	수영	20000

11. 다음의 릴레이션에 존재하는 모든 함수적 종속성들을 열거하시오.

R	A	B	C	D
	a1	b4	c1	d6
	a1	b2	c4	d5
	a2	b4	c1	d4
	a2	b2	c4	d3
	a2	b3	c2	d2

12. 다음과 같은 릴레이션 R을 보고 물음에 답하시오.

> R(A, B, C, D, E)
>
> 기본 키: (A, D)
>
> 함수적 종속성: (A, D) → E, A → B, B → C

(1) R이 만족하는 가장 높은 정규형은 무엇인가?

(2) 릴레이션 R을 다음과 같이 두 릴레이션 R1과 R2로 분해하였을 때 R1과 R2가 만족하는 가장 높은 정규형은 무엇인가?

> R1(A, B, C) 　　　　　　　　R2(A, D, E)
>
> 함수적 종속성: A → B, B → C 　　　함수적 종속성: (A, D) → E

13. 다음의 학생 릴레이션을 제3정규형을 만족하도록 분해하시오.

> 학생(학번, 학생이름, 학과번호, 학과이름, 과목번호, 과목이름, 성적)
>
> 함수적 종속성:
>
> 　　　학번 → 학생이름, 학과이름, 학과번호
>
> 　　　학과번호 → 학과이름
>
> 　　　과목번호 → 과목이름
>
> 　　　(학번, 과목번호) → 성적

14. [그림 7.20]의 릴레이션에 존재하는 함수적 종속성의 다이어그램을 그리시오.

15. 다음의 릴레이션을 보고 물음에 답하시오.

의류	항목	색깔	가격	세금
	스웨터	파랑, 노랑	50,000	5,000
	티셔츠	빨강, 파랑	20,000	2,000
	수영복	빨강, 연두	40,000	4,000
	티셔츠	파랑, 빨강	20,000	2,000

(1) 이 릴레이션이 만족하는 가장 높은 정규형은 무엇인가?

(2) 이 릴레이션을 제3정규형으로 정규화하시오. 각 단계마다 릴레이션이 주어진 정규형을 만족하거나 만족하지 않는 이유도 함께 설명하시오.

(3) 제3정규형으로 생성된 릴레이션들을 생성하는 SQL의 CREATE TABLE문을 작성하시오.

16. 다음의 릴레이션 PROJECT를 릴레이션 P1(PNO, PNAME)과 P2(PNO, PLOC)으로 분해했을 때, 릴레이션 P1과 P2를 애트리뷰트 PNO를 사용하여 조인하면 어떤 가짜 튜플들이 생기는가?

PROJECT	PNO	PNAME	PLOC
	123	marketing	Seoul
	123	Account	Busan
	125	Web Design	Daejeon

17. 릴레이션 R(A, B, C, D)에 다음과 같은 함수적 종속성이 존재한다.

$(A, B) \rightarrow D$

$D \rightarrow C$

이 릴레이션이 만족하는 최대 정규형은 무엇인가? 더 높은 정규형을 만족하도록 이 릴레이션을 분해하시오.

18. 릴레이션 R(A, B, C, D, E)의 후보 키는 (A, B)와 (A, C)이다. 또한, 다음과 같은 함수적 종속성이 존재한다.

$B \rightarrow C$

$C \rightarrow B$

이 릴레이션이 만족하는 최대 정규형은 무엇인가? 더 높은 정규형을 만족하도록 이 릴레이션을 분해하시오.

19. 릴레이션 R(A, B, C, D, E)의 기본 키는 (A, B)이다. 또한, 다음과 같은 함수적 종속성들이 존재한다.

> $B \rightarrow C$
>
> $D \rightarrow E$

이 릴레이션을 제3정규형으로 정규화하시오. 이미 제3정규형을 만족하고 있다면 그 이유를 설명하시오.

20. 한국서점의 데이터베이스에 다음과 같은 릴레이션이 저장되어 있다. 이 릴레이션을 정규화하시오.

출판사 ID	출판사이름	주소	책ID	책주제	출판일
1234	생능출판사	파주시	B101	데이터베이스	2016-3-2
			B202	자료구조	2015-7-30
			B388	운영체제	2015-12-31
			B567	경영정보	2016-3-1
9876	대한출판사	서울시	B743	반도체	2015-11-30

21. 데이터베이스를 설계할 때 어떻게 정규화 과정이 ER 모델링 과정을 보완하는가를 설명하시오.

22. 다음 릴레이션이 만족하는 가장 높은 정규형은 무엇인가?

```
Delivery(Itemno, CustomerId, Quantity, CustomerTelno)
(Itemno,CustomerId) → Quantity, CustomerTelno
CustomerId → CustomerTelno
```

23. 어떤 데이터베이스 응용 프로그램이 완전하게 정규화되지 않은 릴레이션들을 기반으로 구현되었다고 가정하자. 이런 구현의 장점과 단점을 설명하시오.

24. 다음의 각 릴레이션을 보고 물음에 답하시오. (   )는 다치 애트리뷰트를 의미한다. 릴레이션이 몇 정규형을 만족하는가? 만일 릴레이션이 BCNF를 만족하지 않는다면 높은 단계로 정규화하시오.

(1) R(<u>A</u>, B, (C))

  $A \rightarrow B$

  $A \rightarrow (C)$

(2) R(<u>A</u>, <u>B</u>, C, D)

  $(A, B) \rightarrow C$

  $A \rightarrow D$

(3) R(<u>A</u>, <u>B</u>, C, D, E)

  $(A, B) \rightarrow C, E$

  $C \rightarrow D$

25. 다음의 릴레이션은 학생들이 졸업하기 전에 수행해야 하는 프로젝트에 관한 정보를 저장한다. 이 릴레이션에서 애트리뷰트 student가 유일한 후보 키이다. 각 프로젝트마다 고유한 프로토타입이 있다.

<u>student</u>	project	prototype	result

이 릴레이션을 다음과 같이 두 가지 방식으로 분해하였을 때 어느 방식이 다른 방식보다 더 좋은가? 그 이유를 설명하시오.

<u>student</u>	project	result

<u>student</u>	prototype

(a)

<u>student</u>	project	result

<u>project</u>	prototype

(b)

26. 다음의 릴레이션 CAR_SALE은 판매원이 자동차를 고객에게 판매하고 받는 수당 등을 나타낸다. 한 자동차를 여러 판매원이 함께 판매할 수 있다고 가정한다. 따라서 이 릴레이션의 기본 키는 (Car_no, Salesman_no)이다. 또한, 이 릴레이션에는 Date_sold → Discount_amt, Salesman_no → Commission 함수적 종속성이 존재한다.

```
CAR_SALE(Car_no, Date_Sold, Salesman_no, Commission, Discount_amt)
```

이 릴레이션이 만족하는 가장 높은 정규형은 무엇인가? 이 릴레이션을 최대한 높은 정규형으로 단계적으로 정규화하시오.

27. 다음 릴레이션이 만족하는 가장 높은 정규형은 무엇인가? 이 릴레이션에는 주문에 대한 정보가 저장된다. 각 주문에는 최대한 두 개의 항목이 포함될 수 있다.

PO#	DATE	SUPPLIER	item1	QTY1	PRICE1	item2	QTY2	PRICE2
123	2006/3/2	김창섭	RAM	10	50000	모니터	20	200000
124	2006/3/3	이홍근	CPU	5	500000			
125	2006/3/4	김창섭	RAM	0	50000	모니터	5	200000

이 릴레이션을 최대한 높은 정규형으로 단계적으로 정규화하시오.

28. 출판된 책에 관한 릴레이션 BOOK(제목, 저자명, 책유형, 가격, 저자소속기관, 출판사)에 대해서 다음과 같은 함수적 종속성들이 존재한다. 밑줄 표시한 애트리뷰트들은 기본 키이다.

> 제목 → 책유형, 출판사
>
> 책유형 → 가격
>
> 저자명 → 저자소속기관

(1) 릴레이션 BOOK은 제1정규형을 만족한다. 위의 함수적 종속성들 중에서 릴레이션 BOOK이 제2정규형을 만족하지 못하고, 제3정규형을 만족하지 못하도록 하는 것을 고르시오.

(2) 더 이상 릴레이션을 분해할 수 없을 때까지 정규화하시오. 각 분해에 대한 근거를 설명하시오.

29. 데이터베이스를 설계할 때 정규화 과정이 어떻게 ER 모델링 과정을 보완할 수 있는지 설명하시오.

뷰와 시스템 카탈로그

CHAPTER 08

뷰와 시스템 카탈로그

관계 데이터베이스 시스템의 뷰 view 는 다른 릴레이션으로부터 **유도된 릴레이션** derived relation 으로서 ANSI/SPARC 3단계 아키텍처의 외부 뷰와 다르다. 뷰는 관계 데이터베이스 시스템에서 데이터베이스의 보안 메커니즘으로서, 복잡한 질의를 간단하게 표현하는 수단으로 데이터 독립성을 높이기 위해서 사용된다.

시스템 카탈로그는 시스템 내의 객체(기본 릴레이션, 뷰, 인덱스, 사용자, 접근 권한 등)에 관한 정보를 포함한다. 한 데이터베이스에는 다수의 릴레이션들이 존재하고 각 릴레이션에는 여러 애트리뷰트들이 들어 있기 때문에 시스템 카탈로그를 적절히 활용하면 원하는 릴레이션을 데이터베이스에서 찾고 그 릴레이션에 어떤 애트리뷰트들이 들어 있으며, 각 애트리뷰트의 데이터 타입은 무엇인가 등을 쉽게 파악할 수 있다. 시스템 카탈로그는 데이터베이스를 효율적으로 활용하는 데 크게 도움이 된다.

본 장에서는 뷰와 시스템 카탈로그를 논의한다. 8.1절에서는 뷰의 개요, 뷰를 정의하고 제거하는 방법, 뷰의 장점, 어떤 뷰가 갱신이 가능하고 어떤 뷰가 갱신이 불가능한가 등을 논의한다. 8.2절에서는 시스템 카탈로그의 개요를 설명하고, 관계 DBMS에서 시스템 카탈로그가 어떻게 활용되는가를 설명한다. 마지막으로 8.3절에서는 관계 DBMS의 시스템 카탈로그의 예로써 오라클의 시스템 카탈로그를 알아본다.

8.1 뷰

8.1.1 뷰의 개요

ANSI/SPARC 3단계 아키텍처에서 외부 뷰는 특정 사용자가 보는 데이터베이스의 구조라고 설명하였다. 관계 데이터베이스에서 뷰라는 용어는 한 사용자의 전체 외부 뷰 대신에 하나의 **가상 릴레이션** virtual relation 을 의미하는 데 사용된다. 가상 릴레이션이란 실제로 튜플을 갖지 않은 릴레이션이란 뜻이다.

뷰는 기존의 **기본 릴레이션** base relation, 실제 릴레이션 이나 또 다른 뷰에 대한 SELECT문의 형태로 정의된다. 기본 릴레이션의 튜플들은 데이터베이스에 물리적으로 저장된다. 관계 데이터베이스에서의 뷰는 자체적으로 디스크에 저장된 튜플들을 갖고 있지 않지만, 사용자가 질의할 수 있는 릴레이션의 하나이다. 즉, 한 사용자는 여러 개의 릴레이션과 뷰를 사용할 수 있다.

뷰는 기본 릴레이션이 나타날 수 있는 곳은 어디든지 사용될 수 있다. 사용자에게 뷰는 기본 릴레이션과 같은 방법으로 조작할 수 있는 정상적인 릴레이션처럼 보인다. 어떤 릴레이션으로부터 데이터를 검색하는 것과 동일한 방법으로 뷰를 통해서 데이터를 검색할 수 있다. 뷰의 전체 내용을 검색하거나 특정 애트리뷰트와 튜플들을 검색할 수 있다. 어떤 뷰에 대해서는 갱신 연산도 수행할 수 있다. 뷰에 대한 어떤 연산도 뷰의 정의에 사용된 기본 릴레이션에 대한 연산으로 변환되어 수행된다.

뷰는 릴레이션으로부터 데이터를 검색하거나 갱신할 수 있는 **동적인 창** dynamic window 의 역할을 한다. 사용자는 이 창을 통해서 기본 릴레이션에 저장된 데이터를 볼 수 있다. 기본 릴레이션의 튜플들에 대한 갱신은 그 기본 릴레이션으로부터 유도된 뷰에 즉시 반영된다. 뷰의 내용은 뷰를 참조하는 질의를 수행할 때마다 달라질 수 있다. 창문을 통해서 밖에 햇빛이 비치거나, 비가 오거나, 눈이 오는 등 시시각각 변화하는 모습을 볼 수 있듯이 뷰를 통해서 기본 릴레이션의 현재 내용을 볼 수 있다.

이에 반해서 어느 시점에 SELECT문의 결과를 기본 릴레이션의 형태로 저장해 놓은 것을 **스냅숏** snapshot 이라고 부른다. 일부 관계 DBMS들에서는 스냅숏을 **구체화된 뷰** materialized view 라고 부른다. 스냅숏은 사진을 찍은 것과 같아서 스냅숏을 정의하는 시점의 기본 릴레이션의 내용이 스냅숏에 반영된다. 데이터베이스는 항상 현재의 상태만을 나타내므로 스냅숏을 정의한 이후에 기본 릴레이션이 갱신되면 이는 스냅숏에 반영되지 않으므로 주기적으로 내용을 **새롭게** refresh 해야 한다. 어떤 시점의 조직체의 현황, 예를 들어 몇 년 몇 월 시점에 근무하던 사원들의 정보, 재고 정보 등이 스냅숏으로 정의될 수 있다.

뷰를 사용하면 여러 사용자가 여러 방식으로 데이터를 볼 수 있다. 데이터베이스가 공유 자원이므로 데이터베이스에 저장된 데이터에 관해 각 사용자에게 서로 다른 뷰를 제공하는 것이 유용하다. 뷰는 하나의 기본 릴레이션을 사용자마다 서로 다르게 볼 수 있도록 한다. [그림 8.1]에서 뷰1은 기본 릴레이션1 위에서 정의되었고, 뷰2는 기본 릴레이션2 위에서 정의되었으며, 뷰3은 기본 릴레이션2와 기본 릴레이션3을 사용하여 정의되었다. 뷰는 또 다른 뷰를 참조할 수 있다. [그림 8.1]에서 뷰4는 뷰2와 기본 릴레이션3 위에서 정의되었다.

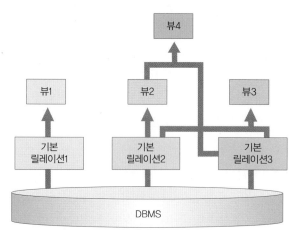

[그림 8.1] 뷰와 기본 릴레이션의 관계

8.1.2 뷰의 정의

뷰를 정의하는 SQL문의 구문은 다음과 같다.

```
CREATE VIEW 뷰이름 [(애트리뷰트(들))]
AS SELECT문
[WITH CHECK OPTION];
```

CREATE VIEW 다음에 뷰의 이름을 지정한다. 뷰의 이름 다음에 애트리뷰트들을 생략하면 뷰를 정의하는 데 사용된 SELECT문의 SELECT절에 열거된 애트리뷰트들의 이름과 동일한 애트리뷰트들이 뷰에 포함된다. 뷰를 정의할 때 기본 릴레이션에서 사용된 애트리뷰트들의 이름 대신에 다른 이름을 부여할 수 있다. 또한, 기본 릴레이션의 애트리뷰트들의 순서와 다르게 명시해도 무방하다.

뷰를 정의하는 SELECT절에 산술식 또는 집단 함수에 사용된 애트리뷰트가 있는 경우, 뷰의 정의에 조인이 포함되어 있고 두 개 이상의 다른 릴레이션으로부터 가져온 애트리뷰트들의 이름이 같아서 뷰에서 두 개 이상의 애트리뷰트의 이름이 같게 되는 경우에는 뷰를 정의할 때 모든 애트리뷰트들의 이름을 지정해야 한다.

키워드 AS 다음에 뷰를 정의하는 SELECT문이 위치한다. 여러 단계로 중첩된 SELECT문, 여러 릴레이션을 참조하는 SELECT문도 가능하다. WITH CHECK OPTION은 뷰에 튜플을 삽입할 때의 조건을 유지한다. 데이터베이스에는 뷰를 정의한 SELECT문이 저장된다.

뷰를 정의하려면 뷰를 만들 수 있는 권한을 데이터베이스 관리자로부터 받아야 하며, 뷰 정의에서 참조되는 릴레이션이나 뷰에 대해 적절한 사용 권한을 갖고 있어야 한다.

오라클과 같은 관계 DBMS에서는 뷰의 이름과 기본 릴레이션의 이름이 같을 수 없다. 뷰를 정의하는 SELECT문에는 ORDER BY절이 포함될 수 없다. 그러나 사용자가 뷰로부터 데이터를 검색하는 SELECT문에는 물론 ORDER BY절을 명시할 수 있다.

예1: 한 릴레이션 위에서 뷰를 정의

4장의 [그림 4.8]의 EMPLOYEE 릴레이션에 대해서 "3번 부서에 근무하는 사원들의 사원번호, 사원이름, 직책으로 이루어진 뷰"를 정의해 보자. 다음의 뷰의 정의에는 뷰의 애트리뷰트들을 별도로 명시했기 때문에 뷰에는 EMPNO, EMPNAME, TITLE의 세 애트리뷰트가 포함된다.

```
CREATE VIEW    EMP_DNO3 (ENO, ENAME, TITLE)
AS   SELECT    EMPNO, EMPNAME, TITLE
     FROM      EMPLOYEE
     WHERE     DNO=3;
```

앞서 설명한 바와 같이 EMP_DNO3에는 실제로 튜플들이 저장되어 있지는 않지만, 뷰 EMP_DNO3을 통해서 기본 릴레이션 EMPLOYEE를 접근하면 [그림 8.2]와 같이 회색 음영으로 표시한 부분만 접근할 수 있다. 뷰의 정의에 부합되는 튜플(4293, '정용순', '과장', 3011, 3000000, 2)이 기본 릴레이션에 삽입되면 뷰를 통해서 그 튜플을 접근할 수 있다.

EMPLOYEE

EMPNO	EMPNAME	TITLE	MANAGER	SALARY	DNO
2106	김창섭	대리	1003	2500000	2
3426	박영권	과장	4377	3000000	1
3011	이수민	부장	4377	4000000	3
1003	조민희	과장	4377	3000000	2
3427	최종철	사원	3011	1500000	3
1365	김상원	사원	3426	1500000	1
4377	이성래	사장	∧	5000000	2

[그림 8.2] EMP_DNO3을 통해서 접근할 수 있는 부분(음영)

예2: 두 릴레이션 위에서 뷰를 정의

4장의 [그림 4.8]의 EMPLOYEE와 DEPARTMENT 릴레이션에 대해서 "기획부에 근무하는 사원들의 이름, 직책, 급여로 이루어진 뷰"를 정의해 보자. 다음의 뷰의 정의에는 뷰의 애트리뷰트들을 별도로 명시하지 않았기 때문에 뷰에 속하는 애트리뷰트들의 이름은 기본 릴레이션의 애트리뷰트들의 이름과 같다. 즉, 뷰에는 EMPNAME, TITLE, SALARY의 세 애트리뷰트가 포함된다.

```
CREATE VIEW      EMP_PLANNING
AS   SELECT      E.EMPNAME, E.TITLE, E.SALARY
     FROM        EMPLOYEE E, DEPARTMENT D
     WHERE       E.DNO=D.DEPTNO
                 AND D.DEPTNAME = '기획';
```

뷰를 사용하여 데이터를 접근할 때 관계 DBMS는 일반적으로 다음의 과정들을 거친다.

▶ 시스템 카탈로그로부터 뷰의 정의, 즉 SELECT문을 검색한다.

▶ 기본 릴레이션에 대한 뷰의 접근 권한을 검사한다.

▶ 뷰에 대한 질의를 기본 릴레이션에 대한 동등한 질의로 변환한다. 다시 말해서, 뷰를 통한 검색이나 수정은 기본 릴레이션을 통해서 수행된다. 예를 들어, 예1의 EMP_DNO3 뷰에 대하여 다음과 같은 SELECT문을 수행하면 기본 릴레이션 EMPLOYEE에 대한 질의로 변환되어 수행된다. 뷰에 대해 SELECT절에 '*'를 명시했어도 기본 릴레이션에 대한 SELECT절에서는 뷰의 정의에 사용된 세 애트리뷰트들만 열거된다. FROM절의 EMP_DNO3은 EMPLOYEE로 바뀐다. 뷰에 대한 WHERE절에 TITLE='사원'만 명시했지만, 기본 릴레이션에 대한 WHERE절에서는 TITLE='사원' 이외에 뷰를 정의할 때에 사용된 조건인 DNO=3이 AND로 연결된다.

```
SELECT    *                 SELECT    EMPNO, EMPNAME, TITLE
FROM      EMP_DNO3    ──▶    FROM      EMPLOYEE
WHERE     TITLE='사원';      WHERE     TITLE='사원'
                                       AND DNO=3;
```

뷰를 생성한 후에 뷰가 더 이상 필요 없거나 뷰의 생성자가 뷰의 정의에서 참조된 기본 릴레이션에 대한 SELECT 권한을 잃으면 뷰를 삭제한다. 뷰가 삭제될 때 이 뷰가 기반으로 하는 기본 릴레이션은 아무런 영향을 받지 않는다. 뷰를 제거하는 SQL문의 구문은

```
DROP VIEW      뷰이름;
```

이다. 뷰의 생성자 또는 적절한 권한을 가진 사용자만이 뷰를 제거할 수 있다. 삭제된 뷰를 기반으로 하는 뷰나 기타 응용들은 무효화된다.

8.1.3 뷰의 장점

뷰는 관계 데이터베이스 시스템에서 여러 가지 장점을 갖는다.

뷰는 복잡한 질의를 간단하게 표현할 수 있게 한다

자주 사용되는 복잡한 질의 대신에 그 질의를 뷰로 정의하여 질의를 간단하게 표현할 수 있다. 자주 사용하는 조인, 프로젝션, UNION 질의 등을 뷰로 정의하면 사용자가 해당 릴레이션에 대해 작업을 수행할 때마다 모든 복잡한 조건을 지정하지 않아도 된다. 예를 들어, 요약 정보를 구하기 위하여 중첩 질의, 외부 조인, 집단 함수를 수행하고 여러 릴레이션으로부터 데이터를 검색하는 복잡한 SELECT문을 뷰로 만들 수 있다.

기획부에 근무하는 사원들 중에서 직책이 부장인 사원의 사원이름과 급여를 검색하는 질의를 기본 릴레이션을 사용하여 표현하면 다음과 같이 다소 복잡한 형태의 질의가 된다.

```
SELECT      E.EMPNAME, E.SALARY
FROM        EMPLOYEE E, DEPARTMENT D
WHERE       D.DEPTNAME = '기획'
            AND D.DEPTNO = E.DNO
            AND E.TITLE = '부장';
```

그러나 8.1.2절의 예2와 같이 EMP_PLANNING 뷰를 생성한 후에 이 뷰에 대해서 같은 결과를 검색하는 질의를 표현하면

```
SELECT      EMPNAME, SALARY
FROM        EMP_PLANNING
WHERE       TITLE = '부장';
```

과 같이 간단한 형태의 질의가 된다. 사용자가 조인 질의를 표현하는 방법을 몰라도 다수의 릴레이션으로부터 정보를 검색하는 질의를 뷰를 통해서 수행할 수 있다.

뷰는 데이터 무결성을 보장하는 데 활용된다

기본적으로 뷰를 통하여 튜플을 추가하거나 수정할 때에 튜플이 뷰를 정의하는 SELECT문의 WHERE절의 기준에 맞지 않으면 뷰의 내용에서 사라진다. 8.1.2절의 예1에서 3번 부서에 근무하는 사원들의 사원번호, 사원이름, 직책으로 이루어진 뷰 EMP_DNO3을 정의하였다. 이 뷰에 대해서 다음의 UPDATE문을 수행하면 사원번호가 3427인 사원의 부서번호가 2로 수정된다. 따라서 이 사원은 더 이상 EMP_DNO3 뷰를 통해서 질의하면 접근할 수 없다.

```
UPDATE        EMP_DNO3
SET           DNO = 2
WHERE         ENO = 3427;
```

이 뷰를 정의할 때 다음과 같이 WITH CHECK OPTION을 명시했다고 가정하자.

```
CREATE VIEW    EMP_DNO3 (ENO, ENAME, TITLE)
AS  SELECT     EMPNO, EMPNAME, TITLE
    FROM       EMPLOYEE
    WHERE      DNO = 3
    WITH CHECK OPTION;
```

WITH CHECK OPTION과 함께 뷰를 정의하면 뷰는 데이터의 무결성을 유지하는 데 사용될 수 있다. WITH CHECK OPTION은 뷰를 통해 수행되는 INSERT문과 UPDATE문이 뷰가 선택할 수 없는 튜플들을 생성할 수 없도록 보장한다. 따라서 삽입되는 데이터나 수정되는 데이터에 대해 무결성 제약조건과 데이터 유효성 검사가 시행될 수 있도록 한다. 이 절을 사용하면 튜플이 뷰에서 사라지도록 튜플을 수정할 수 없다. 튜플이 뷰에서 사라지도록 튜플을 수정하려 하면 수정이 취소되고 오류가 표시된다.

위의 뷰에 대해서 다음과 같은 UPDATE문을 수행하여 부서번호를 수정하려고 시도하면 WITH CHECK OPTION을 위배하므로 DBMS가 수행을 거절한다. 왜냐하면 UPDATE문을 수행하면 수정된 튜플이 더 이상 뷰를 정의한 조건을 만족하지 못하기 때문이다.

```
UPDATE        EMP_DNO3
SET           DNO = 2
WHERE         ENO = 3427;
```

뷰는 데이터 독립성을 제공한다

뷰는 데이터베이스의 구조가 바뀌어도 기존의 질의(응용 프로그램)를 다시 작성할 필요성을 줄이는 데 사용될 수 있다. 뷰를 정의하는 질의만 변경하면 된다. 예를 들어, 응용의 요구사항이 변경되어 기존의 EMPLOYEE 릴레이션이 두 개의 릴레이션 EMP1(EMPNO, EMPNAME, SALARY)과 EMP2(EMPNO, TITLE, MANAGER, DNO)로 분해되었다고 가정하자. 응용 프로그램에서 기존의 EMPLOYEE 릴레이션에 접근하던 SELECT문은 더 이상 수행되지 않으므로 EMP1과 EMP2에 대한 SELECT문으로 변경해야 한다.

EMPLOYEE 릴레이션을 EMP1과 EMP2로 분해하고 EMPLOYEE 릴레이션을 제거한 후에 다음과 같이 EMPLOYEE라는 뷰를 정의하였다면 응용 프로그램에서 EMPLOYEE 릴레이션을 접근하던 SELECT문은 계속해서 수행될 수 있다.

```
CREATE VIEW      EMPLOYEE
AS   SELECT      E1.EMPNO, E1.EMPNAME, E2.TITLE, E2.MANAGER,
                 E1.SALARY, E2.DNO
     FROM        EMP1 E1, EMP2 E2
     WHERE       E1.EMPNO = E2.EMPNO;
```

이와 같이 만일 응용들이 뷰를 다루도록 하면 응용에 영향을 주지 않으면서 기본 릴레이션들의 스키마를 변경할 수 있다. 실제의 데이터베이스 응용들에서 뷰가 많이 활용되는 이유는 보안 및 데이터 독립성을 유지하기 위해서이다.

뷰는 데이터 보안 기능을 제공한다

뷰는 뷰의 원본이 되는 기본 릴레이션에 직접 접근할 수 있는 권한을 부여하지 않고 뷰를 통해 데이터를 접근하도록 하기 때문에 보안 메커니즘으로 사용할 수 있다. 사용자에게 기본 릴레이션에 대한 접근은 허가하지 않고, 그 대신에 각 사용자가 필요로 하는 데이터베이스 요구사항을 뷰로 정의하고, 뷰에 대한 권한을 허가한다. 뷰는 일반적으로 기본 릴레이션의 일부 애트리뷰트들 또는 일부 튜플들을 검색하는 SELECT문으로 정의하므로 뷰를 통해서 기본 릴레이션을 접근하면 기본 릴레이션의 일부만 검색할 수 있다. 뷰는 사용자 또는 응용 프로그램이 작업하고 있는 데이터만 제공함으로써 사용자가 바탕이 되는 기본 릴레이션들에 대해서 사용자가 알 필요가 없도록 한다.

예를 들어, EMPLOYEE 릴레이션의 SALARY 애트리뷰트는 숨기고 나머지 애트리뷰트들은 모든 사용자가 접근할 수 있도록 하려면 SALARY 애트리뷰트를 제외하고 EMPLOYEE 릴레이션의 모든 애트리뷰트를 포함하는 뷰를 정의한다. 사용자들에게 뷰에 대한 SELECT 권한을 허용하면 사용자가 EMPLOYEE 릴레이션에 대한 권한이 없어도 SALARY 애트리뷰트를 제외한 모든 애트리뷰트를 검색할 수 있다.

뷰는 여러 릴레이션의 애트리뷰트들을 조인하여 하나의 릴레이션처럼 보이도록 할 수도 있다. 자세한 정보를 제공하는 대신 집단 함수의 결과만 제공할 수도 있다.

동일한 데이터에 대한 여러 가지 뷰를 제공한다

뷰는 사용자들의 그룹이 각자 특정한 기준에 따라 데이터에 접근하도록 한다. 이처럼 뷰가 많은 장점을 갖고 있지만, 단점도 몇 가지 있다. 8.1.4절에서 논의하듯이, 모든 뷰가 갱신이 가능하지는 않으며, 기본 릴레이션에 접근하는 것보다 성능이 약간 저하될 수 있다. 왜냐하면 뷰를 참조하는 질의는 시스템 카탈로그에서 뷰의 정의를 가져온 후에 기본 릴레이션에 대한 질의로 변환되어 수행되므로 기본 릴레이션에 대한 질의보다 디스크 접근 횟수가 많을 수 있다.

8.1.4 뷰의 갱신

뷰에 대한 검색이 기본 릴레이션에 대한 검색으로 변환되듯이 뷰에 대한 갱신도 기본 릴레이션에 대한 갱신으로 변환된다. 뷰를 갱신하는 예를 몇 가지 살펴보자. 다음의 갱신들이 성공적으로 수행될 수 있는가?

▶ **갱신 1: 한 릴레이션 위에서 정의된 뷰에 대한 갱신**

뷰 EMP_DNO3에 한 튜플을 삽입해 보자.

```
INSERT INTO EMP_DNO3
VALUES (4293, '김정수', '사원');

      INSERT INTO EMPLOYEE
          VALUES (4293, '김정수', '사원', , , );
```

뷰에 대한 INSERT문은 기본 릴레이션에 대한 INSERT문으로 변환되어 수행된다. EMP_DNO3 뷰에는 기본 릴레이션 EMPLOYEE의 세 애트리뷰트만 포함되어 있으므로 뷰를 통해서 세 애트리뷰트의 값만 명시할 수 있다. 따라서 기본 릴레이션의 MANAGER, SALARY, DNO 애트리뷰트에는 값이 입력되지 않았으므로 최종적으로 MANAGER와 SALARY 애트리뷰트에는 널, DNO 애트리뷰트에는 부서번호 1이 입력된다 (4.3.2절에서 EMPLOYEE 릴레이션을 정의할 때 DNO 애트리뷰트의 디폴트 값을 1로 지정했음).

▶ **갱신 2: 두 개의 릴레이션 위에서 정의된 뷰에 대한 갱신**

뷰 EMP_PLANNING에 한 튜플을 삽입해 보자.

```
INSERT INTO EMP_PLANNING
VALUES ('박지선', '대리', 2500000);

      INSERT INTO EMPLOYEE
          VALUES ( , '박지선', '대리', , 2500000, );
```

EMP_PLANNING 뷰는 두 개의 릴레이션을 조인하여 정의된 뷰이므로 대부분의 관계 DBMS에서 갱신이 불가능하다. 조인으로 정의된 뷰라도 뷰의 한 튜플이 기본 릴레이션의 한 튜플과 정확하게 대응되는 경우에는 갱신을 허용하는 관계 DBMS도 있다. 하지만 이런 DBMS에서도 기본 키의 값이 널인 튜플은 엔티티 무결성 제약조건에 의하여 삽입을 거절한다. 위의 예에서 보듯이 EMP_PLANNING에 대한 INSERT문은 EMPLOYEE에 대한 INSERT문으로 변환되어 수행되는데 뷰를 통해서 EMPLOYEE 릴레이션의 기본 키에 해당하는 EMPNO의 값을 입력할 수 없으므로 EMPNO가 널을 갖게 되고 따라서 삽입이 거절된다.

▶ 갱신 3: 집단 함수 등을 포함한 뷰에 대한 갱신

다음의 뷰는 각 부서별로 소속 사원들의 평균 급여를 검색한다. 이 뷰에는 집단 함수의 결과(AVG(SALARY))가 애트리뷰트에 포함되므로 뷰의 이름 다음에 반드시 뷰의 애트리뷰트들의 이름을 명시해야 한다.

```
CREATE VIEW     EMP_AVGSAL (DNO, AVGSAL)
AS  SELECT      DNO, AVG(SALARY)
    FROM        EMPLOYEE
    GROUP BY    DNO;
```

이 뷰는 계산된 평균 급여 값을 포함하고 있기 때문에 갱신할 수 없다. 즉, 이 뷰를 갱신하는 연산은 이 뷰에서 참조된 EMPLOYEE 릴레이션에 대한 갱신으로 변환될 수 없다. 예를 들어, 2번 부서의 평균 급여를 3,000,000원으로 수정하는 다음의 UPDATE문은 DBMS가 거절한다.

```
UPDATE      EMP_AVGSAL
SET         AVGSAL = 3000000
WHERE       DNO = 2;
```

2번 부서에 속한 사원들이 여러 명 있는데, 2번 부서에 속한 사원들의 평균 급여를 3,000,000원으로 하려면 2번 부서에 속한 사원들의 급여를 각각 어떻게 수정해야 할지 결정할 수 없기 때문이다. 즉, 2번 부서의 모든 사원들의 급여를 3,000,000원으로 할 것인가, 2번 부서의 모든 사원들의 급여를 동일한 값만큼 조정할 것인가, 2번 부서의 어느 한 사원의 급여만 조정하여 평균 급여를 맞출 것인가를 결정할 수가 없다.

다음의 INSERT문도 DBMS가 거절한다. 3번 부서이면서 평균 급여가 3,200,000원이라는 튜플을 새로 삽입하면 이 튜플을 EMPLOYEE 릴레이션의 튜플들에 어떻게 반영해야 할지 결정할 수 없기 때문이다.

```
INSERT INTO EMP_AVGSAL
VALUES (3, 3200000);
```

이처럼 어떤 뷰는 갱신이 가능하고 어떤 뷰는 갱신이 불가능하다. 일단 뷰가 정의되면 사용자는 릴레이션이 사용되는 곳에 뷰를 명시할 수 있으므로 어떤 조건을 만족하는 뷰만 갱신이 가능한지 이해하는 것이 필요하다. 뷰에 대한 갱신은 문제를 유발할 수 있으며, 아직도 간단한 해결 방안은 존재하지 않는다. 일반적으로 뷰에 대한 갱신이 기본 릴레이션에 대해 두 개 이상의 갱신으로 변환될 수 있을 때 모호함을 유발할 수 있다.

갱신이 불가능한 뷰

▶ 한 릴레이션 위에서 정의되었으나 그 릴레이션의 기본 키가 포함되지 않은 뷰

이런 뷰에 튜플을 삽입하면 기본 릴레이션에 대한 INSERT문으로 변환되는데, 뷰에 릴레이션의 기본 키가 포함되지 않았으므로 뷰에 대한 INSERT문에서 기본 키 값을 지정하는 것이 불가능하다. 릴레이션의 어떤 튜플에 기본 키의 값이 없으면 엔티티 무결성 제약조건을 위배하기 때문에 그 튜플의 삽입이 거절된다.

▶ **기본 릴레이션의 애트리뷰트들 중에서 뷰에 포함되지 않은 애트리뷰트에 대해 NOT NULL이 지정되어 있을 때**

뷰를 통해서 기본 릴레이션에 튜플을 삽입한다고 가정하자. 뷰에 포함되지 않은 애트리뷰트에 대해서는 값을 입력하는 것이 불가능하다. 뷰에 기본 키가 포함되어 있어도 뷰에 대한 INSERT문에서 뷰에 포함되지 않은 애트리뷰트들에 값을 입력하는 것이 불가능하므로, 기본 릴레이션의 해당 애트리뷰트들에는 널이 들어가게 된다. 따라서 그 튜플의 삽입이 거절된다.

▶ **집단 함수가 포함된 뷰**

만일 뷰를 정의하는 질의에 SUM, AVG, MAX, MIN, COUNT, DISTINCT, GROUP BY, HAVING 등의 구성요소 중에서 하나라도 포함되면 그 뷰는 본질적으로 갱신이 불가능하다. 왜냐하면 뷰에 대한 갱신을 어떻게 기본 릴레이션에 대한 갱신으로 변환해야 할지 결정할 수 없기 때문이다.

▶ **조인으로 정의된 뷰**

많은 DBMS에서 두 개 이상의 릴레이션을 사용하여 정의된 뷰의 갱신을 허용하지 않는다. 뷰에 대한 갱신이 기본 릴레이션에 대한 갱신으로 정확하게 대응되지 않을 수 있다.

갱신 가능성 기준에 따른 뷰들의 유형

지금까지 설명한 바와 같이 뷰는 기본 릴레이션이나 이미 정의된 뷰를 사용하여 정의된다. [그림 8.3]은 갱신 가능성을 기준으로 한 뷰들의 유형을 보여준다. 사용자가 정의할 수 있는 모든 뷰들이 가장 바깥쪽에 속한다. 이들 중에서 이론적으로 갱신이 가능한 뷰들이 중간에 속한다. 다시 이들 중에서 상용 관계 DBMS들의 갱신을 허용하는 뷰들이 가장 안쪽에 위치한다.

[그림 8.3] 갱신 가능성 기준에 따른 뷰들의 유형

8.2 관계 DBMS의 시스템 카탈로그

DBMS는 사용자가 저장된 항목의 특성을 알아볼 수 있는 기능을 제공해야 한다. 이런 기능은 질의 최적화 모듈 등 DBMS 자신의 구성요소에 의해서도 사용된다. 시스템 카탈로그는 데이터베이스의 객체(릴레이션, 뷰, 인덱스, 권한 등)와 구조들에 관한 모든 데이터를 포함한다. 따라서 시스템 카탈로그를 메타데이터라고 한다. 메타데이터는 '데이터에 관한 데이터'라는 뜻이다. 시스템 카탈로그는 시스템의 사용자들에 관한 정보도 저장한다. 예를 들어, 각 사용자가 접근 가능한 데이터베이스의 부분에 관한 정보뿐만 아니라 권한을 가진 사용자의 이름 등에 관한 정보도 저장한다. 이들 중의 일부 정보는 데이터베이스 관리자만 접근할 수 있다.

시스템 카탈로그는 관계 DBMS마다 표준화되어 있지 않아서 관계 DBMS마다 서로 다른 형태로 시스템 카탈로그 기능을 제공한다. 시스템 카탈로그는 **데이터 사전** data dictionary 또는 시스템 테이블이라고도 부른다.

시스템 카탈로그가 질의 처리에 어떻게 활용되는가를 살펴보자. 예를 들어, "직급이 과장이고 2번 부서에 속하는 사원들에 대하여 사원이름과, 현재의 급여, 급여가 10% 인상됐을 때의 값을 검색하시오."를 다음의 SELECT문으로 살펴보자.

```
SELECT      EMPNAME, SALARY, SALARY * 1.1
FROM        EMPLOYEE
WHERE       TITLE = '과장' AND DNO = 2;
```

DBMS가 이 SELECT문을 받으면 사용자가 원하는 튜플들을 검색하기 위해서 몇 가지 과정을 거친다. 먼저 SELECT문이 문법적으로 정확한가를 검사한다. 즉, SELECT, FROM, WHERE와 같은 키워드들이 정확하게 표기됐는가, 각 항목들 사이에 쉼표를 정확하게 표기했는가 등을 검사한다.

SELECT문이 문법적으로 올바르게 작성되었으면 데이터베이스에 없는 릴레이션으로부터 정보를 검색할 수는 없으므로, 이 SELECT문에서 참조하는 EMPLOYEE 릴레이션이 데이터베이스에 존재하는가를 검사해야 한다. 또한, EMPLOYEE 릴레이션에 SELECT절에 열거된 애트리뷰트와 WHERE절에서 조건에 사용된 애트리뷰트가 존재하는가를 확인해야 한다. 즉, EMPNAME, SALARY, TITLE, DNO 애트리뷰트가 EMPLOYEE 릴레이션에 포함되어 있는가를 검사한다. SALARY 애트리뷰트가 수식에 사용되었으므로 이 애트리뷰트의 데이터 타입이 숫자형(정수형이나 실수형)인가를 검사하고 TITLE이 문자열과 비교되었으므로 이 애트리뷰트의 데이터 타입이 문자형(CHAR(n) 또는 VARCHAR(n) 등 인가를 검사한다.

지금까지의 확인 과정에 문제가 없으면 이 질의를 입력한 사용자가 EMPLOYEE 릴레이션의 EMPNAME, SALARY 애트리뷰트를 검색할 수 있는 권한이 있는가를 확인한다.

그 다음에 DBMS는 WHERE절에서 참조된 TITLE 애트리뷰트와 DNO 애트리뷰트에 인덱스가 정의되어 있는지 확인한다. 두 애트리뷰트에 각각 인덱스가 존재한다고 가정하자. 그러면 TITLE='과장'을 만족하는 튜플 수와 DNO=2를 만족하는 튜플 수 중에서 어느 것이 더 작은가를 알 필요가 있다. 왜냐하면 6장에서 논의한 바와 같이, EMPLOYEE 릴레이션의 모든 튜플을 순차 탐색하면서 각 튜플이 WHERE절을 만족하는가 검사하면 시간이 매우 오래 걸릴 수 있으므로 인덱스를 활용하는 것이 효율적인 경우가 많기 때문이다.

TITLE='과장'과 DNO=2를 모두 만족하는 튜플만 사용자에게 결과로 제시되므로 TITLE에 정의된 인덱스와 DNO에 정의된 인덱스 중에서 한 인덱스만 사용하여 그 인덱스에 관한 조건을 만족하는 튜플을 검색한 후 나머지 조건도 만족하는가를 검사하면 된다. 예를 들어, DBMS가 TITLE 인덱스를 사용하기로 결정했다면 EMPLOYEE의 튜플들 중에서 TITLE='과장'인 튜플만 검색한 후 이 튜플의 DNO 값이 2인가를 검사하면 된다.

그러면 두 인덱스 중에서 DBMS가 어떤 인덱스를 선택하는 것이 질의 수행 시간을 단축할 수 있는가? 조건을 만족하는 튜플 수가 작은 인덱스가 당연히 유리하다. 이런 인덱스를 **선택율** selectivity 이 높다고 말한다. DBMS가 두 인덱스 중에서 조건을 만족하는 튜플 수가 적은 것을 선택하기 위해서는 관계 데이터베이스 시스템에 데이터베이스 외에 추가로 정보를 유지해야 한다. 한 릴레이션의 전체 튜플 수와 그 릴레이션에 정의된 각 인덱스에 존재하는 상이한 값들의 개수를 유지한다면 어느 인덱스를 사용하는 것이 유리한가를 예상할 수 있다.

[그림 4.8]을 보면 EMPLOYEE 릴레이션의 전체 튜플 수는 7이다. TITLE 애트리뷰트에는 {사원, 대리, 과장, 부장, 사장}의 다섯 가지 값들이 존재한다. 이에 반해서 DNO 애트리뷰트에는 {1, 2, 3}의 세 가지 값들이 존재한다. 따라서 TITLE 애트리뷰트에 정의된 인덱스가 DNO에 정의된 인덱스보다 대상 튜플들을 더 좁혀주므로 유리하다.

이처럼 DBMS가 질의를 수행하는 여러 가지 방법들 중에서 가장 비용이 적게 드는 방법을 찾는 과정을 **질의 최적화** query optimization 라 하고 이런 기능을 담당하는 DBMS 모듈을 질의 최적화 모듈이라 한다. 질의 최적화 모듈은 DBMS의 성능에 매우 중요한 역할을 담당한다. 질의 최적화 모듈이 정확한 결정을 내릴 수 있도록 DBMS는 자체 목적을 위해서 시스템 카탈로그에 다양한 정보를 유지한다. 사용자가 질의 최적화 모듈을 깊이 있게 이해할 필요는 없지만, 질의 최적화 모듈이 정확한 수행 방법을 결정하기 위해서는 릴레이션에 관한 다양한 통계 정보가 정확하게 유지돼야 한다는 것을 알고 있는 것이 바람직하다.

워드 프로세서로 문서 작업을 하는 경우를 비교해 보자. 여러 개의 문서를 작업하는 사용자는 원하는 문서의 이름을 정확하게 기억하지 못할 수 있다. 이런 경우에 사용자는 파일 찾기를 이용하거나 원하는 문서가 들어 있을 만한 폴더를 열어본다.

데이터베이스의 사용자는 릴레이션 이름, 애트리뷰트 이름, 애트리뷰트의 데이터 타입 등 워드 프로세싱보다 기억할 것이 더 많으므로 이들을 항상 암기하고 있을 수 없다. 사용자는 시스템 카탈로그를 통해서 자신이 원하는 릴레이션의 이름, 그 릴레이션의 애트리뷰트들에 관한 정보를 쉽게 찾을 수 있으므로 시스템 카탈로그는 사용자를 위한 목적으로도 활용된다. 시스템 카탈로그를 잘 이해하는 것은 DBMS를 잘 활용하는 데 매우 중요하다.

관계 DBMS에서는 흔히 시스템 카탈로그도 사용자 릴레이션과 마찬가지 형태로 저장되기 때문에 사용자 릴레이션에 적용되는 회복 기법과 동시성 제어 기법을 동일하게 사용할 수 있다. 또한, 사용자 릴레이션처럼 SELECT문을 사용하여 시스템 카탈로그의 내용을 검색할 수 있다.

시스템 카탈로그에는 릴레이션, 애트리뷰트, 인덱스, 사용자, 권한 등 각 유형마다 별도의 릴레이션이 유지된다. 4.3.2절에서 정의한 EMPLOYEE 릴레이션과 DEPARTMENT 릴레이션에 대해서 시스템 카탈로그에 어떤 정보들이 유지되는가를 이해하기 쉽도록 시스템 카탈로그를 매우 단순화하여 설명한다. 실제의 DBMS의 시스템 카탈로그에는 다수의 릴레이션들이 존재하고, 각 시스템 카탈로그의 릴레이션에는 많은 애트리뷰트들이 들어 있다. 본 절에서는 릴레이션에 관한 정보를 유지하는 릴레이션의 이름이 SYS_RELATION, 애트리뷰트에 관한 정보를 유지하는 릴레이션의 이름이 SYS_ATTRIBUTE라고 가정한다. 각 릴레이션의 스키마는 다음과 같다.

SYS_RELATION (RelId, RelOwner, RelTups, RelAtts, RelWidth)

SYS_ATTRIBUTE (AttRelId, AttId, AttName, AttOff, AttType, AttLen)

SYS_RELATION 릴레이션은 데이터베이스 내의 각 릴레이션(시스템 카탈로그의 릴레이션과 사용자가 정의한 릴레이션)마다 하나의 튜플로 그 릴레이션에 관한 정보를 나타낸다. RelId는 릴레이션의 이름 또는 식별자이고, RelOwner는 릴레이션을 생성한 사용자의 식별자이고, RelTups는 릴레이션의 튜플 수이고, RelAtts는 릴레이션의 애트리뷰트 수이고, RelWidth는 튜플의 길이를 나타낸다.

SYS_ATTRIBUTE 릴레이션은 각 릴레이션(시스템 카탈로그의 릴레이션과 사용자가 정의한 릴레이션)의 각 애트리뷰트마다 하나의 튜플로 그 애트리뷰트에 관한 정보를 나타낸다. AttRelId는 애트리뷰트가 속한 릴레이션의 이름 또는 식별자이고, AttId는 애트리뷰트의 번호이고, AttName은 애트리뷰트의 이름이고, AttOff는 튜플 내에서 애트리뷰트의 오프셋^{offset}이고, AttType은 애트리뷰트의 데이터 타입이고, AttLen은 애트리뷰트의 길이를 나타낸다.

[그림 8.4]는 4.3.2절에서 정의한 두 릴레이션(사용자 KIM이 생성했다고 가정)이 [그림 4.8]과 같은 상태를 가질 때 SYS_RELATION과 SYS_ATTRIBUTE에 어떻게 표현되는가를 보여준다. 시스템 카탈로그에 속하는 릴레이션들은 [그림 8.4]에서 생략하였다. [그림 8.4]의 SYS_RELATION 릴레이션을 살펴보면 EMPLOYEE 릴레이션은 KIM이 소유자이고, 6개의 애트리뷰트가 있으며, 튜플의 길이가 36바이트라는 사실을 알 수 있다. DBMS는 EMPLOYEE 릴레이션을 정의하는 CREATE TABLE문에서 RelAtts와 RelWidth의 값을 구한다.

또한, 현재 EMPLOYEE 릴레이션에 7개의 튜플이 존재한다고 표시되어 있는데, 만일 EMPLOYEE 릴레이션에 한 개의 튜플을 새로 삽입한다고 해도 SYS_RELATION 릴레이션의 RelTups 애트리뷰트의 값이 즉시 7에서 8로 바뀌지 않는다. 시스템 카탈로그는 DBMS가 질의를 처리할 때마다 접근해야 하기 때문에 동시 접근 수가 사용자 릴레이션보다 월등히 많다. 따라서 각 릴레이션의 튜플 수가 바뀔 때마다 시스템 카탈로그에 이를 반영하려면 동시성의 오버헤드가 매우 크고 자원을 많이 소비하므로 DBMS의 성능이 저하된다. 시스템 카탈로그의 갱신은 DBMS에 부하가 적게 걸릴 때 수행할 수 있다.

EMPLOYEE 릴레이션에 실제로 튜플이 8개 들어 있는데 시스템 카탈로그에 7개 들어 있다고 표시되어 있다 해도 질의 최적화 모듈이 정확한 결정을 내리는 데 큰 문제를 야기하지는 않는다. 즉, 실제 릴레이션에 저장된 튜플 수와 시스템 카탈로그에 들어 있는 값에 작은 차이가 있는 경우에는 별 문제가 되지 않는다.

SYS_RELATION

RelId	RelOwner	RelTups	RelAtts	RelWidth
EMPLOYEE	KIM	7	6	36
DEPARTMENT	KIM	4	3	18
...	...	...	...	...

SYS_ATTRIBUTE

AttreIId	AttID	AttName	Attoff	AttType	AttLen	PkorFk
EMPLOYEE	1	EMPNO	0	int	4	Pk
EMPLOYEE	2	EMPNAME	4	char	10	
EMPLOYEE	3	TITLE	14	char	10	
EMPLOYEE	4	MANAGER	24	int	4	Fk
EMPLOYEE	5	SALARY	28	int	4	
EMPLOYEE	6	DNO	32	int	4	Fk
DEPARTMENT	1	DEPTNO	0	int	4	Pk
DEPARTMENT	2	DEPTNAME	4	char	10	
DEPARTMENT	3	FLOOR	14	int	4	
...	...	...	...	...	...	

[그림 8.4] SYS_RELATION과 SYS_ATTRIBUTE의 내용

어떤 사용자도 시스템 카탈로그를 직접 갱신할 수 없다. 즉, DELETE, UPDATE 또는 INSERT문을 사용하여 시스템 카탈로그를 변경할 수 없다. EMPLOYEE 릴레이션의 소유자인 KIM이 EMPLOYEE 릴레이션에서 MANAGER 애트리뷰트를 삭제하기 위해서

```
ALTER TABLE EMPLOYEE DROP COLUMN MANAGER;
```

라고 하는 대신에 다음과 같이 시스템 카탈로그에 대해 DELETE문을 사용하면 DBMS가 거절한다.

```
DELETE FROM SYS_ATTRIBUTE
WHERE   AttRelId = 'EMPLOYEE' AND AttName = 'MANAGER';
```

질의 최적화 모듈은 관계 DBMS의 핵심적인 구성요소이다. 비용을 기반으로 하는 질의 최적화 모듈은 다양한 통계 정보를 필요로 한다. 관계 DBMS마다 다소 차이가 있지만, 다음과 같은 통계 정보가 시스템 카탈로그에 유지된다. 이런 통계 정보는 질의 결과를 추정하는 데 사용된다.

▶ **릴레이션마다**

> 튜플의 크기
> 튜플 수
> 각 블록의 채우기 비율
> 블로킹 인수,
> 릴레이션의 크기(블록 수)

▶ **뷰마다**

> 뷰의 이름과 정의

▶ **애트리뷰트마다**

> 애트리뷰트의 데이터 타입과 크기
> 애트리뷰트 내의 상이한 값들의 수
> 애트리뷰트 값의 범위
> 선택율(조건을 만족하는 튜플 수/전체 튜플 수)

▶ **사용자마다**

> 접근할 수 있는 릴레이션과 권한

▶ 인덱스마다

인덱스된 애트리뷰트 (키 애트리뷰트 또는 비키 애트리뷰트)

클러스터링 인덱스/비클러스터링 인덱스 여부

밀집/희소 인덱스 여부

인덱스의 높이

1단계 인덱스의 블록 수

8.3 오라클의 시스템 카탈로그

다른 관계 DBMS와 마찬가지로 오라클 데이터베이스 내의 테이블들은 사용자 테이블과 데이터 사전으로 구분한다. 사용자 테이블은 사용자가 생성하고 유지하는 테이블이다. 데이터 사전은 오라클 서버가 생성하고 유지하는 테이블들의 모임이다.

오라클에서는 시스템 카탈로그를 데이터 사전이라고 부른다. 데이터 사전은 시스템 테이블스페이스에 저장된다. 데이터 정의어 명령이 수행될 때마다 오라클 서버가 데이터 사전을 갱신한다. 또한, 테이블의 튜플 수를 변경하는 데이터 조작어 명령들도 데이터 사전의 갱신을 유발할 수 있다. 데이터 사전은 오라클 데이터베이스의 핵심일 뿐만 아니라 사용자(최종 사용자, 응용 프로그래머, 데이터베이스 관리자)들에게 중요한 정보의 원천이다.

데이터 사전은 다시 기본 테이블과 데이터 사전 뷰로 구분된다. 기본 테이블은 데이터베이스에 대한 설명을 포함한다. 기본 테이블은 CREATE DATABASE 명령을 수행할 때 자동적으로 생성된다. 기본 테이블은 임의의 오라클 데이터베이스에서 가장 먼저 생성되는 객체이다. 오직 오라클 서버만 기본 테이블을 갱신한다. 기본 테이블의 정보가 암호화된 형태로 저장되어 있기 때문에 사용자는 직접 접근할 필요가 거의 없으며, 일반적으로 이해하기 쉬운 형식의 정보를 제공하는 데이터 사전 뷰를 접근한다.

오라클에서 작업이 성공적으로 수행되느냐 하는 것은 데이터 사전에 들어 있는 정보의 무결성에 따라 좌우되므로 데이터 사전에 대해서 데이터 조작어를 사용하여 사용자가 직접 정보를 갱신하는 것은 지원하지 않는다. 데이터 사전을 접근하려면 SELECT문만 사용해야 한다. 일부 데이터 사전 뷰는 모든 사용자들이 접근할 수 있지만, 나머지 데이터 사전 뷰들은 데이터베이스 관리자만 접근할 수 있다.

데이터 사전에는 데이터베이스의 모든 객체(테이블, 뷰, 인덱스 등)들에 관한 정의, 객체에 공간이 얼마나 할당되었으며 현재 얼마나 사용 중인가, 애트리뷰트의 디폴트 값, 무결성 제약조건, 사용자 정보, 각 사용자가 허가받은 권한과 역할 등이 포함된다.

데이터 사전 뷰는 뷰의 이름에 붙는 접두어에 의해서 세 가지로 구분한다. DBA_xxx 뷰들은 데이터베이스 내의 모든 객체들에 관한 정보를 포함한다. 따라서 DBA_xxx 뷰들은 전체 데이터베이스에 관한 전역적인 정보를 보여준다. 주로 데이터베이스 관리자가 질의하는 용도로 사용된다. SELECT ANY TABLE 시스템 권한을 허가받은 사용자는 DBA_xxx 뷰들을 질의할 수 있다.

ALL_xxx 뷰들은 현재의 사용자가 접근할 수 있는 객체들에 관한 정보를 나타낸다. ALL_xxx 뷰들은 데이터베이스에 관한 어떤 사용자의 전체적인 관점을 보여준다. 이 뷰들은 이 사용자가 public으로서 또는 권한이나 역할을 명시적으로 허가 받아서 접근할 수 있는 객체와 이 사용자가 소유한 객체들에 관한 정보를 보여준다.

USER_xxx 뷰들은 현재의 사용자가 소유하고 있는 객체들에 관한 정보를 나타낸다. 이 뷰들은 데이터베이스 내에서 사용자의 개인적 환경을 보여준다. 일반적인 사용자들이 가장 자주 접근하는 것은 이런 뷰들이다.

[그림 8.5]는 데이터 사전 뷰들의 세 부류와 이들의 포함 관계를 보여준다. 즉, DBA_xxx 부류에는 ALL_xxx 부류보다 많은 정보가 들어 있으며, ALL_xxx 부류에는 USER_xxx 부류보다 많은 정보가 들어 있음을 알 수 있다. USER_xxx나 ALL_xxx 뷰들은 DBA_xxx 뷰들을 기본으로 하여 생성된 것이다.

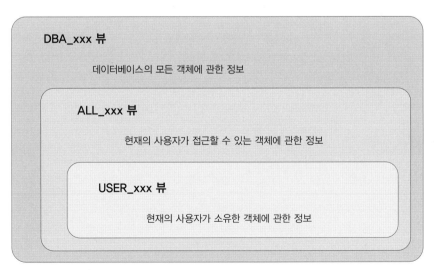

[그림 8.5] 데이터 사전 뷰들의 세 부류와 이들의 포함 관계

〈표 8.1〉은 오라클의 모든 데이터베이스에 존재하는 주요 데이터 사전 뷰들의 이름과 기능을 보여준다.

〈표 8.1〉 주요 데이터 사전 뷰들의 이름과 기능

이름	기능
ALL_CATALOG	사용자가 접근할 수 있는 테이블, 뷰, 동의어에 관한 정보
ALL_CONSTRAINTS	사용자가 접근할 수 있는 테이블에 정의된 제약조건에 관한 정보
ALL_CONS_COLUMNS	사용자가 접근할 수 있는 제약조건 정의에 포함된 애트리뷰트에 관한 정보
ALL_SYNONYMS	사용자가 접근할 수 있는 동의어에 관한 정보
ALL_TABLES	사용자가 접근할 수 있는 뷰에 관한 정보. ALL_CATALOG보다 상세한 정보를 볼 수 있음
ALL_VIEWS	사용자가 접근할 수 있는 뷰에 관한 정보
DICTIONARY(또는 DICT)	데이터 사전 테이블과 뷰에 관한 정보
TABLE_PRIVILEGES	사용자가 소유자, 권한 허가자, 권한 피허가자인 객체 또는 권한 피허가자가 PUBLIC인 객체에 관한 정보
USER_CATALOG	사용자가 소유한 테이블, 뷰, 동의어 등에 관한 정보
USER_COL_PRIVS	사용자가 소유자, 권한 허가자, 권한 피허가자인 애트리뷰트에 관한 정보
USER_CONSTRAINTS	사용자가 소유한 제약조건에 관한 정보
USER_CONS_COLUMNS	사용자가 소유한 제약조건에 포함된 애트리뷰트에 관한 정보
USER_INDEXES	현재 로그인한 사용자가 소유한 인덱스들에 관한 정보
USER_IND_COLUMNS	현재 로그인한 사용자가 소유한 인덱스 및 테이블상의 인덱스에 포함된 애트리뷰트들에 관한 정보
USER_SYNONYMS	사용자의 개인적인 동의어에 관한 정보
USER_TABLES	사용자가 소유한 테이블에 관한 정보
USER_TAB_COLUMNS	사용자의 테이블, 뷰에 속한 애트리뷰트에 관한 정보
USER_TAB_PRIVS	사용자가 소유자, 권한 허가자, 권한 피허가자인 객체에 관한 정보
USER_VIEWS	사용자가 소유한 뷰에 관한 정보

지금부터 Oracle SQL Developer를 사용하여 데이터 사전 뷰를 검색하는 실습을 진행해 보자. 사용자 KIM이 소유한 테이블이나 뷰에 관한 정보를 검색하기 위해서 KIM으로 로그인을 한 후에 다음과 같은 질의를 수행한다. ALL_CATALOG 데이터 사전 뷰는 사용자가 접근할 수 있는 객체들의 목록을 포함한다. [그림 8.6]는 질의 결과를 보여준다.

```
SELECT      *
FROM        ALL_CATALOG
WHERE       OWNER='KIM';
```

[그림 8.6]에서 OWNER는 사용자의 이름, TABLE_NAME은 테이블이나 뷰의 이름, TABLE_TYPE은 테이블의 유형으로서 테이블, 뷰 등을 나타낸다. 결과 표시창에 열거된 첫 번째 테이블은 질의 수행 시 오라클에서 생성하는 임시 테이블이다. 사용자는 이 테이블에 직접 접근할 수 없다. 3장에서 생성한 DEPARTMENT, EMPLOYEE, PROJECT 테이블과 EMP_PLANNING 뷰가 검색 결과로 나타난 것을 알 수 있다.

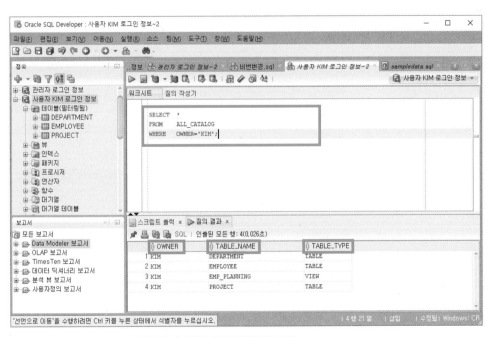

[그림 8.6] ALL_CATALOG를 사용하여 테이블과 뷰에 관한 정보 검색

사용자 KIM이 소유한 EMPLOYEE 테이블의 애트리뷰트 정보를 찾기 위해서 다음과 같은 질의를 작성할 수 있다. [그림 8.7]은 질의 수행 결과를 보여준다. USER_TAB_COLUMNS 데이터 사전 뷰는 사용자의 테이블, 뷰에 속한 애트리뷰트에 관한 정보를 포함한다.

```
SELECT      TABLE_NAME, COLUMN_NAME, DATA_TYPE
FROM        USER_TAB_COLUMNS
WHERE       TABLE_NAME = 'EMPLOYEE';
```

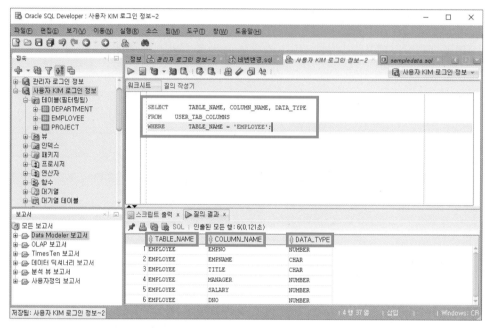

[그림 8.7] EMPLOYEE 테이블의 애트리뷰트들에 관한 정보 검색

[그림 8.7]에서 TABLE_NAME은 테이블의 이름, COLUMN_NAME은 애트리뷰트의 이름, DATA_TYPE은 데이터 타입을 각각 나타낸다. 이밖에도 USER_TAB _COLUMNS 뷰를 통해서 각 애트리뷰트에 대해서 길이, 널 허용 여부, 디폴트 값 등을 검색할 수 있다. 3장의 예제 3.2에서 EMPLOYEE 테이블을 정의한 CREATE TABLE문과 [그림 8.7]의 결과 창을 비교해보기 바란다.

3장의 [예제 3.2]에서 생성한 EMP_PLANNING 뷰가 어떤 SELECT문으로 정의되어 있는 가를 알기 위해서 다음과 같은 질의를 작성할 수 있다. 사용자가 뷰를 성의한 후에 USER_ VIEWS 데이터 사전 뷰를 통해서 뷰의 이름과 뷰의 정의를 볼 수 있다. [그림 8.8]은 질의 수행 결과를 보여준다.

```
SELECT      VIEW_NAME, TEXT
FROM        USER_VIEWS;
```

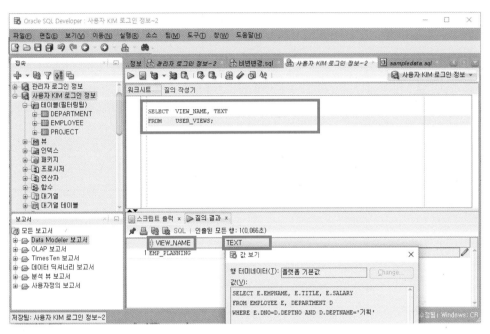

[그림 8.8] 뷰에 관한 정보 검색

[그림 8.8]에서 VIEW_NAME은 뷰의 이름이고 TEXT는 뷰를 정의한 SQL문이다. 3장의 [예 제 3.2]에서 EMP_PLANNING 뷰를 정의한 CREATE VIEW문과 비교해보기 바란다.

EMP_PLANNING 뷰는 EMPLOYEE와 DEPARTMENT 테이블을 조인해서 정의한 뷰이다. 이 뷰가 갱신이 가능한지 확인해 보기 위해서 다음과 같은 INSERT문을 수행해보자. [그림 8.9]는 INSERT문의 수행 결과를 보여준다. 이 뷰에는 EMPLOYEE 테이블의 기본 키인 EMPNO가 포함되지 않았으므로 뷰를 통해서 다음과 같이 튜플을 삽입하면 EMPNO의 값을 입력하는 것이 불가능하다. 뷰에 대한 삽입은 기본 테이블에 대한 삽입으로 변환되어 처리되는데, EMPLOYEE 테이블의 기본 키의 값이 입력되지 않았으므로 엔티티 무결성 제약조건을 위배하게 된다.

```
INSERT INTO EMP_PLANNING
    VALUES('김지민', '사원', 1500000);
```

[그림 8.9] 두 테이블의 조인 뷰에 대한 INSERT문 수행

EMPLOYEE 테이블의 부서번호 애트리뷰트인 DNO에 대해 인덱스를 생성하고([그림 8.10]),
생성된 인덱스를 통해서 통계 정보를 확인해보자.

```sql
CREATE INDEX EMPDNO_IDX ON EMPLOYEE(DNO);
```

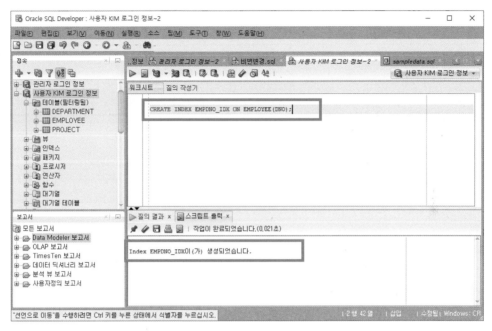

[그림 8.10] EMPLOYEE 테이블에 인덱스 정의

인덱스의 통계 정보를 확인하기 위해서 USER_INDEXES 데이터 사전 뷰에 대해 다음과 같은
SELECT문을 수행한다. [그림 8.11]은 인덱스의 통계 정보를 보여준다.

```
SELECT    INDEX_NAME,INITIAL_EXTENT, DISTINCT_KEYS,
          NUM_ROWS, SAMPLE_SIZE, LAST_ANALYZED
FROM      USER_INDEXES
WHERE     INDEX_NAME = 'EMPDNO_IDX';
```

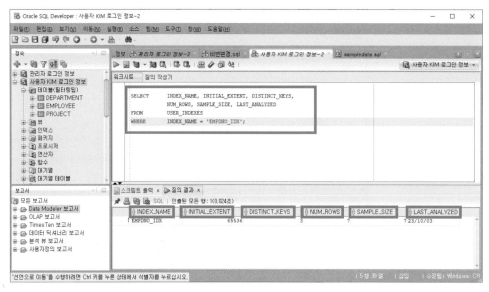

[그림 8.11] 인덱스 EMPDNO_IDX의 통계 정보

[그림 8.11]에서 INDEX_NAME은 인덱스의 이름, INITIAL_EXTENT는 초기 익스텐트의
크기, DISTINCT_KEYS는 상이한 인덱스 값들의 개수, NUM_ROWS는 테이블의 튜플 수,
SAMPLE_SIZE는 인덱스 분석을 위해 사용된 튜플 수, LAST_ANALYZED는 통계가 마지막
으로 갱신된 날짜를 나타낸다.

EMPLOYEE 테이블에 새로운 튜플을 한 개 삽입해 보자([그림 8.12]).

```
INSERT INTO EMPLOYEE
VALUES(3428, '김지민', '사원', 2106, 1500000, 2);
```

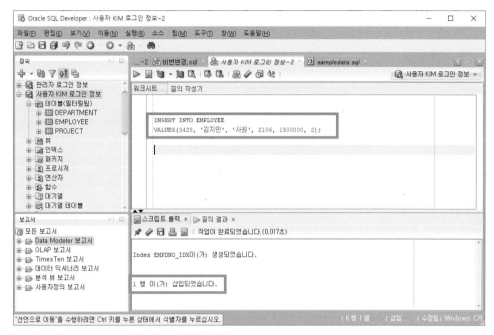

[그림 8.12] EMPLOYEE 테이블에 튜플을 한 개 삽입

튜플을 한 개 입력한 후에 다시 통계 정보를 다음과 같이 확인해보면 [그림 8.13]은 [그림 8.11] 과 동일함을 알 수 있다. 즉, 상이한 인덱스 값들의 개수가 3, 테이블의 튜플 수가 7, 인덱스 분석을 위해 사용된 튜플 수가 7임을 알 수 있다. 한 테이블에 튜플이 삽입되자마자 데이터 사전 뷰의 정보가 갱신되지는 않는다.

```
SELECT    INDEX_NAME,INITIAL_EXTENT, DISTINCT_KEYS,
          NUM_ROWS, SAMPLE_SIZE, LAST_ANALYZED
FROM      USER_INDEXES
WHERE     INDEX_NAME='EMPDNO_IDX';
```

[그림 8.13] 한 튜플을 삽입한 후의 인덱스 EMPDNO_IDX의 통계 정보

통계 정보는 ANALYZE문을 사용하여 갱신할 수 있다. 테이블에 대한 통계 정보는 ANALYZE TABLE문을 사용해서 갱신하고 인덱스에 대한 통계 정보는 ANALYZE INDEX문을 사용해서 갱신한다.

새로 입력한 튜플이 통계 정보에 반영되도록 다음과 같은 ANALYZE문을 수행한 후에 통계 정보를 확인해보자. [그림 8.14]는 ANALYZE문의 수행 결과를 보여준다.

```
ANALYZE INDEX EMPDNO_IDX
COMPUTE STATISTICS;
```

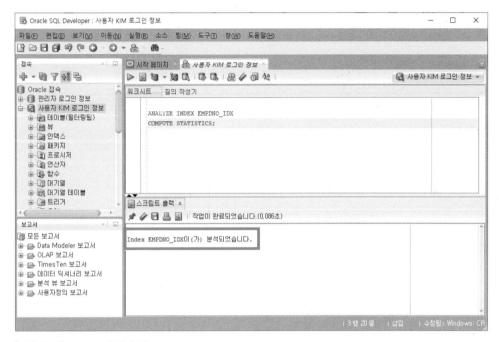

[그림 8.14] ANALYZ문의 수행

ANALYZE문의 구문은 다음과 같다.

```
ANALYZE 객체_유형 객체_이름 연산 STATISTICS;
```

객체_유형은 테이블, 인덱스 등을 나타낸다. 객체_이름은 객체의 이름을 의미한다. 연산에 COMPUTE가 사용되면 테이블 전체를 접근하여 통계 정보를 계산한다. 이 옵션은 정확한 통계를 얻을 수 있지만, 처리 속도가 느리다. 연산에 ESTIMATE가 사용되면 데이터 표본을 추출하여 통계 정보를 구한다. 따라서 이 옵션은 덜 정확한 정보를 구하지만, 처리 속도가 COMPUTE 옵션보다 매우 빠르다. 연산에 DELETE가 사용되면 테이블의 모든 통계 정보를 삭제한다.

질의 최적화 모듈이 정확하게 동작하려면 테이블과 인덱스에 관한 통계 정보를 현재 상태로 유지해야 하므로 주기적으로 ANALYZE 작업을 수행해야 한다. 테이블을 재생성한 경우, 인덱스를 추가 혹은 재생성한 경우, 다량의 데이터를 일괄 작업으로 처리한 경우에는 바로 ANALYZE 작업을 수행하는 것이 필요하다. 테이블을 ANALYZE하는 경우에는 그 테이블에 속한 인덱스들에 대해서도 ANALYZE하는 것이 좋다.

ANALYZE문의 수행 결과를 확인하기 위해서 다음과 같은 SELECT문을 다시 수행한다.

```
SELECT    INDEX_NAME, INITIAL_EXTENT, DISTINCT_KEYS,
          NUM_ROWS, SAMPLE_SIZE,LAST_ANALYZED
FROM      USER_INDEXES
WHERE     INDEX_NAME = 'EMPDNO_IDX';
```

[그림 8.15]는 ANALYZE문 수행 후에 EMPDNO_IDX의 통계 정보를 확인한 결과를 보여준다. [그림 8.15]와 [그림 8.13]을 비교해 보면 NUM_ROWS와 SAMPLE_SIZE가 1씩 증가했음을 알 수 있다. 즉, 방금 수행한 INSERT문을 통해 삽입된 튜플에 대한 인덱스 정보가 반영되었다.

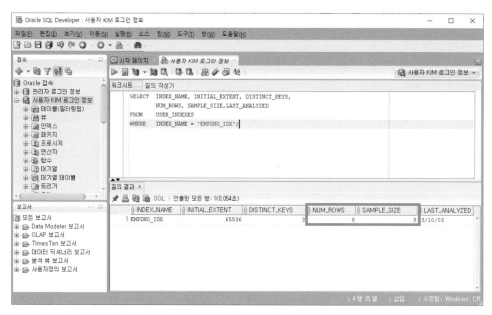

[그림 8.15] 한 튜플을 삽입한 후의 인덱스 EMPDNO_IDX의 갱신된 통계 정보

테이블에 정의된 인덱스에 관한 정보를 검색하려면 USER_IND_COLUMNS 데이터 사전 뷰에 접근한다. 예를 들어, EMPLOYEE 테이블에 정의된 인덱스 정보를 찾기 위해서 다음과 같은 명령을 수행한다.

```
SELECT      *
FROM        USER_IND_COLUMNS
WHERE       TABLE_NAME = 'EMPLOYEE';
```

[그림 8.16]는 수행 결과를 보여준다. INDEX_NAME은 인덱스의 이름, TABLE_NAME은
인덱스가 정의된 테이블의 이름, COLUMN_NAME은 인덱스가 정의된 애트리뷰트의 이름,
COLUMN_POSITION은 인덱스 내에서의 애트리뷰트의 위치, COLUMN_LENGTH는 인
덱스가 정의된 애트리뷰트의 길이, CHAR_LENGTH는 애트리뷰트의 데이터 타입이 문자
열인 경우에 애트리뷰트의 길이, DESCEND는 정렬 방식을 나타낸다. 3장의 [예제 3.2]에서
EMPLOYEE 테이블을 정의할 때 EMPNO 애트리뷰트를 기본 키로 선정했으므로 오라클이
자동적으로 인덱스를 생성한다. 또한, EMPNAME 애트리뷰트에는 UNIQUE 키워드를 명시
했으므로 오라클이 자동적으로 인덱스를 생성한다. 외래키인 DNO 애트리뷰트에 대해서는 사
용자가 CREATE INDEX문을 사용하여 명시적으로 인덱스를 정의하였다.

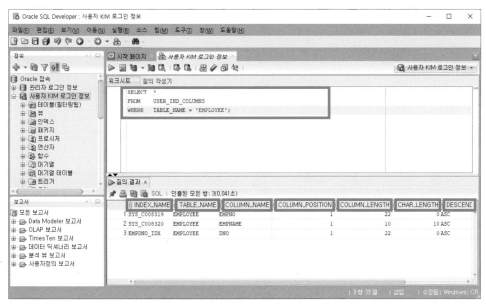

[그림 8.16] EMPLOYEE 테이블의 인덱스 정보

1. 다음 용어들을 간략히 설명하시오.

   뷰, 가상 릴레이션, 기본 릴레이션, 스냅숏, 시스템 카탈로그, 데이터 사전,
   시스템 테이블

2. 다음 설명 중에서 맞는 것은? 그 이유를 설명하시오.
   ① 메타데이터는 데이터가 아니다.
   ② 메타데이터와 데이터는 서로 다른 모델로 설명되고 저장된다.
   ③ 데이터베이스에 대한 모든 메타데이터는 데이터베이스 스키마 내에 설명된다.
   ④ 데이터 사전의 스키마는 데이터베이스의 메타데이터의 스키마이다.

3. 다음 설명 중에서 맞는 것을 모두 찾으시오.
   ① 데이터베이스를 위한 데이터 사전은 데이터 정의문이 컴파일될 때만 접근된다.
   ② 데이터베이스를 위한 데이터 사전은 하나의 질의가 컴파일될 때마다 접근된다.
   ③ ①과 ② 모두 맞다.
   ④ ①과 ② 모두 틀리다.

4. 만일 어떤 데이터베이스 시스템의 데이터 사전이 손실되면 다음의 문장 중에서 어느 것이
   올바른가?
   ① 종전과 마찬가지로 아무런 어려움이 없이 수행될 수 있다.
   ② 사용자들이 데이터베이스 내의 모든 데이터를 접근할 수 있도록 허용하면서 수행된다.
   ③ 데이터가 어디에 있는지 찾을 수 없기 때문에 수행되지 못한다.
   ④ 데이터베이스 내의 모든 데이터가 손실되었기 때문에 수행되지 못한다.

5. 다음의 DEPARTMENT 릴레이션을 고려해 보자.

DEPARTMENT	DEPTNAME	NumberOfEmployees
	영업	6
	기획	14
	개발	8
	총무	12

이 릴레이션 위에 LARGE_DEPT라는 뷰를 다음과 같이 정의하였다. 즉, LARGE_DEPT 뷰에는 사원 수가 9명 이상인 부서만 포함된다.

```
CREATE VIEW   LARGE_DEPT
AS  SELECT    DEPTNAME, NumberOfEmployees
    FROM      DEPARTMENT
    WHERE     NumberOfEmployees >= 9;
```

DEPARTMENT 릴레이션에 다음의 INSERT문을 사용하여 튜플을 삽입하였다.

```
INSERT INTO DEPARTMENT
VALUES ('회계', 11);
```

(1) LARGE_DEPT 뷰에 대해서 다음의 SELECT문을 수행한 결과를 보이시오.

```
SELECT      *
FROM        LARGE_DEPT;
```

(2) DEPARTMENT 릴레이션에 대해 다음의 SELECT문을 수행한 결과를 보이시오.

```
SELECT      *
FROM        DEPARTMENT;
```

(3) 만일 ('회계', 11) 튜플을 릴레이션 대신에 뷰에 삽입했다면 (1)과 (2)의 결과는 어떻겠는가? 그 이유를 설명하시오.

(4) 다음 INSERT문이 동작하겠는가? 그 이유는 무엇인가? 이 INSERT문은 DEPARTMENT 릴레이션에 대한 위의 INSERT문이 수행된 후에 수행되었다고 가정한다.

```
INSERT INTO LARGE_DEPT
VALUES ('광고', 8);
```

(5) 앞의 두 INSERT문을 수행한 후에 다음의 SELECT문을 수행하면 어떤 결과가 나타나는가?

```
SELECT      *
FROM        LARGE_DEPT;
```

(6) 앞의 두 INSERT문을 수행한 후에 다음의 SELECT문을 수행하면 어떤 결과가 나타나는가?

```
SELECT      *
FROM        DEPARTMENT;
```

6. [그림 4.8]의 EMPLOYEE와 DEPARTMENT 릴레이션을 보고 물음에 답하시오.
   (1) EMPLOYEE 릴레이션의 사원번호, 사원이름, 부서번호로 이루어진 EMP_VIEW라는 뷰를 정의하시오. 뷰에 속하는 사원이름 애트리뷰트를 ENAME으로 지정하시오.
   (2) EMP_VIEW 뷰의 전체 내용을 검색하시오.
   (3) 오라클의 데이터 사전 뷰를 사용하여 EMP_VIEW를 정의한 SELECT문을 알아보라.
   (4) 오라클의 데이터 사전 뷰를 사용하여 EMP_VIEW에 속한 애트리뷰트들에 관한 정보를 검색하시오.
   (5) EMP_VIEW 뷰를 사용하여 모든 사원번호와 부서번호들을 검색하는 질의를 작성하시오.
   (6) 3번 부서에 근무하는 모든 사원들의 사원번호, 사원이름, 급여를 포함하는 DEPT3이라는 뷰를 정의하시오. 뷰의 애트리뷰트들의 이름을 EMPNO, ENAME, SAL로 지정하는 부분을 뷰의 정의에 포함시켜라. 뷰에 대한 갱신을 통해서 3번 부서에 속한 사원들의 부서번호가 변경되지 않도록 하시오.
   (7) DEPT3 뷰에 대해서 (3)과 (4)를 반복하시오.
   (8) DEPT3 뷰에 대한 갱신을 통해서 이 뷰에 속하는 한 튜플의 부서번호를 4로 바꿔라. 이 갱신이 가능한지의 여부를 밝히고, 그 이유를 설명하시오.
   (9) EMPLOYEE와 DEPARTMENT 릴레이션을 사용하여 모든 사원들의 사원이름, 부서이름, 급여로 이루어진 SALARY_VIEW라는 뷰를 생성하시오. 뷰의 애트리뷰트 이름들을 각각 ENAME, DNAME, SAL이라고 명시하시오.

7. 뷰가 어떻게 데이터베이스의 보안에 사용되는가?

8. 다음의 COMPANY 데이터베이스 스키마는 5.4.2절에서 ER 스키마 다이어그램으로부터 사상한 관계 데이터베이스 스키마이다. 다음의 질문에 답하시오.

```
EMPLOYEE(Empno, Empname, Title, City, Ku, Dong,
   Salary, Dno)
PROJECT(Projno, Projname, Budget, StartDate, Manager)
DEPARTMENT(Deptno, Deptname, Floor)
SUPPLIER(Suppno, Suppname, Credit)
PART(Partno, Partname, Price, Subpartno)
DEPENDENT(Empno, Depname, Sex)
WORKS_FOR(Empno, Projno, Duration, Responsibility)
SUPPLY(Suppno, Projno, Partno, Quantity)
PROJ_LOC(Projno, Location)
```

(1) 프로젝트 이름(Projname)과 프로젝트 관리자(Manager)의 이름으로 이루어진 뷰를 정의하시오.

(2) 이 뷰를 사용해서 'Project X' 프로젝트의 관리자 이름을 검색하는 SELECT문을 작성하시오.

(3) 사원이름(Empname), 프로젝트이름(Projname), 프로젝트에서 근무한 기간(Duration)으로 이루어진 뷰를 정의하시오.

(4) 이 뷰를 사용해서 김상원이 모든 프로젝트에서 근무한 전체 기간을 검색하는 SELECT문을 작성하시오.

(5) 프로젝트 이름, 각 프로젝트에서 근무하는 모든 사원들의 수, 이 사원들의 평균 급여로 이루어진 뷰를 정의하시오.

(6) 이 뷰를 사용해서 'Project Y'에서 근무하는 사원들의 수와 평균 급여를 검색하는 SELECT문을 작성하시오.

(7) (1), (3), (5)에서 정의한 뷰는 갱신이 가능한가? 만일 갱신이 가능하다면 예를 제시하고, 갱신이 불가능하다면 반례를 제시하시오.

9. 메타데이터와 데이터에 관한 다음의 질문들에 답하시오.

(1) 메타데이터가 데이터와 다른가?

(2) 메타데이터와 데이터는 별도로 저장되는가?

(3) 메타데이터와 데이터는 서로 다른 모델로 설명되는가?

(4) 메타데이터와 데이터는 서로 다른 인터페이스를 통해 갱신되는가?

(5) 메타데이터에 관한 스키마가 있는가?

(6) 메타데이터가 온라인으로 갱신될 수 있는가?

(7) 메타데이터의 갱신이 어떻게 데이터에 영향을 미치는가?

10. 다음의 뷰 V는 릴레이션 ENROLL(SID, CID, TERM, GRADE) 위에서 정의되었다. 이 릴레이션에는 학생들의 성적이 저장된다. 예를 들어, 튜플(123, 'CS200', '2006년 1학기', 4.0)은 학번이 123인 학생이 CS200 과목을 2006년 1학기에 이수하여 4.0을 받았음을 나타낸다.

```
CREATE VIEW V AS
    SELECT * FROM ENROLL E1
    WHERE  NOT EXISTS (SELECT * FROM ENROLL E2
                          WHERE  E2.CID = E1.CID
                                   AND E2.GRADE > E1.GRADE);
```

뷰 V를 사용한 질의가 다음과 같다.

```
    SELECT DISTINCT CID FROM V
    WHERE  GRADE = 3.0;
```

다음의 두 개의 질의 중 위의 질의와 동일한 결과를 나타내는 것은? 그 이유를 설명하시오.

```
I. SELECT DISTINCT E1.CID FROM ENROLL E1
   WHERE  E1.GRADE = 3.0
           AND NOT EXISTS (SELECT * FROM ENROLL E2
                              WHERE  E2.CID = E1.CID
                                       AND E2.GRADE > 3.0);
II. SELECT DISTINCT CID FROM ENROLL
    GROUP BY CID
    HAVING MAX(GRADE) = 3.0;
```

11. 뷰와 기본 릴레이션의 비슷한 점과 다른 점을 설명하시오.

12. 뷰가 어떻게 논리적 데이터 독립성을 높이는 데 사용될 수 있는가를 설명하시오.

13. 뷰를 사용하는 장점이 무엇인가?

14. 1장에서 ANSI/SPARC 3단계 아키텍처의 외부 단계는 사용자들에게 데이터베이스에 대한 서로 다른 뷰를 제공하는 데 사용된다고 설명했다. 사용자들에게 데이터베이스에 대한 서로 다른 뷰를 제공하는 것이 유용한 두 가지 이유를 설명하시오. 사용자들에게 서로 다른 뷰를 제공하기 위해 사용되는 SQL 명령은 무엇인가?

15. 시스템 카탈로그의 개념을 설명하시오. 시스템 카탈로그의 목적이 무엇이고, 어떻게 구현되는가? 사용자들이 시스템 카탈로그를 갱신할 수 있는가?

16. DBMS의 질의 최적화 모듈이 사용하는 통계 정보가 어디에 저장되는가? 이런 통계 정보들을 몇 가지 열거하시오.

17. DEPARTMENT 릴레이션에 정의된 인덱스 정보를 검색하시오.

18. USER_CONSTRAINT 데이터 사전 뷰를 사용하여 DEPARTMENT 릴레이션에 존재하는 제약조건들을 검색하시오.

19. 오라클의 데이터 사전에 관한 다음의 문장들 중에서 옳은 것은?
  (1) 데이터 사전은 테이블들의 집합이다.
  (2) 데이터 사전은 연관된 데이터베이스에 관한 정보를 기록한다.
  (3) 데이터 사전은 데이터베이스와 객체들을 설명한다.
  (4) 데이터 사전은 두 가지 유형의 객체(기본 테이블과 데이터 사전 뷰)를 포함한다.

20. DBA_USERS 데이터 사전 뷰를 사용하여 데이터베이스 사용자의 이름과 등록 날짜를 열거하시오.

21. 여러분이 접근할 수 있는 모든 테이블들에 관한 정보를 검색하기 위해서 ALL_TABLES 데이터 사전 뷰를 질의하시오.

22. 어떤 스크립트가 데이터 사전 뷰들을 생성하는가?

23. 오라클 데이터 사전 뷰의 이름 앞에 붙는 세 가지 접두어를 열거하고 의미를 설명하시오.

Chapter **09**

트랜잭션

트랜잭션

데이터베이스는 기업의 귀중한 공유 자원이다. DBMS는 동시에 여러 사용자의 요청을 처리한다. PC에서 돌아가는 DBMS를 제외하고는 대부분의 DBMS가 다수 사용자용이다. 전형적인 데이터베이스 응용, 예를 들어 항공기 예약, 은행, 신용카드 처리, 대형 할인점 등에서는 대규모 데이터베이스를 수백, 수천 명 이상의 사용자들이 동시에 접근한다. 많은 사용자들은 동시에 데이터베이스의 서로 다른 부분 또는 동일한 부분을 접근하면서 데이터베이스를 사용한다. 사용자들은 동일한 릴레이션, 심지어는 동일한 튜플을 동시에 접근하기도 한다.

DBMS는 컴퓨터 시스템에서 수행되는 일반적인 프로그램들에 비해서 중앙 처리 장치보다 입출력 장치에 빈번하게 접근한다. 사용자가 명시한 조건을 만족하는 튜플들을 디스크에 저장된 데이터베이스에서 검색하여 그대로 또는 간단한 계산을 거친 후에 사용자에게 보여준다. 데이터베이스에 접근하려는 사용자가 다수 있을 때 한 사용자씩 차례대로 데이터베이스를 접근하도록 한다면 입출력 장치보다 중앙 처리 장치의 속도가 매우 빠르므로 중앙 처리 장치가 쉬는 경우가 많이 생긴다. 따라서 운영 체제가 다수의 프로그램들을 동시에 수행하듯이 여러 **트랜잭션** transaction 들을 동시에 수행해야 한다.

하지만 동시에 수행되는 트랜잭션들이 데이터베이스에 미치는 영향은 이들을 순차적으로 수행하였을 때 데이터베이스에 미치는 영향과 같도록 보장해야 한다. 데이터베이스에 처음에 일관된 정보를 입력했다면 다수의 사용자들이 동시에 데이터베이스에 대해 갱신 연산들을 수행해도 데이터베이스의 일관성이 유지되어야 한다. DBMS의 가장 중요한 특징의 하나는 다수 사용자가 데이터베이스를 동시에 접근하도록 허용하면서 데이터베이스의 일관성을 유지하는 것이다. DBMS의 **동시성 제어** concurrency control 모듈이 이런 기능을 담당한다. DBMS의 동시성 제어 모둘은 동시에 수행되는 트랜잭션들 간의 간섭(상호 작용)을 제어하여 데이터베이스의 일관성을 보장한다. 동시성 제어는 여러 사용자나 여러 응용 프로그램들이 동시에 수행되어도 서로 간섭하지 못하도록 보장하는 기법이다. 즉, 트랜잭션들이 동시에 수행되어도 각 트랜잭션이 고립적으로 수행된 것과 같은 결과를 내야 한다.

아무리 비싼 컴퓨터 시스템이라도 예고 없이 다운될 수 있다. 여러분은 PC에서 워드프로세서나 스프레드시트 프로그램으로 문서를 작성하다가 컴퓨터 시스템이 갑자기 다운되어 편집하던 문서의 일부가 없어진 경험을 한두 번씩은 해보았을 것이다. 문서를 편집하다가 일부가 없어진 경우에는 조금 시간을 들여서 다시 입력하면 원상 복구할 수 있지만, 큰 금액을 다루는 응용에서 컴퓨터 시스템이 갑자기 다운되어 데이터베이스가 손상을 입으면 매우 심각한 문제가 발생할 수 있다.

데이터베이스에 대해 여러 사용자들이 임의의 갱신 연산들을 수행하는 도중에 컴퓨터 시스템이 다운되더라도 데이터베이스의 일관성을 유지할 수 있어야 한다. 이런 기능은 DBMS의 **회복** recovery 모듈이 담당한다. 회복은 데이터베이스를 갱신하는 도중에 시스템이 고장 나도 데이터베이스의 일관성이 유지되도록 하는 기법을 말한다. 동시성 제어 모듈과 회복 모듈을 합쳐서 **트랜잭션 관리** transaction management 모듈이라 부른다.

트랜잭션 관리 기능은 오라클이나 MS SQL Server와 같은 다수 사용자용 DBMS에서 필수적으로 요구된다. 하지만 ACCESS처럼 PC에서 돌아가는 단일 사용자용 DBMS에는 일반적으로 트랜잭션 관리 기능이 제공되지 않는다.

본 장에서는 트랜잭션에 관해서 논의한다. **트랜잭션**은 데이터베이스 응용에서 하나의 논리적인 단위를 수행하는 데이터베이스 연산들의 모임이다. 트랜잭션은 데이터 객체(튜플, 릴레이션)들을 접근하고, 갱신도 하는 프로그램 수행의 단위이다. 9.1절에서는 트랜잭션의 개념, 트랜잭션의 특성 등을 설명하고, DBMS에서 트랜잭션을 지원하기 위해 필요한 기능을 간단하게 논의한다. 9.2절에서는 트랜잭션 기능을 제공하기 위해 필요한 두 가지 구성요소 중에서 동시성 제어를 설명한다. 9.3절에서는 트랜잭션 기능을 제공하기 위해 필요한 나머지 한 기능인 회복 기법을 논의한다. 본 장에서 논의하는 동시성 제어와 회복 기법은 상용 관계 DBMS에서 가장 널리 사용되는 기법에 국한한다. 마지막으로 8.4절에서는 오라클의 PL/SQL에서 지원하는 트랜잭션 구문을 설명한다.

데이터베이스 시스템 환경에서 흔히 볼 수 있는 몇 가지 응용의 예를 살펴보자.

예1: 전체 사원의 급여를 6% 인상

500명의 사원이 재직하고 있는 회사에서 모든 사원의 급여를 6% 인상하는 연산을 데이터베이스의 EMPLOYEE 릴레이션에서 수행한다.

```
UPDATE      EMPLOYEE
SET         SALARY = SALARY * 1.06;
```

이때 500명 전원의 급여가 수정되거나 한 명의 급여도 갱신되지 않도록 DBMS가 보장해야 한다. 예를 들어, [그림 9.1]과 같이 320번째 사원까지 수정한 상태에서 컴퓨터 시스템이 다운된 후에 재기동되었을 때 DBMS는 어떻게 대응해야 하는가? 위의 수정 연산을 처음부터 다시 수행한다면 320번째까지의 직원의 급여는 두 번 인상되고 321번째 직원부터는 정상적으로 한 번만 인상되는 결과를 가져오므로 이렇게 해서는 안 된다. 만일 DBMS가 아무런 작업을 하지 않는다면 321번째 이후의 사원의 급여는 인상되지 않은 것이기 때문에 이렇게 해서도 안 된다.

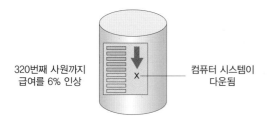

320번째 사원까지   컴퓨터 시스템이
급여를 6% 인상   다운됨

[그림 9.1] 데이터베이스를 갱신하는 중에 컴퓨터 시스템이 다운

DBMS는 항상 현재의 데이터베이스 상태만 유지하므로 각 튜플이 수정된 시점을 알 수 없다. 따라서 DBMS가 추가로 정보를 유지하지 않는다면 DBMS가 재기동된 후에 어느 직원의 튜플까지 수정되었는가를 알 수 없다. 이를 위해 DBMS가 유지하는 **로그** log 에 관해서는 9.3절에서 자세하게 논의한다.

은행 고객은 자신의 계좌에서 다른 계좌로 송금할 수 있다. 정미림은 자신의 계좌에서 100,000원을 인출하여 안명석의 계좌로 이체하려고 한다. 고객들의 계좌 정보가 ACCOUNT 릴레이션에 들어 있다.

```
UPDATE      ACCOUNT
SET         BALANCE = BALANCE - 100000
WHERE       CUST_NAME = '정미림';


UPDATE      ACCOUNT
SET         BALANCE = BALANCE + 100000
WHERE       CUST_NAME = '안명석';
```

CUSTOMER 릴레이션에서 정미림의 튜플과 안명석의 튜플은 서로 상이하므로 하나의 UPDATE문으로 계좌 이체를 표현할 수 없다. 즉, WHERE절에서

```
CUST_NAME = '정미림' AND CUST_NAME = '안명석'
```

과 같이 표현하면 이 조건을 만족하는 튜플이 하나도 없으며, WHERE절에서

```
CUST_NAME = '정미림' OR CUST_NAME = '안명석'
```

과 같이 표현하면 WHERE절을 만족하는 두 개의 튜플에 대해 SET절에서 명시한 대로 잔액이 모두 100,000원 증가하거나 100,000원 감소한다.

따라서 위와 같이 두 개의 UPDATE문을 사용하여 하나의 UPDATE문에서는 정미림의 잔액을 100,000원 감소시키고, 또 다른 UPDATE문에서는 안명석의 잔액을 100,000원 증가시켜야 한다. 물론 두 UPDATE문의 순서는 중요하지 않다.

컴퓨터 시스템은 언제든지 다운될 수 있다. 만약 첫 번째 UPDATE문을 수행한 후에 두 번째 UPDATE문을 수행하기 전에 컴퓨터 시스템이 다운되면 재기동한 후에 DBMS는 어떻게 대응해야 하는가? 위의 두 UPDATE문을 처음부터 다시 수행한다면 정미림의 계좌에서는 100,000원이 두 번 빠져나가게 되므로 총 200,000원이 인출되고, 안명석의 계좌에는 100,000원만 증가하므로 정미림의 입장에서는 100,000원을 손해 보는 것이다. 만일 DBMS가 아무런 작업을 하지 않는다면 정미림의 계좌에서는 100,000원이 빠져나갔지만 안명석의 계좌에는 100,000원이 증가되지 않았기 때문에 이 또한 허용해선 안 된다.

위의 두 개의 UPDATE문은 둘 다 완전하게 수행되거나 한 UPDATE문도 수행되어서는 안 되도록, 즉 하나의 **트랜잭션**(단위)처럼 DBMS가 보장해야 한다. DBMS는 사용자가 입력하는

SQL문들 중에서 어떤 것들을 하나의 트랜잭션으로 취급해야 하는지 알 수 없다. 기본적으로 각각의 SQL문이 하나의 트랜잭션으로 취급된다. 따라서 두 개 이상의 SQL문들을 하나의 트랜잭션으로 취급하려면 사용자가 이를 명시적으로 표시해야 한다. 또한, 성공적인 계좌 이체 트랜잭션의 결과는 데이터베이스에 지속적으로 반영되어야 한다.

예3: 항공기 예약

여행사에서 고객의 요청에 따라 항공기를 예약하려고 한다. 다음의 응용 프로그램은 고급 프로그래밍 언어로 작성한 프로그램 내에 세 개의 SQL문을 내포시킨 것이다. 이 응용 프로그램에서는 두 개의 릴레이션을 사용한다. FLIGHT 릴레이션은 각 항공기편마다 FNO(항공기편 번호), DATE(출발일), SOURCE(출발지), DESTINATION(목적지), SEAT_SOLD(팔린 좌석 수), CAPACITY(총 좌석 수) 등의 애트리뷰트를 갖는다. RESERVED 릴레이션은 각 예약 고객마다 FNO(항공기편 번호), DATE(출발일), CUST_NAME(고객 이름), SPECIAL(비고) 등의 애트리뷰트를 갖는다. FLIGHT 릴레이션에서 고객이 원하는 날짜의 항공기편에 빈 좌석이 남아 있으면 팔린 좌석 수를 1만큼 증가시키고, RESERVED 릴레이션에 예약 고객에 관한 튜플을 삽입한다.

```
FLIGHT(FNO, DATE, SOURCE, DESTINATION, SEAT_SOLD, CAPACITY)
RESERVED(FNO, DATE, CUST_NAME, SPECIAL)

Begin_transaction Reservation
  begin
    input(flight_no, date, customer_name);
        EXEC SQL SELECT SEAT_SOLD, CAPACITY
                 INTO   temp1, temp2                        (1)
                 FROM   FLIGHT
                 WHERE  FNO=flight_no AND DATE = date;

    if temp1 = temp2
      then output("빈 좌석이 없습니다");
        Abort
      else
        EXEC SQL UPDATE FLIGHT
                 SET    SEAT_SOLD = SEAT_SOLD + 1           (2)
                 WHERE  FNO = flight_no AND DATE = date;
        EXEC SQL INSERT
                 INTO   RESERVED(FNO, DATE, CUST_NAME, SPECIAL)  (3)
                 VALUES (flight_no, date, customer_name, null);
        Commit
        output("예약이 완료되었습니다");
    endif
  end. {Reservation}
```

SQL문 (1)은 키보드로부터 입력 받은 항공기편과 날짜를 WHERE절에 사용하여, 고객이 원하는 항공기편에 대해 현재까지 팔린 좌석 수와 그 항공기의 총 좌석 수를 검색하여 고급 프로그래밍 언어의 변수 temp1과 temp2에 각각 배정한다. 고급 프로그래밍 언어의 if문에서 그 항공기에 빈 좌석이 남아 있는가를 검사하고, 빈 좌석이 남아 있지 않으면 예약을 할 수 없으므로 "빈 좌석이 없습니다"는 메시지를 모니터에 보여주고 프로그램의 수행을 중단한다. 이 경우에는 아직 데이터베이스를 갱신하지 않았으므로 데이터베이스의 일관성에 전혀 영향을 주지 않는다.

빈 좌석이 남아 있는 경우에는 SQL문 (2)와 같이 UPDATE문을 사용하여 그 항공기의 팔린 좌석 수를 1만큼 증가시키고, SQL문 (3)과 같이 INSERT문을 사용하여 고객의 인적 사항을 항공사의 데이터베이스에 입력한다. 그리고 "예약이 완료되었습니다"는 메시지를 모니터에 보여주고 프로그램의 수행을 성공적으로 종료한다.

만일 SQL문 (2)를 수행하고 SQL문 (3)을 수행하기 전에 컴퓨터 시스템이 다운된다면 재기동한 후에 DBMS는 어떻게 대응해야 하는가? DBMS가 위의 트랜잭션을 처음부터 다시 수행한다면 팔린 좌석 수는 또 1만큼 증가하여 총 2개의 좌석이 팔린 것으로 데이터베이스에 기록되지만, 한 명의 고객만 예약한 것이므로 이렇게 해서는 안 된다.

DBMS가 아무런 후속 조치를 취하지 않는다면 팔린 좌석 수는 1만큼 증가했지만, 고객의 정보가 입력되지 않았으므로 예약한 고객이 그 항공기에 탑승할 수 없다. 따라서 항공사 입장에서는 좌석 1개에 고객을 태우지 못하게 되므로 수입이 줄어들고, 고객은 항공기를 타지 못하게 되므로 일정에 큰 차질이 생길 수 있으므로 이렇게 해서도 안 된다.

위의 세 개의 SQL문이 모두 완전하게 수행되거나 하나도 수행되어서는 안 되도록, 즉 하나의 트랜잭션(단위)처럼 DBMS가 취급해야 한다. 계좌 이체 예에서 설명한 바와 같이 DBMS는 각 SQL문의 의미를 알 수 없으므로 하나의 트랜잭션으로 취급해야 하는 SQL문들의 범위를 사용자가 명시적으로 표시해야 한다.

트랜잭션의 특성

트랜잭션은 데이터베이스 시스템에서 매우 중요한 개념이다. 트랜잭션은 다음과 같은 네 가지 특성을 만족해야 한다. 네 가지 특성을 나타내는 영어 단어들의 첫 글자를 모아서 ACID 특성이라고도 한다.

▶ 원자성(Atomicity)
원자성은 한 트랜잭션 내의 모든 연산들이 완전히 수행되거나 전혀 수행되지 않음(all or nothing)을 의미한다. 즉 한 트랜잭션의 모든 연산이 데이터베이스에 완전히 반영되거나 전혀 반영되지 않아야 한다. 시스템이 다운되는 경우에 DBMS의 회복 모듈은 부분적으로 데이터베이스를 갱신한 트랜잭션의 영향을 취소함으로써 트랜잭션의 원자성을 보장한다. 또한, 완료된 트랜잭션이 갱신한 사항은 트랜잭션의 영향을 재수행함으로써 트랜잭션의 원자성을 보장한다.

예1: 계좌 이체

정미림 계좌에서 안명석 계좌로 100,000원을 송금하는 경우에 정미림 계좌에서 100,000원이 빠지고 안명석 계좌에 100,000원이 증가하는 것이 모두 데이터베이스에 반영되거나, 정미림 계좌에서도 100,000원이 빠지지 않고 안명석 계좌에도 100,000원이 증가되지 않도록 보장해야 한다.

만일 정미림 계좌에서 100,000원이 빠져나간 직후에 시스템이 다운되면 어떻게 하겠는가? 이런 경우에는 컴퓨터 시스템이 재기동된 후에 DBMS의 회복 모듈이 정미림 계좌에서 빠져나간 100,000원을 정미림 계좌에 다시 증가시킴으로써 트랜잭션이 수행되지 않은 상태로 되돌린다. 안명석 계좌를 수정하기 전에 시스템이 다운되었으므로 안명석 계좌에는 변화가 없다.

만일 두 번째 UPDATE문까지 수행한 후에 시스템이 다운되었다면, 컴퓨터 시스템이 재기동된 후에 DBMS의 회복 모듈은 정미림 계좌에서 100,000원이 줄어들고, 안명석 계좌에서 100,000원이 증가된 것이 데이터베이스에 반영하는 것을 보장한다.

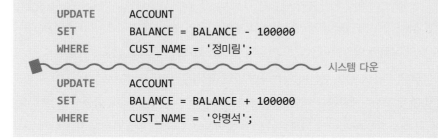

```
UPDATE      ACCOUNT
SET         BALANCE = BALANCE - 100000
WHERE       CUST_NAME = '정미림';
                                              시스템 다운
UPDATE      ACCOUNT
SET         BALANCE = BALANCE + 100000
WHERE       CUST_NAME = '안명석';
```

예2: 급여 인상

직원들의 급여를 6% 인상하는 트랜잭션의 예에서도 500명 전원의 급여가 인상되거나 1명의 급여도 인상되지 않도록 해야 한다. 즉, 일부 직원들의 급여만 수정된 상태에서 컴퓨터 시스템이 다운된 후 재기동되면 DBMS는 급여가 인상된 직원들의 급여를 인상 전으로 되돌림으로써 트랜잭션이 수행되지 않은 상태로 되돌린다.

▶ **일관성(Consistency)**

한 트랜잭션을 정확하게 수행하고 나면 데이터베이스가 하나의 일관된 상태에서 다른 일관된 상태로 바뀐다. 어떤 트랜잭션이 수행되기 전에 데이터베이스가 일관된 상태를 가졌다면 트랜잭션이 수행된 후에 데이터베이스는 또 다른 일관된 상태를 갖는다.

다만 [그림 9.2]가 나타내는 것처럼 트랜잭션이 수행되는 도중에는 데이터베이스가 일시적으로 일관된 상태를 갖지 않을 수 있다. 일관성은 트랜잭션을 작성하는 사용자(응용 프로그래머)와 무결성 제약조건을 유지하는 DBMS의 일부 모듈을 유지한다. DBMS는 CREATE TABLE문에서 정의된 무결성 제약조건들을 유지한다. 이를 넘어서는 데이터의 의미에 관해서는 DBMS가 알지 못한다. 예를 들어, DBMS는 은행 계좌의 잔액의 이자가 어떻게 계산되는지 알지 못한다.

동시에 다수 사용자가 데이터베이스에 접근하여 검색 및 갱신 연산을 수행하는 환경에서 무결성 제약조건만 검사해서는 데이터베이스의 일관성을 보장할 수 없다. DBMS의 동시성 제어 모듈이 다수 사용자의 서로 상충되는 데이터베이스 접근을 조정해야 한다.

[그림 9.2] 데이터베이스의 일시적인 불일치 상태

예3: 계좌 이체

앞의 계좌 이체 예에서 송금하기 전에 정미림과 안명석 계좌에 각각 900,000원과 500,000원이 들어 있었다면 계좌 이체하기 전에 정미림과 안명석 계좌의 합은 1,400,000원이다. 계좌 이체가 성공적으로 수행된 후에는 정미림과 안명석 계좌에 각각 800,000원과 600,000원이 들어 있으므로 정미림과 안명석 계좌의 합은 여전히 1,400,000원이다.

▶ **고립성(Isolation)**

한 트랜잭션이 데이터를 갱신하는 동안 이 트랜잭션이 완료되기 전에는 갱신 중인 데이터를 다른 트랜잭션들이 접근하지 못하도록 해야 한다. 고립성은 다수의 트랜잭션이 동시에 수행되는 것을 다룬다. 즉, 각 트랜잭션은 시스템 내에서 동시에 수행되고 있는 다른 트랜잭션들을 알지 못한다. 다수의 트랜잭션들이 동시에 수행되더라도 그 결과는 어떤 순서에 따라 트랜잭션들을 하나씩 차례대로 수행한 결과와 같아야 한다.

만일 초기의 데이터베이스 상태가 일관적이고 정확하게 실세계의 상태를 반영한다면, 일관된 트랜잭션들의 집합을 차례로 수행하면 이런 성질을 보존한다. 그러므로 트랜잭션들의 직렬 수행은 일관성을 보존한다. 그러나 성능상의 관점에서는 직렬 수행이 적절하지 않다. 트랜잭션들의 집합을 동시 수행하면 성능이 향상되는 효과를 얻을 수 있지만, 결과가 정확하지 않을 수 있다. DBMS의 동시성 제어 모듈이 트랜잭션의 고립성을 보장한다. DBMS는 응용들의 요구사항에 따라 다양한 고립 수준(isolation level)을 제공한다.

▶ **지속성(Durability)**

일단 한 트랜잭션이 완료되면 이 트랜잭션이 갱신한 것은 그 후에 시스템에 고장이 발생하더라도 손실되지 않는다. 완료된 트랜잭션의 효과는 시스템이 고장난 경우에도 데이터베이스에 반영된다. DBMS의 회복 모듈은 시스템이 다운되는 경우에도 트랜잭션의 지속성을 보장한다.

[그림 9.3]은 트랜잭션의 네 가지 특성과 이들을 지원하기 위한 DBMS의 기능들의 관계를 나타낸다.

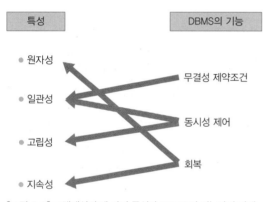

[그림 9.3] 트랜잭션의 네 가지 특성과 DBMS의 기능과의 관계

대부분의 DBMS들은 데이터를 갱신하는 명령들을 트랜잭션으로 관리한다. 데이터베이스 연산들을 사용자 프로그래머 가 정의하는 트랜잭션으로 묶는 것이 편리하다. 하나의 응용 프로그램은 단일 트랜잭션이나 트랜잭션들의 그룹으로 이루어질 수 있다. 트랜잭션은 데이터베이스를 수정하는 임의의 SQL문으로 시작한다. 트랜잭션에서 변경하려는 내용이 데이터베이스에 완전하게 반영되면 **완료** commit 되었다고 말한다.

트랜잭션에서 변경하려는 내용이 데이터베이스에 일부만 반영된 경우에는 원자성을 보장하기 위해서, 트랜잭션이 갱신한 사항을 트랜잭션이 수행되기 전의 상태로 되돌리도록 **철회** abort 해야 한다. SQL 구문 상으로는 각각 COMMIT WORK와 ROLLBACK WORK이다. 대부분의 데이터베이스 언어에서 한 트랜잭션의 경계를 다음과 같이 표시한다. 〈표 9.1〉은 COMMIT과 ROLLBACK의 차이점을 요약한 것이다.

```
SQL문
SQL문
  ...
COMMIT WORK (또는 ROLLBACK WORK)
```

〈표 9.1〉 COMMIT과 ROLLBACK의 비교

연산	COMMIT	ROLLBACK
의미	완료(성공적인 종료)	철회(비성공적인 종료)
DBMS의 트랜잭션 관리 모듈에게 알리는 사항	· 트랜잭션이 성공적으로 끝났음 · 데이터베이스는 새로운 일관된 상태를 가짐 · 트랜잭션이 수행한 갱신을 데이터베이스에 반영해야 함	· 트랜잭션의 일부를 성공적으로 끝내지 못했음 · 데이터베이스가 불일치 상태를 가질 수 있음 · 트랜잭션이 수행한 갱신이 데이터베이스에 일부 반영되었다면 취소해야 함

[그림 9.4]는 DELETE문이 1개, UPDATE문이 1개, INSERT문이 2개 들어 있는 한 트랜잭션이 수행될 때, COMMIT과 ROLLBACK되는 경우를 비교하여 보여준다. 트랜잭션을 구성하는 모든 SQL문의 수행이 끝나면 COMMIT을 하고, 어느 SQL문이라도 수행하지 못하게 되면 ROLLBACK을 한다.

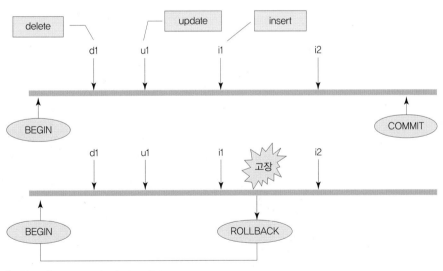

[그림 9.4] COMMIT과 ROLLBACK

트랜잭션이 성공하지 못하는 원인

사용자가 DBMS에 트랜잭션의 수행을 요청한 후에 컴퓨터 시스템의 다운을 포함하여, 트랜잭션이 성공적으로 완료되지 못하는 경우는 다음과 같이 몇 가지 유형으로 구분할 수 있다. 일부 유형들은 서로 중복되기도 한다.

▶ **시스템(사이트) 고장**

중앙 처리 장치, 주기억 장치, 전원 공급 장치 등이 고장 나는 경우를 말한다. 주기억 장치의 내용이 모두 없어지지만, 보조 기억 장치의 내용은 안전하다.

▶ **트랜잭션 고장**

트랜잭션 고장은 트랜잭션이 수행되는 도중에 철회되는 것을 말한다. 사용자가 트랜잭션의 수행을 시작한 후에 마음을 바꿔서 트랜잭션을 철회시킬 수 있고, DBMS가 데드록을 탐지하여 어떤 트랜잭션을 철회시킬 수도 있다. 트랜잭션 내에서 0으로 어떤 값을 나누거나 오버플로가 발생해서 트랜잭션이 철회될 수도 있다. 평균적으로 약 3%의 트랜잭션이 비정상적으로 종료된다.

▶ **매체 고장**

디스크 헤드, 디스크 콘트롤러 등이 고장 나서 보조 기억 장치의 전부 또는 일부 내용이 지워지는 경우를 말한다. 지금까지 연구된 대부분의 회복 기법들은 매체 고장이 일어나지 않는 경우에 적용된다. 매체 고장에 대비하기 위해서는 데이터베이스를 자기 테이프 등에 백업하고 이를 안전하게 따로 보관하는 것이 중요하다.

▶ **통신 고장**

분산 데이터베이스 시스템 환경이나 클라이언트-서버 환경에서 메시지가 상대방에게 전달되지 못하거나 네트워크가 두 개 이상으로 분할되어 트랜잭션이 철회되는 경우를 말한다.

▶ **자연적 재해**

홍수, 화재, 지진 등의 자연적 재해가 발생하여 컴퓨터 시스템이 붕괴되는 경우를 말한다.

▶ **부주의 또는 고의적인 고장**

오퍼레이터나 사용자가 부주의하게 또는 고의적으로 데이터베이스에 손상을 입히는 경우를 의미한다.

9.2.1 동시성의 개요

대부분의 DBMS들은 다수 사용자용이다. [그림 9.5]처럼 여러 사용자들이 동시에 동일한 테이블에 접근하기도 한다. DBMS의 성능을 높이기 위해 여러 사용자의 질의나 프로그램들을 동시에 수행하는 것이 필수적이다. 본 절에서는 동시에 수행되는 다수의 트랜잭션들이 존재할 때 고립성을 유지하는 동시성 제어를 논의한다.

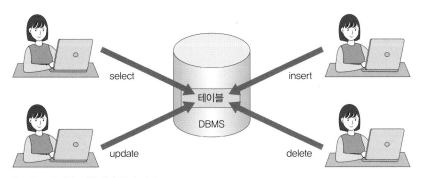

[그림 9.5] 다수 사용자의 동시 접근

DBMS가 아무런 조치를 취하지 않고 트랜잭션들을 동시에 수행시키면 여러 가지 문제가 발생할 수 있다. 동시성 제어 기법은 여러 사용자들이 다수의 트랜잭션들을 동시에 수행하는 환경에서 부정확한 결과를 생성할 수 있는, 트랜잭션들 간의 간섭이 생기지 않도록 한다. 트랜잭션을 수행하는 각 사용자가 혼자서 데이터베이스를 접근하는 것처럼 생각할 수 있도록 해야 한다.

각 트랜잭션은 데이터베이스의 일관성을 유지하므로 여러 트랜잭션들의 집합을 한 번에 한 트랜잭션씩 차례대로 수행하는 **직렬 스케줄** serial schedule 에서는 데이터베이스의 일관성이 유지된다. 여러 트랜잭션들을 동시에 수행하는 **비직렬 스케줄** non-serial schedule 의 결과가 어떤 직렬 스케줄의 수행 결과와 동등하다면 직렬가능 serializable 하다고 말한다.

사용자의 프로그램에서는 데이터베이스로부터 검색한 데이터에 대해 여러 가지 연산들을 수행할 수도 있지만, DBMS는 읽기와 쓰기 연산만 관심을 갖는다.

데이터베이스 연산

응용에서 접근하려는 데이터베이스 항목을 포함하고 있는 디스크 블록을 주기억 장치와 디스크

간에 이동하는 연산은 Input(X)와 Output(X)이다. Input(X) 연산은 데이터베이스 항목 X를 포함하고 있는 블록을 주기억 장치의 버퍼로 읽어 들인다. Output(X) 연산은 데이터베이스 항목 X를 포함하고 있는 블록을 디스크에 기록한다.

주기억 장치의 버퍼와 응용 간에 데이터베이스 항목을 이동하는 연산은 read_item(X)와 write_item(X)이다. read_item(X) 연산은 주기억 장치 버퍼에서 데이터베이스 항목 X의 값을 프로그램 변수 X로 복사한다. write_item(X) 연산은 프로그램 변수 X의 값을 주기억 장치 내의 데이터베이스 항목 X에 기록한다. read_item(X)와 write_item(X)에 Input(X) 연산이 모두 필요하다. [그림 9.6]은 디스크, 주기억 장치 버퍼, 응용의 변수들 간의 값의 이동을 보여준다.

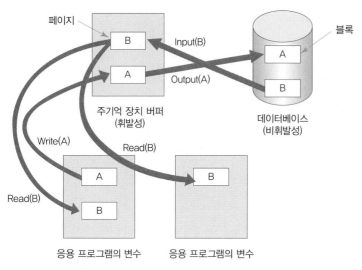

[그림 9.6] 값의 이동

동시성 제어를 하지 않고 다수의 트랜잭션을 동시에 수행하면 **갱신 손실** lost update , **오손 데이터 읽기** dirty read , **반복할 수 없는 읽기** unrepeatable read 등의 문제가 발생할 수 있다. 갱신 손실은 수행 중인 트랜잭션이 갱신한 내용을 다른 트랜잭션이 덮어 씀으로써 갱신이 무효가 되는 것을 뜻한다. **오손 데이터** dirty data 는 완료되지 않은 트랜잭션이 갱신한 데이터이다. 반복할 수 없는 읽기는 한 트랜잭션이 동일한 데이터를 두 번 읽을 때 서로 다른 값을 읽는 것을 말한다.

예: 갱신 손실

하나의 SQL문은 DBMS 내에서 여러 개의 명령들로 나뉘어 수행된다. 다수 사용자 환경에서는 여러 사용자들이 동시에 요청한 트랜잭션의 명령들이 섞여서 수행될 수 있다. 트랜잭션 T1은 X에서 Y로 100000을 이체하고, 트랜잭션 T2는 X의 값에 50000을 더하려고 한다. 두 트랜잭션이 수행되기 전의 X와 Y의 초깃값이 각각 300000과 600000이라고 가정하면 T1의 수행을 먼저 완료하고 T2의 수행을 완료하는지, T2의 수행을 먼저 완료하고 T1의 수행을 완료하는지 관계없이 X의 최종값은 250000, Y의 최종값은 700000이 되어야 한다.

[그림 9.7]과 같은 순서대로 두 트랜잭션의 연산들이 수행되는 경우에 T1이 기록한 값을 T2가 덮어 쓰게 되므로 T1의 갱신이 손실되었고, X의 최종 값이 350000, Y의 최종 값이 7000000이 되므로 불일치가 생겼다.

T1	T2	X와 Y의 값
read_item(X); X=Y-100000;		X = 300000 Y = 600000
	read_item(X); X=X+50000;	X = 300000 Y = 600000
write_item(X); read_item(Y);		X = 200000 Y = 600000
	write_item(x);	X = 350000 Y = 600000
Y=Y+100000; write_item(Y);		X = 350000 Y = 700000

[그림 9.7] 갱신 손실

예: 오손 데이터 읽기

[그림 9.8]에서 트랜잭션 T1이 정미림의 잔액을 100,000원 감소시킨 후에 트랜잭션 T2는 모든 계좌의 잔액의 평균값을 검색하였다. 그 이후에 T1이 어떤 이유로 철회되면 T1이 갱신한 정미림 계좌의 잔액은 원래 상태로 되돌아간다. 따라서 T2는 완료되지 않은 트랜잭션이 갱신한 데이터, 즉 틀린 데이터를 읽었다.

T1	T2
UPDATE account SET balance=balance-100000 WHERE cust_name='정미림';	
	SELECT AVG(balance) FROM account;
ROLLBACK;	
	COMMIT;

[그림 9.8] 오손 데이터 읽기

T1	T2
	`SELECT AVG(balance)`
	`FROM account;`
`UPDATE account`	
`SET balance=balance-100000`	
`WHERE cust_name='정미림';`	
`COMMIT;`	
	`SELECT AVG(balance)`
	`FROM account;`
	`COMMIT;`

[그림 9.9] 반복할 수 없는 읽기

9.1절의 세 번째 트랜잭션을 다시 살펴보자. 여러 여행사에서 동시에 고객들의 요청에 따라 동일한 날짜에 출발하는 항공기의 빈 좌석 유무를 검사할 수 있다. [그림 9.10]의 순서와 같이 만일 두 여행사에서 각각 트랜잭션을 수행하는 과정에 SQL문 (1)의 수행 결과로 특정 항공기에 빈 좌석이 1개 남아 있다는 사실을 확인하고 동시에 SQL문 (2)와 (3)을 수행하여 팔린 좌석 수를 1만큼씩 증가시키고 자신의 고객 정보를 항공사 데이터베이스에 입력하려 할 때 DBMS가 아무런 조치를 취하지 않으면, 1개 남은 좌석에 두 명의 고객이 배정되는 결과를 초래하게 된다.

DBMS의 동시성 제어 모듈은 이와 같은 문제들을 방지한다.

[그림 9.10] 한 좌석을 두 고객에게 배정

9.2.2 로킹(locking)

데이터 항목을 로킹하는 개념은 동시에 수행되는 트랜잭션들의 동시성을 제어하기 위해서 가장 널리 사용되는 기법이다. 동일한 데이터 항목에 대한 여러 트랜잭션들의 동시 접근을 조정하기 위해서 로크 lock 가 사용된다. 로크는 데이터베이스 내의 각 데이터 항목과 연관된 하나의 변수이다. 일반적으로 데이터베이스 내의 모든 데이터 항목마다 로크가 존재한다. 각 트랜잭션이 수행을 시작하여 데이터 항목에 접근할 때마다 요청한 로크에 관한 정보는 **로크 테이블** lock table 등에 유지된다.

식당에서 각 의자에는 한 사람만 앉아서 식사를 할 수 있다. 하지만 식당 내의 빈 공간은 빈 자리가 생길 때까지 여러 손님들이 함께 머무를 수 있다. 한 데이터 항목에 대한 갱신은 식당의 각 의자처럼 한 트랜잭션에 대해서만 허용되므로, 트랜잭션에서 갱신을 목적으로 데이터 항목을 접근할 때는 **독점 로크** X-lock, eXclusive lock 를 요청한다.

이에 반해서, 트랜잭션에서 읽을 목적으로 데이터 항목에 접근할 때는 **공유 로크** S-lock, Shared lock 를 요청한다. 한 트랜잭션이 어떤 데이터를 읽기만 하기 위해 공유 로크를 걸어놓은 경우에 또 다른 트랜잭션이 그 데이터 항목을 읽으려고 공유 로크를 요청한 경우에는 이를 함께 허용해도 무방하다. 그러나 공유 로크가 걸려 있는 데이터 항목에 대해 독점 로크를 요청하거나, 독점 로크가 걸려 있는 항목에 대해 독점 로크나 공유 로크를 요청하는 경우에는 로크를 허용해서는 안 된다.

〈표 9.2〉는 한 트랜잭션이 어떤 데이터 항목을 접근하기 위해 로크를 요청했을 때 그 데이터 항목에 현재 걸려 있는 로크에 따라 로크 요청이 허가되는지 또는 현재 걸려 있는 로크가 해제될 때까지 기다려야 하는지를 보여준다. 트랜잭션이 데이터 항목에 대한 접근을 끝낸 후에 로크를 **해제** unlock 한다.

〈표 9.2〉 로크 양립성 행렬

		현재 걸려 있는 로크		
		공유 로크	독점 로크	로크가 걸려 있지 않음
요청 중인 로크	공유 로크	허용	대기	허용
	독점 로크	대기	대기	허용

2단계 로킹 프로토콜(2-phase locking protocol)

단순히 로킹 기법을 사용한다고 해서 동시성 제어 문제가 완전하게 해결되지는 않는다. [그림 9.11]에서 트랜잭션 T1은 데이터 항목 A와 B에 각각 1을 더한다. 트랜잭션 T1이 수행되기 전에 A=B였다면 수행된 후에도 A=B가 만족되어야 한다. 트랜잭션 T2는 A와 B에 각각 2를 곱한다.

트랜잭션 T2가 수행되기 전에 A=B였다면 트랜잭션이 완료된 후에도 A=B가 만족되어야 한다. 따라서 T1을 먼저 수행하고 T2를 나중에 수행하든, T2를 먼저 수행하고 T1을 나중에 수행하든, 직렬 스케줄에 따라 두 트랜잭션을 수행하면 최종적으로 A=B를 만족하게 된다. 그러나 다음의 스케줄에 따라 두 트랜잭션을 수행하면 비록 동시성 제어를 위해 로킹을 사용했더라도 최종적으로 A≠B가 된다. 일관성이 위배된 이유는 로크를 너무 일찍 해제했기 때문이다.

T1	T2

X-lock(A);
read_item(A);
A=A+1;
write_item(A);
unlock(A);	

	X-lock(A);
	read_item(A);
	A=A*2;
	write_item(A);
	unlock(A);
	X-lock(B);
	read_item(B);
	B=B*2;
	write_item(B);
	unlock(B);

X-lock(B);
read_item(B);
B=B+1;
write_item(B);
unlock(B);	

[그림 9.11] 로크를 일찍 해제

2단계 로킹 프로토콜에서는 로크를 요청하는 것과 로크를 해제하는 것이 다음과 같이 2단계로 이루어진다. 로크 확장 단계가 지난 후에 로크 수축 단계에 들어간다. 일단 로크를 한 개라도 해제하면 로크 수축 단계에 들어간다. 따라서 [그림 9.11]의 스케줄은 2단계 로킹 프로토콜을 따르지 않는다.

▶ **로크 확장 단계(1단계)**
로크 확장 단계에서는 트랜잭션이 데이터 항목에 대하여 새로운 로크를 요청할 수 있지만, 보유하고 있던 로크를 하나라도 해제할 수 없다.

▶ **로크 수축 단계(2단계)**
로크 수축 단계에서는 보유하고 있던 로크를 해제할 수 있지만, 새로운 로크를 요청할 수 없다. 로크 수축 단계에서는 로크를 조금씩 해제할 수도 있고([그림 9.12]), 트랜잭션이 완료 시점에 이르렀을 때 한꺼번에 모든 로크를 해제할 수도 있다([그림 9.13]). 일반적으로 한꺼번에 해제하는 방식이 사용된다. [그림 9.12]와 [그림 9.13]에서 로크 포인트(lock point)는 한 트랜잭션에서 필요로 하는 모든 로크를 걸어놓은 시점이다.

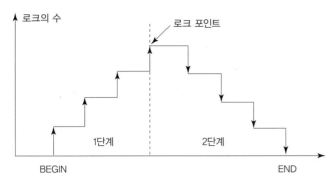

[그림 9.12] 로크를 조금씩 해제

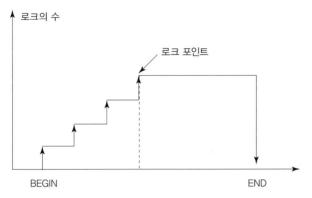

[그림 9.13] 로크를 한꺼번에 해제

사용자는 원하는 SQL문을 사용하기만 하면 된다. 대부분의 로킹 관련 작업은 사용자에게 투명하게 DBMS에서 이루어진다. 즉, 로크를 요청하고 해제하는 연산을 포함하여 2단계 로킹 프로토콜과 관련된 모든 작업은 DBMS가 관리한다. 데이터베이스를 처음에 디스크에 적재할 때처럼 한 트랜잭션만 수행 중일 때는 로킹이 동작하지 않도록 할 수 있다. 또한, 데이터 웨어하우스와 같이 모든 트랜잭션들이 읽기 트랜잭션일 때도 로킹이 동작하지 않도록 할 수 있다.

데드록(deadlock)

본 교재에서는 자세하게 논의하지 않지만, 2단계 로킹 프로토콜을 따라 동시성 제어를 하면 데이터베이스의 일관성을 보장할 수 있다는 것이 증명되었다. 그러나 2단계 로킹 프로토콜에서는 데드록이 발생할 수 있다. 데드록은 두 개 이상의 트랜잭션들이 서로 상대방이 보유하고 있는 로크를 요청하면서 기다리고 있는 상태를 말한다. [그림 9.14]는 두 트랜잭션 T1과 T2가 데이터 항목 X와 Y에 대해 각각 로크를 요청해 가는 과정에서 데드록이 생기는 예를 보여준다. 데드록을 해결하기 위해서는 데드록을 방지하는 기법이나, 데드록을 탐지하고 희생자를 선정하여 데드록을 푸는 기법 등을 사용한다.

① T1이 X에 대해 독점 로크를 요청하여 허가받음

② T2가 Y에 대하 독점 로크를 요청하여 허가받음

③ T1이 Y에 대해 공유 로크나 독점 로크를 요청하면 로크가 해제될 때까지 기다리게 됨

④ T2가 X에 대해 공유 로크나 독점 로크를 요청하면 로크가 해제될 때까지 기다리게 됨

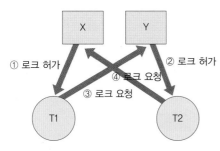

[그림 9.14] 데드록의 예

다중 로크 단위(multiple granularity)

대부분의 트랜잭션들이 소수의 튜플들을 접근하는 데이터베이스 응용에서는 튜플 단위로 로크를 해도 로크 테이블을 다루는 시간이 오래 걸리지 않는다. 그러나 트랜잭션들이 많은 튜플에 접근하는 데이터베이스 응용에서 튜플 단위로만 로크를 한다면 로크 테이블에서 로크 충돌을 검사하고, 로크 정보를 기록하는 시간이 오래 걸린다. 따라서 트랜잭션이 접근하는 튜플의 수에 따라 로크를 하는 데이터 항목의 단위를 구분하는 것이 필요하다.

한 트랜잭션에서 로크할 수 있는 데이터 항목이 두 가지 이상 있으면 다중 로크 단위라고 말한다. 데이터베이스에서 로크할 수 있는 단위로는 데이터베이스, 릴레이션, 디스크 블록, 튜플 등이 있다. [그림 9.15]는 다중 로크 단위의 계층 구조를 보여준다. 최적의 로크 단위는 트랜잭션에서 접근하는 튜플 수에 의존한다. 적은 수의 튜플에 접근하는 트랜잭션에 대해서는 튜플을 로크 단위로 하고, 한 릴레이션에 속하는 대부분의 튜플들에 접근하는 트랜잭션에 대해서는 릴레이션을 로크 단위로 하는 것이 바람직하다. 일반적으로 DBMS는 각 트랜잭션에서 접근하는 튜플 수에 따라 자동적으로 로크 단위를 조정한다.

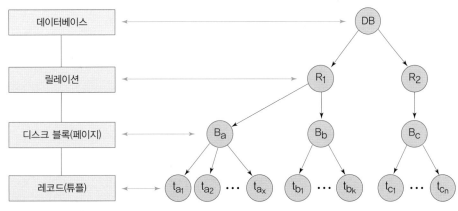

[그림 9.15] 다중 로크 단위

로크 단위가 작을수록 로킹에 따른 오버헤드가 증가한다. 즉, 트랜잭션이 각 튜플에 대해서 로크를 할 때마다 로크 테이블에 이에 관한 정보를 입력하고, 트랜잭션이 끝날 때는 로크 테이블에서 이 트랜잭션에 관한 모든 로크 정보를 삭제해야 한다. 그러나 로크 단위가 작을수록 동시성의 정도는 증가한다.

예: 다중 단위 로크

EMPLOYEE 릴레이션에 속하는 디스크 블록 b1에 다섯 개의 튜플 t1, t2, t3, t4, t5가 있다고 가정하자. 또한, 트랜잭션 T1은 이 중에서 튜플 t1과 t4를 갱신하고, 트랜잭션 T2는 튜플 t2를 검색한다고 가정하자. 만일 로크 단위가 튜플이라면 두 트랜잭션이 접근하는 튜플들이 서로 상이하므로 해당 튜플에 로크를 걸고 두 트랜잭션이 동시에 수행될 수 있다.

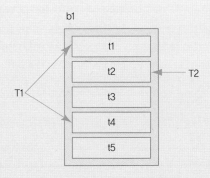

그러나 만일 로크 단위가 블록이면 두 트랜잭션 중에서 먼저 로크를 요청한 트랜잭션이 블록 b1에 대해 로크를 걸게 되고, 두 트랜잭션 T1과 T2가 걸려고 하는 로크는 서로 상충되므로 다른 한 트랜잭션은 그 로크가 해제될 때까지 기다리게 된다.

트랜잭션 T1은 블록 단위, T2는 튜플 단위로 로크를 하더라도 먼저 T1이 블록 b1에 대해 독점 로크를 요청하여 허가를 받으면 이 블록에 들어 있는 튜플 다섯 개에도 모두 독점 로크가 걸린다. 그 다음에 트랜잭션 T2가 튜플 t2에 대해 공유 로크를 요청하면 트랜잭션 T1이 로크를 풀 때까지 기다려야 한다.

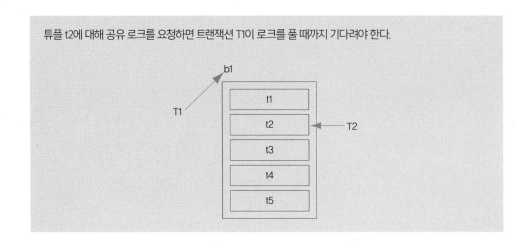

팬텀 문제(phantom problem)

두 개의 트랜잭션 T1과 T2가 [그림 4.8]의 EMPLOYEE 릴레이션에 대해서 다음과 같은 순서
대로 수행된다고 가정하자. [그림 9.16]에서 트랜잭션 T1은 EMPLOYEE 릴레이션에서 1번 부
서에 근무하는 사원들의 이름을 검색하는 동일한 SELECT문을 두 개 포함하고 있고, 트랜잭션
T2는 1번 부서에 근무하는 사원 튜플을 한 개 삽입하는 INSERT문을 포함하고 있다.

시간	트랜잭션 T1	트랜잭션 T2
1	SELECT ENAME FROM EMPLOYEE WHERE DNO=1;	
2		INSERT INTO EMPLOYEE VALUES(3474, '정희연', '사원', 2106,1500000,1); COMMIT;
3	SELECT ENAME FROM EMPLOYEE WHERE DNO=1; COMMIT;	

[그림 9.16] 팬텀 문제가 발생하는 수행 순서

트랜잭션 T1의 첫 번째 SELECT문이 수행된 후에 트랜잭션 T2의 INSERT문이 수행되고, 그
다음에 트랜잭션 T1의 두 번째 SELECT문이 수행된다.

시간 1에 트랜잭션 T1의 SELECT문이 수행되면 1번 부서에 근무하는 사원들의 이름인 박영
권, 김상원이 검색된다. 시간 2에 트랜잭션 T2의 INSERT문이 수행되면 EMPLOYEE 릴레이

션에 1번 부서에 근무하는 정희연 튜플이 삽입된다. 그 다음에 시간 3에 트랜잭션 T1의 두 번째 SELECT문이 수행되면 박영권, 김상원, 정희연이 검색된다. 즉, 한 트랜잭션 T1에 속한 첫 번째 SELECT문과 두 번째 SELECT문의 수행 결과가 다르게 나타난다.

시간 1에 트랜잭션 T1의 SELECT문이 수행될 때 1번 부서에 속한 두 개의 사원 튜플에 공유 로크로 걸고 트랜잭션 T1이 완료될 때까지 공유 로크를 보유하더라도, 시간 2에 트랜잭션 T2가 삽입할 정희연 튜플의 존재를 미리 알 수 없으므로 이 튜플에는 공유 로크를 걸 수 없다. 또한, 시간 2에 트랜잭션 T2가 삽입하는 정희연 튜플은 시간 1에 수행된 트랜잭션 T1이 공유 로크를 걸어놓은 박영권, 김상원 튜플과 겹치지 않으므로 EMPLOYEE 릴레이션에 삽입된다. 시간 3에 트랜잭션 T1이 두 번째 SELECT문을 수행할 때, 트랜잭션 T2가 삽입한 정희연 튜플이 1번 부서에 속하므로 추가로 검색되는 것이다. 이와 같은 현상을 팬텀 문제라고 부른다. 트랜잭션들이 2단계 로킹 프로토콜을 따르더라도 팬텀 현상이 발생할 수 있다.

9.3 회복

어떤 트랜잭션 T를 수행하는 도중에 시스템이 다운되었을 때, T의 수행 효과가 디스크의 데이터베이스에 일부 반영되었을 수 있다. 어떻게 T의 수행을 취소하여 원자성을 보장할 것인가? 또한, 트랜잭션 T가 종료된 직후에 시스템이 다운되면 T의 모든 갱신 효과가 주기억 장치로부터 디스크에 기록되지 않을 수 있다. 어떻게 T의 수행 결과가 데이터베이스에 완전하게 반영되도록 하여 지속성을 보장할 것인가? 디스크의 헤드 등이 고장 나서 디스크의 데이터베이스를 접근할 수 없다면 어떻게 할 것인가?

본 절에서는 이와 같은 물음들에 대한 해결 방안을 알아본다. 어떤 이유로 DBMS가 다운되든지 DBMS의 회복 모듈은 트랜잭션의 원자성과 지속성을 보장해야 한다.

9.3.1 회복의 개요

어떤 응용1에서 데이터베이스 항목 X가 필요해서 디스크로부터 주기억 장치 버퍼로 읽어 들이면, 응용2에서 동일한 데이터베이스 항목 X가 필요할 때 디스크로부터 다시 읽을 필요가 없이 주기억 장치 내의 데이터베이스 항목 X를 사용하면 된다. 또한, 응용1에서 주기억 장치 내의 데이터베이스 항목 X를 갱신한 후에 응용2에서도 동일한 데이터베이스 항목 X를 갱신할 수 있으므로 응용1에서 X를 갱신한 후에 디스크에 즉시 기록할 필요는 없다. 각 응용에서 어떤 데이터베이스 항목을 갱신할 때마다 즉시 디스크에 기록한다면 디스크 접근 횟수가 크게 증가하여 성능이 저하될 수 있다. 따라서 여러 응용이 주기억 장치 버퍼 내의 동일한 데이터베이스 항목을 갱신한 후에 디스크에 기록함으로써 성능을 향상시키는 것이 중요하다.

이처럼 주기억 장치의 버퍼는 디스크로부터 데이터를 읽거나 디스크에 데이터를 기록하는 비용을 최소화하기 위해서 완충 역할을 수행한다. 버퍼의 내용을 디스크에 기록하는 것을 가능하면 최대한 줄이는 것이 일반적이다. 예를 들어, 버퍼가 꽉 찼을 때 또는 트랜잭션이 완료될 때 버퍼의 내용이 디스크에 기록될 수 있다.

트랜잭션이 버퍼에는 갱신 사항을 반영했지만 버퍼의 내용이 디스크에 기록되기 전에 고장이 발생할 수 있다. 이런 경우에 DBMS의 회복 모듈은 고장이 발생한 시점에 갱신을 수행한 트랜잭션들의 상태를 조사해야 한다. 만일 고장이 발생하기 전에 트랜잭션이 완료 명령을 수행했다면 회복 모듈은 이 트랜잭션의 갱신 사항을 **재수행** REDO 하여 트랜잭션의 갱신이 지속성을 갖도록 해야 한다. 한편 고장이 발생하기 전에 트랜잭션이 완료 명령을 수행하지 못했다면 원자성을 보장하기 위해서 이 트랜잭션이 데이터베이스에 반영했을 가능성이 있는 갱신 사항을 **취소** UNDO 해야 한다.

DBMS는 데이터베이스의 회복을 위해서 백업, 로깅, 체크포인트 등을 수행한다. **백업** backup 은 데이터베이스를 주기적으로 자기 테이프 등에 복사하는 것이다. **로깅** logging 은 현재 수행 중인 트랜잭션의 상태와 데이터베이스의 갱신 사항을 기록한다. **체크포인트** checkpoint 는 시스템이 붕괴된 후 재기동 되었을 때 재수행하거나 취소해야 하는 트랜잭션들의 수를 줄여준다.

저장 장치의 유형

주기억 장치와 같은 휘발성 저장 장치에 들어 있는 내용은 시스템이 다운된 후에 모두 사라진다. 이에 반해서 디스크와 같은 비휘발성 저장 장치에 들어 있는 내용은 디스크 헤드 등이 손상을 입지 않는 한 시스템이 다운된 후에도 유지된다. **안전 저장 장치** stable storage 는 모든 유형의 고장을 견딜 수 있는 저장 장치를 의미한다. 두 개 이상의 비휘발성 저장 장치가 동시에 고장 날 가능성이 매우 낮으므로 비휘발성 저장 장치에 두 개 이상의 사본을 중복해서 저장함으로써 안전 저장 장치를 구현한다.

디스크가 손상을 입어서 데이터베이스를 읽을 수 없는 고장을 **재해적 고장**이라 하고, 그 이외의 고장을 **비재해적 고장**이라고 한다. 고장의 유형에 따라 회복 절차는 재해적 고장으로부터의 회복과 비재해적 고장으로부터의 회복으로 분류된다. 재해적 고장으로부터의 회복은 데이터베이스를 백업해 놓은 자기 테이프를 기반으로 한다. 대부분의 회복 알고리즘들은 비재해적 고장에 적용된다.

비재해적 고장으로부터의 회복은 **로그를 기반으로 한 즉시 갱신, 로그를 기반으로 한 지연 갱**

신, **그림자 페이징** ^{shadow paging} 등 여러 알고리즘을 기반으로 한다. 대부분의 상용 DBMS에서는 로그를 기반으로 한 즉시 갱신 방식을 사용하므로 본 절에서는 여러 회복 기법들 중에서 이 기법만 논의한다.

9.3.2 로그를 사용한 즉시 갱신

즉시 갱신에서는 트랜잭션이 데이터베이스를 갱신한 사항이 주기억 장치의 버퍼에 유지되다가 트랜잭션이 완료되기 전이라도 디스크의 데이터베이스에 기록될 수 있다. 데이터베이스에는 완료된 트랜잭션의 수행 결과뿐만 아니라 철회된 트랜잭션의 수행 결과도 반영될 수 있으므로 트랜잭션의 원자성과 지속성을 보장하기 위해 추가로 정보를 유지해야 한다. 이런 목적을 위해 DBMS는 로그라고 부르는 특별한 파일을 유지한다.

로그에 대한 기록은 파일의 끝에 순차적으로 이루어지므로 로그 유지가 성능에 나쁜 영향을 주지는 않는다. 로그를 유지하기 때문에 생길 수 있는 성능 저하를 피하기 위해서, 데이터베이스와 로그가 동시에 손상을 입는 것을 피하기 위해서, 일반적으로 전용 디스크에 로그를 저장한다.

데이터베이스의 항목에 영향을 미치는 모든 트랜잭션의 연산들에 대해서 로그 레코드를 기록한다. 각 로그 레코드는 **로그 순서 번호** ^{LSN: Log Sequence Number} 로 식별된다. [그림 9.17]은 이전의 데이터베이스 상태에 갱신 연산을 적용하면 새로운 데이터베이스 상태와 로그가 생성되는 것을 보여준다.

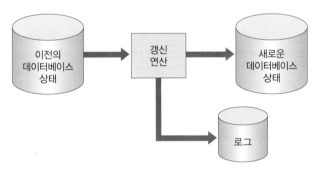

[그림 9.17] 로그 생성

주기억 장치의 버퍼에 데이터베이스 갱신 사항을 유지하다가 버퍼가 꽉 차면 디스크의 데이터베이스에 기록하듯이, 주기억 장치 내의 로그 버퍼에 로그 레코드들을 기록하고 로그 버퍼가 꽉 찰 때 디스크의 로그로 출력한다. 트랜잭션에서 로그 레코드를 하나 생성할 때마다 디스크에 기록하면 디스크 입출력 횟수가 크게 증가하여 성능이 나빠지기 때문이다. 로그는 데이터베이스 회복에 필수적이므로 일반적으로 안전 저장 장치에 저장된다. 로그를 두 개의 디스크에 중복해서 저장하는 것을 **이중 로그** dual log 라 부른다. 비재해적 고장이 발생하면 디스크 상의 로그가 계속 남아 있게 된다.

각 로그 레코드가 어떤 트랜잭션에 속한 것인가를 식별하기 위해서 각 로그 레코드마다 트랜잭션 ID를 포함시킨다. 트랜잭션 ID는 트랜잭션이 생성될 때마다 고유한 번호가 부여된다. 동일한 트랜잭션에 속하는 로그 레코드들은 연결 리스트로 유지된다. 로그와 관련된 모든 작업은 사용자에게 투명하게 DBMS에서 이루어진다.

흔히 사용되는 로그 레코드의 유형은 다음과 같다.

▶ **[Trans-ID, start]**
한 트랜잭션이 생성될 때 기록되는 로그 레코드이다.

▶ **[Trans-ID, X, old_value, new_value]**
주어진 Trans_ID를 갖는 트랜잭션이 데이터 항목 X를 이전 값(old_value)에서 새 값(new_value)로 수정했음을 나타내는 로그 레코드이다. 한 트랜잭션에서 여러 데이터 항목을 갱신하는 경우에는 한 트랜잭션에서 이런 로그 레코드를 여러 개 생성한다. 이전 값은 트랜잭션을 취소할 때 사용되고 새 값은 트랜잭션을 재수행할 때 사용된다.

▶ **[Trans-ID, commit]**
주어진 Trans_ID를 갖는 트랜잭션이 데이터베이스에 대한 갱신을 모두 성공적으로 완료하였음을 나타내는 로그 레코드이다. 어떤 트랜잭션에 대해 디스크의 로그에 이런 로그 레코드가 기록되어 있으면 그 트랜잭션의 갱신 사항은 데이터베이스에 영구적으로 반영될 수 있다.

▶ **[Trans-ID, abort]**
주어진 Trans_ID를 갖는 트랜잭션이 철회되었음을 나타내는 로그 레코드이다. 어떤 트랜잭션에 대해 디스크의 로그에 이런 로그 레코드가 기록되어 있으면 그 트랜잭션의 갱신 사항을 데이터베이스에서 취소해야 한다.

예: 트랜잭션의 로그 레코드

다음의 두 트랜잭션 T1과 T2를 고려해 보자. T1 다음에 T2가 수행되고, 데이터베이스 항목 A, B, C, D, E의 초깃값은 각각 100, 300, 5, 60, 80이라고 가정한다. 이 두 트랜잭션을 수행하면 <표 9.3>과 같은 로그 레코드들이 생성된다. <표 9.3>에서 2번 로그 레코드는 트랜잭션 T1이 데이터베이스 항목 B를 이전 값 300에서 새 값 400으로 갱신했음을 나타낸다. 일단 이 로그 레코드가 디스크의 로그에 기록된 후에는 B가 새 값으로 고쳐진 주기억 장치의 버퍼가 언제든지 디스크의 데이터베이스에 기록될 수 있다.

```
T1:     read_item(A);              T2:     read_item(A);
        A = A + 30;                        A = A + 10;
        read_item(B);                      write_item(A);
        B = B + 100;                       read_item(D);
        write_item(B);                     D = D - 10;
        read_item(C);                      read_item(E);
        C = 2 * C;                         read_item(B);
        write_item(C);                     E = E + B;
        A = A + B + C;                     write_item(E);
        write_item(A);                     D = D + E;
                                           write_item(D);
```

〈표 9.3〉 로그 레코드의 예

로그 순서 번호	로그 레코드
1	[T1, start]
2	[T1, B, 300, 400]
3	[T1, C, 5, 10]
4	[T1, A, 100, 540]
5	[T1, commit]
6	[T2, start]
7	[T2, A, 540, 550]
8	[T2, E, 80, 480]
9	[T2, D, 60, 530]
10	[T2, commit]

한 트랜잭션의 데이터베이스 갱신 연산이 모두 끝나고 데이터베이스 갱신 사항이 로그에 기록되었을 때 그 트랜잭션이 **완료점** commit point 에 도달한다고 말한다. 시스템이 다운된 후에 재기동되면, 사용자들이 데이터베이스를 사용할 수 있도록 허용하기 전에 회복 과정을 거쳐야 한다.

DBMS의 회복 모듈은 로그를 검사하여 로그에 [Trans-ID, start] 로그 레코드와 [Trans-ID, commit] 로그 레코드가 모두 존재하는 트랜잭션들은 재수행한다. [그림 9.18]은 이전의 데이터베이스 상태에 로그를 적용하여 트랜잭션을 재수행하면 새로운 데이터베이스 상태가 생성되는 것을 보여준다. 이에 반해서 [Trans-ID, start] 로그 레코드는 로그에 존재하지만 [Trans-ID, commit] 로그 레코드가 존재하지 않는 트랜잭션들은 취소한다.

[그림 9.19]는 새로운 데이터베이스 상태에 로그를 적용하여 트랜잭션을 취소하면 이전의 데이터베이스 상태가 생성되는 것을 보여준다. 트랜잭션의 재수행은 로그가 기록되는 방향으로 진행되고 트랜잭션의 취소는 로그를 역방향으로 따라가면서 진행된다.

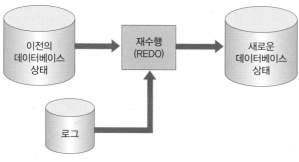

[그림 9.18] 트랜잭션의 재수행

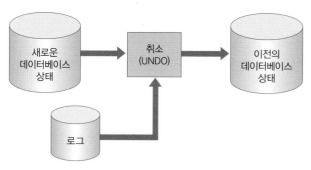

[그림 9.19] 트랜잭션의 취소

〈표 9.4〉는 〈표 9.3〉의 예에서 로그 레코드가 어디까지 디스크에 기록되었는가에 따라 재수행할 트랜잭션과 취소할 트랜잭션이 달라지는 것을 나타낸다.

〈표 9.4〉 재수행할 트랜잭션과 취소할 트랜잭션

마지막으로 기록된 로그 순서 번호	작업	결과
i = 0	아무 작업도 필요 없음	T1과 T2가 수행을 시작하기 전
1 ≤ i ≤ 4	– T1을 취소함: 1부터 l까지 T1이 생성한 로그 레코드의 이전 값을 사용하여 데이터베이스 항목의 값을 되돌림	T1이 수행을 하지 않은 것과 같음
5 ≤ i ≤ 9	– T1을 재수행: 1부터 4까지 T1이 생성한 로그 레코드의 새 값을 사용하여 데이터베이스 항목의 값을 기록함 – T2를 취소함: 5부터 l까지 T2가 생성한 로그 레코드의 이전 값을 사용하여 데이터베이스 항목의 값을 되돌림	– T1의 수행이 완료됨 – T2는 수행을 하지 않은 것과 같음
10	T1과 T2를 재수행	T1과 T2의 수행이 완료됨

로그 먼저 쓰기(WAL: Write-Ahead Logging)

트랜잭션이 데이터베이스를 갱신하면 주기억 장치의 데이터베이스 버퍼에 갱신 사항을 기록하고 로그 버퍼에는 이에 대응되는 로그 레코드를 기록한다. 디스크에 로그 버퍼와 데이터베이스 버퍼를 한 번에(하나의 단위 작업으로) 기록하는 것이 불가능하므로 데이터베이스 버퍼와 로그 버퍼 중 어느 하나가 먼저 디스크에 기록된다.

만일 데이터베이스 버퍼가 로그 버퍼보다 먼저 디스크에 기록된다면 디스크의 데이터베이스에서 이전 값이 없어진다. 로그 버퍼가 디스크에 기록되기 전에 시스템이 다운되었다가 재기동되었을 때 주기억 장치는 휘발성이므로 데이터베이스 버퍼와 로그 버퍼의 내용은 전혀 남아 있지 않다. 어떤 트랜잭션을 취소하려면 그 트랜잭션이 갱신한 데이터베이스 항목의 이전 값을 알아야 하는데, 로그 레코드가 없어서 이전 값을 알 수 없으므로 트랜잭션의 취소가 불가능하다. 따라서 데이터베이스 버퍼보다 로그 버퍼를 먼저 디스크에 기록해야 한다. 이를 로그 먼저 쓰기라고 말한다.

체크포인트(checkpoint)

DBMS는 시스템이 다운된 후 재기동되었을 때 [Trans-ID, start] 로그 레코드와 [Trans-ID, commit] 로그 레코드가 모두 디스크의 로그에 존재하면 이 트랜잭션을 재수행하고 [Trans-ID, commit] 로그 레코드가 존재하지 않는 트랜잭션은 취소한다. 시스템이 다운되기 직전에 완료된 트랜잭션이 데이터베이스를 갱신한 내용은 주기억 장치의 버퍼에 남아 있으면서 아직 디스크에 기록되지 않았을 가능성이 높으므로 로그 레코드를 보고 트랜잭션의 갱신 사항을 재수행해야 하지만, 시스템이 다운된 시점으로부터 오래 전에 완료된 트랜잭션들이 데이터베이스를 갱신한 사항은 이미 디스크에 반영되었을 것이다. 이런 트랜잭션들을 재수행하는 것은 불필요하다.

DBMS가 로그를 사용하더라도 어떤 트랜잭션의 갱신 사항이 주기억 장치 버퍼로부터 디스크에 기록되었는가를 구분할 수 없다. 로그는 단지 데이터베이스의 어떤 항목이 어떤 이전 값에서 어떤 새 값으로 바뀌었는가만 기록한다. 추가 정보 없이 로그만 검사해서는 주기억 장치의 버퍼가 디스크에 기록되었는가를 식별할 수 없다. 따라서 DBMS는 회복 시 재수행할 트랜잭션의 수를 줄이기 위해서 주기적으로 체크포인트를 수행한다. 체크포인트 시점에는 주기억 장치의 버퍼 내용이 디스크에 강제로 기록되므로, 체크포인트를 수행하면 디스크 상에서 로그와 데이터베이스의 내용이 일치하게 된다. 체크포인트 작업이 끝나면 로그에 [checkpoint] 로그 레코드가 기록된다.

따라서 시스템이 다운된 후 재기동되었을 때 DBMS의 회복 모듈은 로그에서 가장 최근의 [checkpoint] 로그 레코드를 찾는다. 체크포인트 시점 이전에 시작되었더라도 완료되지 않은 트랜잭션들은 모두 취소해야 하지만, [checkpoint] 로그 레코드 이전에 완료된 트랜잭션들은 재수행할 필요가 없다. 체크포인트 이후에 완료된 모든 트랜잭션들은 재수행한다. 일반적으로 체크포인트를 10~20분마다 한 번씩 수행한다.

체크포인트를 할 때 수행되는 작업을 좀 더 자세하게 설명하면 다음과 같다.

▶ 수행 중인 트랜잭션을 일시적으로 중지시킨다. 회복 알고리즘에 따라서는 이 작업이 필요하지 않을 수 있다.

▶ 주기억 장치의 로그 버퍼를 디스크에 강제로 출력한다.

▶ 주기억 장치의 데이터베이스 버퍼를 디스크에 강제로 출력한다.

▶ [checkpoint] 로그 레코드를 로그 버퍼에 기록한 후 디스크에 강제로 출력한다. 체크포인트 시점에 수행 중이던 트랜잭션들의 ID도 [checkpoint] 로그 레코드에 함께 기록한다.

▶ 일시적으로 중지된 트랜잭션의 수행을 재개한다.

> **예: 체크포인트를 하지 않았을 때**
>
> [그림 9.20]은 시스템이 다운된 후에 재기동되었을 때 회복 모듈이 디스크에 저장되어 있는 로그 레코드를 조사하여 얻은 것이다. 시스템이 다운되기 전에 트랜잭션 T0, T1, T3, T4, T5가 완료되었지만, DBMS가 로그를 유지하더라도 T0, T1, T3, T4, T5가 생성한 데이터베이스 버퍼가 디스크에 기록되었는지 DBMS가 알 수 없다. 따라서 T0, T1, T3, T4, T5는 재수행한다. 분명히 트랜잭션 T2, T6은 시스템이 다운될 시점에 수행 중이었으므로 완료되지 않은 트랜잭션이다. 물론 로그에 [T2, commit], [T6, commit]라는 로그 레코드가 존재하지 않는다. 즉시 갱신 방식에서는 트랜잭션이 완료되기 전이라도 일단 로그 버퍼가 디스크에 기록된 후에는 언제든지 데이터베이스 버퍼가 디스크에 기록될 수 있으므로 트랜잭션 T2, T6의 갱신 사항이 디스크의 데이터베이스에 일부 반영되었을 수 있다. 따라서 트랜잭션 T2, T6은 취소한다.

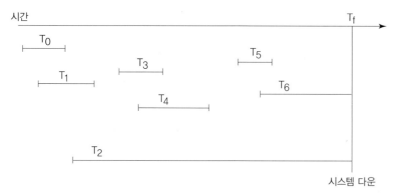

[그림 9.20] 체크포인트가 없는 로그

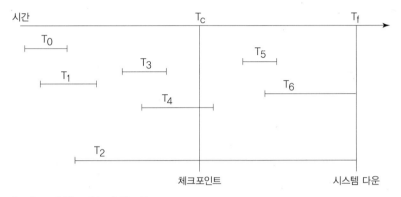

[그림 9.21] 체크포인트가 있는 로그

9.3.3 데이터베이스 백업과 재해적 고장으로부터의 회복

아주 드물지만, 데이터베이스가 저장되어 있는 디스크의 헤드 등이 고장 나서 데이터베이스를 읽을 수 없는 경우가 발생한다. 이런 경우에 데이터베이스를 회복하는 한 가지 방법은 데이터베이스도 안전한 저장 장치에 중복해서 저장하는 것이다. 즉, 데이터베이스가 갱신될 때마다 두 개 이상의 디스크에 유지되는 데이터베이스 사본을 동시에 갱신하는 것이다. 데이터베이스의 용량이 방대한 경우에는 디스크 구입 비용이 많이 들고, 전산실에 화재 등이 발생했을 때는 전산실 내의 컴퓨터 시스템이 모두 손상을 입을 수 있기 때문에 적절한 방법은 아니다.

또 다른 방법은 데이터베이스를 중복해서 디스크에 저장하지 않으면서, 주기적으로 자기 테이프에 전체 데이터베이스와 로그를 백업하고 자기 테이프를 별도의 공간에 안전하게 보관하는 것이다. 물론 로그는 이중 로그를 하는 것이 좋다.

전체 데이터베이스를 백업하는 것은 시간이 매우 오래 걸리는 작업이다. 최근에는 24시간 운영되는 컴퓨터 시스템들도 많이 있으므로 백업을 하는 동안 사용자들이 데이터베이스에 접근하지 못하도록 제한하는 것이 쉽지 않다. 그러므로 사용자들에게 데이터베이스 사용을 계속 허용하면서, 지난 번 백업 이후에 갱신된 내용만 백업하는 **점진적인 백업** incremental backup 이 바람직하다.

9.4 PL/SQL의 트랜잭션

PL/SQL에서 하나의 트랜잭션은 데이터베이스를 일관성 있게 갱신하는 한 개 이상의 데이터 조작어 또는 한 개의 데이터 정의어 또는 한 개의 데이터 제어어로 구성된다.

트랜잭션 시작과 끝

오라클에서 한 트랜잭션은 묵시적으로 끝나거나 명시적으로 끝날 수 있다. 한 트랜잭션은 실행 가능한 첫 번째 SQL문이 실행될 때 시작되어 데이터 정의어를 만나거나, 데이터 제어어를 만나거나, COMMIT이나 ROLLBACK 없이 Oracle SQL Developer를 정상적으로 종료했을 때는 수행 중이던 트랜잭션을 묵시적으로 완료한다. Oracle SQL Developer를 비정상적으로 종료하거나 시스템에 장애가 발생했을 경우에는 수행 중이던 트랜잭션을 묵시적으로 철회한다.

사용자가 COMMIT, ROLLBACK, SAVEPOINT문을 사용하여 트랜잭션의 논리를 명시적으로 제어할 수 있다. COMMIT문은 현재의 트랜잭션이 수행한 한 개 이상의 데이터 조작어의 결과를 데이터베이스에 모두 반영하고 현재의 트랜잭션을 완료한다. ROLLBACK문은 현재의 트랜잭션이 수행한 한 개 이상의 데이터 조작어의 결과를 데이터베이스에서 모두 되돌리고 이 트랜잭션을 철회한다. SAVEPOINT문은 현재의 트랜잭션 내에 저장점을 표시하여 트랜잭션을 더 작은 부분으로 나눈다. 두 번째 저장점을 이전의 저장점과 동일한 이름으로 생성하면 이전의 저장점이 삭제된다. ROLLBACK TO SAVEPOINT문을 사용하면 현재의 트랜잭션에서 지정된 저장점 이후에 갱신된 내용만 되돌린다.

[그림 9.22]는 저장점과 ROLLBACK TO SAVEPOINT문의 관계를 보여준다. (4)번 INSERT문을 수행한 이후에 ROLLBACK TO SAVEPOINT B 명령을 수행하면 (4)번 INSERT문의 수행 결과가 되돌려지고, ROLLBACK TO SAVEPOINT A 명령을 수행하면 (1)번 DELETE문 이후에 수행한 모든 데이터 조작어들의 수행 결과가 되돌려진다. 저장점을 명시하지 않은 ROLLBACK 명령을 수행하면 현재의 트랜잭션 전체가 철회된다.

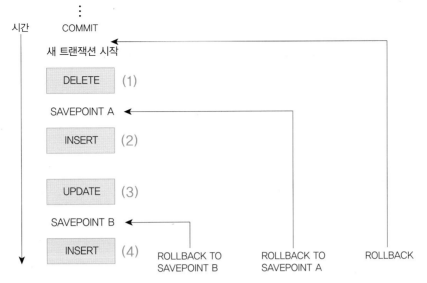

[그림 9.22] 트랜잭션 제어

COMMIT문을 수행하면 데이터의 변경 내용이 데이터베이스에 기록되므로 데이터의 이전 상태는 완전히 없어지고, 다른 사용자들이 이 트랜잭션의 결과를 볼 수 있으며, 이 트랜잭션에서 로크한 것이 해제되어 다른 사용자가 로크할 수 있으며, 모든 저장점이 삭제된다.

다음의 예는 두 개의 UPDATE문으로 이루어진 트랜잭션을 보여준다. COMMIT문을 사용하여 트랜잭션의 끝을 표시하였다. COMMIT문의 결과로 두 UPDATE문이 수정한 내용이 데이터베이스에 기록된다. 즉, 데이터베이스에서 정미림 계좌의 값이 100,000원 감소되고, 안명석 계좌의 값이 100,000원 증가된다. 만일 COMMIT 대신 ROLLACK문을 사용하면 두 UPDATE문이 수정한 내용이 데이터베이스에 전혀 반영되지 않는다.

```
UPDATE      ACCOUNT
SET         BALANCE = BALANCE - 100000
WHERE       CUST_NAME = '정미림';

UPDATE      ACCOUNT
SET         BALANCE = BALANCE + 100000
WHERE       CUST_NAME = '안명석';

COMMIT;
```

Oracle SQL Developer에서는 묵시적으로 한 트랜잭션이 데이터 정의어나 데이터 제어어 이전까지 입력한 여러 개의 데이터 조작어로 이루어진다. 사용자가 각 데이터 조작어를 하나의 트랜잭션으로 취급하고 싶을 때는 데이터 조작어마다 COMMIT문을 입력해야 하므로 번거로울 수 있다. 이런 경우에는 Oracle SQL Developer에서 다음과 같은 set 명령을 사용하여 각 데이터 조작어를 한 트랜잭션으로 처리할 수 있다.

```
set auto on;
    또는
set autocommit on;
```

한 테이블에서 어떤 조건을 만족하는 튜플들만 삭제하고 싶은데 실수로 WHERE절을 생략하여 모든 튜플들이 삭제되었을 때 ROLLBACK문이 유용하게 사용될 수 있다. 예를 들어, EMPLOYEE 테이블에서 3번 부서에 근무하는 사원들만 삭제하고 싶은데 다음과 같이 WHERE절을 생략하면 EMPLOYEE 테이블의 모든 튜플들이 삭제된다. 삭제된 튜플들을 되돌리기 위해서 ROLLBACK문을 수행한다.

```
SQL> DELETE FROM EMPLOYEE;
7 rows deleted.
SQL> ROLLBACK;
Rollback complete.
SQL> DELETE FROM EMPLOYEE WHERE DNO=3;
2 rows deleted.
```

트랜잭션의 속성

만일 트랜잭션이 데이터베이스를 읽기만 한다면 트랜잭션이 읽기 전용임을 명시하여 DBMS가 동시성의 정도를 높일 수 있다. 이런 경우에는 트랜잭션을 시작하기 전에 다음과 같이 명시한다.

```
SET TRANSACTION READ ONLY;
SELECT    AVG(SALARY)
FROM      EMPLOYEE
WHERE     DNO = 2;
```

만일 어떤 트랜잭션이 읽기 전용이라고 명시했으면 그 트랜잭션은 어떠한 갱신 작업도 수행할 수 없다. 예를 들어, 다음과 같은 SQL문은 허용되지 않는다.

```
      SET TRANSACTION READ ONLY;
      UPDATE    EMPLOYEE
      SET       SALARY = SALARY * 1.06;
```

트랜잭션의 디폴트 속성은 읽기와 쓰기를 모두 수행하는 것이다. 트랜잭션에 대해 SET TRANSACTION READ WRITE를 명시하면 SELECT, INSERT, DELETE, UPDATE문을 모두 수행할 수 있다.

```
      SET TRANSACTION READ WRITE;
      UPDATE    EMPLOYEE
      SET       SALARY = SALARY * 1.06;
```

고립 수준

SQL2에서 사용자가 동시성의 정도를 몇 가지로 구분하여 명시할 수 있다. 앞서 설명한 것처럼 2단계 로킹 프로토콜을 엄격하게 적용할 때 생성되는 직렬 가능한 스케줄은 한 트랜잭션씩 차례대로 수행한 결과와 동등하지만, 트랜잭션들이 동시에 수행될 수 있는 정도를 제한하기 때문에 성능 저하를 유발할 수 있다.

고립 수준은 한 트랜잭션이 다른 트랜잭션과 고립되어야 하는 정도를 나타낸다. 고립 수준이 낮으면 동시성은 높아지지만 데이터의 정확성은 떨어진다. 반대로 고립 수준이 높으면 데이터가 정확해지지만 동시성이 저하된다. 그러므로 응용의 성격에 따라 허용 가능한 고립 수준(데이터베이스의 정확성)을 선택함으로써 성능을 향상시킬 수 있다. 응용에서 명시한 고립 수준에 따라 DBMS가 사용하는 로킹 동작이 달라진다.

상용 DBMS에서 제공하는 몇 가지 고립 수준은 다음과 같다. 한 트랜잭션에 대해 명시한 고립 수준에 따라 그 트랜잭션이 읽을 수 있는 데이터에만 차이가 있다. 응용 프로그램에서는 SET TRANSACTION ISOLATION LEVEL을 사용하여 필요한 고립 수준을 명시한다.

▶ READ UNCOMMITTED

가장 낮은 고립 수준이다. 트랜잭션 내의 질의들이 공유 로크를 걸지 않고 데이터를 읽는다. 따라서 오손 데이터를 읽을 수 있다. 갱신하려는 데이터에 대해서는 독점 로크를 걸고 트랜잭션이 끝날 때까지 보유한다. 이 고립 수준을 명시하는 SQL문은 다음과 같다.

```
   SET  TRANSACTION READ WRITE
        ISOLATION LEVEL READ UNCOMMITTED;
```

▶ READ COMMITTED

트랜잭션 내의 질의들이 읽으려는 데이터에 대해서 공유 로크를 걸고 읽기가 끝나자마자 로크를 해제한다. 따라서 동일한 데이터를 다시 읽기 위해 공유 로크를 다시 걸고 데이터를 읽으면, 이전에 읽은 값과 다른 값을 읽는 경우가 생길 수 있다. 갱신하려는 데이터에 대해서는 독점 로크를 걸고 트랜잭션이 끝날 때까지 보유한다. 예를 들어, 항공기 예약 트랜잭션에서 현재 빈 좌석을 찾을 수 없을 때 누가 좌석을 취소했는가를 계속 검색하기 위해서 이 고립 수준을 명시할 수 있다. 이 고립 수준은 오라클의 디폴트이다. 이 고립 수준을 명시하는 SQL문은 다음과 같다.

```
SET  TRANSACTION READ WRITE
     ISOLATION LEVEL READ COMMITTED;
```

▶ REPEATABLE READ

질의에서 검색되는 데이터에 대해 공유 로크를 걸고 트랜잭션이 끝날 때까지 보유한다. 한 트랜잭션 내에서 동일한 질의를 두 번 이상 수행할 때 매번 같은 값을 포함한 결과를 검색하게 된다. 갱신하려는 데이터에 대해서는 독점 로크를 걸고, 트랜잭션이 끝날 때까지 보유한다. 이 고립 수준을 명시하는 SQL문은 다음과 같다.

```
SET  TRANSACTION READ WRITE
     ISOLATION LEVEL REPEATABLE READ;
```

▶ SERIALIZABLE

가장 높은 고립 수준이다. 질의에서 검색되는 튜플들 뿐만 아니라 인덱스에 대해서도 공유 로크를 걸고 트랜잭션이 끝날 때까지 보유한다. 갱신하고자 하는 데이터에 대해서는 독점 로크를 걸고 트랜잭션이 끝날 때까지 보유한다. SERIALIZABLE은 SQL2의 디폴트 고립 수준이다. 이 고립 수준을 명시하는 SQL문은 다음과 같다.

```
SET  TRANSACTION READ WRITE
     ISOLATION LEVEL SERIALIZABLE;
```

〈표 9.5〉는 사용자가 트랜잭션에 대해 명시한 고립 수준에 따라 오손 데이터 읽기, 반복할 수 없는 읽기, 팬텀 문제가 나타날 수 있는가의 여부를 요약해서 보여준다.

〈표 9.5〉 고립 수준에 따른 동시성 문제

고립 수준	오손 데이터 읽기	반복할 수 없는 읽기	팬텀 문제
READ UNCOMMITTED	나타날 수 있음	나타날 수 있음	나타날 수 있음
READ COMMITTED	나타날 수 없음	나타날 수 있음	나타날 수 있음
REPEATABLE READ	나타날 수 없음	나타날 수 없음	나타날 수 있음
SERIALIZABLE	나타날 수 없음	나타날 수 없음	나타날 수 없음

연습문제

1. 다음 용어들을 간략히 설명하시오.

> 트랜잭션, 동시성 제어, 2단계 로킹 프로토콜, 회복, 안전 저장 장치, 재해적 고장, 로그, write ahead logging, 체크포인트, 고립 수준

2. 데이터 중복성의 문맥에서 만일 데이터의 불일치가 발생했다면 다음의 설명 중 어떤 경우가 발생한 것인가?
   ① 동일한 데이터의 사본을 여러 개 만들었다.
   ② 동일한 데이터의 사본을 여러 개 만들고, 이들을 모두 갱신했다.
   ③ 동일한 데이터의 사본을 여러 개 만들고, 이들 중에서 일부를 삭제했다.
   ④ 동일한 데이터의 사본을 여러 개 만들고, 이들 중에서 일부를 갱신했다.

3. 로킹 단위는 작을 수도 있고 클 수도 있다. 다음 문장 중에서 올바른 것은?
   ① 로킹 단위가 클수록 동시성의 정도가 증가한다.
   ② 로킹 단위가 작을수록 구현 비용이 적게 든다.
   ③ 로킹 단위가 커야만 직렬 가능성이 보장된다.
   ④ 로킹 단위가 작을수록 로킹에 따른 오버헤드가 증가한다.

4. 트랜잭션 관리에 관하여 다음의 질문에 답하시오.
   (a) REDO 로그에 어떤 정보가 기록되는가?
   (b) 다음 트랜잭션을 고려해 보자. 트랜잭션 T가 시작하기 전에 항목 A의 초깃값은 100
       이다.

시간	연산
1	read(A)
2	A := A +50
3	write(A)
4	read(B)
5	write(B)
6	commit

① 또 다른 트랜잭션 T'이 시간 4에 항목 A를 읽으려고 한다. T'은 A의 값을 얼마로 읽어야 하는가? DBMS는 어디에서 A의 값을 읽는가?

② 시간 5에 시스템이 붕괴되었다고 가정하자. 시스템이 재기동된 후에 A의 값이 얼마인가? 그 이유를 간단하게 설명하시오.

5. 트랜잭션의 네 가지 특성을 설명하시오.

6. 많은 DBMS들이 트랜잭션의 ACID 특성을 지원한다. A는 원자성, D는 지속성을 의미한다. DBMS가 어떻게 원자성과 지속성을 보장하는가?

7. 왜 동시성 제어가 필요한가?

8. 직렬 가능 스케줄이 무엇인가?

9. 두 트랜잭션이 동시에 수행될 때 언제 충돌하는가?

10. 2단계 로킹이 무엇이며, 어떻게 직렬 가능성을 보장하는가?

11. 은행의 데이터베이스 시스템에서 트랜잭션 A는 계좌1에서 계좌2로 100,000원을 이체한다. 동시에 트랜잭션 B는 모든 계좌 튜플에 접근하면서 각 계좌의 잔액에 이자(잔액의 2%)를 더한다. 처음에 계좌1은 잔액이 600,000원이고 계좌2의 잔액은 800,000원이다. 다음과 같은 순서대로 연산들이 일어났다.

트랜잭션 A	트랜잭션 B
계좌1의 값에 로크를 걸고 값을 읽는다. 계좌1의 잔액에서 100,000을 뺀다. 계좌1의 값을 기록한다. 로크를 해제한다.	
	계좌1의 값에 로크를 걸고 값을 읽는다. 계좌1의 잔액에 이자에 해당하는 금액을 더한다. 계좌1의 값을 기록하고 로크를 해제한다. 계좌2의 값에 로크를 걸고 값을 읽는다. 계좌2의 잔액에 이자에 해당하는 금액을 더한다. 계좌2의 값을 기록하고 로크를 해제한다.
계좌2의 값에 로크를 걸고 값을 읽는다. 계좌2의 잔액에 100,000을 더한다. 계좌2의 값을 기록한다. 로크를 해제한다.	

(a) 이와 같이 두 트랜잭션이 동시에 수행되지 않고 직렬로(차례대로) 수행되었다면 계좌1과 계좌2의 최종값은 각각 얼마인가?

(b) 앞의 스케줄대로 두 트랜잭션이 수행된 후에 계좌1과 계좌2의 최종 값은 각각 얼마인가?

(c) 어떻게 이 문제를 해결할 수 있는가?

12. 로크의 두 가지 유형을 설명하시오. 어떻게 로킹이 데이터베이스의 불일치 상태를 방지하는가?

13. 로그가 무엇인가? 로그가 회복에서 갖는 목적이 무엇인가? 로그에 기록되는 전형적인 엔트리들은 무엇인가?

14. 다음과 같은 다이어그램에서 시스템이 붕괴된 후에 회복 모듈이 각 트랜잭션을 어떻게 처리하는가를 설명하시오.

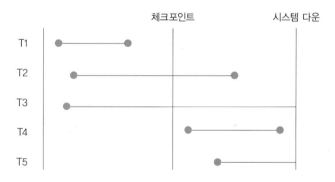

15. 체크포인트의 목적은 무엇인가?

16. 체크포인트 주기가 어떻게 다음 사항에 영향을 주는가?
(a) 고장이 발생하지 않을 때 시스템 성능
(b) 시스템 붕괴로부터 회복할 때 걸리는 시간

17. 어떤 트랜잭션 Ti가 갱신한 내용의 양이 적어서 주기억 장치의 로그 버퍼와 데이터베이스 버퍼에만 기록되어 있고 디스크의 로그와 데이터베이스에 아직 반영되지 않은 상태에서, 트랜잭션이 마지막 갱신을 수행한 후 주기억 장치의 로그 버퍼에 [Ti, COMMIT] 로그 레코드를 기록한 후 시스템이 다운되었다. 시스템이 재기동된 후에 트랜잭션 Ti가 어떻게 처

리되는가? 다시 말해서, 트랜잭션 Ti가 완료되었지만 디스크의 로그에 트랜잭션 Ti의 로그 레코드가 일부 기록되었고, 로그 버퍼의 [Ti, COMMIT] 로그 레코드가 디스크의 로그에 기록되기 전에 시스템이 다운되었다면 트랜잭션 Ti는 어떻게 처리되는가?

18. 네 가지 고립 수준을 설명하시오. 각 고립 수준에서 허용되는 동시성 문제를 논의하시오.

19. 간단한 릴레이션 EMP(EMPNO, EMPNAME, SALARY)를 보고 물음에 답하시오. 릴레이션 EMP에는 사원번호, 사원이름, 급여가 저장된다. 이 릴레이션에 대해서 두 사용자가 다음의 트랜잭션 T1과 T2를 동시에 수행한다. 두 트랜잭션이 입력되기 전에 릴레이션 EMP에는 튜플(123, '이수민', 3000000)이 저장되어 있다.

T1	T2
UPDATE EMP SET SALARY = SALARY + 200000 WHERE EMPNAME = '이수민'; UPDATE EMP SET SALARY = SALARY + 200000 WHERE EMPNAME = '이수민'; COMMIT;	UPDATE EMP SET SALARY = 3100000 WHERE SALARY > 3100000; COMMIT;

   (1) 트랜잭션 T1은 고립 수준 READ COMMITTED에서 수행되고, 트랜잭션 T2는 고립 수준 READ UNCOMMITTED에서 수행된다고 가정한다. 두 트랜잭션의 수행이 끝난 후에 이수민 사원의 급여가 가질 수 있는 가능한 값들을 열거하시오.

   (2) 트랜잭션 T1은 고립 수준 REPEATABLE READ에서 수행되고, 트랜잭션 T2는 고립 수준 READ COMMITTED에서 수행된다고 가정한다. 두 트랜잭션의 수행이 끝난 후에 이수민 사원의 급여가 가질 수 있는 가능한 값들을 열거하시오.

20. 릴레이션 ENROLL(SID, CID, TERM, GRADE)에 학생들의 성적이 저장된다. 예를 들어, 튜플(123, 'CS200', '2006년 1학기', 4.0)은 학번이 123인 학생이 CS200 과목을 2006년 1학기에 이수하여 4.0을 받았음을 나타낸다.

   (1) 대학에서 성적을 관리하는 직원이 한 트랜잭션 T1 내에서 동일한 질의를 반복할 때 서로 다른 결과가 나타난다고 불만을 제기하였다.

```
트랜잭션 T1
SELECT AVG(GRADE) FROM ENROLL;  --  Q1
SELECT AVG(GRADE) FROM ENROLL;  --  Q2
COMMIT;
```

다음 중 Q1과 Q2가 항상 동일한 결과를 나타내도록 하는 필요충분조건은?

① 트랜잭션 T1을 포함해서 모든 트랜잭션들을 고립 수준 SERIALIZABLE에서 수행함

② 트랜잭션 T1을 포함해서 모든 트랜잭션들을 고립 수준 REPEATABLE READ에서 수행함

③ 트랜잭션 T1을 고립 수준 SERIALIZABLE에서 수행함

④ 트랜잭션 T1을 고립 수준 REPEATABLE READ에서 수행함

(2) 학번이 123인 학생이 한 트랜잭션 T2 내에서 자신의 성적들에 대해서 두 질의를 수행하였다.

```
트랜잭션 T2
SELECT MIN(GRADE) FROM ENROLL WHERE SID = 123;  --  QMIN
SELECT MAX(GRADE) FROM ENROLL WHERE SID = 123;  --  QMAX
COMMIT;
```

이 학생은 자신의 가장 높은 과목의 성적이 가장 낮은 과목의 성적보다 낮게 검색된 것을 보고 놀랐다. 대학 데이터베이스에서 릴레이션 ENROLL에는 수정(UPDATE)과 삭제 (DELETE)는 금지되고, 삽입(INSERT)은 허용된다고 가정한다. 다음 중 항상 QMAX 의 결과가 QMIN의 결과보다 같거나 크도록 보장하는 필요충분조건은?

① 트랜잭션 T2를 포함해서 모든 트랜잭션들을 고립 수준 SERIALIZABLE에서 수행함

② 트랜잭션 T2를 고립 수준 SERIALIZABLE에서 수행함

③ 트랜잭션 T2를 고립 수준 REPEATABLE READ에서 수행함

④ 트랜잭션 T2를 고립 수준 READ COMMITTED에서 수행함

21. 로그를 사용한 즉시 갱신을 회복 기법으로 사용하는 데이터베이스 시스템에서 시스템이 다운된 후 재기동되었을 때, 로그에 다음과 같은 로그 레코드들이 들어 있다고 가정하자. 회복 모듈이 수행하는 작업을 설명하시오. 회복 모듈의 수행이 끝난 후 데이터베이스 항목

A, B, C, D의 값이 얼마가 되는가?

```
[T1, start]
[T1, A, 100, 300]
[T2, start]
[T1, B, 200, 300]
[T3, start]
[T2, C, 700, 400]
[T3, D, 200, 800]
[T2, commit]
[T4, start]
[T4, C, 400, 500]
[T1, commit]
```

22. 로그를 사용한 즉시 갱신을 회복 기법으로 사용하는 데이터베이스 시스템에서 시스템이 다운된 후 재기동되었을 때, 로그에 다음과 같은 로그 레코드들이 들어 있다고 가정하자. 회복 모듈이 수행하는 작업을 설명하시오. 어떤 트랜잭션들을 취소해야 하는가? 어떤 트랜잭션들을 재수행해야 하는가? 회복 모듈의 수행이 끝난 후 데이터베이스 항목 A, B, C, D의 값이 얼마가 되는가?

```
[T1, start]
[T1, D, 200, 250]
[T1, commit]
[체크포인트]
[T2, start]
[T2, B, 120, 180]
[T4, start]
[T4, D, 250, 150]
[T3, start]
[T3, C, 300, 400]
[T4, A, 300, 200]
[T4, commit]
[T2, D, 150, 250]
```

23. 릴레이션 STUDENT(NAME, GRADE)에 다음의 세 트랜잭션이 고립 수준 READ COMMITTED로 동시에 수행된다고 가정한다. 또한, 릴레이션 STUDENT는 세 트랜잭션이 수행되기 전에 비어 있다고 가정한다. 세 트랜잭션의 수행이 모두 완료된 후에 STUDENT의 모든 가능한 인스턴스 4개를 보여라. rollback되는 트랜잭션은 없다고 가

정한다.

```
트랜잭션 T1
INSERT INTO STUDENT VALUES ('KIM', 5);
INSERT INTO STUDENT VALUES ('LEE', 13);
INSERT INTO STUDENT VALUES ('PARK', 8);

트랜잭션 T2
UPDATE STUDENT SET GRADE = GRADE + 1
WHERE GRADE > 3 AND GRADE < 11;

트랜잭션 T3
UPDATE STUDENT SET GRADE = 3
WHERE GRADE = 5;
```

24. 계좌 A에서 B로 100,000원을 송금하는 트랜잭션이 다음과 같은 연산들로 이루어진다고
가정한다. 트랜잭션의 ACID 특성이 이 트랜잭션의 수행 과정에서 어떤 역할을 하는지 가
능하면 다음의 연산 번호를 사용하여 설명하시오.

```
1. read(A)
2. A := A - 100000
3. write(A)
4. read(B)
5. B := B + 100000
6. write(B)
```

25. 한 트랜잭션 내에서 SAVEPOINT문의 역할은 무엇인가?

Chapter **10**

데이터베이스 보안과 권한 관리

데이터베이스 보안과 권한 관리

데이터베이스는 한 조직체의 사용자와 응용 시스템들이 공유해서 사용하는 귀중한 자산이다. 데이터베이스의 보안 관리가 미흡하여 데이터베이스가 손실되면 데이터베이스를 소유한 조직체의 운영에 심대한 지장을 초래할 수 있으므로 권한이 없는 사용자로부터 데이터베이스를 보호하는 것이 중요하다. 데이터베이스에서 릴레이션을 생성하면 생성자를 제외한 다른 사용자들은 그 릴레이션에 접근할 수 없다. 각 사용자가 개인 용도로 사용하는 릴레이션을 공유 데이터베이스에 포함시키지 않기 때문에, 공유 데이터베이스에 생성된 릴레이션들은 일반적으로 여러 사용자들이 접근할 수 있도록 권한을 허가해야 한다. 따라서 DBMS는 릴레이션의 생성자가 다른 사용자들에게 적절한 수준의 권한을 허가하고, 허가한 권한을 취소하는 권한 관리 기법을 제공한다.

본 장에서는 데이터베이스의 보안과 권한 관리를 논의한다. 10.1절에서는 데이터베이스 보안의 개요를 설명한다. 10.2절에서는 릴레이션이나 뷰에 대한 권한을 허가하고 취소하는 방법, 역할 등을 논의한다. 마지막으로 10.3절에서는 오라클에서 권한을 관리하는 방법을 설명한다.

데이터베이스는 기업의 중요한 무형의 자산이다. 방대하고 복잡한 데이터베이스를 구축하는 데는 엄청난 비용이 든다. 또한, 데이터베이스를 관리하기 위해서 하드웨어와 DBMS와 같은 소프트웨어를 구입하는 데 많은 비용을 지불한다. 만일 은행에서 관리하는 고객 데이터베이스에서 잔고가 손실된다면 부작용이 엄청나다. 따라서 데이터베이스는 어떤 유형의 위험에서도 반드시 보호해야 한다. 일반적으로 세 가지 유형의 보안이 필요하다.

▶ **물리적 보호**: 화재, 홍수, 지진 등과 같은 자연 재해, 도둑, 컴퓨터 시스템에 대한 우연한 손상, 데이터에 손상을 주는 기타 유형의 위험으로부터 데이터베이스를 보호하는 것을 의미한다.

▶ **권한 보호**: 권한을 가진 사용자만 특정한 접근 모드로 데이터베이스에 접근할 수 있도록 보호한다. 예를 들어, 어떤 사용자는 릴레이션을 읽기만 할 수 있는 반면에 어떤 사용자는 릴레이션을 갱신할 수 있다. 이는 데이터베이스의 비밀성과 정확성을 유지하기 위해 필요하다. 접근 제어는 DBMS 내에서 여러 수준으로 적용할 수 있다. 데이터베이스를 사용할 수 있는 사용자마다 계정과 비밀번호를 부여하고 데이터베이스의 특정 부분에 대한 특정 작업을 사용자마다 허용할 수 있다.

▶ **운영 보호**: 데이터베이스의 무결성에 대한 사용자 실수의 영향을 최소화하거나 제거하는 조치를 말한다. 예를 들어, 나이 애트리뷰트에 324가 입력되든가, 이름 애트리뷰트에 숫자가 입력되는가 하는 것을 방지한다. 이런 조치는 무결성 제약조건들을 정의함으로써 달성할 수 있다. 일반적으로 무결성 제약조건은 데이터베이스 관리자 또는 릴레이션을 생성한 사용자가 릴레이션 스키마에 명시한다.

2장에서 설명한 무결성과 데이터베이스 보안의 차이점은 무결성은 권한이 있는 사용자로부터 데이터베이스를 보호하는 것이고, 보안은 권한이 없는 사용자로부터 데이터베이스를 보호하는 것이다. [그림 10.1]은 무결성과 보안의 차이점을 보여준다.

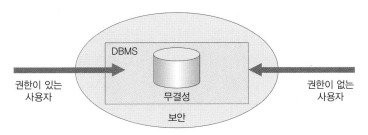

[그림 10.1] 무결성과 보안

보안 계획은 어떤 사용자가 어떤 데이터를 볼 수 있는가, 데이터베이스에서 어떤 작업을 수행할 수 있는가를 정의한다. 보안 계획을 수립하려면 보안을 통해 제어해야 할 데이터베이스 내의 모든 항목과 작업들을 열거하고, 조직체 내의 개인과 그룹들을 열거하고, 두 리스트를 상호 참조하여 데이터베이스 내에서 어떤 사용자가 어떤 데이터 집합에 대해서 어떤 작업을 수행할 수 있는가를 지정한다.

DBMS가 데이터베이스 보안과 관련하여 제공해야 하는 두 가지 기능이 있다.

▶ 데이터베이스 시스템에 대한 접근을 통제할 수 있는 기능을 제공해야 한다. 이를 **접근 제어**(access control)라 하며, DBMS는 로그인 과정을 통제하기 위하여 사용자 계정과 암호를 관리한다.

▶ DBMS는 특정 사용자 또는 사용자들의 그룹이 지정된 데이터베이스 영역만 접근할 수 있고 그 외의 영역은 접근할 수 없도록 통제하는 기능을 제공해야 한다. DBMS는 이런 목적을 위해서 보안 및 권한 관리 모듈을 가지고 있다.

데이터베이스 보안 기법은 일반적으로 두 가지 유형으로 구분한다. **임의 보안 기법** discretionary security mechanism 은 사용자들에게 특정 릴레이션, 튜플 또는 애트리뷰트를 지정된 모드(예를 들어, 읽기, 삽입, 삭제, 수정)로 접근할 수 있는 권한을 부여한다. 대부분의 상용 관계 DBMS에서 사용되는 기법이다. **강제 보안 기법** mandatory security mechanism 은 데이터와 사용자들을 다양한 보안 등급(1급 비밀, 2급 비밀, 3급 비밀, 일반 정보 등)으로 분류하고 해당 조직에 적합한 보안 정책을 적용하여 다단계 보안을 시행하기 위해 사용된다. 아직 대부분의 상용 관계 DBMS는 이런 보안 기법을 제공하지 않는다.

임의 보안 기법은 객체(릴레이션과 뷰)에 대한 권한을 기반으로 사용자에게 권한을 허가하고 grant 취소하는 revoke 기법이다. 릴레이션이나 뷰의 생성자는 자동적으로 그것에 대한 모든 권한을 갖는다. DBMS는 시스템 카탈로그에 누가 권한을 허가 받았고 권한을 취소당했는가를 유지하며, 데이터베이스를 접근할 시점에 필요한 권한을 보유한 사용자만이 객체를 접근할 수 있도록 한다.

데이터베이스 관리자는 데이터베이스 시스템 전체에 대한 보안을 관리하며, 이를 위한 모든 권한을 소유한다. 데이터베이스 보안을 위해 데이터베이스 관리자가 수행하는 작업에는 사용자 또는 사용자들의 그룹에 대한 새로운 계정과 암호의 생성, 권한 부여와 취소, 특정 계정에 대한 특정 권한의 부여와 취소 등이 있다. 또한, 각 로그인 세션 동안 사용자가 데이터베이스에 가한 모든 연산들을 기록할 수 있다. 권한이 없는 사용자가 데이터베이스를 갱신했다는 의심이 들면 데이터베이스 감사를 실시한다. 데이터베이스 감사는 특정 기간 동안 데이터베이스에서 수행된 모든 연산들을 검사하기 위해서 시스템 로그를 조사하는 것이다.

10.2 권한 관리

데이터베이스 시스템에서는 파일 시스템에 비해서 훨씬 세밀한 수준으로 권한을 허가하거나 취소할 수 있다.

10.2.1 권한 허가

서로 다른 객체들에 대해서 다양한 권한들이 존재한다. 객체의 생성자(소유자)는 객체에 대한 모든 권한을 갖는다. 예를 들어, 릴레이션을 소유한 사용자는 데이터를 보거나, 추가하거나, 삭제할 수 있으며, 릴레이션 정의를 변경할 수 있다. 어떤 릴레이션이나 뷰도 처음에는 그것을 생성한 사용자만이 접근할 수 있다. 생성자는 자신이 소유한 임의의 객체에 대한 특정 권한을 GRANT문을 사용하여 다른 사용자나 역할에 허가할 수 있다. 보안이 중요한 환경에서는 객체들에 대한 권한을 허가할 때 특히 주의해야 한다.

```
GRANT문의 형식

GRANT   권한 [(애트리뷰트들의 리스트)]
ON      객체
TO      {사용자 | 역할 | PUBLIC}
[WITH GRANT OPTION];
```

릴레이션 및 뷰에 대한 권한을 허가할 수 있는 사용자는 GRANT절에 SELECT, INSERT, DELETE, UPDATE, REFERENCES 중 한 개 이상의 권한을 포함할 수 있다. 애트리뷰트 리스트는 SELECT, UPDATE와 함께 지정할 수 있다. 애트리뷰트들의 리스트를 생략하면 권한이 릴레이션과 뷰에 있는 모든 애트리뷰트에 적용된다. SELECT문에서 애트리뷰트들을 접근하려면 해당 애트리뷰트에 대한 SELECT 권한이 필요하다. UPDATE문을 사용하여 애트리뷰트를 수정하려면 그 애트리뷰트에 대한 UPDATE 권한이 필요하다. 릴레이션을 참조하는 외래 키 제약 조건을 만들려면 해당 릴레이션에 대해 REFERENCES 권한이 필요하다. REFERENCES 권한은 다른 릴레이션의 소유자가 지금 권한을 허가하려는 릴레이션의 애트리뷰트를 자기 릴레이션의 외래 키 제약 조건에 포함시킬 수 있게 한다.

만일 어떤 사용자가 WITH GRANT OPTION과 함께 권한을 허가받았으면 그 사용자도 WITH GRANT OPTION과 함께 또는 WITH GRANT OPTION 없이 그 권한을 다른 사용자에게 허가할 수 있다. WITH GRANT OPTION과 함께 권한을 부여받은 사용자는 이 권한을 다른 사용자에게 부여할 수 있으므로 이 권한을 갖는 사용자들이 긴 체인 형식으로 늘어날 수 있다. 그러나 동일한 권한을 부여받은 사용자가 순환 형식으로 존재할 수는 없다.

기본 릴레이션의 소유자가 다른 사용자들이 릴레이션에 직접 접근하지 못하게 하려는 경우에는 릴레이션 자체에 대한 권한은 허가하지 않고, 릴레이션을 참조하는 뷰를 정의한 후 이 뷰에 대해 권한을 부여할 수 있다. 예를 들어, KIM이 EMPLOYEE 릴레이션 위에 EMP_DNO3라는 뷰를 만들면 이 뷰를 소유하게 된다. KIM이 LEE에게 EMP_DNO3에 대한 SELECT 권한을 허가하면 LEE가 EMPLOYEE에 대한 SELECT 권한을 갖고 있지 않아도 LEE가 이 뷰를 접근할 수 있다. 만일 뷰의 생성자가 뷰의 기반이 되는 기본 릴레이션에 대한 SELECT 권한을 취소당하면 뷰가 제거된다.

예 1: WITH GRANT OPTION 없이 SELECT 권한 허가

사용자 KIM이 자신이 소유한 EMPLOYEE 릴레이션에 대한 SELECT 권한을 사용자 LEE에게 허가한다.

```
GRANT    SELECT
ON       EMPLOYEE
TO       LEE;
```

LEE는 WITH GRANT OPTION 없이 SELECT 권한을 허가 받았기 때문에 다른 사용자(예: CHOI)에게 권한을 다시 허가할 수 없다.

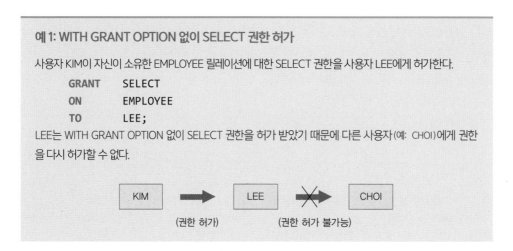

예 2: WITH GRANT OPTION 없이 특정 애트리뷰트들을 수정할 수 있는 권한을 허가

사용자 KIM이 자신이 소유한 EMPLOYEE 릴레이션의 TITLE과 MANAGER 애트리뷰트에 대한 UPDATE 권한을 사용자 LEE에게 허가한다.

```
GRANT    UPDATE (TITLE, MANAGER)
ON       EMPLOYEE
TO       LEE;
```

예 3: REFERENCES 권한 허가

사용자 KIM이 자신이 소유한 EMPLOYEE 릴레이션의 기본 키 애트리뷰트인 EMPNO에 대한 REFERENCES 권한을 사용자 CHOI에게 허가한다.

```
GRANT    REFERENCES (EMPNO)
ON       EMPLOYEE
TO       CHOI;
```

만일 사용자가 권한이 없는 연산(예를 들어, DELETE 권한을 갖지 않은 릴레이션에서 튜플을 삭제하려 함)을 수행하려 하면 DBMS는 그 연산을 거절한다. 사용자는 시스템 카탈로그에서 자신이 보유한 권한들을 확인할 수 있다.

데이터베이스 관리자가 특정 시스템 권한을 사용자에게 허가하기 위해서도 GRANT문을 사용한다.

```
GRANT     CREATE TABLE, CREATE VIEW
TO        KIM;
```

일단 사용자가 권한을 허가 받으면 사용자는 즉시 그 권한을 사용할 수 있다. 이 예에서 사용자 KIM은 릴레이션과 뷰들을 생성할 수 있는 권한을 허가받았다.

10.2.2 권한 취소

다른 사용자에게 허가한 권한을 취소하기 위해서 REVOKE문을 사용한다. 만일 어떤 사용자가 다른 사용자에게 허가했던 권한을 취소하면, 권한을 취소당한 사용자가 WITH GRANT OPTION을 통해서 다른 사용자에게 허가했던 권한들도 연쇄적으로 취소된다. 취소하려는 권한을 허가했던 사람만 그 권한을 취소할 수 있다. 또한, 권한을 허가했던 사람은 자신이 권한을 허가했던 사용자로부터만 권한을 취소할 수 있다.

```
┌─ REVOKE문의 형식 ─┐
REVOKE   {권한들의 리스트 | ALL}
ON       객체
FROM     {사용자 | 역할 | PUBLIC};
```

예 6: 객체 권한을 취소

사용자 KIM이 DEPARTMENT 릴레이션에 대해 LEE에게 허가한 SELECT, INSERT 권한을 취소한다.

```
REVOKE   SELECT, INSERT
ON       DEPARTMENT
FROM     LEE;
```

예 4에서 LEE는 EMPLOYEE에 대해서 SELECT 객체 권한을 WITH GRANT OPTION과 함께 허가 받았다. LEE는 CHOI에게 EMPLOYEE에 대한 SELECT 권한을 허가했다. KIM이 LEE에게 허가한 SELECT 권한을 나중에 취소하였다. 이 취소는 CHOI에 대한 권한의 취소로 파급된다. WITH GRANT OPTION과 함께 허가 받은 권한은 권한을 허가해준 사용자의 권한이 취소되면 취소된다.

10.2.3 역할(role)

여러 사용자들에 대한 권한 관리를 단순화하기 위해 역할을 사용한다. 역할은 사용자에게 허가할 수 있는 연관된 권한들의 그룹으로서 이름을 갖는다. 이 개념은 권한들을 취소하고 유지하는 것을 용이하게 한다. 각 사용자는 여러 역할들에 속할 수 있으며, 여러 사용자들이 동일한 역할을 허가받을 수 있다.

동일한 권한들의 집합을 여러 사용자들에게 허가하는 대신에 이 권한들을 역할에 허가하고, 역할을 각 사용자에게 허가한다. 어떤 역할과 연관된 권한들에 변화가 생기면 그 역할을 허가 받은 모든 사용자들은 자동적으로 즉시 변경된 권한들을 가지게 된다. 권한들을 일시적으로 중지시키기 위해서 역할을 비활성화시킬 수도 있다.

역할은 데이터베이스 내의 권한들의 관리를 쉽게 하기 위해서 설계된다. [그림 10.2(a)]는 두 명의 사용자가 동일한 역할(예. 프로그래머)을 수행하는 사원으로서 세 가지 권한을 필요로 하는데, 세 가지 권한을 각 사용자에게 별도로 허가하는 것을 보여준다. [그림 10.2(b)]는 programmer라는 역할을 생성하고, 그 역할에게 세 가지 권한을 부여하고, 그 역할을 두 명의 사용자에게 허가하는 것을 보여준다. [그림 10.2(a)]에서 두 사용자가 어떤 권한을 추가로 필요로 하면 두 사용자에게 각각 그 권한을 허가해야 하지만, [그림 10.2(b)]에서는 programmer 역할에게 권한을 추가로 허가하기만 하면 두 사용자에게 자동적으로 그 권한이 허가된다.

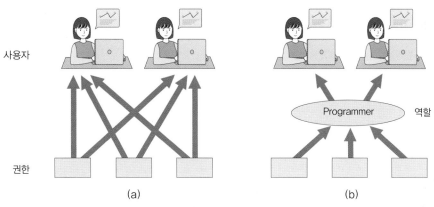

[그림 10.2] (a) 역할 없이 권한을 허가
(b) 역할을 사용하여 권한을 허가

역할에 부여하거나 취소한 권한은 역할의 모든 구성원들에게 적용된다. 사원들이 어떤 업무에 참여할 때 사원들을 그 업무에 해당하는 역할의 구성원으로 추가할 수 있다. 또한, 어떤 사원이 업무를 그만두게 되면 사원을 역할에서 제거할 수 있다. 사원이 업무에 참여하거나 업무를 그만 둘 때마다 반복적으로 각 사용자에 대해 필요한 권한들을 허가하고 권한들을 취소할 필요가 없다. 역할에게 할당된 권한들이 사용자가 역할의 구성원이 될 때 자동으로 적용된다.

역할을 생성하는 방법은 DBMS마다 차이가 있다. 먼저 데이터베이스 관리자가 역할을 생성해야 한다. 그 다음에 데이터베이스 관리자는 GRANT문을 사용하여 역할에 권한들을 할당할 뿐만 아니라 사용자들에게 역할을 할당한다. 오라클에서는 CREATE ROLE문을 사용하여 역할을 만드는데, 역할을 생성하려면 CREATE ROLE 시스템 권한을 보유해야 한다.

다음은 programmer 역할에 CREATE TABLE 권한을 부여하는 예이다.

```
GRANT  CREATE TABLE
TO     programmer;
```

그 다음에 사용자 CHOI에게 programmer 역할을 허가한다. 만일 사용자들이 다수의 역할을 허가 받으면, 그 모든 역할들과 연관된 모든 권한들을 허가 받는다.

```
GRANT  programmer
TO     CHOI;
```

하나의 역할은 어떤 작업을 수행하는 데 필요한 권한들을 포함하므로 역할의 이름은 일반적으로 응용의 업무(예: programmer)를 나타내도록 지정한다. 역할을 생성하고, 할당하고, 사용자에게 허가하기 위해서 몇 가지 단계들을 거친다.

▶ 각 응용이나 사용자의 공통적인 업무에 대해서 역할을 생성한다.

▶ 그 업무를 수행하는 데 필요한 권한들을 역할에게 부여한다.

▶ 역할을 사용자들에게 허가한다.

10.3 오라클의 보안 및 권한 관리

10.3.1 오라클의 보안 및 권한 관리 개요

오라클 사용자는 접속하려는 데이터베이스에 계정과 암호를 가져야 한다. 하지만 별도로 권한을 허가 받지 않으면 데이터베이스에서 어떤 작업도 수행할 수 없다. 다시 말해서 데이터베이스에 접속했다 하더라도 어떤 권한을 허가 받지 않은 사용자는 테이블을 생성하거나 검색하는 등의 작업을 수행할 수 없다. 사용자가 데이터베이스에서 수행하는 모든 작업은 SQL문이나 PL/SQL문을 통해 오라클 서버와 통신한다. 오라클 서버가 SQL문이나 PL/SQL문을 받으면 사용자에게 데이터베이스에서 명령문을 실행할 권한이 있는지 확인한다. 사용자에게 명령문을 실행할 권한이 없으면 오라클 서버는 사용자에게 사용 권한에 관한 오류를 반환한다.

오라클에는 시스템 권한과 객체 권한 등 두 가지 유형의 권한이 있다. 시스템 권한은 사용자가 데이터베이스에서 특정 작업을 수행할 수 있도록 한다. 예를 들어, 테이블을 생성하기 위해서는 CREATE TABLE 시스템 권한을 허가 받아야 한다. 오라클에는 120여 개의 시스템 권한이 있다. 권한 내의 ANY 키워드는 사용자가 임의의 스키마에서 수행할 수 있는 권한을 가졌음을 의미한다. 〈표 10.1〉은 몇 개의 시스템 권한을 보여준다.

〈표 10.1〉 시스템 권한의 예

유형	예
TABLE	CREATE TABLE CREATE ANY TABLE ALTER ANY TABLE DROP ANY TABLE SELECT ANY TABLE
INDEX	CREATE ANY INDEX ALTER ANY INDEX DROP ANY INDEX
TABLESPACE	CREATE TABLESPACE ALTER TABLESPACE DROP TABLESPACE
SESSION	CREATE SESSION ALTER SESSION

CREATE TABLE 권한은 CREATE INDEX 권한과 ANALYZE 권한을 포함한다. 사용자가 CREATE TABLE 권한을 행사하기 위해서는 해당 테이블스페이스에 쿼터를 보유하거나

UNLIMITED TABLESPACE를 허가 받아야 한다. 또한, CREATE TABLE 권한은 그 테이블을 제거하는 권한도 포함한다.

데이터베이스 관리자는 GRANT문을 사용하여 사용자에게 특정 시스템 권한들을 허가할 수 있다. WITH ADMIN OPTION을 사용하여 시스템 권한을 허가하면 권한을 받은 사용자가 다시 이 권한을 다른 사용자에게 허가할 수 있다.

```
GRANT CREATE SESSION TO KIM WITH ADMIN OPTION;
```

시스템 권한을 허가할 때 WITH ADMIN OPTION을 명시했는지 여부와 관계없이, 시스템 권한을 취소할 때는 연쇄적인 취소가 일어나지 않는다.

객체 권한은 사용자가 특정 객체(테이블, 뷰, 프로시저 등)에 대해 특정 연산을 수행할 수 있도록 한다. 객체의 소유자는 객체에 대한 모든 권한을 보유한다. 객체의 소유자는 자신의 객체에 대한 특정 권한을 다른 사용자나 역할에게 허가할 수 있다. PUBLIC 키워드를 사용하여 권한을 허가하면 모든 사용자에게 권한을 부여하게 된다. 각 객체마다 허가할 수 있는 권한들에 차이가 있다. 〈표 10.2〉는 각 객체에 대해 허가할 수 있는 권한들을 요약해서 보여준다. 예를 들어, 테이블에 대해서는 EXECUTE 권한을 허가할 수 없다.

〈표 10.2〉 객체에 대해 허용 가능한 권한

권한	테이블	뷰
ALTER	O	O
DELETE	O	O
EXECUTE		
INDEX	O	O
INSERT	O	O
REFERENCES	O	
SELECT	O	O
UPDATE	O	O

만일 사용자가 오라클 서버로부터 "table or view does not exist"와 같은 에러 메시지를 받게 되면, 그런 이름을 가진 테이블이나 뷰가 존재하지 않거나 사용자가 권한을 갖고 있지 않은 테이블이나 뷰에 대해서 연산을 수행하려 한 경우에 해당한다.

오라클에서 사용 패턴을 여러 관점에서 분석하여 각 사용 패턴에 맞게 미리 정해놓은 역할이 20여 개 있다. 각 역할에 어떤 권한들이 있는지 이해하고 이 역할들을 활용하면 편리하게 권한 관리를 할 수 있다.

가장 많이 사용하는 connect와 resource 역할에 대해 알아보자. 일반적으로 사용자를 생성한 후 connect와 resource 역할만 부여해도 대부분의 작업에 충분한 권한을 허가한 것이다. connect 역할만 있으면 사용자가 자신의 테이블과 인덱스 등을 생성하지는 못한다. 오라클 데이터베이스에 로그인하고, 만일 다른 사용자의 데이터를 검색할 수 있도록 권한을 허가 받았으면 이를 검색하고, 만일 다른 사용자의 데이터를 갱신할 수 있도록 권한을 허가 받았으면 이를 갱신할 수 있다.

connect 역할과 함께 resource 역할이 있으면 테이블과 인덱스를 생성하고, 자신의 객체에 대해 다른 사용자에게 권한을 허가하거나 취소할 수 있다. 〈표 10.3〉은 오라클에서 미리 정의된 몇 개의 역할을 보여준다.

〈표 10.3〉 미리 정의된 몇 개의 역할

역할	기능
connect	오라클에 접속할 수 있는 세션 생성 등의 권한을 보유
resource	테이블, 인덱스, 프로시저 등의 자원 사용 관련 권한을 보유
dba	WITH ADMIN OPTION과 함께 모든 시스템 권한을 보유

데이터베이스 관리자만 관리자 권한을 가진 채 데이터베이스에 접속할 수 있어야 한다. SYSDBA로서 데이터베이스에 연결하면 데이터베이스와 데이터베이스 내의 모든 객체들에 대해 임의의 연산을 수행할 수 있다. 〈표 10.4〉는 SYSOPER과 SYSDBA의 권한을 몇 개 보여준다.

〈표 10.4〉 SYSOPER과 SYSDBA의 권한

유형	권한
SYSOPER	STARTUP SHUTDOWN ALTER DATABASE OPEN ALTER DATABASE BACKUP
SYSDBA	WITH ADMIN OPTION과 함께 SYSOPER의 권한 CREATE DATABASE

10.3.2 오라클의 보안 및 권한 관리 실습

3.3.1절에서 사용자 KIM과 LEE를 XE 데이터베이스에 등록하고 권한을 부여하였다. 사용자 KIM이 [예제 3.2]의 SQL문들을 실행하여 DEPARTMENT 테이블과 EMPLOYEE 테이블을 생성하고, 이 두 테이블에 튜플들을 삽입하고, EMP_PLANNING이라는 뷰를 정의하였다.

Oracle SQL Developer에 사용자 KIM으로 로그인하고 사용자 LEE에게 EMPLOYEE 테이블에 대한 SELECT와 INSERT 권한을 허가해 보자. 다음과 같은 GRANT문을 수행한다([그림 10.3]).

```
GRANT    SELECT, INSERT
ON       EMPLOYEE
TO       LEE;
```

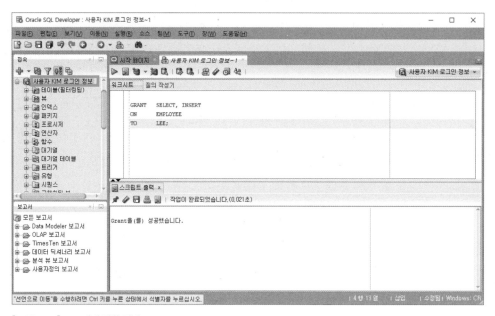

[그림 10.3] LEE에게 권한 허가

허가한 권한을 취소하려면 REVOKE문을 수행한다. EMPLOYEE 테이블을 정의한 사용자 KIM으로 로그인하고, EMPLOYEE 테이블에 대한 LEE의 모든 권한을 취소하려면

```
REVOKE   ALL
ON       EMPLOYEE
FROM     LEE;
```

를 수행한다([그림 10.4]).

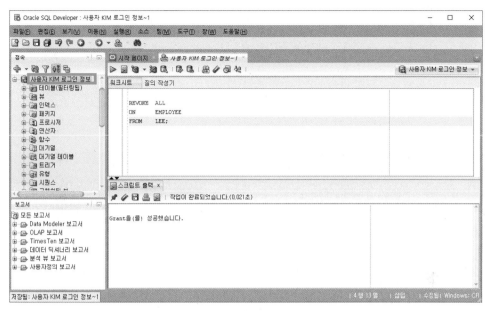

[그림 10.4] LEE에게 허가한 모든 권한 취소

EMPLOYEE 테이블에 대한 LEE의 INSERT 권한만 취소하려면

```
REVOKE    INSERT
ON        EMPLOYEE
FROM      LEE;
```

를 수행한다.

데이터베이스 관리자로 로그인해서 다음의 REVOKE문을 수행하면 LEE에게 허가된 전체 권
한이 취소된다.

```
REVOKE    ALL PRIVILEGES
FROM      LEE;
```

사용자가 보유한 권한에 관련된 정보는 USER_TAB_PRIVS 데이터 사전 뷰 또는 DBA_TAB_PRIVS 데이터 사전 뷰를 통해서 검색할 수 있다. 사용자 KIM으로 로그인한 상태에서 다음의 질의를 수행하면 [그림 10.5]와 같은 결과를 볼 수 있다.

```
SELECT    *
FROM      USER_TAB_PRIVS;
```

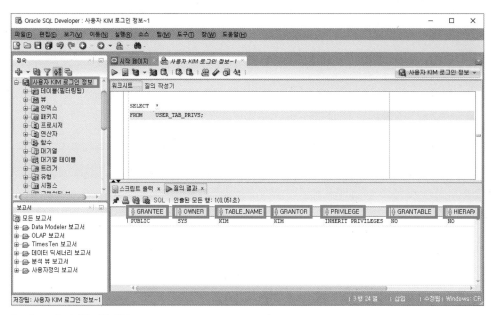

[그림 10.5] 허가한 권한 확인

[그림 10.5]에서 GRANTEE는 권한을 허가 받은 사용자이고, OWNER는 객체의 소유자이고, TABLE_NAME은 테이블의 이름이고, GRANTOR는 권한을 허가한 사용자이고, PRIVILEGE는 객체에 대한 권한이다. GRANTABLE은 권한을 허가 받은 사용자가 다시 다른 사용자에게 이 권한을 허가할 수 있는지 여부를 표시한다.

사용자 LEE가 허가 받은 시스템 권한을 확인하기 위해 데이터 사전 뷰를 검색해 보자. 사용자 LEE로 로그인한 후에 다음의 질의를 수행한다([그림 10.6]). USER_SYS_PRIVS는 사용자에게 허가된 시스템 권한을 보여주는 데이터 사전 뷰이다. 검색된 결과를 보면 LEE는 UNLIMITED TABLESPACE 권한, CREATE VIEW 권한, CREATE SESSION 권한을 허가 받았음을 알 수 있다.

```
SELECT    *
FROM      USER_SYS_PRIVS;
```

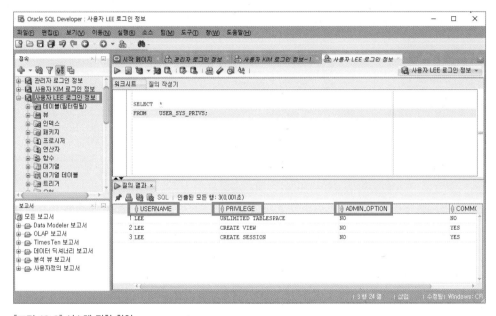

[그림 10.6] 시스템 권한 확인

위의 [그림 10.6]에서 USERNAME은 시스템 권한을 허가 받은 사용자이고, PRIVILEGE는 허가 받은 시스템 권한이고, ADMIN_OPTION은 시스템 권한을 허가 받은 사용자가 다시 다른 사용자에게 이 권한을 허가할 수 있는지의 여부를 표시한다.

사용자 KIM이 사용자 LEE에게 EMPLOYEE 테이블에 대한 SELECT와 INSERT 권한을 허가한 후에 사용자 LEE에서 USER_TAB_PRIVS를 검색해 보면 KIM으로부터 EMPLOYEE 테이블에 대해 SELECT와 INSERT 권한을 받았음을 알 수 있다([그림 10.7]).

```
SELECT    *
FROM      USER_TAB_PRIVS;
```

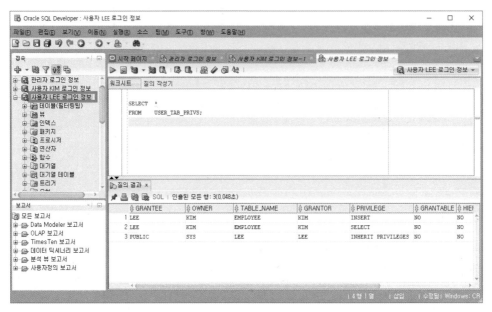

[그림 10.7] 허가 받은 권한 확인

사용자 LEE가 사용자 KIM으로부터 EMPLOYEE 테이블에 대한 일부 권한을 허가 받았으므로 사용자 LEE로 로그인한 상태에서 사용자 KIM의 EMPLOYEE 테이블에 대한 SQL문들을 수행해 보자. 다른 소유자의 테이블에 접근하는 것이기 때문에 테이블 앞에 소유자의 계정을 붙여야 된다. 먼저 EMPLOYEE 테이블에 튜플을 삽입한다([그림 10.8]).

```
INSERT INTO KIM.EMPLOYEE
VALUES (3428, '김지민', '사원', 2106, 1500000, 2);
```

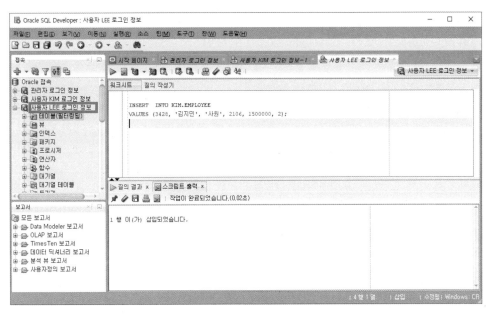

[그림 10.8] KIM.EMPLOEE 테이블에 튜플 삽입

사용자 LEE가 사용자 KIM의 EMPLOYEE 테이블에 자주 접근한다면, 매번 EMPLOYEE 테이블 앞에 KIM을 붙이는 것이 번거로울 것이다. 이런 경우에는 KIM.EMPLOYEE에 대한 **동의어** synonym 를 한 번 정의한 후에 동의어를 사용해서 KIM.EMPLOYEE에 간편하게 접근할 수 있다. 동의어를 만드는 구문은 다음과 같다. 동의어 이름은 동일한 사용자가 소유한 다른 객체들의 이름과 달라야 한다. 동의어를 삭제하려면 DROP SYNONYM문을 사용한다.

```
CREATE SYNONYM 동의어 FOR 객체;
```

예를 들어, 사용자 LEE가 KIM.EMPLOYEE를 EMP로 간단하게 지정하고 싶으면 다음과 같은 CREATE SYNONYM문을 한 번만 수행하면 된다.

```
CREATE SYNONYM EMP FOR KIM.EMPLOYEE;
```

SELECT문을 수행하여 EMPLOYEE 테이블의 내용을 검색해 보자. 방금 삽입한 '김지민' 튜플이 EMPLOYEE 테이블에 있음을 알 수 있다([그림 10.9]).

```
SELECT      *
FROM        KIM.EMPLOYEE;
```

앞의 CREATE SYNONYM문을 사용하여 동의어를 정의하였다면 SELECT문을 다음과 같이 작성해도 좋다.

```
SELECT      *
FROM        EMP;
```

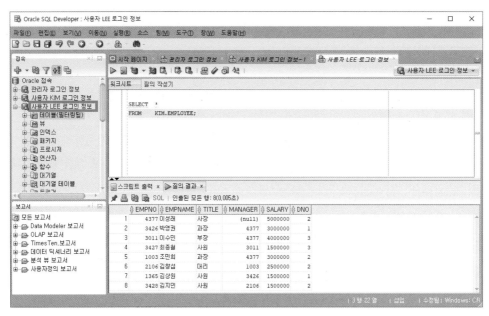

[그림 10.9] 삽입된 튜플 확인

이제 EMPLOYEE 테이블을 수정해 보자([그림 10.10]).

```
UPDATE      KIM.EMPLOYEE
SET         DNO=3
WHERE       EMPNAME='조민희';
```

사용자 LEE는 EMPLOYEE 테이블의 소유자 KIM으로부터 EMPLOYEE 테이블에 대한 UPDATE 권한을 허가 받지 않았기 때문에 [그림 10.10]과 같이 오류 메시지가 나타난다.

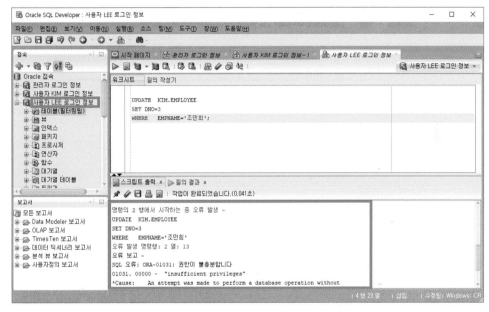

[그림 10.10] UPDATE 권한이 없다는 오류 메시지

사용자 KIM으로 로그인한 후에 사용자 LEE에게 EMPLOYEE 테이블에 대한 UPDATE 권한을 추가로 허가해 보자.

```
GRANT       UPDATE
ON          EMPLOYEE
TO          LEE;
```

그 다음에 사용자 LEE로 로그인한 후에 위의 UPDATE문을 다시 수행하면 성공적으로 튜플을 수정할 수 있다([그림 10.11]).

[그림 10.11] UPDATE문 실행

EMPLOYEE 테이블의 민감한 데이터인 SALARY 애트리뷰트를 제외한 나머지 애트리뷰트들만 사용자 LEE가 SELECT할 수 있도록 해보자. 오라클에서는 애트리뷰트 단위로 SELECT 권한을 허가할 수 없으므로 SALARY 애트리뷰트를 제외한 나머지 애트리뷰트들을 포함하는 뷰를 정의한 후 이 뷰에 대한 SELECT 권한을 사용자 LEE에게 허가하면 된다. 물론 이런 경우에는 EMPLOYEE 테이블에 대한 SELECT 권한을 사용자 LEE에게 허가하면 안 된다. INSERT, UPDATE, REFERENCES 권한은 애트리뷰트 단위로 허가할 수 있다.

1. 다음 용어들을 간략히 설명하시오.

   보안 계획, 접근 제어, 데이터베이스 감사, 권한 허가, 권한 취소, 역할

2. 무결성과 보안의 차이점을 설명하시오.

3. 임의 보안 기법을 설명하시오. 강제 보안 기법과 어떻게 다른가?

4. 릴레이션을 생성하기 위해서는 사용자가 어떤 권한을 보유해야 하는가?

5. 만일 사용자가 릴레이션을 생성했으면 그 릴레이션에 대한 권한을 누가 다른 사용자들에게 허가할 수 있는가?

6. Oracle SQL Developer에서 한 릴레이션을 생성하고 이 릴레이션에 대한 SELECT와 DELETE 권한을 동료에게 허가하시오.

7. 6번 문제에서 허가한 권한을 취소하시오.

8. 데이터 사전 뷰를 사용하여 자신이 보유한 권한 정보를 검색하시오.

9. 뷰를 정의한 후 이 뷰에 대한 SELECT 권한을 동료에게 허가하시오.

10. 사용자 A가 어떤 릴레이션에 대한 SELECT 권한을 WITH GRANT OPTION과 함께 사용자 B에게 허가하고, 사용자 B가 그 릴레이션에 대한 SELECT 권한을 WITH GRANT OPTION과 함께 사용자 C에게 허가하고, 사용자 C가 그 릴레이션에 대한 SELECT 권한을 WITH GRANT OPTION과 함께 사용자 D에게 허가했을 때, 사용자 A가 사용자 B로부터 SELECT 권한을 취소하면 사용자 C와 D의 권한은 어떻게 되는가?

11. 사용자 KIM으로 로그인한 후에 KIM의 패스워드를 seaside로 변경해 보시오.

12. LEE 계정으로 로그인하면서 패스워드를 세 번 틀리게 입력해 보시오. 그 후에 다시 로그인을 하면서 정확한 패스워드를 입력해 보시오. 어떤 일이 발생하는가?

13. 사용자가 테이블을 생성하려면 어떤 권한이 있어야 하는가?

14. 여러분이 데이터베이스 관리자라고 가정하자. 동일한 시스템 권한들을 보유한 여러 명의 사용자들을 등록시키려고 한다. 어떻게 하면 이런 작업을 보다 쉽게 할 수 있는가?

15. EMPLOYEE 테이블에 대한 SELECT 권한을 데이터베이스 내의 모든 사용자들에게 허가하기 위한 GRANT문을 작성하시오.

4장에서 튜플이 7개, 애트리뷰트가 6개 포함된 EMPLOYEE 릴레이션과 튜플이 4개, 애트리뷰트가 3개 포함된 DEPARTMENT 릴레이션을 사용하여 SQL의 구문들을 설명하였다. 각 SQL문의 수행 결과를 나타낼 공간을 줄이기 위해서 튜플 수가 적은 EMPLOYEE 릴레이션 인스턴스를 사용하였다.

본 부록에서는 4장에서 설명한 SQL문들을 좀 더 다양하게 실습해 볼 수 있도록 튜플 수와 애트리뷰트 수가 늘어난 EMPLOYEE 릴레이션을 사용한다. DEPARTMENT 릴레이션은 4장에서 사용한 것과 동일하다. 각 질의마다 제시한 SQL문을 먼저 보지 말고 자신의 힘으로 SQL문을 작성한 후 비교해 보기 바란다. 또한 오라클에서 각 SQL문을 수행하고 결과가 어떻게 나타는가를 확인해 보기 바란다. 주어진 질의를 여러 가지 SQL문으로 표현할 수 있기 때문에, 여기서 제시하는 SQL문이 유일한 표현은 아니라는 점을 유의하기 바란다. 본 부록에서 사용할 두 릴레이션을 생성하는 데이터 정의문은 다음과 같다.

```
CREATE TABLE DEPARTMENT (
    DEPTNO    NUMBER NOT NULL,
    DEPTNAME  CHAR(10),
    FLOOR     NUMBER,
    PRIMARY KEY(DEPTNO));

CREATE TABLE EMPLOYEE (
    EMPNO     NUMBER NOT NULL,
    EMPNAME   CHAR(10)  UNIQUE,
    TITLE     CHAR(10),
    MANAGER   NUMBER,
    SALARY    NUMBER,
    HIREDATE  DATE,
    DNO       NUMBER,
    PRIMARY KEY(EMPNO),
    FOREIGN KEY(MANAGER) REFERENCES EMPLOYEE(EMPNO),
    FOREIGN KEY(DNO) REFERENCES DEPARTMENT(DEPTNO));
```

DEPARTMENT 릴레이션에는 세 개의 애트리뷰트가 포함되며, 기본 키는 DEPTNO이다. EMPLOYEE 릴레이션에는 7개의 애트리뷰트가 포함되며, 기본 키는 EMPNO이고 외래 키는

MANAGER와 DNO이다. 외래 키 MANAGER는 자신의 기본 키인 EMPNO를 참조하고 외래 키 DNO는 DEPARTMENT 릴레이션의 기본 키인 DEPTNO를 참조한다.

두 릴레이션에 튜플들을 삽입하는 순서를 유의해야 한다. EMPLOYEE 릴레이션에 한 튜플을 삽입하기 위해서는 이 튜플의 DNO가 참조하는 부서번호를 가진 튜플이 DEPARTMENT 릴레이션에 이미 존재해야 하고, MANAGER가 참조하는 사원번호를 가진 튜플이 EMPLOYEE 릴레이션에 이미 존재해야 한다. DEPARTMENT 릴레이션에 한 튜플을 삽입하고, 이 부서에 속한 사원 튜플들을 EMPLOYEE 릴레이션에 삽입하고, DEPARTMENT 릴레이션에 또 다른 튜플을 삽입하고, 이 부서에 속한 사원 튜플들을 EMPLOYEE 릴레이션에 삽입하는 과정을 반복할 수 있지만, DEPARTMENT 릴레이션의 튜플들을 모두 먼저 삽입하는 것이 편하다.

```
INSERT INTO DEPARTMENT VALUES(1, '영업', 8);
INSERT INTO DEPARTMENT VALUES(2, '기획', 10);
INSERT INTO DEPARTMENT VALUES(3, '개발', 9);
INSERT INTO DEPARTMENT VALUES(4, '총무', 7);
```

EMPLOYEE 릴레이션에는 MANAGER 애트리뷰트에 널이 들어 있는 튜플을 가장 먼저 삽입해야 한다. 왜냐하면 이런 경우에만 EMPLOYEE 릴레이션 내에서 참조 무결성 제약조건이 위배되지 않기 때문이다. 그 다음에는 방금 삽입한 튜플의 EMPNO를 MANAGER로 참조하는 어떤 튜플을 EMPLOYEE 릴레이션에 삽입한다. 이제 EMPLOYEE 릴레이션에 존재하는 두 개의 튜플 중 어느 튜플의 EMPNO를 MANAGER로 참조하는 임의의 튜플을 EMPLOYEE 릴레이션에 삽입한다. 이런 과정을 반복한다.

```
INSERT INTO EMPLOYEE VALUES(4377, '이성래', '사장',     , 5000000, '1996-01-05', 2);
INSERT INTO EMPLOYEE VALUES(1234, '장건호', '부장', 4377, 4200000, '1996-11-23', 1);
INSERT INTO EMPLOYEE VALUES(3426, '박영권', '과장', 1234, 3000000, '1998-07-20', 1);
INSERT INTO EMPLOYEE VALUES(1365, '김상원', '사원', 3426, 1500000, '2004-02-26', 1);
INSERT INTO EMPLOYEE VALUES(1099, '이재원', '사원', 3426, 1800000, '2003-12-21', 1);
INSERT INTO EMPLOYEE VALUES(3011, '이수민', '부장', 4377, 4300000, '1996-04-30', 3);
INSERT INTO EMPLOYEE VALUES(2468, '조범수', '과장', 3011, 3500000, '1998-12-17', 3);
INSERT INTO EMPLOYEE VALUES(2544, '오준석', '대리', 2468, 2700000, '2002-08-25', 3);
INSERT INTO EMPLOYEE VALUES(1003, '조민희', '대리', 2468, 2600000, '2001-02-19', 2);
INSERT INTO EMPLOYEE VALUES(3427, '최종철', '사원', 1003, 1500000, '2005-10-28', 3);
INSERT INTO EMPLOYEE VALUES(3228, '김주훈', '부장', 4377, 4000000, '1997-03-06', 2);
INSERT INTO EMPLOYEE VALUES(2106, '김창섭', '대리', 3228, 2500000, '2003-03-05', 2);
```

튜플들의 삽입 순서를 신경 쓰는 것이 불편하면 다음과 같이 EMPLOYEE 릴레이션을 정의할 때 외래 키 제약조건을 명시하지 않는다. 이제 DEPARTMENT와 EMPLOYEE 릴레이션에 임의의 순서대로 튜플들을 삽입할 수 있다.

```
CREATE TABLE EMPLOYEE (
    EMPNO      NUMBER  NOT NULL,
    EMPNAME    CHAR(10)  UNIQUE,
    TITLE      CHAR(10),
    MANAGER    NUMBER,
    SALARY     NUMBER,
    HIREDATE   DATE,
    DNO        NUMBER,
    PRIMARY KEY(EMPNO));
```

튜플들의 삽입이 모두 끝난 후에 EMPLOYEE 릴레이션에 다음과 같은 ALTER TABLE문을 사용하여 참조 무결성 제약조건을 지정한다. 여기서 EMPFK1과 EMPFK2는 참조 무결성 제약조건에 대해서 사용자가 부여한 이름이다.

```
ALTER TABLE EMPLOYEE ADD
    CONSTRAINT EMPFK1 FOREIGN KEY(MANAGER)
        REFERENCES EMPLOYEE(EMPNO),
    CONSTRAINT EMPFK2 FOREIGN KEY(DNO)
        REFERENCES DEPARTMENT(DEPTNO));
```

물론 이런 경우에도 나중에 EMPLOYEE 릴레이션에 새로운 튜플을 삽입할 때는 참조 무결성 제약조건을 위배하지 않도록 유의해야 한다. 이제 다음과 같은 관계 데이터베이스 인스턴스가 생성된다. 본 부록의 모든 질의들은 이 인스턴스에 대해 수행된다. 일단 튜플들이 릴레이션에 삽입되면 이들의 순서는 중요하지 않음을 2장에서 설명했다.

EMPLOYEE

EMPNO	EMPNAME	TITLE	MANAGER	SALARY	HIREDATE	DNO
2106	김창섭	대리	3228	2500000	2000-03-05	2
3426	박영권	과장	1234	3000000	1998-07-20	1
3011	이수민	부장	4377	4300000	1996-04-30	3
1003	조민희	대리	2468	2600000	2001-02-19	2
3427	최종철	사원	1003	1500000	2005-10-28	3
1365	김상원	사원	3426	1600000	2004-02-26	1
4377	이성래	사장	∧	5000000	1996-01-15	2
1234	장건호	부장	4377	4200000	1996-11-23	1
1099	이재원	사원	3426	1800000	2003-12-21	1
2468	조범수	과장	3011	3500000	1998-12-17	3
2544	오준석	대리	2468	2700000	2001-08-25	3
3228	김주훈	부장	4377	4000000	1997-03-06	2

DEPARTMENT

DEPTNO	DEPTNAME	FLOOR
1	영업	8
2	기획	10
3	개발	9
4	총무	7

[그림 11.1] 관계 데이터베이스 인스턴스

1. WHERE절이 없는 간단한 SELECT문

한 릴레이션으로부터 몇 개의 애트리뷰트를 검색해 보자.

질의 1: DEPARTMENT 릴레이션에서 부서이름과 부서번호를 검색하라.

```
SQL:  SELECT DNAME, DEPTNO
      FROM   DEPARTMENT;
```

SELECT문에서 열거한 애트리뷰트들이 순서대로 결과에 나타난다.

한 릴레이션의 모든 애트리뷰트들을 검색해 보자.

질의 2: EMPLOYEE 릴레이션의 모든 애트리뷰트들을 검색하라.

```
SQL:    SELECT *
        FROM    EMPLOYEE;
        또는
        SELECT E.*
        FROM    EMPLOYEE E;
```

중복 튜플들을 제거하고 검색해 보자.

질의 3: EMPLOYEE 릴레이션에서 직급 애트리뷰트를 검색하라.

```
SQL:    SELECT TITLE
        FROM    EMPLOYEE;
```

이 결과에는 동일한 직급들이 중복해서 나타난다. 결과에서 중복을 제거하려면 다음과 같은 SQL문을 사용한다.

```
SQL:    SELECT DISTINCT TITLE
        FROM    EMPLOYEE;
```

2. 간단한 WHERE절이 포함된 SELECT문

특정 부서에 근무하는 사원들을 검색해 보자.

질의 4: 3번 부서에 근무하는 모든 사원들의 이름과 직급을 검색하라.

```
SQL:    SELECT EMPNAME, TITLE
        FROM    EMPLOYEE
        WHERE   DNO = 3;
```

특정 직급의 사원들을 검색해 보자.

질의 5: 직급이 과장인 모든 사원들의 이름을 검색하라.

```
SQL:    SELECT EMPNAME
        FROM    EMPLOYEE
        WHERE   TITLE = '과장';
```

날짜를 WHERE절에 사용해 보자.

질의 6: 2000년 2월 1일 이후에 입사한 모든 사원들의 이름과 입사일을 검색하라.

```
SQL:    SELECT EMPNAME, HIREDATE
        FROM   EMPLOYEE
        WHERE  HIREDATE >= '2000-2-1';
```

부정 표현을 WHERE절에 사용해 보자.

질의 7: 직급이 과장이 아닌 모든 사원들의 이름과 직급을 검색하라.

```
SQL:    SELECT EMPNAME, TITLE
        FROM   EMPLOYEE
        WHERE  NOT TITLE = '과장';
        또는
        SELECT EMPNAME, TITLE
        FROM   EMPLOYEE
        WHERE  TITLE <> '과장';
```

3. 논리 연산자가 포함된 WHERE절

두 개의 조건을 AND 연산자로 연결해 보자.

질의 8: 부서 2에 근무하면서 매월 2,500,000원보다 많은 급여를 받는 모든 사원들의 이름, 직급, 급여를 검색하라.

```
SQL:    SELECT EMPNAME, TITLE, SALARY
        FROM   EMPLOYEE
        WHERE  DNO = 2
               AND SALARY > 2500000;
```

동일한 애트리뷰트에 대해서 두 개의 조건을 사용해 보자.

질의 9: 급여가 2,000,000원에서 3,000,000원 사이인 모든 사원들의 이름, 직급, 급여를 검색하라.

```
SQL:    SELECT EMPNAME, TITLE, SALARY
        FROM   EMPLOYEE
        WHERE  SALARY >= 2000000
               AND SALARY <= 3000000;
```

이 SELECT문을 BETWEEN을 사용하여 표현해 보자.

```
SQL:   SELECT EMPNAME, TITLE, SALARY
       FROM   EMPLOYEE
       WHERE  SALARY BETWEEN 2000000 AND 3000000;
```

부정 표현을 사용해 보자.

질의 10: 직급이 과장이 아니면서 급여가 3,000,000원보다 많은 모든 사원들의 이름, 직급, 급여를 검색하라.

```
SQL:   SELECT EMPNAME, TITLE, SALARY
       FROM   EMPLOYEE
       WHERE  SALARY > 3000000
              AND TITLE <> '과장';
```

OR를 사용하여 조건들을 연결해 보자.

질의 11: 직급이 대리이거나 과장이거나 부장인 모든 사원들의 이름, 직급, 부서번호를 검색하라.

```
SQL:   SELECT EMPNAME, TITLE, DNO
       FROM   EMPLOYEE
       WHERE  TITLE = '대리'
              OR  TITLE = '과장'
              OR  TITLE = '부장';
```

이 SELECT문을 IN을 사용하여 간단하게 표현해 보자.

```
SQL:   SELECT EMPNAME, TITLE, DNO
       FROM   EMPLOYEE
       WHERE  TITLE IN ('대리', '과장', '부장');
```

IN과 다른 조건을 함께 사용해보자.

질의 12: 2번 부서에 근무하면서, 직급이 대리이거나 과장인 모든 사원들의 이름, 직급, 부서번호를 검색하라.

```
SQL:   SELECT EMPNAME, TITLE, DNO
       FROM   EMPLOYEE
       WHERE  TITLE IN ('대리', '과장')
              AND DNO = 2;
```

4. LIKE

LIKE를 사용하여 문자열을 비교해 보자.

질의 13: 김씨 성을 가진 모든 사원들의 이름과 직급을 검색하라.

```
SQL:   SELECT EMPNAME, TITLE
       FROM   EMPLOYEE
       WHERE  EMPNAME LIKE '김%';
```

5. 널

값이 들어 있지 않은 애트리뷰트를 WHERE절에 사용할 때 IS NULL 등을 사용한다.

질의 14: 직속 상사가 없는, 즉 가장 높은 사원의 이름과 직급을 검색하라.

```
SQL:   SELECT EMPNAME, TITLE
       FROM   EMPLOYEE
       WHERE  MANAGER IS NULL;
```

6. 검색 결과 정렬

검색 결과를 오름차순이나 내림차순으로 정렬해 보자.

질의 15: 모든 사원들의 급여와 이름을 검색하여 급여에 따라 오름차순으로 정렬하라.

```
SQL:   SELECT SALARY, EMPNAME
       FROM   EMPLOYEE
       ORDER BY SALARY;
```

DESC를 사용하여 내림차순으로 정렬해 보자.

질의 16: 모든 사원들의 급여와 이름을 검색하여 급여에 따라 내림차순으로 정렬하라.

```
SQL:   SELECT SALARY, EMPNAME
       FROM   EMPLOYEE
       ORDER BY SALARY DESC;
```

DESC를 생략하면 디폴트는 오름차순이다. 하나의 ORDER BY절에서 ASC와 DESC를 혼합해서 사용할 수 있다.

질의 17: 모든 사원들의 급여와 이름을 검색하여 부서번호에 대해서는 오름차순으로, 급여에 대해서는 내림차순으로 정렬하라.

```
SQL:    SELECT SALARY, EMPNAME
        FROM   EMPLOYEE
        ORDER BY DNO, SALARY DESC;
```

7. 집단 함수

여러 튜플들의 그룹에 대해서 집단 함수의 값을 구해보자.

질의 18: 3번 부서에 근무하는 사원들의 수와 평균 급여를 검색하라.

```
SQL:    SELECT COUNT(*) AS COUNT_EMP, AVG(SALARY) AS AVG_SAL
        FROM   EMPLOYEE
        WHERE  DNO = 3;
```

8. 조인

두 릴레이션으로부터 데이터를 검색해 보자.

질의 19: 모든 사원들에 대해서 이름과 근무하는 부서의 층을 검색하라.

```
SQL:    SELECT E.EMPNAME, D.FLOOR
        FROM   EMPLOYEE E, DEPARTMENT D
        WHERE  E.DNO = D.DEPTNO;
```

질의 20: 개발부서에 근무하는 모든 사원들에 대해서 이름과 직급을 검색하라.

```
SQL:    SELECT E.EMPNAME, E.TITLE
        FROM   EMPLOYEE E, DEPARTMENT D
        WHERE  E.DNO = D.DEPTNO
               AND D.DEPTNAME = '개발';
```

9. 내부 조인(inner join)

내부 조인을 사용하여 두 릴레이션으로부터 데이터를 검색해 보자.

질의 21: 모든 사원들에 대해서 이름과 근무하는 부서의 층을 검색하라.

```
SQL:   SELECT EMPNAME, FLOOR
       FROM   EMPLOYEE INNER JOIN DEPARTMENT
              ON EMPLOYEE.DNO = DEPARTMENT.DEPTNO;
```

이 질의에는 WHERE절이 필요 없다.

10. 한 개의 스칼라 값이 반환되는 중첩 질의

중첩 질의는 외부 질의의 WHERE절에 포함된 SELECT문이다.

질의 22: 김상원과 같은 부서에 근무하는 사원들의 이름과 직급을 검색하라.

```
SQL:   SELECT EMPNAME, TITLE
       FROM   EMPLOYEE
       WHERE  DNO = (SELECT DNO
                     FROM   EMPLOYEE
                     WHERE  EMPNAME = '김상원');
```

질의 23: 전체 사원들의 평균 급여보다 많이 받는 사원들의 이름을 검색하라.

```
SQL:   SELECT EMPNAME
       FROM   EMPLOYEE
       WHERE  SALARY > (SELECT AVG(SALARY)
                        FROM   EMPLOYEE);
```

11. 한 개의 애트리뷰트로 이루어진 릴레이션이 반환되는 중첩 질의

이 경우에는 외부 질의의 WHERE절에 비교 연산자(=, >, >=, <, <=, < >)를 사용할 수 없고 IN, ANY, ALL, EXISTS 등을 사용해야 한다.

질의 24: 8층이나 9층에 위치한 부서에 근무하는 사원들의 이름을 검색하라.

```
SQL:    SELECT  EMPNAME
        FROM    EMPLOYEE
        WHERE   DNO IN (SELECT DEPTNO
                        FROM    DEPARTMENT
                        WHERE   FLOOR = 8 OR FLOOR = 9);
```

12. 여러 애트리뷰트로 이루어진 릴레이션이 반환되는 중첩 질의

이런 경우에는 외부 질의의 WHERE절에 EXISTS, NOT EXISTS 등을 사용해야 한다.

질의 25: 소속 사원이 한 명도 없는 부서에 대해서 부서번호, 부서이름, 층을 검색하라.

```
SQL:    SELECT  DEPTNO, DEPTNAME, FLOOR
        FROM    DEPARTMENT D
        WHERE   NOT EXISTS
                (SELECT *
                 FROM    EMPLOYEE E
                 WHERE   E.DNO = D.DEPTNO);
```

질의 26: 조민희와 같은 부서에서 근무하면서 같은 직급을 가진 사원들의 이름, 직급, 부서번호를 검색
하라.

```
SQL:    SELECT  EMPNAME, TITLE, DNO
        FROM    EMPLOYEE AS E1
        WHERE   EXISTS
                (SELECT *
                 FROM    EMPLOYEE AS E2
                 WHERE E2.EMPNAME = '조민희'
                       AND E1.TITLE = E2.TITLE
                       AND E1.DNO = E2.DNO);
```

이 질의를 다음과 같이 상관 중첩 질의가 아닌 형태로 작성할 수도 있다.

```
SQL:    SELECT  EMPNAME, TITLE, DNO
        FROM    EMPLOYEE
        WHERE   (TITLE, DNO) =
                (SELECT TITLE, DNO
                 FROM    EMPLOYEE
                 WHERE   EMPNAME = '조민희');
```

13. GROUP BY

SELECT문의 결과 튜플들을 어떤 조건에 따라 그룹들로 나누고 그룹별로 값을 구해 보자.

질의 27: 부서별로 부서이름과 급여의 평균을 검색하라.

```
SQL:   SELECT DEPTNAME, AVG(SALARY)
       FROM   EMPLOYEE E, DEPARTMENT D
       WHERE  E.DNO = D.DEPTNO
       GROUP BY DEPTNAME;
```

이 질의의 AVG(SALARY)에 별칭을 사용하여 표현해 보자.

```
SQL:   SELECT DEPTNAME, AVG(SALARY) AS AVERAGE_SAL
       FROM   EMPLOYEE E, DEPARTMENT D
       WHERE  E.DNO = D.DEPTNO
       GROUP BY DEPTNAME;
```

14. HAVING

어떤 조건을 만족하는 그룹들에 대해서만 집단 함수를 적용하기 위해 HAVING을 사용한다.

질의 28: 부서에 속한 직원들의 급여의 합계가 10,000,000원과 15,000,000원 사이인 부서에 대해서 부서별로 부서이름과 급여의 합계를 검색하라.

```
SQL:   SELECT DEPTNAME, SUM(SALARY)
       FROM   EMPLOYEE E, DEPARTMENT D
       WHERE  E.DNO = D.DEPTNO
       GROUP BY DEPTNAME
       HAVING SUM(SALARY) BETWEEN 10000000 AND 15000000;
```

스스로 해보는 실습 문제

다음의 문제들에는 SQL문을 제공하지 않는다. 본문과 부록에서 학습한 지식을 활용하여 스스로 SQL문을 작성해 보자.

질의 1: 가장 오래 근무한 사원에 관한 모든 데이터를 검색하라.

질의 2: 최종철과 같은 부서에 근무하는 사원에 관한 모든 데이터를 검색하라.

질의 3: 회사의 전체 사원 수를 검색하라.

질의 4: 회사에 몇 개의 부서가 있는가를 검색하라.

질의 5: 기획부에 근무하는 사원들의 이름과 직급을 검색하라.

질의 6: 한 명 이상의 사원이 근무하는 부서의 개수를 검색하라.

질의 7: 사원이 한 명도 근무하지 않는 부서를 검색하라.

질의 8: 사원이 한 명 이상 속한 부서에 대해서 평균 급여를 검색하라.

질의 9: 부서에 속한 사원들의 평균 급여가 가장 많은 부서의 이름과 평균 급여를 검색하라.

질의 10: EMPLOYEE와 DEPARTMENT 릴레이션을 조인하고 부서번호 순서에 따라 정렬하라.

질의 11: 모든 사원들을 직급별로 그룹화하고 각 그룹별 사원 수와 평균 급여를 검색하라.

질의 12: 모든 사원들을 직급별로 그룹화하고 동일 직급을 갖는 사원 수가 2명 이상인 직급에 대해서 직급, 사원 수, 연간 급여를 검색하라.

질의 13: 직급이 대리인 사원이 적어도 2명 이상 속한 부서의 이름을 검색하라.

질의 14: 모든 부서에 대해서 이름, 층, 각 부서에 근무하는 사원 수를 검색하라. 사원이 없는 부서도 포함시켜라.

질의 15: 부서 1, 2, 3에 공통으로 있는 직급을 검색하라.

질의 16: 개발부서에 근무하는 사원들의 직급과 직급별 사원 수를 검색하라. 사원 수가 많은 직급부터 표시하라.

질의 17: 평균 급여가 가장 높은 부서의 부서번호와 이 부서의 최저 급여를 검색하라.

질의 18: 소속 사원 수가 4명 이하인 부서의 이름과 사원 수를 검색하라.

질의 19: 자신이 속한 부서의 평균 급여보다 많이 받는 사원의 이름, 부서번호, 급여를 검색하라.

질의 20: 각 부서에서 가장 많은 급여를 받는 사원들의 이름, 부서번호, 급여를 검색하라.

질의 21: 모든 사원에 대해서 사원번호, 이름, 급여, 부서번호, 소속 부서의 평균 급여를 검색하라.

질의 22: 최종철 또는 이수민과 같은 직급을 가진 모든 사원에 대해서 사원의 이름과 직급을 검색하라.

질의 23: 기획 또는 총무 부서에 근무하지 않는 모든 사원들의 이름을 검색하라.

질의 24: DEPARTMENT 릴레이션에 튜플 (5, '홍보', 8)을 삽입하라.

질의 25: EMPLOYEE 릴레이션에서 부서번호 3에 근무하는 사원들을 삭제하라.

질의 26: 부서번호 2에 근무하는 사원들의 급여를 5% 인상하라.

질의 27: 직급이 과장인 사원들의 사원번호, 사원이름, 급여로 이루어진 뷰를 정의하라.

참고문헌

● 데이터베이스 일반

이석호, 데이터베이스 시스템, 정익사, 2005.

● 번역서

김형주 외 공역, 데이터베이스 시스템, 한국맥그로힐, 2002.

나연묵 외 공역, 데이터베이스 처리론, 교보문고, 2004.

박석 역, 데이터베이스시스템(7판), 홍릉과학출판사, 2002.

송병호 역, 데이터베이스 관리 시스템, 이한출판사, 2001.

황규영 외 공역, 데이터베이스 시스템, ITC, 2007.

● 오라클

이화식, 조광원, 새로 쓴 대용량 데이터베이스 솔루션 Vol.I, 엔코아정보컨설팅, 2005.

최원준, 오라클9i-데이터베이스 실무자를 위한, 교학사, 2002.

J. Price, Oracle Database 11g SQL Master and PL/SQL in the Oracle Database, McGraw-Hill, 2008.

Oracle Corp., Oracle Database 11g 제품군, 2009.

Oracle Corp., Oracle9i Database Administration Fundamentals, Vol.1 Student Guide, 2001.

Oracle Corp., Oracle9i Database Administration Fundamentals, Vol.2 Student Guide, 2001.

Oracle Corp., Introduction to Oracle9i: SQL, Student Guide, Vol. 1, 2001.

Oracle Corp., Introduction to Oracle9i: SQL, Student Guide, Vol. 2, 2001.

Oracle Corp., Pro*C/C++ Precompiler Programmer's Guide.pdf, Release 2, 2002.

● MS SQL Server

손광수, 데이터베이스 관리와 실습: MS SQL 서버, 한빛미디어, 2003.

이영규 외, 데이터베이스 이론과 SQL SERVER 2000 실습, 대림, 2002.

정원혁, Microsoft SQL Server 2000: 관리자용·전문가로 가는 지름길, 대림출판사, 2001.

● XML

송정길 저, XML 프로그래밍: XML 정복을 위한 지름길, 생능출판사, 2003.

이경하 외 공역, 실전 XML 데이터베이스 구축, 성안당, 2002.

● 데이터베이스 설계

김연홍 등, 데이터베이스 모델링(알기 쉽게 해설한), 프리렉, 2002.

손광수 역, 운명적 존재를 위한 데이터베이스 설계: 관계형 데이터베이스 설계를 위한 실무 지침서(제2판), 사이텍미디어, 2003.

이춘식, 데이터베이스 설계와 구축: 성능까지 고려한 데이터 모델링, 한빛미디어, 2005.

● 원서

T. Connolly, C. Begg, abd A. Strachan, Database Systems: A Practical Approach to Design, Implementation and Management, 4th Ed., Addison-Wesley, 2004.

C.J. Date, An Introduction to Database Systems, 8th Ed., Addison-Wesley, 2003.

R. Elmasri and S. Navathe, Fundamentals of Database Systems, Addison-Wesley, 2002.

H. Garcia-Molina, et al., Database System Implementation, Prentice-Hall, 2000.

R. Ramakrishnann and J. Gehrke, Database Management Systems, McGraw-Hill, 2003.

A. Silberschatz, et al., Database System Concepts, 5th Ed., McGraw-Hill, 2005.

J. Ullman, A First Course in Database Systems, Prentice-Hall, 1997.

K. Williams, Professional XML Databases, Wrox, 2000.

● 웹 사이트

http://academic.evergreen.edu/r/ricdan16/SOSdatabase/downloads/
　　　　1and2solutions.doc

http://academic.evergreen.edu/r/ricdan16/SOSdatabase/downloads/5sols.doc

http://academic.evergreen.edu/r/ricdan16/SOSdatabase/downloads/
　　　　assignments.html

http://adamo.web.cern.ch/Adamo/refmanual/Chapter-1-3.html

http://ccsweb.njit.edu/~scher/cis431/C431S02/HME2/HME2ER.htm

http://cimic.rutgers.edu/~atluri/db/outline.html

http://cs.gmu.edu/syllabus/syllabi-spring02/cs450-obaidi.html

http://cs.hbg.psu.edu/courses/comp419.taw.s97/er.html

http://cs.wwc.edu/~aabyan/

http://db.cs.berkeley.edu/papers/Informix/www.informix.com/informix/corpinfo/
　　　　zines/whitpprs/illuswp/wave.htm

http://dls.nova.edu/~jclevin/COPY/DCTE750C/goldenj/

http://dollar.biz.uiowa.edu/~fil/Class/6k230/PDF/

http://epoch.cs.berkeley.edu/postgres/topics/cs186/public_html/lecs/chapter14/
　　　　sld002.htm

http://escher.cs.ucdavis.edu:1024/ECS165A/

http://goldwing.kennesaw.edu/dsc470/data_ind.htm

http://infolab.usc.edu/csci585/Fall2001/

http://ioc.unesco.org/oceanteacher/resourcekit/Module2/Database/DBMS/

http://msdn.microsoft.com/library/default.asp?url=/library/en-us/dnsql2k/html/
　　　　sql_refintegrity.asp

http://nordbotten.ifi.uib.no/ADM/ADM_text/ADM-DBdesign.htm

http://pgse.cis.drexel.edu/pgsit/Classes/Databases/

http://redbook.cs.berkeley.edu/lec9.html

http://scis.acast.nova.edu/~roemarc/er.htm

http://syllabus.syr.edu/ECS/ilcoman/cse581/

http://techdocs.postgresql.org/college/002_referentialintegrity/

http://vig.pearsoned.com/samplechapter/0130161667.pdf

http://wdvl.com/Authoring/DB/Normalization/index.html

http://www-2.cs.cmu.edu/afs/cs/academic/class/15721-f01/www/
lectures/

http://www-db.stanford.edu/~ullman/fcdb/hernandez/PDA5.htm

http://www-db.stanford.edu/~ullman/fcdb/oracle/or-objects.html

http://www.acm.org/crossroads/xrds7-3/ordbms.html

http://www.ambysoft.com/mappingObjects.html

http://www.astera.com/pdf/object_relational.pdf

http://www.b2ttraining.com/Training-Courses/ERwin-Relational-Database-
Concepts.htm

http://www.boss-consulting-inc.com/refer.pdf

http://www.cai.com/products/jasmine/analyst/idc/14821E.htm

http://www.chip.org/chip/courses/1999.6.872/Presentations/db1/

http://www.chip.org/chip/courses/1999.6.872/Presentations/db2/

http://www.cis.gsu.edu/~shong/teaching/cis473/projects/pb5/labLect1.html

http://www.cis.gsu.edu/~shong/teaching/cis473/projects/pb5/labLect2.html

http://www.cis.gsu.edu/~shong/teaching/cis473/projects/pb5/labLect5.html

http://www.cis.gsu.edu/~shong/teaching/cis473/projects/SQLstmts.html#create

http://www.cis.gsu.edu/~shong/teaching/cis473/slides/index.html

http://www.cis.ohio-state.edu/~srini/670/Lectures/

http://www.cis.upenn.edu/~cse330/

http://www.comp.nus.edu.sg/~cs2102/

http://www.cs.berkeley.edu/~brewer/cs262/

http://www.cs.bris.ac.uk/Teaching/Resources/COMS30103/

http://www.cs.brown.edu/courses/cs127/

http://www.cs.cornell.edu/courses/cs632/2001sp/

http://www.cs.duke.edu/education/courses/fall01/cps216/

http://www.cs.fsu.edu/~riccardi/dbjava/illustrations/

http://www.cs.jcu.edu.au/ftp/web/teaching/Subjects/cp1500/1998/
lecturenotes.html

http://www.cs.jcu.edu.au/Subjects/cp3020/1997/Lecture_Notes/

http://www.cs.jcu.edu.au/Subjects/cp3020/1997/Tutorials/

http://www.cs.ndsu.nodak.edu/~perrizo/classes/765/nor.html

http://www.cs.rpi.edu/~zaki/cs4380/

http://www.cs.sfu.ca/CC/354/zaiane/material/notes/

http://www.cs.stir.ac.uk/~ahu/31q5/

http://www.cs.sunysb.edu/~liu/cse305/

http://www.cs.tufts.edu/g/115/

http://www.cs.virginia.edu/~son/cs662.html

http://www.cse.ogi.edu/2020vision/

http://www.cse.ucsc.edu/classes/cmps180/Winter02/

http://www.cse.unsw.edu.au/~cs3311/01s2/lec/ermodel/notes.html

http://www.csse.monash.edu.au/courseware/cse5200/

http://www.cvalde.com/features/f5/cascade_declarative_ref_integrity.htm

http://www.db.cs.ucdavis.edu/teaching/165A−WQ02/

http://www.db.cs.ucdavis.edu/teaching/sqltutorial/

http://www.dbatoolbox.com/WP2001/beginners/beg1_dict.pdf

http://www.dbmsmag.com/9606d17.html

http://www.dbmsmag.com/9804d13.html

http://www.dbpd.com/vault/9810/temporal.html

http://www.dcs.qmul.ac.uk/~mounia/COURSES/DBS/

http://www.eecs.wsu.edu/~cdyreson/teaching/database/001/lectures/

http://www.firstsql.com/ixrefer.htm

http://www.ics.uci.edu/~ics184/handouts/slides8.pdf

http://www.ida.liu.se/~TDDB38/

http://www.informatik.fh−hamburg.de/~khb/ie5cs2/

http://www.it-c.dk/courses/INP/E2001/Materiale/Concurrency/www/

http://www.math.luc.edu/~van/cs468/

http://www.missouri.edu/~csfreds/dbms/

http://www.msu.edu/course/lir/824/dulebohn/828/access/Referential%20
    integrity_ho.doc

http://www.nws.noaa.gov/oh/hrl/ihfs/logmodel/ihfsdatamodel.html

http://www.objectmatter.com/vbsf/docs/maptool/ormapping.html

http://www.odbmsfacts.com/articles/

http://www.oreilly.com/catalog/wintrnssql/chapter/ch01.html

http://www.pearsonptg.com/samplechapter/0130194603.pdf

http://www.research.ibm.com/journal/sj/392/bevington.html

http://www.sdsc.edu/pb/edu/pharm201/lecture2/lecture2.html

http://www.serc.si.edu/datamgmnt/dbms_select.htm

http://www.soi.city.ac.uk/~tony/dbms/relational_dm.html

http://www.sqlmag.com/Articles/Index.cfm?ArticleID=8687&pg=1

http://www.sumware.com/UCC/DB/AWebCT/AsgnmntERModel

찾아보기